International English Language Testing System

はじめての
IELTS
単語対策 3600

植田一三 監修 **小谷延良** 著
Ichizo Ueda／Nobuyoshi Kotani

ask
PUBLISHING

Prologue

2020年3月現在、世界人口はおよそ78億人に達し、1970年の約37億人と比べると、この50年間で40億人以上の増加が見られます。特に21世紀に入ってからは、テクノロジーの普及を中心としたグローバル化が進み、世界の20%以上の人々が英語を日常的に使うようになり、英語はボーダレスランゲージとなりました。そして今日では「留学」はより身近なものとなり、また、産業としても大きく発展し、特に英米圏では留学生が大学の経営を支えていると言っても過言ではありません。さらに、オンラインを通して学位が取得可能なOnline and distance courses（オンラインコース）を提供する大学も増え、自宅に居ながらにして世界の一流大学の授業を受けることが可能になりました。このように、留学を取り巻く環境は大きな変革を遂げています。

こうした中で、近年特に注目を浴びているのがIELTS（International English Language Testing System）で、世界140カ国以上の国々と1万を超える高等教育機関において、入学条件の英語力を測るテストとして採用されています。受験者も年々増加傾向にあり、世界での受験者数は2009年には約140万人でしたが、2019年には350万人を突破しました。日本においても2009年の約8,000人から、2019年にはおおよそ50,000人に達したと言われており、大きな盛り上がりを見せています。

しかしながら、受信型の英語教育で育った多くの日本人受験者にはハードルの高いテストであり、かつ英検®やTOEIC® L&Rテストといった検定試験のように対策本や単語帳の種類が多くはないため、スコアアップに苦しんでいる方々が多いのが実情です。

そうした状況の中でも、2018年12月に出版した拙著『はじめてのIELTS　全パート総合対策』はおかげさまで大きな反響を呼び、多くの方から目標スコア達成の報告をいただきました。さらには指導者の方からも、指導に重宝しているという嬉しい声を多数いただき、著者冥利に尽きる思いでした。しかし、それと同時に「既存の単語帳よりもさらに良い単語帳を作ってほしい」という要望も強いことから一念発起し、多くの方の励ましと協力のもとに誕生したのが本書『はじめてのIELTS　単語対策3600』です。本書は内容、構成、ボリュームの充実はさることながら、学習法や留学後に必要なマインドなど、あらゆる角度から語彙学習をサポートする最強の本であると自負しています。そしてこの最強たるゆえんを示す要素として、次の5つの特徴を紹介します。

本書の 5 大特徴

❶ JSAF-IELTS 公認トレーナーが単語を徹底分析
> ▶ 公認トレーナーが最新・最強の 3600 語を厳選ピックアップ！

❷ 目標スコアを最短でゲットする「レベル別」の構成
> ▶ 単語を 5.0 ～ 7.5 の 6 レベルに分類、自分に必要なものだけを効率的に！

❸ 2500 を超える単語にはスコアアップに直結する解説コメントつき
> ▶ 関連表現や対義語、語源の解説など、スコアアップにつながるヒント満載！

❹ 分野別・テーマ別フレーズは長文読解型　文脈の中で覚えられる
> ▶ 長文形式なのでリーディングに効果絶大！ 各分野の背景知識も習得！

❺ 言い換え力アップの同義語表現を完全網羅
> ▶ IELTS 攻略のカギは言い換え力！ これを鍛えればハイスコア間違いなし！

　個人的な話になりますが、13 歳から英語学習を始め、今年で英語との付き合いは 24 年目になります。私自身は英才教育を受けた英語エリートでもバイリンガルでもなく、みなさんと同じように人生の大半を日本で過ごした「いち英語学習者」です。この過程で語彙学習に費やした時間は大半を占め、意味を覚えることに加え、単語の運用力を高めるのにとても苦労しました。そして IELTS 初受験の 10 年前から今日まで、指導者、研究者、そしてみなさんと同じ受験者として試行錯誤を重ねてきました。これらの長年の経験や実戦で得たスキルやノウハウを本書を通じてシェアすることで、みなさんの〈語彙力＋スコア〉アップ、そして留学の実現に貢献できれば著者としてこれ以上の喜びはありません。

　最後になりますが、本書は多くの方のご協力のもとに完成しました。特に多大な貢献をしてくださったレスター大学の Glover Sally 氏と Luke Timms 氏、ベル・インターナショナルケンブリッジの Ken Bateup 氏、IELTS 講師の Shayna Magnuson 氏、そしてさまざまな要望に快く応え、本書の完成に最後まで惜しみない情熱と力を注いでくださったアスク出版社の秋山広樹氏には心より感謝の意を表したいと思います。

　本書によってみなさんの留学実現と新たな可能性開花の一助となることを願って。

Open up new horizons through IELTS and this book.
（IELTS と無限の世界へ）

2020 年 3 月吉日　小谷延良（James）

Table of Contents

IELTS とは？ ……………………… 006　　各セクションの概要 ………………… 008
収録語彙について ………………… 010　　学習効率をアップさせる本書の3つの特徴 011
効果的な語彙力UPのアプローチはこれだ！ 012　　本書の使い方 ……………………… 016
音声ファイルのダウンロード方法 ………… 018

Chapter 1

目標スコア別 英単語・熟語 2600

DAY 1〜5	5.0 LEVEL	020
DAY 6〜10	5.5 LEVEL	056
DAY 11〜15	6.0 LEVEL	106
DAY 16〜20	6.5 LEVEL	158
DAY 21〜25	7.0 LEVEL	208
DAY 26〜30	7.5 LEVEL	258

■ リスニング必須語彙 ……………………………………………… 283

Chapter 2

分野別 英単語・熟語 500

DAY 31	環境	304
DAY 32	教育	308
DAY 33	社会問題	312
DAY 34	健康	316
DAY 35	芸術／エンタメ	320
DAY 36	生活スタイル	324
DAY 37	歴史／哲学	328
DAY 38	科学／テクノロジー	332
DAY 39	経済／ビジネス	336

| DAY 40 | マスコミ | 340 |

■ イギリス英語とアメリカ英語の違い ……… 344
■ 接続詞と副詞　総まとめ ……………………… 347

Chapter 3
ライティング英単語・熟語 200

DAY 41	Line graph（折れ線グラフ）	352
DAY 42	Pie chart（円グラフ）	356
DAY 43	Bar graph（棒グラフ）	360
DAY 44	Plan（見取り図）	364
DAY 45	Process diagram（工程図）	368

Chapter 4
スピーキング英単語・熟語 300

DAY 46	People（人）	374
DAY 47	Places（場所）	378
DAY 48	Activities/Events（活動／出来事）	382
DAY 49	Objects（物）	386
DAY 50	Culture（文化）	390

■ スピーキングでは、このフレーズを使え！ … 394
■ Index ……………………………………………… 406

ここに注目

park は広くて奥が深い！ ……… 026
「自然＝ nature」ではない？ ……… 040
留学するメリットって？ ……… 054
受験者を困らせた質問 Top 3 ……… 156
いますぐ使えるパラフレーズ表現 … 350
IELTS は英語的マインドを育てる最高のテスト！ ……… 405

語彙力を上げるには，思い込みを捨てよう！ 033
もう間違えない！可算名詞と不可算名詞 … 047
Google image を使って語彙力 UP！ 055
カテゴリを一致させれば上級者の仲間入り 301
令和の IELTS はこの 2 語をチェック！ ……… 372

IELTS とは？

IELTS は、Cambridge English Language Assessment、IDP：IELTS Australia、British Council の 3 団体によって運営されている共同所有テストです。まずはテストの概要を確認していきましょう（以下、すべて情報は 2023 年 3 月末時点のものです）。

テストの種類

- **Academic module**（アカデミック・モジュール）
  - ▶ 主に大学（院）をはじめとする高等教育機関入学のために利用される。
- **General Training module**（ジェネラルトレーニング・モジュール）
  - ▶ 主にビジネスや移住などのために利用される。

また、一般的な IELTS のほかに、英国ビザ申請用の IELTS for UKVI と IELTS Life Skills という 2 つのテストがあります。イギリスの大学（院）入学を考えている方は通常の IELTS か、IELTS for UKVI でなければいけないかの確認を事前に行ってください。

テスト形式とテストセンター

2019 年よりコンピュータ IELTS（Computer-delivered IELTS）での受験が可能になりました。現在日本では以下のテストセンターで受験が可能です。

テストセンター	ペーパー	コンピュータ
日本スタディ・アブロード・ファンデーション（JSAF）	○	○
日本英語検定協会（英検）	○	○
ブリティッシュ・カウンシル	×	○
IDP IELTS 札幌テストセンター	○	×
北九州予備校	○	×
UK PLUS	○	○

JSAF（IDP Education）からお申込みいただいた方限定で、私（小谷）が監修、出演するスペシャル動画が無料で視聴可能です。基礎〜応用までを網羅した 5 時間越えのレクチャーで、基本情報から学習法、そしてスコア UP のテクニックを余すところなくお伝えしています。ぜひご視聴ください。

スコアの結果は通常ペーパー試験が 13 日後、コンピュータは 5 〜 7 日後に通知されます。受験会場や実施日程などは各センターによって異なりますので、詳細は各センターのホームページをご覧ください。

続いてペーパーとコンピュータ試験の実施時間など、共通点や違いを見ていきましょう。

■ ペーパーとコンピュータ試験の時間・順番

ペーパーベース	時間	コンピュータベース	時間
ライティング	60分	スピーキング	約14分
リーディング	60分	リスニング	約30分
リスニング	約30分	リーディング	60分
スピーキング	約14分	ライティング	60分

＊テストセンターや日程によって順番が一部変わることがあるので、その都度ご確認ください。

■ ペーパーとコンピュータベースの比較

　これは私の受験経験上の感想を含めた大まかな違いです。スピーキングは両方とも対面で同じですが、残りの3セクションに関しては次のような特徴があります。

セクション	主な比較
ライティング	ブラインドタッチに慣れていれば圧倒的にコンピュータベースが有利で、コピーアンドペーストや切り取りなどが可能。また、自動文字カウント機能やタイマーもついている。
リーディング	パソコン上で英文を読むことに慣れているか否かが分かれどころで、日本人にはペーパーの方がとっつきやすい印象。コンピュータベースでは画面上の英文にハイライトをすることが可能。
リスニング	圧倒的にコンピュータベースが有利。ヘッドホンで聞くため集中できる。ただし全パート終了後の確認、転記時間が2分しかないため（ペーパーは10分）、解答スピードが要求される。

　また、コンピュータベースでは、文字の大きさや背景色の調整が可能です。ちなみに、2022年7月より、IELTSの自宅受験が試験的に開始されました。最新情報はIDP Educationのウェブサイトにて更新されるので、その都度ご確認ください。

■ スコアリング

　スコアは各セクション0～9.0で算出され、4つの平均が最終的なスコア（Overall）になります。例えば各セクションが次のようなスコアだったとします。

Writing	Reading	Listening	Speaking	Overall
5.5	5.5	6.0	6.0	6.0

　計算方法は全セクションの合計値を4で割ります。よって23÷4＝5.75となり、0.75の場合は1に、0.25の場合は0.5に繰り上げるルールがあるので、ここでは6.0となります。

各セクションの概要

ライティング（60 分）

Task 1 と Task 2 の 2 つのエッセイを書きます。

	Task 1	Task 2
タスク	グラフやフローチャート、地図などの変化を分析し描写する	特定のテーマについて論理的なエッセイを書く
字数指定	150 語以上	250 語以上
ワンポイントティップ	グラフ問題では数値の表記、解釈、計算ミスに注意。客観的に描写することが重要。	具体例を挙げることと、主題から逸れないことの 2 点が特に重要。

＊General training の場合、Task 1 ではレターライティングが出題されます。

リーディング（60 分）

　Passage 1 ～ 3 の合計 3 つのパッセージを読み、問題に答えます。Passage 1 と Passage 2 は 13 問、Passage 3 は 14 問の合計 40 問から成ります。以下が正当数とスコアの対応表です（実際には若干の調整が行われるので、あくまで目安です）。色づけした箇所が一般的に留学に必要なレンジですので、そこを目指して頑張りましょう。

正当数	39-40	37-38	35-36	33-34	30-32	27-29	23-26	19-22
スコア	9.0	8.5	8.0	7.5	7.0	6.5	6.0	5.5

リスニング（約 30 分）

　Part 1 ～ 4 までの 4 つのパートから成り、各パート 10 問ずつで、合計 40 問で構成されています。各パートの詳細については、p. 283 から始まる「リスニング必須語彙300」で紹介していますので、そちらをご参照ください。以下が正当数とスコアの対応表です（あくまで目安です）。上記のリーディング同様、色づけしたレンジの正当数を目指しましょう。

正当数	39-40	37-38	35-36	32-34	30-31	26-29	23-25	19-22
スコア	9.0	8.5	8.0	7.5	7.0	6.5	6.0	5.5

＊2020 年度から、従来あった Part 1 冒頭の例の読み上げがなくなったので、注意してください。また、名称は Section から Part に変更されています。

スピーキング（約 14 分）

試験官との対面式で行われ Part 1 ～ 3 の全 3 パートから成ります。

Part 1	Part 2	Part 3
身近なテーマについて、パーソナルな質問に答えます。	身近なテーマについて、1 分間で準備をし、2 分以内でスピーチを行います。	社会的なテーマについて、ディスカッションを行います。

ワンポイントティップ

　Fluency and coherence（流暢さと応答の一貫性）、Lexical resource（語彙）、Grammatical range and accuracy（文法）、Pronunciation（発音）の 4 つの観点から、各 25% の割合で評価が行われます。ただし Fluency が重視される傾向にあるので、Fluency rather than accuracy のマインドで言い間違いをその都度訂正するのではなく、細かいミスは気にせずに話し続ける方がスコアアップにつながります。

その他の重要な情報

1. ライティング～リスニングの間にトイレ休憩はありません。試験中に取ることも可能ですが、時間をロスしてしまうので注意が必要です。

2. 英検協会でペーパーベースを受験する方は、鉛筆を 10 本以上持って行かれることをお勧めします。JSAF で受験の場合は、ロケット鉛筆が配布されます。

3. 採点結果に満足がいかない場合は、再採点（Remark）をリクエストすることが可能です（有料）。ただし、再採点の結果が出るまでには通常 1 カ月前後かかるので、時間に余裕を持って申請を行いましょう。

4. 受験日 4 日前から早寝早起きを心がけ、テストに体を慣らしてください。また、当日は試験の 3 時間前には起床し、朝ご飯は軽めにとり、水分は控え目にしましょう。

5. 受験会場に入る前に軽く糖分をとっておくとエネルギー源となり、頭を働かせやすくなります。おすすめはウィダーインゼリーのエネルギーです。お腹がすきやすい方はバナナでも良いでしょう。

6. 目標スコアを達成したとしても、それはあくまで大学が学生を多く取り込むために設定した指標にすぎません。実際にそのスコアで留学しても、英語がガタガタで苦労しますので、本当に意味のある留学生活を送りたい方は、要求されているスコア + 0.5 ～ 1.0 を目指してください。

　以上が IELTS に関する基本的な概要です。さて、続いては本書の特徴と効果的な語彙力アップ方法を見ていきましょう！

収録語彙について

本書は下記のソースをもとに語彙を厳選しました。IELTS で重要なものに重点を置きつつ、留学後に必要となるアカデミックな文章を読むための語彙も収録しています。

1 **Cambridge University Press、ESOL 関連で 2007 年〜 2019 年に出版されたもの**

- ・Cambridge IELTS Authentic Examination Papers（公式テスト集）6 〜 14
- ・The Official Cambridge Guide to IELTS
- ・IELTS Trainer Six Practice Tests with Answers and Audio CDs
- ・IELTS Trainer 2 Academic: Six Practice Tests
- ・Official IELTS Practice Materials 1 with Audio CD / 2 with DVD
- ・Cambridge Grammar for IELTS Student's Book with Answers and Audio
- ・Cambridge Vocabulary for IELTS Advanced with Answers and Audio CD
- ・Complete IELTS Bands 4–5, Bands 5–6.5, Bands 6.5-7.5

2 主にリーディングでよく引用されている以下①〜⑤のソースを参照し、さらに⑥と⑦のソースも加え、特に出題頻度の高い重要な 10 の分野に関連する約 200 記事を厳選し、その中から重要語彙を抽出。

① New Scientist　　② The Independent　　③ The Guardian

④ National Geographic Magazine　　⑤ Geographical Magazine

⑥ BBC News　　⑦ The Telegraph

3 **Academic Word List**

ニュージーランドビクトリア大学 Averil Coxhead 教授が作成したアカデミックなコンテクストで必須となる 570 語を収めた単語リスト。

4 アカデミック・イングリッシュ関連の書籍

- ・Oxford Academic Vocabulary Practice: Upper-Intermediate B2-C1
- ・Oxford Academic Vocabulary Practice: Lower-Intermediate B1
- ・Academic Vocabulary in Use Edition with Answers

5 本番の試験で出題されたもの

私自身が 60 回以上の受験で出題された問題を書き留めたノート（Jame's test notes）

学習効率をアップさせる本書の3つ特徴

1 パラフレーズ

　パラフレーズとは「ほかの言葉で言い換えること」を表し、IELTSでスコアアップの鍵を握ります。リスニングとリーディングでは、答えやヒントになっている語句がほぼすべて別の表現で言い換えられるため（例：interesting → exciting）、この言い換えに気づけるかが正解にたどり着くポイントになります。一方、スピーキングとライティングでは、同じ表現の繰り返しは減点やスコアアップを阻む大きな要因となるので、コンテクストに合わせて別の表現に換える必要があります。本書ではおよそ2,000の見出し語の同義語を紹介しています。単語を覚える際は同義語までチェックし、語彙力、学習の効率性、そしてスコアを同時に高めていきましょう。

2 フレーズ中心の語彙力強化

　本書では、基本的に「例文」ではなく「フレーズ」で覚えるアプローチを採用しています。主な理由は「インプットを増やすため」です。例文だと覚える負担が増え、その分時間もかかってしまいますが、フレーズは短い分、数が覚えられるので、学習効率を高められるメリットがあります。また、本書は従来の単語帳とは異なり、使われる文脈や状況を想定できるように、少し長めのフレーズを多く採用しています。さらには、各表現がどういった文脈で使われているかをつかむことも重要なので、それらはChapter 2以降で長文の中で覚えられるような構成になっています。詳しい学習方法は次のページから見ていきますので、そちらをご参照ください。

3 コロケーション

　コロケーションとは、「語と語の相性、自然な結びつき」のことです。例えば、日本語で「使う」と「利用する」は似た意味ですが、「頭を使う」とは言えても「頭を利用する」とは言えません。つまり、「頭」と「使う」の相性は良く、「頭」と「利用する」の相性が悪いということになります。同様に、英語でも「ジョークを言う」はsay a jokeではなく、tell a jokeやmake a jokeと表現します。このように語彙学習をする際は単語単体で覚えるのではなく、**どのような語と結びつくかを意識しながら学習することが重要**です。本書では頻度の高いコロケーションを中心に収録し、かつIELTSと関連性の高い表現を中心に掲載しています。コロケーションの学習に関しては、Online Collocation Dictionary（http://www.freecollocation.com/）を活用してみるのもいいでしょう。

効果的な語彙力 UP のアプローチはこれだ！

　ここでは、語彙力アップの効果的な方法についてお伝えしていきます。ただしその前に、語彙に関する基礎知識をつけていただきたいので、基本的なレクチャーから始めていきます。まずは前提として、語彙は主に次の 2 種類に分類されます。

1. **「認識語彙」**：「見て」、あるいは「聞いて」意味を理解できる語彙。
2. **「運用語彙」**：意味の理解に加え、「正しく運用できる」語彙。

　1 はいわゆる**受動的な語彙**（passive vocabulary）で、主にリーディングとリスニングで必要とされます。コンテクストに応じて適切な意味を判断する能力が求められ、例えば、hold のような多義語であれば「〜を手に持つ」、「〜を開催する」、「（考えなどを）心に抱く」などのうち、どの意味で使われているのか。あるいは challenge であれば、「〜に異議を唱える」という動詞なのか、「困難、挑戦」という意味の名詞なのかといったように、品詞を区別する力も必要です。

　一方、2 の「運用語彙」は 1 の認識する力に加え、正確に運用できる**能動的な語彙**（active vocabulary）のことを指します。ここでの「正確に」という意味は、次の項目を考慮して運用できる能力のことを言います。

① **フォーマル度**
　「話し言葉」、「書き言葉」、「どちらにも使える言葉」などを考慮し運用できているか。

② **コンテクストやオーディエンス**
　文脈や文化的背景、読み手や聞き手のバックグラウンド・理解力などを考慮して運用できているか。

③ **使用頻度**
　マイナーな表現ではなく、使用頻度の高いより自然な語彙を使えているか。

④ **スペリングと発音**
　IELTS においては前者はリスニング（ディクテーション問題）とライティングで、後者はスピーキングで重要な採点基準となる。

　それでは次に具体的な語彙力アップの方法と、本書の効果的な使い方について見ていきましょう。

1 認識語彙はこうして増やそう！

　まず認識語彙は、以下の 3 項目を意識し学習することで記憶の定着率が高まります。それは①「**繰り返し**」、②「**異なるコンテクストで**」、③「**異なる方法で**」インプットを行うことです。まず、①の「繰り返し」に関しては、一度見ただけで覚えるのは不可能なので、何度も復習することが重要です。この「繰り返し」には、いろいろなアプローチがありますが、本書は DAY ごとに分かれているため、以下の方法で取り組むことをお勧めします。

■ 1 週間の学習計画モデル（1 日に 80 語を覚える場合）

1 日目	80 語（朝一番と寝る前）	5 日目	80 語（朝一番と寝る前）
2 日目	80 語（朝一番と寝る前）	6 日目	80 語（朝一番と寝る前）
3 日目	80 語（朝一番と寝る前）	7 日目	全400語（1〜6日目までの復習）
4 日目	240 語（1〜3 日目の復習）		

①「**繰り返し**」

　ご自身のペースや Chapter によって語数は調整していただいて構いませんが、ポイントは**朝に学習した内容をその日の夜に復習する**ということです。いわゆるエビングハウスの忘却曲線（The Curve of Forgetting）によると、24 時間後には学んだことの約 65% を忘れ、これが日を追うごとに増していき、30 日後には 80% ほどの内容を忘れてしまうと言われています。

　よって、この忘却によるムダをなくすために「寝る前」、そして「4 日目」と「7 日目」に復習を挟むのです。最後に仕上げとしてさらに **2 週間後、1 カ月後を目途に 400 ワードごとに総復習**を定期的にしていけば、認識語彙の定着が大いに期待できます。1 日 80 語は多く感じられるかもしれませんが、すでに知っている単語も含まれていますし、2 周り目からは覚えるスピードも上がってきますので、実際にはそれほどでもないはずです。

　ただし、ここで言う「覚えている」というのは、**単語をパッと見て 2 秒以内に意味が出てくること**を指します。つまり、apple →「リンゴ」や library →「図書館」というように一瞬で意味が出てくる状態を言い、この状態を認識語彙に変わった 1 つの指標として考えてください。また、注意点としては、**自分の目標スコアに応じたレベルにフォーカスして取り組む**ことです。例えば、6.0 を目指す人は Chapter 1「スコア別英単語・熟語」の 2,300 をすべて覚えるのではなく、1 つ上のレベルの「6.5」までの 1,700 語を完璧に、同様に 6.5 が目標の人は「7.0」までの 2,100 語を優先して覚えましょう。このように目標やスコア達成までのタイムリミット、現在の英語力や 1 日に確保できる学習時間など

を考慮して、臨機応変に取り組んでください。

②「異なるコンテクストで」

「異なるコンテクストで」とは、**同じ表現にさまざまな状況で触れる**ということを意味します。例えば単語帳で、英字新聞で、ニュースで、洋画で、というように異なるコンテンツで同じ語彙を目にすることが挙げられます。一般的に1冊の単語帳を繰り返し見ていても、同じ順番で、同じ例文で登場するので、違う形で出てくると意味が出てこないことがあります。このことを考慮し、本書は一度学習した単語が別の単語のフレーズや文脈で出会えるように、複数回出てくるように作られています。

③「異なる方法で」

例えば「文字による視覚情報で」、「写真や映像による視覚情報で」、「音声による聴覚情報で」というように、**異なるインプット方法のこと**を指します。これはスポーツも同じで、「テニスの試合に勝つ」という目標を達成するには、実践練習以外にも走り込みで持久力を鍛え、スクワットで瞬発力を鍛える、というようにさまざまな方法を掛け合わせて総合的に能力を上げていきます。語彙学習の場合も異なる角度から刺激を脳に送ることが大切で、本書を学習する際には文字と音声の両面からのインプットを心がけ、フレーズも含め最低10回は声に出して音読してください。このように視覚情報だけでなく、聴覚刺激を加えることで記憶の定着率はさらに上がります。

2 運用語彙はこうして増やそう！

認識語彙が一定数身についたら、次はアウトプットの練習が必要です。まず前提として知っておいていただきたいのは、「英語で考えて英語で話す・書くのはほぼ不可能」ということです。それが可能なのは、幼少期から英語環境で育った人や一部の超人だけです。

それではどうすればいいのかと言うと、**語彙のストック（インプット）と話すネタ、背景知識を増やし、日本語から英語に転換する正確性とスピードを高めればいい**のです。つまり話せない、書けないというのは多くの場合英語ができないのではなく、インプットの絶対量が少ないため背景知識が不足している、またはあまり考えたことのない話題のため自分の考えが特にないからなのです。よって、これらを改善するには次の3点に重きを置いてください。

① 日本語でネタ作りを始める

「量より質」ではなく、まずは「質より量」です。市販の公式問題集（『Cambridge IELTS』シリーズ）を2〜3冊購入し、そこに載っている問題をこなすだけでは絶対な

量が不足しています。目指すスコアにもよりますが、5冊分の問題にはトライしておきましょう。特に公式問題集も含め、ライティングのTask 2は最低でも30問、スピーキングのPart 1は100問、Part 2は20問、Part 3は50問程度を発信できるように、日本語で構わないので背景知識も含めたネタのストックをためておいてください。

② 関連語彙を増やす

日本語によるネタ作りができたら英語に訳していきますが、**各テーマに特化した関連語彙を入れるようにしてください**。特に、本書のChapter 2「分野別英単語・熟語」、Chapter 4「スピーキング英単語・熟語」で紹介する語彙を入れるとスコアアップに直結します。また、ライティングやスピーキングはChapter 3と4の長文にならい、分量やエッセイの構成などを参考にして対策するといいでしょう。両セクションのボキャブラリースコアをアップさせるには、分野やテーマに特化した語彙を適宜入れて発信することが鍵となります。

③ ひたすらアウトプット

②で作成したネタをIELTSに精通した日本人やネイティブにチェックしてもらうのが最も効果的ですが、それが難しい場合は最近では多くのオンライン英会話がリーズナブルな価格で利用できるため、それらを活用するのもひとつの方法です。また、私は「ひとりごと英語最強論」と唱えています。例えばスピーキングの場合、問題が書かれているシートを何十枚か作り、それをランダムに引き、本番を想定して話します。また、ライティングでは良質なモデルアンサーを参考に、自分が使えそうなアイディアやフレーズを書きとめておき、それらを使って練習をくり返せば運用語彙がアップしますので、ぜひトライしてみてください。

最後になりますが、語彙学習は奥が深くて非常にチャレンジングです。また、IELTSの受験もかなりの労力が必要ですが、留学後はさらにハードな課題が待っているので、**留学前のウォーミングアップとポジティブにとらえる**ようにしましょう。ぜひIELTSの語彙学習を通して、英語力向上と新たな可能性を切り開いていってください。目標達成に向けて最後まで一緒に頑張っていきましょう！

本書の使い方

本書は IELTS の各セクションの特徴を考慮し、「目標スコア別のパート」と「長文の中で覚えるパート」の 2 部構成となっています。また、全体を約 50 日間で学習が終えられるように、DAY の区切りを入れています。学習スケジュールの管理にお役立てください。

目標スコア別パート			長文の中で覚えるパート		
DAY 1 ~ 5	LEVEL 5.0	500 語	DAY 31 ~ 40	分野別	400 語
DAY 6 ~ 10	LEVEL 5.5	400 語	DAY 41 ~ 45	ライティング	200 語
DAY 11 ~ 15	LEVEL 6.0	400 語	DAY 46 ~ 50	スピーキング	200 語
DAY 16 ~ 20	LEVEL 6.5	400 語	そのほか		
DAY 21 ~ 25	LEVEL 7.0	400 語	—	リスニング必須語彙	300 語
DAY 26 ~ 30	LEVEL 7.5	200 語	—	英語と米語の違いほか	200 語
合計 3600 語					

※単語やフレーズのスペリングは、すべてイギリス英語に準拠しています。発音記号に関しては『ロングマン現代英英辞典』に則り、イギリス式の発音を掲載しています。

各チャプターの特徴

● **Chapter 1　目標スコア別英単語・熟語 2600**

　バンドスコア 5.0 ~ 7.5 を取るのに必要な英単語・熟語を 6 レベルに分けて掲載しています。自分の目標スコアを中心に学習するといいでしょう。また、5.5 以降の見出し語には、暗記やスコア UP をサポートする「1 行コメント」をつけました。

● **Chapter 2　分野別英単語・熟語 500**

　IELTS で頻出のテーマを 10 取り上げ、それぞれのテーマに沿って書かれた長文の中で英単語を覚えます。語彙力だけでなく、文章に触れることで読解力、さらに各分野の背景知識も身につきます。

● **Chapter 3　ライティング英単語・熟語 200**

　ライティング（Task 1）のモデルエッセイを読んで、英単語を身につけます。最頻出 5 タイプの図表を取り上げているので、ライティング対策に有効です。

● **Chapter 4　スピーキング英単語・熟語 300**

　スピーキング（Part 1 ~ 3）のモデルアンサーを通して、文脈の中で英単語を学習します。取り上げる質問は、「人」、「場所」などの再頻出の 5 テーマ。語彙力に加え、質問への解答力も高められます。

目標スコア別パート

見出し語を
使ったフレーズ

見出し語　　　　　　　学習の進捗確認ゲージ

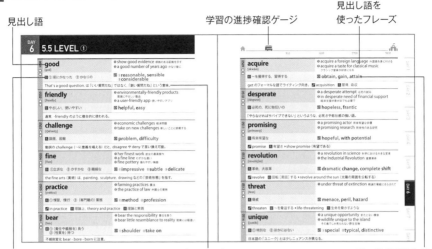

品詞と意味　　　　　　1行コメント　　　　　　言い換え可能な表現

長文の中で覚えるパート

長文の中に出てくる英単語

長文には出てこない重要語

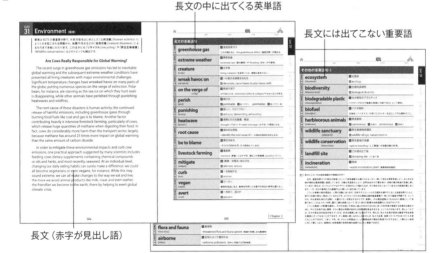

長文（赤字が見出し語）　　　　長文の和訳

■本書で使用のアイコンについて

名 名詞	動 動詞	形 形容詞	副 副詞	接 接続詞	前 前置詞	熟 熟語
同 同義語（言い換え可能な表現）	関 関連表現（派生語など）	対 対義語	源 語源の解説	英 英語による語義		

※本書では見出し語が2語以上の場合、基本的に名詞句は名、動詞句は動、それら以外を熟としています。

音声ファイルのダウンロード方法

　本書で使用する音声は、すべて無料で提供しています。

　まずは、下記サイトにアクセスしてください。「音声ダウンロード」という項目があり、視聴方法をご案内しておりますので、お好きな方法をお選びください。

https://www.ask-books.com/978-4-86639-300-1

※上記の情報は、2022年8月現在のものです。

Chapter 1

目標スコア別英単語・熟語 2600

DAY 1〜5	**5.0 LEVEL**	020
DAY 6〜10	**5.5 LEVEL**	056
DAY 11〜15	**6.0 LEVEL**	106
DAY 16〜20	**6.5 LEVEL**	158
DAY 21〜25	**7.0 LEVEL**	208
DAY 26〜30	**7.5 LEVEL**	258
■ リスニング必須語彙		283

0001 ambition
[æmbíʃən]

名 野心，つよい目標

▶achieve my ambition 目標を達成する

0002 stress
[stres]

動 〜を強調する

▶stress the importance 重要性を強調する

0003 effective
[ɪféktɪv]

形 効果的な，有効な

▶an effective method 効果的な方法

0004 familiar
[fəmíliə]

形 見慣れた，馴染みのある

▶a familiar sight 見慣れた光景

0005 purchase
[pə́:tʃɪs]

動 〜を購入する

▶purchase a new home 新居を購入する

0006 academic
[ækədemɪk]

形 学術的な，学問の

▶an academic background 学歴

0007 damaging
[dǽmɪdʒɪŋ]

形 有害な

▶a damaging effect 有害な影響

0008 achievement
[ətʃíːvmənt]

名 達成，成功

▶a sense of achievement 達成感

0009 temporary
[témpərəri]

形 一時的な

▶a temporary measure 一時的な措置

0010 variety
[vəráɪəti]

名 多様，種類

▶a wide variety of options 幅広い選択肢

0011 advanced
[ədvá:nst]

形 先端の

▶advanced technology 先端技術

0012 alter
[ɔ́:ltə]

動 (部分的に) 変更を加える

▶alter the law 法を一部改正する

0013 ancient
[éɪnʃənt]

形 古代の

▶ancient history 古代史

0014 individual
[ɪndəvídʒuəl]

形 個人の，個々の

▶individual needs 個々のニーズ

0015 preference
[préfərəns]

名 好み

▶a matter of preference 好みの問題

0016 conscious
[kɔ́nʃəs]

形 意識して

▶be conscious of health 健康志向である

900　1800　2700　3600

0017 entire
[ɪntáɪə]
形 全体の，全部の
▶the entire population 全人口

0025 operate
[ópəreɪt]
動 ～を運行する，営業する
▶operating hours 営業時間

0018 combine
[kəmbáɪn]
動 ～を組み合わせる
▶combine elements 要素を組み合わせる

0026 previous
[prí:viəs]
形 以前の
▶previous experience 以前[過去]の経験

0019 obvious
[óbviəs]
形 明らかな
▶for obvious reasons 明白な理由で

0027 relieve
[rɪlí:v]
動 ～を和らげる
▶relieve the stress ストレスを発散する

0020 handle
[hændl]
動 ～に対処する
▶handle a crisis 危機に対処する

0028 regulation
[règjəléɪʃən]
名 規制，規則
▶rules and regulations 規則，規約

0021 illegal
[ɪlí:gəl]
形 違法の
▶illegal fishing 違法漁業

0029 survive
[səváɪv]
動 生き残る，～を乗り切る
▶survive the danger 危機を乗り越える

0022 adjust
[ədʒʌ́st]
動 ～を調節する，適合させる
▶adjust the volume 音量を調節する

0030 site
[saɪt]
名 場所，用地
▶the site of the disaster 被災地

0023 proper
[própə]
形 適切な
▶make a proper choice 適切な選択をする

0031 tense
[tens]
形 張り詰めた
▶a tense situation 張り詰めた状況

0024 progress
[próʊgres]
名 発展，成長
▶make great progress 大きく成長する

0032 accurate
[ǽkjərət]
形 （誤りがなく）正確な
▶accurate data 正確なデータ

Chapter 1

0033 globe
[ɡlóʊb]
名 地球，世界
▶spread across the globe 世界中に広がる

0034 adequate
[ǽdɪkwət]
形 適正な，十分な
▶adequate food 十分な食事

0035 aggressive
[əɡrésɪv]
形 攻撃的な
▶an aggressive attitude 攻撃的な姿勢

0036 ruin
[rúːɪn]
動 ～を台無しにする
▶ruin his life 彼の人生を台無しにする

0037 incredible
[ɪnkrédəbəl]
形 信じられない，素晴らしい
▶an incredible story 信じられない話

0038 satisfy
[sǽtəsfaɪ]
動 ～を満たす
▶satisfy customers' needs 顧客のニーズを満たす

0039 carry out
動 (計画などを) 実行する
▶carry out an experiment 実験を行う

0040 conflict
[kónflɪkt]
名 紛争，対立
▶conflict of interest 利害の対立

0041 wealth
[welθ]
名 富
▶create wealth 富を築く

0042 requirement
[rɪkwáɪəmənt]
名 必要条件
▶entry requirements 参加 [入学] 条件

0043 estimate
[éstɪmeɪt]
動 ～を見積もる
▶estimate the total cost 総額を見積もる

0044 ethnic
[éθnɪk]
形 民族の
▶ethnic tensions 民族間の緊張

0045 identify
[aɪdéntɪfaɪ]
動 ～を突きとめる，特定する
▶identify a suspect 容疑者を特定する

0046 enthusiasm
[ɪnθjúːziæzəm]
名 熱意
▶lack enthusiasm 熱意がない

0047 organic
[ɔːɡǽnɪk]
形 有機の
▶organic vegetables 有機野菜

0048 pronounce
[prənáʊns]
動 ～を発音する
▶pronounce a word 単語を発音する

900　1800　2700　3600

DAY 1
DAY 2
DAY 3
DAY 4
DAY 5
DAY 6
DAY 7
DAY 8
DAY 9
DAY 10

0049 summit
[sʌ́mɪt]
名 頂上，首脳会議
▶reach the summit 登頂する

0050 colleague
[kɔ́liːg]
名 同僚
▶supportive colleagues 協力的な同僚

0051 roam
[rəʊm]
動 ～を歩き回る
▶roam the forest 森を散策する

0052 primary
[práɪməri]
形 第一の，主要な
▶the primary concern 一番の心配ごと

0053 bring about
動 ～を引き起こす
▶bring about a change 変化を引き起こす

0054 adorable
[ədɔ́ːrəbəl]
形 かわいらしい
▶an adorable baby かわいらしい赤ちゃん

0055 host
[həʊst]
動 ～を主催する
▶host the World Cup ワールドカップを主催する

0056 found
[faʊnd]
動 ～を創設する
▶found a company 会社を設立する

0057 enormous
[ɪnɔ́ːməs]
形 莫大な，巨大な
▶an enormous impact 大きな影響

0058 legislation
[lèdʒəsléɪʃən]
名 法律
▶introduce new legislation 新法を発布する

0059 uneasy
[ʌníːzi]
形 不安な
▶an uneasy relationship 不安定な関係

0060 close to
熟 ほぼ～，～の一歩手前で
▶be close to completion 完成間近である

0061 contain
[kəntéɪn]
動 ～を含む
▶contain poison 毒素を含む

0062 cope with
動 ～に上手く対処する
▶cope with challenges 難題に上手く対処する

0063 interaction
[ìntəræk ʃən]
名 相互作用，やり取り
▶direct interaction 直接のやり取り

0064 moderate
[mɔ́dərət]
形 適度な
▶do moderate exercise 適度な運動をする

0065 fulfil
[fʊlfíl]
動 ～を満たす，実現する
▸fulfil the requirements 要求に応える

0066 arrangement
[ərέɪndʒmənt]
名 整理，準備
▸make arrangements 準備をする

0067 manufacture
[mǽnjəfǽktʃə]
動 ～を製造する
▸manufactured goods 工業製品

0068 verbal
[vɚ́ːbəl]
形 言葉による
▸verbal communication
言葉によるコミュニケーション

0069 numerous
[njúːmərəs]
形 非常に多くの
▸numerous benefits 多大な恩恵

0070 precise
[prɪsáɪs]
形 正確な
▸acquire precise information 正確な情報を得る

0071 aspiration
[æspəréɪʃən]
名 強い気持ち，志
▸dreams and aspirations 夢と志

0072 productive
[prədʌ́ktɪv]
形 生産的な
▸productive workers 生産性の高い社員

0073 scanty
[skǽnti]
形 乏しい
▸scanty evidence 不十分な証拠

0074 make up
動 （話を）でっち上げる
▸make up an excuse 言い訳をでっち上げる

0075 sensational
[senséɪʃənəl]
形 素晴らしい，人騒がせな
▸a sensational success 世間をあっと言わせる成功

0076 consist of
動 ～から成る
▸consist of five elements 5つの要素から成る

0077 contemporary
[kəntémpərəri]
形 現代の
▸contemporary works of art 現代の芸術作品

0078 meditation
[mèdɪtéɪʃən]
名 瞑想
▸be deep in meditation 深い瞑想状態にある

0079 equally
[íːkwəli]
副 同様に
▸equally important 同じくらい重要な

0080 essential
[ɪsénʃəl]
形 不可欠な
▸essential components 不可欠な要素

0081 extend
[ɪksténd]

動 ～を伸ばす，延ばす

▸extend the deadline 締め切りを延ばす

0082 profitable
[prɔ́fətəbəl]

形 利益の多い

▸profitable business もうかる仕事

0083 measure
[méʒə]

名 対策

▸introduce security measures
安全対策を導入する

0084 trail
[tréɪl]

名 小道

▸a nature trail 自然遊歩道

0085 dump
[dʌ́mp]

動 ～を廃棄する

▸illegally dumped waste 不法投棄物

0086 get hold of

動 ～を手に入れる

▸get hold of a ticket チケットを手に入れる

0087 council
[káʊnsəl]

名 自治体

▸the local council 地方自治体

0088 violate
[váɪəleɪt]

動 ～に違反する

▸violate the rules ルールを破る

0089 meaningful
[míːnɪŋfəl]

形 意義深い

▸a meaningful discussion 意義のある議論

0090 sincere
[sɪnsíə]

形 誠実な，裏表のない

▸a sincere apology 心からのおわび

0091 vessel
[vésəl]

名 (大型の) 船，血管

▸fishing vessels 漁船

0092 considerable
[kənsídərəbəl]

形 かなりの

▸considerable damage 相当な被害

0093 confidence
[kɔ́nfɪdəns]

名 自信，信頼

▸lack confidence 自信がない

0094 tragedy
[trǽdʒədi]

名 悲劇

▸end in tragedy 悲劇的な結末を迎える

0095 picture
[píktʃə]

名 イメージ，描写

▸get a clear picture 明確に理解する

0096 voluntary
[vɔ́ləntəri]

形 自発的な，自ら進んで行う

▸on a voluntary basis 自発的に，任意で

Chapter 1

0097 **convey** [kənvéɪ] 動 ～を運ぶ，伝える ▸convey a message メッセージを伝える	0099 **errand** [érənd] 名 （買い出し，運搬などの）作業 ▸run errands 使い走りをする
0098 **physical** [fízɪkəl] 形 物理的な，有形の ▸physical stores 実店舗	0100 **notion** [nóʊʃən] 名 考え ▸a traditional notion 伝統的な考え

 ここに注目 **park は広くて奥が深い！**

park に関する質問は，スピーキングセクションにおける頻出テーマの一つですが，狭い意味でしか理解していない受験者がほとんどです。park には主に次の3つの目的があることを知っておきましょう。

1. 娯楽とくつろぎ (recreation and relaxation)

公共公園 (public park) のことです。例えば寝転がって読書をしたり，スポーツをしたり，遊具で遊んだりする，一般に公開された場所を指します。また，ディズニーランドなどのテーマパーク (theme park) もこれに含まれます。

2. 観光 (tourism)

主に国立公園 (national park) を指します。英米圏では重要な観光資源として経済を支えており，例えばアメリカの「グランド・キャニオン国立公園」やオーストラリアの「ウルル＝カタ・ジュタ国立公園」などが有名です。日本だと「富士箱根伊豆国立公園」や「日光国立公園」などがこれに当たります。

3. 動植物保護 (wildlife conservation)

野生動物公園 (wildlife park) のことで，主に絶滅危惧種 (endangered species) の保護を目的とした広大な公園を指し，国定公園に指定されている所もあります。なお，サファリパーク (safari park) は，1 の recreation 的なニュアンスが強い語句です。

よって，例えば How important are parks in your culture? と聞かれたら，1 の観点からだけでなく，2 の「観光」の観点からも回答すれば，話を広げることができるでしょう。

0101 incidence
[ínsɪdəns]
名 発生（率）
▸a high incidence of crime 高い犯罪発生率

0102 element
[éləmənt]
名 要素
▸a key element 重要な要素

0103 satisfactory
[sæ̀təsfǽktəri]
形 満足のいく，まあまあの
▸satisfactory quality 満足のいく品質

0104 repertoire
[répətwɑ:]
名 レパートリー
▸a wide repertoire 幅広いレパートリー

0105 accidental
[æ̀ksədéntl]
形 偶然の
▸accidental loss 予期せぬ損失

0106 awkward
[ɔ́:kwəd]
形 扱いにくい，ぎこちない
▸awkward questions 答えにくい質問

0107 sensible
[sénsəbəl]
形 良識ある，賢明な
▸a sensible approach 賢明な方法

0108 resolve
[rɪzɔ́lv]
動 ～を解決する
▸resolve a dispute 紛争を解決する

0109 definition
[dèfəníʃən]
名 定義
▸clear definitions 明確な定義

0110 desirable
[dɪzáɪərəbəl]
形 望ましい
▸desirable results 望ましい結果

0111 instruction
[ɪnstrʌ́kʃən]
名 指示，説明
▸detailed instructions 詳細な説明

0112 educational
[èdʒʊkéɪʃənəl]
形 教育の
▸educational toys 教育玩具

0113 generation
[dʒènəréɪʃən]
名 世代
▸future generations 将来の世代

0114 install
[ɪnstɔ́:l]
動 ～を取り付ける
▸install CCTV 監視カメラを取り付ける

0115 patience
[péɪʃəns]
名 我慢，忍耐
▸run out of patience 我慢の限界を超える

0116 marine
[mərí:n]
形 海の
▸marine life 海洋生物

0117 restriction
[rɪstrɪ́kʃən]
名 制限，規制
▶parking restrictions 駐車規制

0118 psychological
[sàɪkəlɔ́dʒɪkəl]
形 心理的な
▶psychological distress 心理的苦痛

0119 pursue
[pəsjúː]
動 ～を追い求める，追跡する
▶pursue a career キャリアを積む

0120 mystery
[místəri]
名 未知の事，謎
▶remain a mystery 謎のままである

0121 reverse
[rɪvə́ːs]
動 ～を逆にする，覆す
▶reverse a decision 決定を覆す

0122 nutrition
[njuːtríʃən]
名 栄養
▶nutrition education 食育

0123 widespread
[wáɪdspred]
形 広がっている
▶widespread criticism 多方面からの批判

0124 reality
[riǽləti]
名 実現，現実
▶become a reality 実現する

0125 designate
[dézɪgneɪt]
動 ～を示す，認定する
▶a designated reserve 認定保護区

0126 naughty
[nɔ́ːti]
形 やんちゃな
▶a naughty child やんちゃな子ども

0127 routine
[ruːtíːn]
名 日課
▶my regular routine 決まって行う日課

0128 ongoing
[ɔ́ngəʊɪŋ]
形 進行中の
▶an ongoing project 進行中のプロジェクト

0129 attain
[ətéɪn]
動 ～を達成する
▶attain top marks 最高点を取る

0130 component
[kəmpóʊnənt]
名 要素，部品
▶basic components 基本要素

0131 intellectual
[ìntəléktʃuəl]
形 知的な
▶intellectual development 知能の発達

0132 eliminate
[ɪlíməneɪt]
動 ～を取り除く
▶eliminate a problem 問題を一掃する

DAY 1
DAY 2
DAY 3
DAY 4
DAY 5
DAY 6
DAY 7
DAY 8
DAY 9
DAY 10

0133
encounter
[ɪnkáuntə]
動 ～に出会う，遭遇する
▸encounter difficulties 困難にぶつかる

0134
apparent
[əpǽrənt]
形 明らかな
▸immediately apparent すぐに分かる

0135
isolated
[áɪsəleɪtɪd]
形 孤立した
▸isolated communities 孤立した地域

0136
long for
[lɒŋ]
動 ～を待ち望む
▸long for an opportunity チャンスを待つ

0137
reluctant
[rɪlʌ́ktənt]
形 気が進まない，嫌々の
▸be reluctant to admit ～を認めたがらない

0138
approval
[əprúːvəl]
名 同意，承認
▸obtain approval 承認を得る

0139
illustrate
[íləstreɪt]
動 ～を描写する，説明する
▸illustrate the process 過程を描写する

0140
senior
[síːniə]
形 上級の，年長の
▸senior citizens 高齢者

0141
consensus
[kənsénsəs]
名 (意見の) 一致
▸the general consensus 全体の合意

0142
principal
[prínsəpəl]
形 主要な，第一の
▸the principal reason 主な理由

0143
temper
[témpə]
名 怒りやすいこと，気分
▸lose my temper 激怒する

0144
possess
[pəzés]
動 ～を所有する
▸possess many talents 多才である

0145
extraordinary
[ɪkstrɔ́ːdənəri]
形 並外れた，途方もない
▸an extraordinary amount 膨大な量

0146
imaginary
[ɪmǽdʒənəri]
形 想像上の
▸an imaginary world 想像上の世界

0147
spoil
[spɔ́ɪl]
動 ～を台無しにする，甘やかす
▸spoil the landscape 景観を損なう

0148
humid
[ʊhjúːmɪd]
形 湿った，湿気の多い
▸humid weather じめじめした天気

Chapter 1

0149 civil
[sívəl]

形 市民の

▸civil rights 市民 [公民] 権

0150 mechanical
[mɪkǽnɪkəl]

形 機械的な，無感情な

▸a mechanical response 機械的な反応

0151 dig
[dɪg]

動 ～を掘る

▸dig a hole 穴を掘る

0152 curriculum
[kəríkjələm]

名 カリキュラム

▸follow the curriculum カリキュラムに従う

0153 currency
[kárənsi]

名 貨幣，流通

▸foreign currencies 外貨

0154 orthodox
[ɔ́:θədɒks]

形 正統派の，受け入れられている

▸orthodox methods 正攻法

0155 illuminate
[ɪlú:məneɪt]

動 ～を照らす，明らかにする

▸illuminate an issue 問題を明らかにする

0156 innovative
[ínəvətɪv]

形 革新的な

▸innovative design 革新的なデザイン

0157 despair
[dɪspéə]

名 絶望，失望

▸drive him to despair 彼を絶望させる

0158 manual
[mǽnjuəl]

形 手動の，手作業の

▸manual labour 手作業，肉体労働

0159 radical
[rǽdɪkəl]

形 根本的な，過激な

▸radical changes 根本的な変化

0160 repetitive
[rɪpétətɪv]

形 繰り返しの

▸repetitive tasks 反復作業

0161 anniversary
[æ̀nəvə́:səri]

名 記念日

▸our 10th wedding anniversary
10 回目の結婚記念日

0162 struggle
[strʌ́gəl]

動 もがく，苦労する

▸struggle to raise funds 資金集めに苦労する

0163 drastic
[drǽstɪk]

形 過激な，急激な

▸take drastic action 思い切った行動を取る

0164 all-inclusive
[ɔ̀:l-ɪnklú:sɪv]

形 （価格が）すべて込みの

▸an all-inclusive holiday 全額込みの休日プラン

DAY 1
DAY 2
DAY 3
DAY 4
DAY 5
DAY 6
DAY 7
DAY 8
DAY 9
DAY 10

0165 division
[dəvíʒən]

名 区分, 相違

▸social divisions 社会階層区分

0166 narrative
[nærətɪv]

名 物語

▸traditional narratives 伝統的な物語

0167 crucial
[krúːʃəl]

形 決定的な

▸a crucial factor 決定的な要因

0168 evaluate
[ɪvǽljueɪt]

動 ～を評価する

▸evaluate a proposal 提案を評価する

0169 affordable
[əfɔ́ːdəbəl]

形 入手可能な, お手ごろな

▸affordable housing お手ごろな住宅

0170 outbreak
[áutbreɪk]

名 勃発

▸an outbreak of war 戦争の勃発

0171 rural
[rúərəl]

形 田舎の

▸rural areas 田舎

0172 existence
[ɪgzístəns]

名 存在

▸come into existence 誕生する

0173 concentration
[kɒnsəntréɪʃən]

名 集中, 密集

▸concentrations of wealth 富の集中

0174 distraction
[dɪstrǽkʃən]

名 気が散るもの

▸distractions at home 家にある気が散るもの

0175 youngster
[jʌ́ŋstə]

名 若者

▸energetic youngsters 元気な若者

0176 exaggerate
[ɪgzǽdʒəreɪt]

動 ～を誇張する

▸exaggerate the truth 事実を大げさに言う

0177 genetic
[dʒənétɪk]

形 遺伝の

▸genetic engineering 遺伝子工学

0178 material
[mətíəriəl]

形 物質の

▸material possessions 物的所有物, 財産

0179 motivate
[móutɪveɪt]

動 ～を動機づける

▸motivate employees 従業員をやる気にさせる

0180 ultimate
[ʌ́ltəmət]

形 最終的な

▸my ultimate goal 私の最終目標

Chapter 1

0181 tolerance
[tɔ́lərəns]
名 寛容さ
▶show tolerance 寛容さを見せる

0182 gratitude
[grǽtɪtjuːd]
名 感謝
▶sincere gratitude 心からの感謝

0183 surrounding
[səráʊndɪŋ]
形 周辺の
▶surrounding communities 周辺の地域社会

0184 indifference
[ɪndífərəns]
名 無関心
▶total indifference 全くの無関心

0185 chaos
[kéɪɒs]
名 混沌，混乱
▶traffic chaos 交通の大混乱

0186 plentiful
[pléntɪfəl]
形 豊富な
▶a plentiful food supply 豊富な食糧供給

0187 magnet
[mǽgnɪt]
名 引き寄せるもの，呼び物
▶a magnet for tourists 観光スポット

0188 comprehend
[kɔ̀mprɪhénd]
動 ～を完全に理解する
▶comprehend the concept 概念を理解する

0189 flavour
[fléɪvə]
名 (食べ物の) 味
▶a rich flavour 濃厚な味

0190 vocation
[vəʊkéɪʃən]
名 天職
▶find my true vocation 天職を見つける

0191 beverage
[bévərɪdʒ]
名 (水以外の) 飲料
▶alcoholic beverages アルコール飲料

0192 proficiency
[prəfíʃənsi]
名 熟練，習熟
▶proficiency in English 英語力

0193 expand
[ɪkspǽnd]
動 ～を拡大する
▶expand a business 事業を拡大する

0194 give in to
動 ～に負ける
▶give in to pressure プレッシャーに負ける

0195 immoral
[ɪmɔ́rəl]
形 不道徳な
▶immoral behaviour 不道徳な行為

0196 creation
[kriéɪʃən]
名 創造，作品
▶job creation 雇用の創出

0197 neutral

[njúːtrəl]

形 中立の

‣remain neutral 中立を保つ

0198 aviation

[èɪviéɪʃən]

名 航空

‣the aviation industry 航空産業

0199 willpower

[wílpàʊə]

名 強い意志

‣the willpower to succeed
成功するという強い意志

0200 wholly

[hóʊlli]

副 全く

‣wholly unreasonable 全く持って不合理な

DAY 1
DAY 2
DAY 3
DAY 4
DAY 5
DAY 6
DAY 7
DAY 8
DAY 9
DAY 10

 ここに注目 語彙力を上げるには, 思い込みを捨てよう!

まずは, いきなり問題!

問題1 次の8つの名詞に共通する特徴は何でしょうか? ノーヒントで答えてみてください。

station, house, winter, doctor, milk, season, weather, time

答えは, すべて「**動詞の用法がある**」ということです。なぜこのようなクイズを出したのかと言うと,「この単語は知っているという思い込みを捨てる」ことが語彙力 UP の秘訣だからです。そうした思い込みがあると難しい単語ばかりを覚えることに走り, 結果として, 基本単語がおろそかになってしまいます。

問題2 次の日本語に合うように, 適切な英語を指定されたアルファベットに続けて入れてみてください。

(1) チョコレート1枚：a [b　] of chocolate
(2) チョコレートひと固まり：a [c　] of chocolate

答えは (1) a bar of chocolate, (2) a chunk of chocolate です。すぐに出てこなかった方は chocolate という単語を知っているという思い込みを捨て, 辞書を引いてみてください。英語力が高い人にこそ,「自分は知っている」という認識に疑いを持って, 基本語の意味や用法の広がりを大切にして語彙力強化に励みましょう。

Chapter 1

0201 gifted
[gíftɪd]
形 生まれつき才能のある，英才の
▸gifted education 英才教育

0202 abrupt
[əbrʌ́pt]
形 突然の，無愛想な
▸an abrupt change 突然の変化

0203 superstition
[sùːpəstíʃən]
名 迷信
▸believe in superstitions 迷信を信じる

0204 domestic
[dəméstɪk]
形 国内の，家庭の
▸domestic products 国産品

0205 hit
[hɪt]
動 ～を打つ，襲う
▸be hit by the flood 洪水に見舞われる

0206 extent
[ɪkstént]
名 程度，度合
▸rely to a large extent on 大部分を～に頼る

0207 imitate
[ímɪteɪt]
動 ～をまねる
▸imitate his style 彼のやり方をまねる

0208 harmony
[háːməni]
名 調和
▸in perfect harmony 完全に調和して

0209 charm
[tʃɑːm]
名 魅力
▸lose its charm 魅力を失う

0210 passive
[pǽsɪv]
形 受け身の
▸passive smoking 受動喫煙

0211 permanent
[pə́ːmənənt]
形 永続する，永久的な
▸permanent employment 終身雇用

0212 tariff
[tǽrɪf]
名 関税
▸tariffs on imports 輸入関税

0213 vital
[váɪtl]
形 重要な
▸play a vital role 重要な役割を果たす

0214 occupant
[ɔ́kjəpənt]
名 居住者
▸previous occupants 以前の居住者

0215 scenic
[síːnɪk]
形 景色の
▸scenic spots 景勝地，観光地

0216 scholarly
[skɔ́ləli]
形 学術的な
▸scholarly works 学術業績

0217 starve
[stɑːv]

動 飢える

▸starve to death 餓死する

0218 suspicious
[səspíʃəs]

形 怪しい

▸suspicious behaviour 不審な行動

0219 revenue
[révənjuː]

名 (団体や個人の) 収入, 歳入

▸tax revenue 税収

0220 advocate
[ǽdvəkət]

名 支持者

▸a passionate advocate 熱心な支持者

0221 signal
[sígnəl]

動 ～を示す, 合図する

▸signal the end of winter 冬の終わりを告げる

0222 insulting
[ɪnsʌ́ltɪŋ]

形 馬鹿にするような

▸make insulting remarks 侮辱的な発言をする

0223 abstract
[ǽbstrækt]

形 抽象的な

▸abstract concepts 抽象的な概念

0224 manuscript
[mǽnjəskrɪpt]

名 原稿

▸an original manuscript 元の原稿

0225 companion
[kəmpǽnjən]

名 (人や動物の) 仲間

▸traveling companions 旅行仲間

0226 inclined
[ɪnkláɪnd]

形 ～に心が傾いて

▸be inclined to agree 賛成に傾いている

0227 confront
[kənfrʌ́nt]

動 ～に直面する, 立ち向かう

▸confront the problem 問題に直面する

0228 cruel
[krúːəl]

形 残酷な

▸be cruel to animals 動物を虐待する

0229 deliver
[dɪlívə]

動 ～を配達する, (演説や講演を) 行う

▸deliver a lecture 講義を行う

0230 donate
[dəʊnéɪt]

動 ～を寄付する

▸donate $5 million 500万ドルを寄付する

0231 adolescence
[ædəlésəns]

名 思春期

▸during adolescence 思春期に

0232 cease
[siːs]

動 ～をやめる

▸cease attacks 攻撃を中止する

Chapter 1

0233 famine
[fǽmɪn]
名 飢饉
▸famine relief 飢餓救済

0234 fictional
[fíkʃənəl]
形 架空の
▸fictional events 架空の出来事

0235 perspective
[pəspéktɪv]
名 観点
▸from a global perspective
グローバルな観点から

0236 casualty
[kǽʒuəlti]
名 死傷者
▸heavy casualties 多数の死傷者

0237 controversial
[kɒntrəvə́:ʃəl]
形 論争的な
▸be highly controversial 大いに議論の余地がある

0238 hire
[haɪə]
動 ~をレンタルする，雇用する
▸hire a van バンをレンタルする

0239 fatigue
[fətíːg]
名 疲労
▸mental fatigue 精神的疲労

0240 negotiate
[nɪɡóʊʃieɪt]
動 ~を交渉する
▸negotiate a deal 取引の交渉をする

0241 consideration
[kənsìdəréɪʃən]
名 考慮事項，項目
▸considerations to bear in mind
念頭に置くべき項目

0242 reckless
[rékləs]
形 無謀な
▸reckless driving 無謀な運転

0243 penalise
[píːnəlaɪz]
動 ~を罰する
▸be severely penalised 厳しく罰せられる

0244 vote
[vəʊt]
名 票，投票
▸take a vote 採決を行う

0245 trivial
[tríviəl]
形 取るに足らない，ささいな
▸a trivial matter ささいなこと

0246 transfer
[trænsfə́:]
動 ~を移す，移動させる
▸transfer money overseas 海外に送金する

0247 cue
[kjuː]
名 手掛かり
▸visual cues 視覚的な手掛かり

0248 weaken
[wíːkən]
動 ~を弱める
▸weaken the economy 経済を弱体化させる

0249 recognition
[rèkəgníʃən]
名 認識，評価
▸worldwide recognition 世界的な評価

0250 worsen
[wə́ːsən]
動 ～を悪化させる
▸worsen the problem 問題を悪化させる

0251 context
[kɑ́ntekst]
名 状況，文脈
▸a historical context 歴史的背景

0252 magnificent
[mægnífəsənt]
形 壮大な
▸a magnificent view 壮大な景色

0253 rough
[rʌf]
形 大ざっぱな
▸a rough estimate 概算

0254 deficit
[défɪsɪt]
名 赤字
▸a trade deficit 貿易赤字

0255 worthwhile
[wə̀ːθwáɪl]
形 価値のある
▸a worthwhile experience 貴重な経験

0256 affectionate
[əfékʃənət]
形 愛情の込もった
▸an affectionate smile 愛情あふれる笑顔

0257 collapse
[kəlǽps]
動 崩壊する
▸completely collapse 完全に崩壊する

0258 countless
[káʊntləs]
形 数え切れない
▸countless excuses 度重なる言い訳

0259 defective
[dɪféktɪv]
形 欠陥のある
▸defective products 不良品

0260 presence
[prézəns]
名 存在感，威厳
▸establish a presence 存在感を確立する

0261 external
[ɪkstə́ːnl]
形 外部の
▸external pressure 外圧

0262 cast
[kɑːst]
動 ～を投げる
▸cast doubt on the result その結果を疑う

0263 factual
[fǽktʃuəl]
形 事実の
▸factual information 事実情報

0264 fame
[feɪm]
名 名声
▸fame and fortune 名声と富

Chapter 1

0265 swallow
[swɔ́ləu]
動 〜を信じる，受け入れる
▶hard to swallow 信じがたい

0266 intense
[inténs]
形 強烈な，激しい
▶intense heat 強烈な暑 [熱] さ

0267 agricultural
[ægrikʌ́ltʃərəl]
形 農業の
▶agricultural development 農業開発

0268 store
[stɔː]
動 〜を蓄える
▶store energy エネルギーを蓄える

0269 swift
[swíft]
形 早急の
▶take swift action 即座に行動を起こす

0270 merchant
[mɔ́ːtʃənt]
名 商人
▶timber merchants 材木商

0271 undertake
[ʌndətéik]
動 〜を引き受ける，着手する
▶undertake a project 計画に着手する

0272 caution
[kɔ́ːʃən]
名 注意
▶drive with caution 注意して運転する

0273 withstand
[wiðstǽnd]
動 〜に耐える
▶withstand earthquakes 地震に耐える

0274 genuine
[dʒénjuin]
形 本物の，心からの
▶a genuine interest 純粋な興味

0275 ratio
[réiʃiəu]
名 比率
▶a male to female ratio 男女比率

0276 miraculous
[mirǽkjələs]
形 奇跡の
▶a miraculous discovery 奇跡的な発見

0277 infinite
[ínfənət]
形 無限の
▶an infinite number 無数

0278 wilt
[wílt]
動 （葉が）しおれる
▶wilted plants しおれた植物

0279 intermediate
[intəmíːdiət]
形 中間の
▶an intermediate level 中級レベル

0280 give rise to
動 〜を引き起こす
▶give rise to violence 暴動を引き起こす

0281 ironic
[aɪrɒ́nɪk]

形 皮肉な

▸an ironic statement 皮肉っぽい発言

0282 auditory
[ɔ́ːdətəri]

形 聴覚の

▸auditory stimuli 聴覚刺激

0283 charitable
[tʃǽrətəbəl]

形 慈善の

▸charitable organisations 慈善団体

0284 correct
[kərékt]

動 ～を訂正する

▸correct spelling errors スペルミスを直す

0285 edit
[édɪt]

動 ～を編集する

▸edit a draft 草稿を編集する

0286 institution
[ìnstɪtjúːʃən]

名 (大規模な) 団体，機関

▸educational institutions 教育機関

0287 evil
[íːvəl]

形 悪い

▸evil deeds 悪行

0288 arise
[əráɪz]

動 生じる

▸arise from the conflict 対立から生じる

0289 portable
[pɔ́ːtəbəl]

形 持ち運びのできる，携帯用の

▸a portable gas stove 携帯用ガスレンジ

0290 forthcoming
[fɔ̀ːθkʌ́mɪŋ]

形 間近の，近づいている

▸forthcoming books 発売間近の本，近刊書

0291 expedition
[èkspədíʃən]

名 遠征，探検

▸go on an expedition 探検に出る

0292 memorial
[məmɔ́ːriəl]

形 追悼の

▸memorial service 追悼式，告別式

0293 at large

熟 全体としての

▸society at large 社会全体

0294 miserable
[mízərəbəl]

形 みじめな

▸a miserable life みじめな生活

0295 at the mercy of

熟 ～のなすがままで

▸at the mercy of the weather
天候のなすがままで

0296 dye
[daɪ]

動 ～を染める

▸dye fabric 布を染める

0297 jot down

動 ～を書き留める

▶jot down a few notes 少しメモを取る

0298 noble

[nóubəl]

形 高潔な，崇高な

▶noble ideals 崇高な理想

0299 earnest

[ə́ːnɪst]

形 真剣な，熱心な

▶speak in earnest 熱弁する

0300 duration

[djʊréɪʃən]

名 継続期間 [時間]

▶the duration of the game 試合時間

 ここに注目 「自然＝ nature」ではない？

　スピーキングで自分の住んでいる場所やホームタウンについて話す際に，「自然がたくさんあります」と言おうとして There's a lot of nature. のように答える人が多くいます。しかしながら，日本人の思う「自然」と英語の nature との間にはずれがあります。nature は広大な大地や原生林，山々に囲まれた湖などの「大自然」を指します。つまり nature と聞くと，多くのネイティブは natural beauty，countryside，landscape，wildlife，rainforest といった語をイメージするのです。よって次のように答えると不自然に聞こえます。

（▲）I currently live in Shinjuku, Tokyo. There's **a lot of nature** near my flat, and it's close to things like cafes, a cinema and a shopping mall.

日本人が伝えたい「自然」は nature ではなく **greenery**（木々や植物）や **green space**（芝生が広がる広場）のことであり，単に park だけでも事足りる場合がほとんどです。よって上記の英文は次のように表現すると自然に響きます。

（○）I currently live in Shinjuku, Tokyo. There's a lot of **greenery** [**green space**] near my flat, and it's close to things like cafes, a cinema and a shopping mall.

0301 brisk
[brɪsk]
形 きびきびした
▸go for a brisk walk きびきびと歩く

0302 declare
[dɪkléə]
動 ～を宣言する
▸declare independence 独立を宣言する

0303 vigorous
[vígərəs]
形 精力的な，活発な
▸vigorous exercise 激しい運動

0304 concise
[kənsáis]
形 簡潔な
▸a concise summary 要約

0305 phenomenon
[fɪnɔ́mənən]
名 現象
▸a global phenomenon 世界的な現象

0306 forgive
[fəgív]
動 ～を許す
▸forgive his rude behaviour
彼の失礼な振る舞いを許す

0307 give off
動 ～を発する
▸give off heat 熱を発する

0308 halfway
[hɑ̀:fwéɪ]
副 途中で，中間で
▸halfway through 半分終えて

0309 noticeable
[nóʊtəsəbəl]
形 目立つ，顕著な
▸noticeable improvements 目に見える改善

0310 omit
[əʊmít]
動 ～を除外する，削除する
▸omit details 詳細を省く

0311 awareness
[əwéənəs]
名 認識，自覚
▸raise public awareness 国民の意識を高める

0312 forbid
[fəbíd]
動 ～を禁止する
▸be strictly forbidden 厳格に禁止されている

0313 profession
[prəféʃən]
名 職業
▸teaching profession 教職

0314 upgrade
[ʌpgréɪd]
動 ～の性能を高める
▸upgrade facilities 施設を改装する

0315 tip
[tɪp]
名 ヒント，チップ
▸useful tips 役に立つヒント

0316 virtually
[vɜ́:tʃuəli]
副 事実上
▸be virtually impossible 事実上不可能である

0317 bunch
[bʌntʃ]
名 束
▸a bunch of flowers 花束

0318 catchy
[kǽtʃi]
形 覚えやすい
▸a catchy tune 覚えやすいメロディー

0319 federal
[fédərəl]
形 連邦の
▸a federal republic 連邦共和国

0320 overview
[óuvəvjuː]
名 概観, 全体像
▸a historical overview 歴史的概観

0321 significant
[sɪɡnífɪkənt]
形 重大な, 大幅な
▸a significant influence 重大な影響

0322 perceive
[pəsíːv]
動 ～を知覚する
▸perceive a difference 違いに気づく

0323 bond
[bɒnd]
名 絆, 結びつき
▸create a powerful bond 強い絆を築く

0324 disturbing
[dɪstə́ːbɪŋ]
形 不安にさせる
▸disturbing behaviour 不安にさせるような態度

0325 eligible
[élɪdʒəbəl]
形 資格のある
▸be eligible for entry 参加資格がある

0326 expire
[ɪkspáɪə]
動 期限が切れる, 満了する
▸be due to expire 期限が切れる予定である

0327 bustling
[bʌ́səlɪŋ]
形 にぎやかな
▸a bustling street 活気あふれる通り

0328 mortality
[mɔːtǽləti]
名 死亡率
▸infant mortality rate 乳児死亡率

0329 liberal
[líbərəl]
形 偏見のない, 寛大な
▸liberal values 偏見のない価値観

0330 sarcastic
[sɑːkǽstɪk]
形 皮肉な
▸make sarcastic remarks 嫌みを言う

0331 nominate
[nɒ́məneɪt]
動 ～を指名 [任命] する
▸nominate him as director 彼を役員に任命する

0332 plain
[pléɪn]
形 シンプルな, 質素な
▸speak in plain English 平易な英語で話す

0333 outcome
[áʊtkʌm]

名 結果

▸positive outcomes 良好な結果

0334 discrimination
[dɪskrìmənéɪʃən]

名 差別

▸racial discrimination 人種差別

0335 readily
[rédəli]

副 たやすく

▸readily available 簡単に手に入る

0336 sort out
[sɔːt]

動 ~を整理する，解決する

▸sort out the problem その問題を解決する

0337 direct
[dərékt]

動 ~を向ける

▸direct attention to him 彼に注意を向ける

0338 succeeding
[səksíːdɪŋ]

形 続いて起こる

▸succeeding generations 後世

0339 literature
[lítərətʃə]

名 文献，文学

▸the scientific literature 科学文献 [論文]

0340 bloom
[bluːm]

動 花が咲く

▸a blooming garden 花盛りの庭園

0341 account
[əkáʊnt]

名 記述，説明

▸a brief account 簡潔な説明

0342 gathering
[gǽðərɪŋ]

名 集まり

▸a family gathering 家族の集まり

0343 procession
[prəséʃən]

名 行列

▸a funeral procession 葬列

0344 thinly
[θínli]

副 薄く，まばらに

▸a thinly populated area 人口がまばらな地域

0345 ambiguous
[æmbígjuəs]

形 曖昧な

▸ambiguous rules 曖昧なルール

0346 remains
[rɪméɪnz]

名 遺跡

▸ancient remains 古代遺跡

0347 bureaucratic
[bjùərəkrǽtɪk]

形 官僚的な

▸bureaucratic procedures 形式的な手続き

0348 bury
[béri]

動 ~を埋める

▸be buried underground 地中に埋められる

Chapter 1

0349 communal
[kómjənəl]
形 共同の
▶communal living 共同生活

0350 creep
[kri:p]
動 ゆっくり動く
▶creep downstairs 忍び足で階段を下りる

0351 edible
[édəbəl]
形 食べられる
▶edible plants 食用植物

0352 authority
[ɔːθɔ́rəti]
名 権力，機関
▶government authorities 政府機関

0353 gadget
[gǽdʒɪt]
名 (小型の) 機器
▶high-tech gadgets ハイテク機器

0354 intricate
[íntrɪkət]
形 入り組んだ
▶intricate patterns 複雑な模様

0355 invaluable
[ɪnvǽljuəbəl]
形 非常に有益な
▶invaluable advice 非常に有益なアドバイス

0356 lessen
[lésən]
動 ~を少なくする
▶lessen the impact 衝撃を弱める

0357 nourish
[nʌ́rɪʃ]
動 ~に栄養を与える
▶nourish the skin 肌に栄養を与える

0358 interpretation
[ɪntɜ̀:prɪtéɪʃən]
名 解釈
▶be open to interpretation 様々な解釈が可能である

0359 trait
[treɪt]
名 特徴，特性
▶personality traits 人の特性

0360 hilarious
[hɪléəriəs]
形 とても面白い
▶a hilarious joke とても面白いジョーク

0361 split
[splɪt]
動 ~を裂く，分割する
▶split the bill 割り勘にする

0362 strive
[straɪv]
動 努力する
▶strive for success 成功するよう努力する

0363 symbolise
[símbəlaɪz]
動 ~を象徴する
▶symbolise courage 勇気を象徴する

0364 utilise
[júːtəlaɪz]
動 ~を利用する
▶utilise resources 資源を利用する

0365 resemblance
[rɪzémbləns]
名 類似（点）
▶a strong resemblance　よく似ていること

0373 sovereignty
[sɔ́vrənti]
名 統治（権）
▶claim sovereignty　統治権を主張する

0366 substandard
[sʌ̀bstǽndəd]
形 標準以下の
▶of substandard quality　低品質の

0374 colloquial
[kəlóukwiəl]
形 話し言葉の
▶colloquial expressions　口語表現

0367 standardised
[stǽndədaɪzd]
形 標準化された
▶a standardised test　統一テスト

0375 first-hand
[fɜ́ːst-hǽnd]
形 直接の
▶first-hand experience　直接的な体験

0368 accredited
[əkrédɪtɪd]
形 公認の
▶an accredited qualification　公認資格

0376 draw up
動 （計画などを）練る
▶draw up a plan　計画を練る

0369 patronage
[pǽtrənɪdʒ]
名 （金銭的）支援，後援
▶patronage of the arts　芸術への支援

0377 fragrant
[fréɪɡrənt]
形 香りのいい
▶fragrant herbs　芳草

0370 commonplace
[kɔ́mənpleɪs]
形 普通の
▶become commonplace　当たり前になる

0378 acquaintance
[əkwéɪntəns]
名 知り合い
▶business acquaintances　仕事上の知り合い

0371 demographics
[dèməɡrǽfɪks]
名 人口統計（学）
▶changing demographics　変化している人口統計

0379 persuasive
[pəswéɪsɪv]
形 説得力のある
▶persuasive arguments　説得力のある主張

0372 cherish
[tʃérɪʃ]
動 ～を大切にする
▶cherished possessions　大切な持ち物

0380 stiff
[stɪf]
形 堅い，厳しい
▶stiff competition　厳しい競争

0381 snag
[snæg]

名 トラブル，障害

▶hit a snag トラブルが発生する

0382 hemisphere
[héməsfɪə]

名 半球

▶the northern hemisphere 北半球

0383 unpleasant
[ʌnplézənt]

形 不快な，不愉快な

▶an unpleasant smell 不快な臭い

0384 clutter
[klʌ́tə]

動 ～を散らかす

▶a cluttered room 散らかった部屋

0385 ethic
[éθɪk]

名 倫理（観）

▶a code of ethics 倫理規定

0386 demanding
[dɪmá:ndɪŋ]

形 （仕事や要求が）きつい

▶a demanding job きつい仕事

0387 fortnight
[fɔ́:tnaɪt]

名 2週間

▶a fortnight ago 2週間前に

0388 monotonous
[mənɒ́tənəs]

形 単調な

▶a monotonous task 単調な作業

0389 misplace
[mìspléɪs]

動 ～を置き忘れる

▶misplace my key 鍵をどこかに置き忘れる

0390 attire
[ətáɪə]

名 服装

▶appropriate attire ふさわしい服装

0391 come in for

動 （批判など）を受ける

▶come in for criticism 批判を受ける

0392 dairy
[déəri]

形 酪農の，乳製品の

▶dairy products 乳製品

0393 decide on

動 ～を決める

▶decide on the topic トピックを決める

0394 transaction
[trænzǽkʃən]

名 （商業上の）業務，取引

▶business transactions 商取引

0395 indebted
[ɪndétɪd]

形 恩義がある，借金がある

▶be deeply indebted to her
彼女に深く感謝している

0396 epoch
[í:pɒk]

名 （歴史上重要な）時代

▶the end of an epoch 時代の終わり

0397 endorse
[ɪndɔ́ːs]

動 ～を承認する，支持する

▶endorse a proposal 提案を承認する

0398 illegible
[ɪlédʒəbəl]

形 読みにくい

▶illegible handwriting 読みにくい筆跡

0399 enclose
[ɪnklóʊz]

動 ～を取り囲む

▶an enclosed space 密閉空間

0400 chronological
[krɒnəlɒ́dʒɪkəl]

形 年代順の

▶in chronological order 年代順に

 ここに注目 もう間違えない！ 可算名詞と不可算名詞

　可算名詞と**不可算名詞**の使い分けはとても重要で，特に多いのが不可算名詞に関するミスです。以下に，使用する機会の多い不可算名詞をまとめました。これらの語は一部の例外を除き，a や an がついたり，複数形になったりすることはありません。

環境系	garbage, traffic, energy, pollution, waste, transport
状態系	knowledge, motivation, stress, fun, health, support, damage
情報系	information, evidence, advice, feedback, news, entertainment
集合名詞	equipment, accommodation, baggage, furniture, machinery

　さらに，多くの方が使い分けを曖昧にしがちな，**experience**，**culture**，**technology** の3語を取り上げます。「概念」や「無形の名詞」として考える場合は**不可算**，種類や数について言及する場合は**可算名詞**となります。

- **experience**： Work **experience** is required for the position. 【概念】
　　　　　　　　 Studying abroad will be a great **experience**. 【1 回の経験】
- **culture**： Language and **culture** are closely linked to each other. 【概念】
　　　　　　 It is important to learn about different **cultures**. 【文化の種類】
- **technology**： **Technology** has significantly changed our lives. 【概念】
　　　　　　　　 Various new **technologies** are used here. 【技術の種類】

Chapter 1

0401 methodology

[mèθədɔ́lədʒi]

名 (学術的な) 方法 (論)

▶research methodology 研究方法

0402 novice

[nɔ́vɪs]

名 初心者，素人

▶a complete novice 全くの素人

0403 amend

[əménd]

動 (法律や文書を) 一部修正する，変更する

▶amend the document 文書に変更を加える

0404 thorough

[θə́rə]

形 徹底的な

▶a thorough analysis 徹底的な分析

0405 approachable

[əpróutʃəbəl]

形 親しみやすい

▶an approachable nature 親しみやすい性格

0406 motive

[móutɪv]

名 動機

▶an ulterior motive 下心，たくらみ

0407 documentary

[dɒkjəméntəri]

形 文書の

▶documentary evidence 証拠書類

0408 favourable

[féɪvərəbəl]

形 好都合な

▶favourable outcomes 好ましい結果

0409 herbal

[hə́:bəl]

形 草の

▶herbal medicine 薬草

0410 vague

[veɪg]

形 曖昧な

▶have a vague idea よくわからない

0411 interfere with

[ìntəfíə]

動 〜を妨げる

▶interfere with family life 家庭生活に支障をきたす

0412 industrialised

[ɪndʌ́striəlaɪzd]

形 産業 [工業] 化した

▶industrialised nations 先進諸国

0413 paramount

[pǽrəmaunt]

形 最重要の

▶of paramount importance 最も重要な

0414 value

[vǽlju:]

名 価値

▶be of significant value かなり価値がある

0415 belonging

[bɪlɔ́ŋɪŋ]

名 所有物

▶personal belongings 私物

0416 sufficient

[səfíʃənt]

形 十分な

▶sufficient time 十分な時間

0417 to date

熟 今まで

▸the best work to date 今までで最高の作品

0418 build

[bíld]

動 (関係や考え方を) 作る，築く

▸build teamwork spirit チームワークの精神を築く

0419 vision

[víʒən]

名 先見の明，展望

▸a clear vision of the future 具体的な将来の見通し

0420 complimentary

[kɔ̀mpləméntəri]

形 無料の

▸a complimentary ticket 招待 [優待] 券

0421 shortcoming

[ʃɔ́ːtkʌ̀mɪŋ]

名 欠点，欠陥

▸obvious shortcomings 明らかな欠陥

0422 filthy

[fílθi]

形 汚い，不潔な

▸a filthy kitchen 汚いキッチン

0423 pharmaceutical

[fɑ̀ːməsjúːtɪkəl]

形 製薬の

▸a pharmaceutical company 製薬会社

0424 float

[flóʊt]

動 浮かぶ

▸float in the air 空中に浮かぶ

0425 make-believe

[méɪk-bəliːv]

名 見せかけ

▸a world of make-believe 架空の世界

0426 cliché

[klíːʃeɪ]

名 決まり文句

▸an old cliché 昔からある決まり文句

0427 discord

[dískɔːd]

名 不和

▸family discord 家庭内不和

0428 interpersonal

[ìntəpə́ːsənəl]

形 対人の

▸interpersonal skills 対人能力

0429 linguistic

[lɪŋgwístɪk]

形 言語の

▸linguistic development 言語発達

0430 solitude

[sɔ́lɪtjuːd]

名 孤独

▸live in solitude 独りで暮らす

0431 specification

[spèsɪfɪkéɪʃən]

名 仕様書，説明事項

▸product specifications 製品仕様書

0432 dim

[dɪm]

形 薄暗い

▸read in dim light 薄暗い所で読書をする

Chapter 1

0433 rite
[raɪt]
名 (宗教上の) 行事，儀式
▶rite of passage 節目となる出来事

0434 adopt
[ədɑ́pt]
動 ～を採用する，養子にする
▶adopt a new policy 新しい政策を採用する

0435 petition
[pətíʃən]
名 嘆願 (書)
▶sign a petition 嘆願書に署名する

0436 thermal
[θə́:məl]
形 熱の，温度の
▶thermal energy 熱エネルギー

0437 uniform
[júːnəfɔːm]
形 同一の
▶be uniform in size サイズが均一である

0438 unify
[júːnɪfaɪ]
動 ～を統一する
▶unify the country 国を統一する

0439 unwanted
[ʌnwɑ́ntɪd]
形 望まれていない，不必要な
▶unwanted items 不要な物

0440 misguided
[mɪsɡáɪdɪd]
形 見当違いの
▶a misguided policy 見当違いの政策

0441 conditional
[kəndíʃənəl]
形 条件付きの
▶conditional approval 条件付き認可

0442 framework
[fréɪmwɜːk]
名 構造，枠組み
▶a social framework 社会の枠組み

0443 recall
[rɪkɔ́ːl]
動 ～を思い出す
▶recall the past 昔を思い出す

0444 winding
[wáɪndɪŋ]
形 曲がりくねった，らせん状の
▶a winding road 曲がりくねった道路

0445 monarchy
[mɑ́nəki]
名 君主制
▶abolish the monarchy 君主制を廃止する

0446 influential
[ɪnfluénʃəl]
形 影響力のある
▶an influential leader 影響力のあるリーダー

0447 botanical
[bətǽnɪkəl]
形 植物に関する
▶a botanical garden 植物園

0448 offspring
[ɔ́fsprìŋ]
名 (人や動物の) 子
▶bear offspring 子供を産む

0449 compile
[kəmpáɪl]

動 ~を編さん [編集] する

▶compile a dictionary 辞書を編さんする

0450 confess
[kənfés]

動 白状する，認める

▶confess to a crime 犯行を認める

0451 discourage
[dɪskə́rɪdʒ]

動 ~を妨げる，落胆させる

▶discourage immigration 移民政策を妨げる

0452 multiple
[mʌ́ltəpəl]

形 多数の

▶multiple job offers 多数の仕事の依頼 [内定]

0453 graze
[greɪz]

動 (家畜が) 草を食べる

▶graze in the pasture 牧場で草を食べる

0454 mediate
[míːdieɪt]

動 ~を調停する，仲裁する

▶mediate disputes 論争を仲裁する

0455 savvy
[sǽvi]

形 よく知っている

▶tech-savvy children テクノロジーに詳しい子供

0456 pastime
[pǽstaɪm]

名 (大衆的な) 娯楽

▶Japan's national pastime 日本の国民的娯楽

0457 simultaneously
[sìməltéɪniəsli]

副 同時に

▶simultaneously translate 同時通訳をする

0458 for good

熟 永遠に

▶last for good 永遠に続く

0459 trap
[træp]

動 ~を閉じ込める

▶trap heat 熱を閉じ込める

0460 blow
[bləʊ]

名 打撃

▶a blow to the economy 経済への打撃

0461 make do with

動 ~で間に合わせる

▶make do with a packed lunch
弁当で間に合わせる

0462 courteous
[kə́ːtiəs]

形 礼儀正しい，丁寧な

▶a courteous manner 礼儀正しい態度

0463 herd
[hɜːd]

名 群れ

▶a herd of elephants 象の群れ

0464 hereditary
[hərédətəri]

形 遺伝性の

▶a hereditary disease 遺伝性の病気

Chapter 1

0465 round off

動 ～を締めくくる，終える

▶round off my speech スピーチを締めくくる

0466 tacit
[tǽsɪt]

形 暗黙の

▶a tacit agreement 暗黙の了解 [同意]

0467 pointer
[pɔ́ɪntə]

名 アドバイス，ヒント

▶a useful pointer 役に立つアドバイス

0468 finalise
[fáɪnəlaɪz]

動 ～を終わらせる，まとめる

▶finalise a contract 契約をまとめる

0469 agenda
[ədʒéndə]

名 課題，議題

▶at the top of the agenda 最重要課題で

0470 mindset
[máɪndset]

名 考え方，判断基準

▶change my mindset 考え方を変える

0471 futuristic
[fjùːtʃərístɪk]

形 未来の

▶futuristic architecture 未来を感じる建築物

0472 interchangeable
[ìntətʃéɪndʒəbəl]

形 交換できる

▶interchangeable phrases 交換可能なフレーズ

0473 allergic
[ələ́ːdʒɪk]

形 アレルギーのある，大の苦手な

▶allergic reaction アレルギー反応

0474 terminology
[tə̀ːmənɔ́lədʒi]

名 専門用語

▶medical terminology 医学用語

0475 misleading
[mɪslíːdɪŋ]

形 誤解を招く

▶misleading information 誤解を招く情報

0476 simplify
[símplɪfaɪ]

動 ～を単純化する

▶simplify matters 問題を単純化する

0477 single out

動 ～を選び出す

▶be singled out for an award 賞に選ばれる

0478 deliberate
[dɪlíbərət]

形 意図的な

▶a deliberate attempt 意図的な試み

0479 handsome
[hǽnsəm]

形 （金額などが）かなりの

▶a handsome profit かなりの利益

0480 hectic
[héktɪk]

形 すごく忙しい

▶a hectic week ドタバタの1週間

0481 look into

動 ～を調査 [検討] する

▸look into the issue その問題を調査する

0482 managerial

[mǽnədʒíəriəl]

形 経営上の，管理者の

▸a managerial position 管理職

0483 badly

[bǽdli]

副 ひどく

▸be badly damaged 深刻な被害を受ける

0484 proponent

[prəpóunənt]

名 支持者

▸a strong proponent 強力な支持者

0485 rewarding

[rɪwɔ́ːdɪŋ]

形 有益な，やりがいのある

▸a rewarding experience 有益な経験

0486 dawn

[dɔ́ːn]

名 幕開け，夜明け

▸the dawn of a new era 新時代の幕開け

0487 purely

[pjúəli]

副 全く，単に

▸purely for pleasure 単なる楽しみのために

0488 in-house

[in-háus]

形 社内の，組織内の

▸all made in-house すべて自社製造で

0489 improbable

[ɪmpróbəbəl]

形 ありそうもない

▸an improbable story ありそうもない話

0490 substantial

[səbstǽnʃəl]

形 (数量や変化が) 相当な，かなりの

▸substantial changes 大きな変化

0491 gather

[gǽðə]

動 推測する，集合する

▸from what I gather 私の推測では

0492 fuzzy

[fʌ́zi]

形 ぼんやりとした

▸fuzzy images ぼんやりとした印象

0493 pool

[puːl]

動 (情報や資金を) 集めて共有する

▸pool information 情報を集めて共有する

0494 debatable

[dɪbéɪtəbəl]

形 議論すべき

▸a debatable point 論点

0495 attention

[əténʃən]

名 気配り，手当て

▸receive medical attention 治療を受ける

0496 rigid

[rídʒɪd]

形 厳格な

▸rigid rules 厳格なルール

053

Chapter 1

0497
hub
[hʌ́b]

名 (活動の) 中心地，拠点

▸the business hub ビジネスの中心地

0499
apprenticeship
[əpréntəʃɪp]

名 見習い，研修

▸serve an apprenticeship 研修を積む

0498
sceptical
[sképtɪkəl]

形 疑い深い，懐疑的な

▸be sceptical of the data データを疑っている

0500
vanish
[vǽnɪʃ]

動 消える

▸vanish into thin air 跡形もなく消える

 ここに 注目 留学するメリットって？

　一般的に留学のメリットと言えば「英語が話せるようになる」，「異文化交流ができる」，「就職に有利」などが思い浮かぶと思います。しかし，私が考える留学の最大のメリットは，「**自分の中で基準が上がる**」ということです。

　私が留学したのは 28 歳の時で，アプライ時の IELTS のスコアは 7.0 でした。日本では比較的英語力が高い方だったのですが，その自信は一瞬で打ち砕かれました。院に入るための大学院準備コースでさえ優秀な人たちが多く，さらに，院に入ると IELTS 8.0 以上の人たちもいて，彼らの英語力に圧倒された記憶があります。

　また，留学の目的もさまざまで，国家の代表として英語教育プログラムを作る基礎を学ぶため，自国の医療技術発展のため，といった強い覚悟を持った人たちが多くいました。そういった人たちは，朝 9 時から夜の 11 時までずっと図書館で勉強をしていて，長期休暇中でさえ誰もいない図書館で 1 日中勉強をしていました。最も印象的だったのは，あるノンネイティブの女性でした。彼女はレクチャーホールの最前列に座り，周りのネイティブを凌駕するほどの的確な発言をし，教授から称賛されていたのを覚えています。

　こういった人たちを目の当たりにすると自分の頑張りがしょぼく感じられるようになり，感化された結果，2 年目には 1 日に 10 時間図書館で勉強することが習慣になりました。他人から「君まだまだだね」と言われると不快に感じる人も多いと思いますが，自分の肌で力不足を実感すると，「やらないとヤバイ，よしやろう！」という気持ちが湧いてきます。

　ぜひ，みなさんも日本では味わうことのできない，世界レベルのプレッシャーを味わいに行ってみてください。

こ こ に 注目 Google imageを使って語彙力UP！

　語彙の記憶力を高め，正確な語彙のイメージをつかむ最適なツールにGoogle Image（グーグル画像検索）があります。文字による暗記に加え，写真やイラストなどの画像を交えながら覚えると記憶の定着率が高まり，また，単語が持つ本来の意味を理解することができるので，日本語との違いを知ることもできます。それでは，実際に体験していただきましょう。次の単語と日本語訳を見て，そのイメージを頭の中に思い浮かべてください。

　　・**shrub**（低木）・**cascade**（小滝）・**atrium**（ビルの吹き抜けの広い空間）
　　・**hinge**（ちょうつがい：ドアや箱のふたを開閉するために取り付ける金具）

　すべて語の画像がクリアにイメージできましたか？　できなかった人はパソコンやスマホを使って，Google imageで検索してみてください。確かめた人は思い描いていた画と一致していましたか？　多くの方が「なるほどこれのことか！」と思われたのではないでしょうか。

　引き続き，Google imageを使って単語のチェックをしてみましょう。次の4つの語のイメージを頭の中で描いてください。

　　・**veranda**（ベランダ）・**barn**（納屋）・**countryside**（農村地）・**canopy**（天蓋）

　では，それぞれの語を検索してみてください。思い描いた画と違ったものはありましたか？　例えば3つ目のcountrysideは一般的に「田舎」と訳されますが，日本人がイメージする田舎とは隔たりがあります。日本人一般がイメージするcountrysideは，例えば北海道の牧場だったり牧歌的な田園だったりします。ですが，ほとんどの場合，日本人の言いたい田舎は「都心から離れた郊外」のことなので，live in the suburbsやlive on the outskirtsと表現します（田舎レベルはsuburbs → outskirts → countrysideの順に高くなります）。

　また，検索したいワードの後ろに〈半角スペース＋特定の地域・国名〉を入れると，そこに住んでいる人たちがそのワードにどういったイメージを持っているのかを知ることができます。例えばhot spring Europeで検索すると，ヨーロッパの人々が思い描く「温泉」のイメージを見ることができます。ですので，辞書で意味を調べてもなかなかイメージがつかめないときには，Google imageを活用して，記憶のさらなる定着と語の持つ文化的なイメージ理解を深めてみましょう！

Chapter 1

0501	**good** [gʊd] □ □ 形 ① 理にかなった　② かなりの	❶ show good evidence 根拠のある証拠を示す ❷ a good number of years ago かなり昔に 🔄 ①reasonable, sensible 　　②considerable

That's a good question. は「いい質問だね」ではなく、「鋭い質問だね」という意味。

0502	**friendly** [frendly] □ □ 形 やさしい，使いやすい	❶ environmentally-friendly products 　環境にやさしい製品 ❷ a user-friendly app 使いやすいアプリ 🔄 helpful, easy

通常，-friendly のように複合的に使われる。

0503	**challenge** [tʃǽləndʒ] □ □ 名 課題，困難	❶ economic challenges 経済問題 ❷ take on new challenges 新しいことに挑戦する 🔄 problem, difficulty

動詞の challenge（〜に異議を唱える）は，disagree や deny で言い換え可能。

0504	**fine** [faɪn] □ □ 形 ①立派な　② かすかな　③ 繊細な	❶ her finest work 彼女の最高傑作 ❷ a fine line わずかな違い ❸ fine pottery 壊れやすい陶器 🔄 ①impressive ②subtle ③delicate

the fine arts（美術）は，painting, sculpture, drawing などの「芸術形態」を指す。

0505	**practice** [prǽktɪs] □ □ 名 ① 慣習，慣行　②（専門職の）業務	❶ farming practices 農法 ❷ the practice of law 弁護士の業務 🔄 ①method ②profession

🔥 in practice 実際のところ

0506	**bear** [beə] □ □ 動 ①（責任や義務を）負う 　②（性質を）持つ	❶ bear the responsibility 責任を負う ❷ bear little resemblance to reality 現実には程遠い 🔄 ①shoulder ②take on

bear - bore - born と不規則変化する。

0507	**ancestor** [ǽnsəstə] □ □ 名 祖先	❶ a common ancestor 共通の祖先 ❷ ancestor of worship 祖先崇拝 🔄 forebear

リスニングとリーディングで超頻出。descendant（子孫）も覚えておこう！

0508	**competitive** [kəmpétətɪv] □ □ 形 ① 競争の　②競争力のある	❶ a competitive spirit 競争心 ❷ a competitive price 他社に負けない価格 🔄 ①combative, ambitious 　　②reasonable

「競争心」は competitiveness や a sense of competition で表現することも可能。

0509 acquire
[əkwáɪə]

動 ～を獲得する，習得する

❶ acquire a foreign language 外国語を身に付ける
❷ acquire a taste for classical music
クラシック音楽が好きになる

🛢 obtain, gain, attain

get のフォーマルな語でライティング向き。　🔗 acquisition　名 習得，吸収

0510 desperate
[déspərət]

形 必死の，死に物狂いの

❶ a desperate attempt 必死の試み
❷ in desperate need of financial support
経済支援が是が非でも必要で

🛢 hopeless, frantic

「やらなければサバイブできない」というような，必死さや悲壮感の強い語。

0511 promising
[prɑ́məsɪŋ]

形 将来有望な

❶ a promising actor 将来有望な俳優
❷ promising research 将来性のある研究

🛢 hopeful, with potential

🔗 promise　名 有望さ ▶show promise（有望である）

0512 revolution
[revəlúːʃən]

名 革命，大改革

❶ a revolution in science 科学における大きな変革
❷ the Industrial Revolution 産業革命

🛢 dramatic change, complete shift

🔗 revolve　動 回転 [周回] する　revolutionise　動 ～を大改革する

0513 threat
[θret]

名 脅威

❶ under threat of extinction 絶滅の脅威にさらされて
❷ pose a threat 脅威をもたらす

🛢 menace, peril, hazard

🔗 threaten　動 ～を脅迫する　life-threatening　形 生命を脅かすような

0514 unique
[juːníːk]

形 ① 特別な　② ほかにはない

❶ a unique opportunity またとない機会
❷ wildlife unique to the island
その島でしか見られない野生生物

🛢 ①special ②typical, distinctive

日本語の「ユニーク」とは少しニュアンスが異なる。

0515 acceptable
[əkséptəbəl]

形 許容できる

❶ acceptable standards 許容可能な水準
❷ morally and socially acceptable
道徳的，社会的に許容できる

🛢 fair, good enough, adequate

🔄 unacceptable　形 受け入れ難い

0516 acknowledge
[əknɑ́lɪdʒ]

動 ① ～を認める　② ～に感謝する

❶ acknowledge the significance 重要性を認める
❷ acknowledge her contribution
彼女の貢献に感謝する

🛢 accept, recognise

🔗 acknowledgement　名 感謝 ▶in acknowledgement of（～への感謝の印として）

0517 historical
[hɪstɔ́rɪkəl]

形 歴史に関する

❶ historical events 歴史上の出来事

🄢 past, ancient

🖉 historic 形 歴史的に重要な ▶a historic moment（歴史的瞬間）

0518 quality
[kwɔ́ləti]

名 ①質 ②特徴，性質

❶ improve the quality of life 生活の質を向上させる
❷ leadership qualities リーダーの素質

🄢 ①level, value ②feature, attribute

quality services（質の高いサービス）のように，形容詞としても使われる。

0519 attach
[ətǽtʃ]

動 ①（〜に重きを）置く
②（愛着を）持たせる

❶ attach importance to quality 質を重視する
❷ become attached to football
サッカーが好きになる

🄢 fix, connect, fasten

🖉 attachment 名 愛着 ▶an emotional attachment to the watch（その腕時計への愛着）

0520 dominant
[dɔ́mɪnənt]

形 優勢な，支配的な

❶ become increasingly dominant ますます優勢になる
❷ non-dominant hand 利き手でない方の手

🄢 governing, powerful

🖉 dominance 名 支配，優勢

0521 calculate
[kǽlkjəleɪt]

動 〜を推定する，計算する

❶ calculate the costs and benefits
メリットとデメリットを推測する

🄢 plan, quantify

🖉 calculating 形 抜け目のない　calculated 形 計算された

0522 capture
[kǽptʃə]

動 ① 〜を獲得する　② 〜を引きつける

❶ capture the largest share 最大のシェアを獲得する
❷ capture the imagination 興味をかき立てる

🄢 occupy, seize, trap

catch とは異なり，「逃げないようにしっかりと捕まえる」というニュアンス。

0523 come across

動 〜を偶然見つける

❶ come across an interesting article
偶然面白い記事を見つける

🄢 run across, run into

🖉 come across as ＋形容詞 〜のような印象を与える

0524 conduct
[kəndʌ́kt]

動 〜を行う，実施する

❶ conduct an experiment 実験を行う
❷ conduct an orchestra オーケストラを指揮する

🄢 carry out, implement

🖉 conduct 名 行為，振る舞い ▶a code of conduct（行動規範）

0525

efficient
[ɪfíʃənt]

❶ cost and time efficient コストと時間の効率が良い
❷ fuel-efficient vehicles 燃費の良い車

形 効率の良い

Ⓢ **well-organised, economical**

意味のよく似た effective は,「効果的な＝ successful」という意味。

0526

victim
[víktɪm]

❶ disaster victims 被災者
❷ fall victim to the hurricane ハリケーンの犠牲になる

名 犠牲者, 被害者

Ⓢ **sufferer, target**

fashion victim とは,「似合ってないのに流行のファッションを身に付けている人」のこと。

0527

earn
[ɜːn]

❶ earn a degree 学位を取得する
❷ earn him fame and fortune 彼に名声と富をもたらす

動 (金や名声などを) 獲得する

Ⓢ **obtain, deserve, merit**

🔗 earner 名 稼ぎ手　earnings 名 報酬, 賃金

0528

enhance
[ɪnhɑːns]

❶ enhance the reputation of the film
　その映画の評価を上げる
❷ enhance job prospects 仕事を得る見込みを高める

動 (質や能力を) 高める, 向上させる

Ⓢ **improve, upgrade**

improve とは異なり,「良い物をさらに良くする」という意味。

0529

make a difference

❶ make a huge difference to teamwork
　チームワークにとって非常に重要である

動 影響が大きい, 重要である

Ⓢ **have a significant effect**

a の代わりに, no (全く重要でない) や little (ほとんど重要でない) もよく使われる。

0530

favour
[féɪvə]

❶ have a lot in its favour 有利な点が多い
❷ argue in favour of her 彼女に賛成の主張をする

名 支持, 有利な点

Ⓢ **support, advantage, approval**

🔗 favourable 形 有益な, 好都合な ▶favourable conditions (好都合な条件)

0531

aid
[eɪd]

❶ humanitarian aid 人道支援
❷ be given first aid 応急処置を施される

名 援助, 救済

Ⓢ **support, donations**

「資金や食料などの経済支援」のニュアンスが強い。

0532

conclusion
[kənklúːʒən]

❶ jump to the conclusion 結論を急ぎすぎる
❷ a logical conclusion 筋の通った結論

名 ① 決定　② 結論

Ⓢ **decision, end**

🔗 conclusive 形 決定的な ▶conclusive evidence (決定的な証拠)

Chapter 1

0533	**engage** [ɪnɡéɪdʒ]	❶ engage audiences 聴衆の興味を引き付ける ❷ engage in criminal activity 犯罪活動に加わる
	動① (注意や関心を)引く ② 従事する	📄 ①**attract** ②**take part in**
	🖉 engagement 名 従事していること, 仕事の契約, 婚約	

0534	**literacy** [lítərəsi]	❶ literacy rate 識字率 ❷ improve media literacy メディアリテラシーを向上させる
	名① 読み書きする能力 ②(特定分野の)能力	
	🖉 literate 形 読み書きのできる ▶computer-literate (コンピュータスキルが高い)	

0535	**luxury** [lʌ́kʃəri]	❶ live in luxury ぜいたくに暮らす
	名 ぜいたく, 高級品	📄 **indulgence, extravagance**
	a luxurious villa (豪華な別荘) と luxuriant forest (豊かな森) の区別もチェック!	

0536	**argument** [ɑ́ːɡjəmənt]	❶ make powerful arguments 力強い議論を展開する ❷ have an argument 口論する
	名① 議論, 論拠 ② 口論	📄 ①**reasoning, explanation** ②**quarrel**
	🖉 argumentative 形 議論好きな	

0537	**occupy** [ɑ́kjəpaɪ]	❶ occupy the majority 過半数を占める ❷ occupy the territory 領土を占領する
	動① ～を占める ② ～を占領する	📄 ①**take up** ②**conquer, engage**
	🖉 occupation 名 職業 ▶skilled occupations (技術職)	

0538	**critical** [krítɪkəl]	❶ of critical importance 極めて重要な ❷ critical thinking 批判的思考
	形① 極めて重要な ② 批判的な	📄 ①**crucial, grave** ②**analytical**
	🖉 critically 副 批判的に, 危うく ▶critically endangered species (絶滅危惧種)	

0539	**practical** [prǽktɪkəl]	❶ practical applications 実用性 ❷ a practical approach 実践的なアプローチ
	形 実際の, 実用的な	📄 **functional, workable**
	↔ theoretical 形 理論的な, 理論上の	

0540	**term** [tə́ːm]	❶ scientific terms 科学用語 ❷ a prison term 刑期 ❸ terms and conditions 取引条件
	名①用語 ②期間 ③条件	📄 ①**expression** ②**period**
	リスニングでは term paper (学期末レポート) が頻出。	

0541	retirement [rɪtáɪəmənt]	❶ take early retirement 早期退職する ❷ raise the retirement age 退職年齢を引き上げる
	名 退職	Ⓢ giving up work

意味の似た resignation は「年齢にかかわらず，自らの意思で辞職すること」。

0542	forward [fɔ́:wəd]	❶ take significant steps forward 大きく進歩する ❷ forward-looking 先を見据えている
	副 前方に，進歩して	Ⓢ ahead, onwards

🔑 for- (前に) + ward (〜の方向へ)。イギリス英語では，forwards が使われることが多い。

0543	wander [wɔ́ndə]	❶ wander the streets 通りをぶらぶらする ❷ wander off the track 進路から外れる
	動 ①歩き回る，ぶらつく ②道から外れる	Ⓢ ①roam, stray

①の意味はリスニングで頻出。wonder (〜かどうかと思う) とのスペリングの違いに注意。

0544	reasonable [ríːzənəbəl]	❶ a reasonable request 妥当な要求 ❷ at reasonable prices 手ごろな値段で ❸ a reasonable income そこそこの収入
	形 ①分別のある ②お手頃な ③まあまあの	Ⓢ ①sensible ②inexpensive ③acceptable

🖊 reasonably 副 まあまあ ▶ reasonably well (まあまあ上手に)

0545	capacity [kəpǽsəti]	❶ a seating capacity of 5,000 5,000人の収容能力 ❷ mental capacity 知的能力
	名 ①収容能力 ②能力	Ⓢ ①volume ②ability, competence

日本語の「キャパオーバー」は，beyond one's capacity と言う。

0546	alternative [ɔːltə́ːnətɪv]	❶ suggest an alternative 代替案を示す
	名 代わりになるもの	Ⓢ option, possibility

🖊 alternative 形 代わりの ▶ alternative energy sources (代替エネルギー)

0547	electrical [ɪléktrɪkəl]	❶ an electrical appliance store 家電量販店 ❷ an electrical failure 電気系統の不具合
	形 電気に関連した	

🖊 electric 形 電気の，電動の electronic 形 電子の，電子処理の

0548	assert [əsə́ːt]	❶ assert my opinion 自分の意見を主張する
	動 断言する，言い張る	Ⓢ claim, affirm, declare

形容詞の assertive (自己主張の強い) は，日本語とは異なり一般的にプラスの意味で使われる。

0549 assume
[əsjúːm]

動① (役割などを) 担う ② (性質を) 帯びる ③ ～と想定する

❶ assume a major role 重要な役割を担う
❷ assume great importance 重要性を持つようになる
❸ assume the worst-case scenario 最悪の事態を想定する

⇔ ①accept ②take on ③presume

🖉 assumption 名 想定, 前提 ▶ challenge the assumption (前提に異議を唱える)

0550 infection
[ɪnfékʃən]

名 感染 (症)

❶ at risk of infection 感染のリスクにさらされて

⇔ illness, disease, disorder

illness は「病気全般」, disease は「感染や内臓の病気」, disorder は「疾患」を指す。

0551 power
[páʊə]

名① 権力 ② 国家, 大国 ③ 力

❶ come to power 権力を握る
❷ world powers 世界の大国
❸ purchasing power 購買力

⇔ ①control, authority ②nation

リーディングでは, 上記①の意味が重要。

0552 distinguish
[dɪstíŋgwɪʃ]

動 見分ける, ～を区別する

❶ distinguish between right and wrong
善悪を見分ける

⇔ differentiate, discern

🖉 distinguished 形 著名な distinguishing 形 特徴のある

0553 diversity
[daɪvə́ːsəti]

名 多様性

❶ cultural diversity 文化的多様性
❷ biological diversity 生物学的多様性

⇔ variety, variation

🖉 diverse 形 多様な ▶ from a diverse range of backgrounds (多様な背景を持っていて)

0554 admiration
[ædməréɪʃən]

名 称賛, あこがれ

❶ deserve admiration 称賛に値する
❷ have great admiration for her achievement
彼女の功績に敬意を払う

⇔ great respect, acclaim

🇪 great respect and love

0555 social
[sóʊʃəl]

形① 社会の ② 群れで生活をする

❶ enhance social status 社会的地位を高める
❷ social animals 群れで生活をする動物

⇔ ①civil ②gregarious

sociable (社交的な) との混同に注意! 🖉 socialise 動 ～と交際する (＋ with)

0556 consequence
[kɔ́nsəkwəns]

名① 結果 ② 重要性

❶ disastrous consequences 散々な結果
❷ of no consequence 全く重要ではない

⇔ ①result ②importance

悪い結果に用い, negative, serious, harmful などの形容詞と結びつきやすい。

0557 employ

[ɪmplɔ́ɪ]

動 (手段を) 用いる，使用する

❶ employ techniques　専門技術を用いる

≒ utilise, implement

ほかに「(継続的に人を) 雇う」という意味もある。類語の hire は「(期間限定で人を) 雇う」。

0558 fixed

[fíkst]

形 (考えや数値が) 固定した，一定の

❶ fixed prices　定価
❷ have fixed ideas　固定観念を持っている

≒ set, defined

🔗 fix　動 ～を固定する，解決する ▸fix a problem (問題を解決する)

0559 glory

[glɔ́ːri]

名 栄光，名誉

❶ fortune and glory　富と名誉

≒ fame, praise, prestige

🔗 glorify　動 ～を美化する ▸a film that glorifies violence (暴力を美化する映画)

0560 foster

[fɔ́stə]

動 ① ～を発展 [促進] させる
② ～を養育する

❶ foster a competitive spirit in youngsters
　若者に競争心を芽生えさせる
❷ foster a child　里親として子供を育てる

≒ ①encourage ②bring up

目的語には例のほかに，relationships や confidence などの名詞もとる。

0561 taste

[teɪst]

名 ① センス，審美眼　② 好み

❶ have good taste in fashion
　ファッションセンスがいい
❷ a matter of personal taste　個人の好みの問題

≒ ①judgement ②preference

イギリスでは，a wine-tasting tour (ワイン試食ツアー) が人気。

0562 ethical

[éθɪkəl]

形 倫理的な

❶ high ethical standards　高い倫理基準
❷ for ethical reasons　倫理的な理由で

≒ moral, morally correct

🔗 unethical　形 非倫理的な ▸unethical behaviour (倫理に反する行為)

0563 beneficial

[bènɪfíʃəl]

形 有益な，役に立つ

❶ be highly beneficial to our health
　非常に健康に良い
❷ mutually beneficial　お互いにメリットのある

≒ helpful, productive

🔗 benefit　動 ～のためになる ▸benefit society (社会のためになる)

0564 impose

[ɪmpóuz]

動 (義務や税金を) 課す

❶ impose a ban on public smoking
　公共の場での喫煙を禁止する

≒ charge, levy

🔗 imposing　形 堂々とした ▸imposing figure (堂々とした人，雄姿)

Chapter 1

0565 ☐☐	**take pride in** 動 ～を誇りに思う	❶ take pride in my work 自分の作品に自信がある 類 pride oneself in, boast of

類語の pride oneself in (～に誇りを持っている) も人や無生物を主語にとることができる。

0566 ☐☐	**absence** [ǽbsəns] 名 ① 不在，不足 ② 欠席	❶ in the absence of resources 資源がない場合は ❷ absence from work 欠勤 類 ① lack

absence of と a lack of の言い換えは頻出！

0567 ☐☐	**lasting** [lɑ́:stɪŋ] 形 長く続く，長持ちする	❶ lasting friendships 長く続く友情 ❷ leave a lasting impression on her 彼女にいつまでも印象を残す 類 long-term, enduring, lifelong

単に長いだけでなく，長期間ずっと強固に続くイメージ。 🖉 ever-lasting　形 永遠に続く

0568 ☐☐	**massive** [mǽsɪv] 形 巨大な，大量の	❶ massive unemployment 大量の失業 ❷ store massive amounts of data 多量のデータを保存する 類 huge, vast

large や huge, enormous とは異なり，量が多いだけでなく固さや重さを連想させる。

0569 ☐☐	**pose** [pəʊz] 動 ① ～を引き起こす ② ～を提出 [提起] する	❶ pose a threat to society 社会を脅かす ❷ pose a question 質問を投げかける 類 ① cause, create ② raise

🖉 pose　動 ポーズをとる ▶pose for a photo（写真のポーズをとる）

0570 ☐☐	**supply** [səplái] 名 ① 供給　② 生活必需品	❶ power supplies 電力供給 ❷ medical supplies 医療品 類 ① provision ② necessary things

🖉 supply　動 ～を供給する ▶supply sufficient information（十分な情報を提供する）

0571 ☐☐	**release** [rɪlíːs] 動 ① ～を放出する ② （人や動物を）解放する	❶ be released into the air 空気中に放出される ❷ be released from prison 出所する 類 ① discharge ② set free

「何かを外に放つ」イメージ。目的語には，怒りやストレスなどの感情，商品などをとる。

0572 ☐☐	**dull** [dʌl] 形 ① 面白くない　② （天気が）どんよりした	❶ a dull job 退屈な仕事 ❷ the dull and wet weather どんよりした雨天 類 ① tedious ② overcast

色に対して使えば「くすんだ」，刃物だと「切れ味の悪い」といった意味になる。

0573 welfare
[wélfeə]

名 ① 福祉　② 幸福

❶ social welfare 社会福祉
❷ animal rights and welfare 動物の権利と幸福

類 ①support ②well-being, happiness

healthcare (医療), pension (年金) などの社会福祉が日本の財政圧迫の原因となっている。

0574 stick to
[stɪk]

動 ～にこだわる, 守る, やり通す

❶ stick to my own principles 自分のポリシーを貫く
❷ stick to rules ルールを守る

類 adhere to, continue

🖉 stick to one's guns 自分の信念を守る

0575 thrive
[θraɪv]

動 繁栄する, 健康に育つ

❶ thriving businesses 繁盛している企業
❷ thrive in dry conditions 乾燥した環境で育つ

類 develop, prosper, flourish

🖉 thrive on [大変なことを] 楽しむ ▶thrive on pressure (プレッシャーを糧にする)

0576 visible
[vízəbəl]

形 目に見える, 目立つ

❶ visible changes to the town その街の明らかな変化

類 obvious, evident, noticeable

反 invisible　形 目に見えない ▶invisible to the naked eye (肉眼では見えない)

0577 means
[miːnz]

名 ① 方法, 手段　② 収入

❶ an effective means of communication
効果的なコミュニケーション方法
❷ live beyond my means 収入以上の生活をする

類 ①method ②income

🖉 a means to an end 目的達成のための手段 ▶The job is just a means to an end.

0578 apply
[əplái]

動 ① ～を利用する　② 当てはまる

❶ apply new technology 新しいテクノロジーを活用する
❷ conditions applying to the contract
その契約に関連する条件

類 ①employ, utilise ②be relevant

🖉 application　名 用途, アプリ ▶a wide range of applications (幅広い用途)

0579 at home

熟 ① 自国で　② 気楽に

❶ at home and abroad 国内外で
❷ feel at home リラックスする

類 ①domestically
②at ease, comfortable

熟 A is home to B. A は B の生息地である, A には B が存在する

0580 boost
[buːst]

動 ～を高める, 押し上げる

❶ boost the economy 経済を活性化させる
❷ boost consumer spending 消費支出を押し上げる

類 raise, increase, expand

🖉 booster　名 推進者, 支援者 ▶a confidence booster (自信を高めてくれる人)

0581	**observation** [ɒbzəvéɪʃən] □ □	❶ powers of observation 観察力 ❷ make some observations 少しコメントする
	名 ① 観察　② 意見，コメント	類 ① scrutiny, examination　② comment

🖉 observational　形 観測に基づいた ▶ observational studies（観測に基づく研究）

0582	**communicate** [kəmjúːnɪkeɪt] □ □	❶ communicate my ideas 自分の考えを伝える ❷ easily communicate 伝わりやすい
	動（考えなどを）伝える	類 convey, transfer, transmit

🖉 communicative　形 話好きな　communicable　形（病気が）伝染性の

0583	**cultivate** [kʌ́ltɪveɪt] □ □	❶ cultivate friendships 友好関係を築こうとする ❷ cultivate plants 植物を栽培する
	動 ①（関係を）築こうとする 　② ～を栽培する	類 ① develop, foster　② grow

🖉 cultivation　名 栽培，耕作 ▶ rice cultivation（稲作），under cultivation（耕作中で）

0584	**sympathy** [símpəθi] □ □	❶ feel sympathy for her 彼女に同情する
	名 同情，共感	類 pity, empathy

🔑 pathy は「感情」を表す接辞 ▶ telepathy（以心伝心）

0585	**generate** [dʒénəreɪt] □ □	❶ generate electricity 発電する ❷ generate huge profits 莫大な利益を生む
	動 ～を作り出す，生む	類 produce, cause, create

ほかにも ideas, interest, sales, revenue などを目的語にとる。

0586	**fit** [fɪt] □ □	❶ keep fit 健康でいる ❷ land fit for farming 農業に適した土地
	形 ① 健康な　② 適切な	類 ① healthy, well　② suitable

🖉 fitness　名 体の健康／🔄 unfit　形 健康ではない，不適当な

0587	**campaign** [kæmpéɪn] □ □	❶ launch an advertising campaign 　広告キャンペーンを始める ❷ on a political campaign 政治運動で
	名 組織的活動，キャンペーン	類 effort, course of action

日本語の「売り出しや値引きのキャンペーン」は sale で表す。

0588	**pay off** □ □	❶ My hard work has paid off. 頑張りが実った
	動（努力が）報われる	類 succeed, work out well

スピーキングで，苦労して何かに成功した経験を語る際に使えばスコア UP 間違いなし！

DAY 1　DAY 2　DAY 3　DAY 4　DAY 5　DAY 6　DAY 7　DAY 8　DAY 9　DAY 10

0589 prosperous
[próspərəs]

❶ prosperous countries 繁栄している国
❷ a prosperous career 輝かしいキャリア

形 繁栄している，豊かである

⧉ successful, affluent

rich のフォーマルな言い方で，rich and successful という意味。

0590 responsible
[rɪspónsəbəl]

❶ be largely responsible for air pollution
大気汚染の原因は主に〜である

形 原因である

⧉ to blame

フレーズ❶の largely や primarily（主に）などの副詞とよく結びつく。

0591 inspection
[ɪnspékʃən]

❶ safety inspection 安全点検
❷ inspection tour 視察

名 調査，検査

⧉ examination, scrutiny

欠陥がないか，基準を満たしているかなど，「正常な状態であるか」を調べること。

0592 strike
[straɪk]

❶ struck by lightning 雷に打たれる
❷ strike the right balance 適切なバランスを取る

動 ① 〜を襲う　② （姿勢などを）とる

⧉ ①hit ②achieve

strike a nail（釘を打つ）のように，「何かを打つ」が一般的な意味。

0593 degree
[dɪgríː]

❶ the degree of global warming 地球温暖化の程度
❷ a degree in law 法律の学位

名 ① 程度，度合い　② 学位

⧉ ①extent, level ②qualification

温度を言う場合，「摂氏6度」であれば six degrees (Celsius) か6℃と表す。

0594 true of

❶ true of all the countries すべての国に当てはまる

動 〜に当てはまる

⧉ applicable to, fit in

熟 true to 〜 〜に忠実な　hold true 事実である，当てはまる

0595 price
[praɪs]

❶ a high price to pay for success
成功するために支払う大きな犠牲
❷ come at a price 大きな代償となる

名 対価，犠牲

⧉ cost, result

熟 at any price 何としてでも，どんな犠牲を払っても

0596 novel
[nóvəl]

❶ a novel design 斬新なデザイン

形 今までにない

⧉ new, original, unconventional

派 novelty 名 目新しいこと ▶The novelty wears off.（目新しさがなくなる）

0597 explore
[ɪksplɔ́ː]

❶ explore possibilities 可能性を探る
❷ explore side streets for interesting shops
面白い店を見つけようと脇道を散策する

動 ① ～を詳しく調査する　② ～を散策する　🔁 ①examine, consider ②travel

✐ exploration　名 探索 ▶space exploration（宇宙探索）

0598 stimulate
[stímjəleɪt]

❶ stimulate the economy as a whole
経済全体を活性化させる
❷ stimulate her interest 彼女の興味をかき立てる

動 ～を刺激する，活性化させる　🔁 encourage, arouse

スペリングの似た simulate（～のふりをする）との混同に注意。

0599 Arctic
[ɑ́ːktɪk]

❶ the Arctic region 北極地方

形 北極の

✐ the North Pole 北極点／⇔ Antarctic　形 南極の

0600 nature
[néɪtʃə]

❶ the essential nature 本質的な性質［性格］
❷ represent the beauty of nature
自然の美しさを表現する

名 ① 性質，特質 ② 自然　🔁 ①quality, character

アカデミックな文脈では，上記①の意味の方が頻度が高い。　熟 by nature 生まれつき

0601 figure
[fígə]

❶ unemployment figures 失業率
❷ a central figure 中心人物
❸ have a good figure スタイルがいい

名 ① 数値 ② 人物 ③ 体型　🔁 ①statistic ②person ③physique

ライティングの Task 1 では，a figure for（～の数値）の形で使うことが多い。

0602 remarkable
[rɪmáːkəbəl]

❶ her remarkable career 彼女の素晴らしいキャリア
❷ a remarkable coincidence 驚くべき一致

形 注目すべき，素晴らしい　🔁 astonishing, marvellous

✐ remark　名 発言 ▶a careless remark（不用意な発言）

0603 pioneer
[pàɪənía]

❶ a pioneer in the field of genetics
遺伝学分野の草分け的存在

名 先駆者，草分け　🔁 trailblazer, pathfinder

リーディングで頻出。　✐ pioneering　形 革新的な

0604 prominent
[prómɪnənt]

❶ a prominent role in the project
プロジェクトでの重要な役割
❷ a prominent landmark 目印となる建物

形 ① 有名な，重要な　② 目立った　🔁 ①important, eminent ②noticeable

🇪 important and well-known

DAY 1 | DAY 2 | DAY 3 | DAY 4 | DAY 5 | DAY 6 | **DAY 7** | DAY 8 | DAY 9 | DAY 10

0605 undergo
[ʌ̀ndəgóʊ]

動 〜を経験する

❶ undergo a major shift 大きな転換を迎える
❷ undergo a test 検査を受ける

🄢 go through, endure

ライティングでは，The town has undergone significant changes. のように使う。

0606 display
[dɪspléɪ]

動 ① (感情などを) 表す　②〜を展示している

❶ display emotions 感情を表に出す
❷ display contemporary sculptures
現代彫刻を展示している

🄢 ①show ②exhibit

リスニングの Part 2 では，名詞の display（展示，催し物）が頻出。

0607 circumstance
[sə́ːkəmstæns]

名 状況，事情

❶ financial circumstances 財政事情
❷ according to individual circumstances
それぞれの状況に応じて

🄢 situation, condition

situation よりも具体的な状況を指し，通常複数形で用いられる。

0608 flexible
[fléksəbəl]

形 ① 柔軟な，融通の利く　② 曲げやすい

❶ flexible working フレックスタイム制
❷ flexible materials 弾力性のある素材

🄢 ①adaptable ②pliable, elastic

🔗 flexibility 名柔軟性 ▶allow greater flexibility（より大きな柔軟性を持たせる）

0609 focus
[fóʊkəs]

動 〜に焦点を合わせる，集中する

❶ focus my efforts 全力を注ぐ
❷ focus on the issue その問題に集中する
❸ stay focused 集中し続ける

🄢 concentrate, pay attention to

🔗 focus 名焦点，中心 ▶the focus of attention（注目の的）

0610 functional
[fʌ́ŋkʃənəl]

形 機能性の高い，実用的な

❶ functional design 機能的なデザイン
❷ seem to be highly functional 機能性が高そうである

🄢 practical, operational

useful よりも機能や実用性を強調した語。

0611 greedy
[gríːdi]

形 欲張りの，がめつい

❶ greedy for power 権力にどん欲で
❷ the greedy king 強欲な王

🄢 avaricious, selfish

🔗 greed 名強欲 ▶satisfy his greed（彼の欲を満たす）

0612 outlook
[áʊtlʊk]

名 ① 見解　② 将来の見通し

❶ have a positive outlook on life
前向きな人生観を持っている
❷ a global outlook グローバルな視点

🄢 ①attitude, viewpoint ②prospects

上記②の意味には，「現在の状況を踏まえた上での将来の展望」といったニュアンスあり。

Chapter 1

0613 obstacle
[ɔ́bstəkəl]

名 障害

❶ overcome the obstacles to success
成功を妨げる障害を克服する

類 challenge, barrier, hurdle

👉 ob- は「反対」を表す接頭辞 ▶ object　動 ～に反対する

0614 exceptional
[ɪksépʃənəl]

形 ① 非常に優れた
　② ほかとは異なる，例外的な

❶ an exceptional ability 並外れた才能
❷ in exceptional circumstances
特別な場合に限り，例外的に

類 ① extraordinary ② unusual

スキルや能力について表現する際に使われる。

0615 devote
[dɪvóʊt]

動 （時間や注意を）向ける，充てる

❶ devote my life to the business
人生をその事業に捧げる

類 dedicate, commit

派 devoted　形 献身的な ▶ devoted care（献身的な介護）

0616 grief
[gri:f]

名 （人の死に対する）深い悲しみ

❶ overcome with grief 悲しみに打ちのめされる

類 sadness, sorrow

スペリングの似た grievance（不満）との区別に注意。

0617 layer
[léɪə]

名 層

❶ ozone layer depletion オゾン層の減少
❷ deep layers of sediment 深い堆積層

類 coat, course

ozone layer は，リスニングの Part 4 のディクテーション問題で頻出。スペリングも要チェック！

0618 remote
[rɪmóʊt]

形 ① 遠い，人里離れた　② ありそうもない

❶ remote villages 人里離れた村
❷ a remote possibility わずかな可能性

類 ① distant, isolated
　② unlikely, improbable

remote working（リモートワーク）とは，出社はせずに社外で仕事を行う勤務形態のこと。

0619 target
[tá:gɪt]

名 ① 目標　② 標的

❶ set a sales target 売上目標を立てる
❷ a target for terrorism テロの標的

類 ① objective ② victim

▶ products targeting teenagers = products targeted at teenagers（10 代をターゲットにした商品）

0620 fund
[fʌnd]

名 ① 資金，基金　② 財源

❶ set up a charity fund 慈善基金を設立する
❷ government funds 政府支援金

類 ① collection ② money

派 fund　動 ～に資金を援助する　fund-raising　形 資金集めの

shift
0621
[ʃɪft]

動 （位置などを）変える，移す

❶ shift focus 焦点を移す
❷ shift blame onto him 彼に責任を転嫁する

🄢 change, move

change は「状態や形」の変化，shift は「位置や方向」の移動・変更を表す。

technical
0622
[téknɪkəl]

形 ①（産業）技術の　②専門分野の

❶ technical failure 技術上の不具合
❷ technical terms 専門用語

🄢 ①mechanical ②specialised

technical college とはイギリスの「専門学校」のことで，14 歳から入学できる。

visualise
0623
[víʒuəlaɪz]

動 ～を思い描く，想像する

❶ visualise what the world will be like in 50 years
50 年後の世界を想像する

🄢 imagine, envisage, picture

🖉 visual 形 視覚の ▸visual aid（視覚教材：写真や絵などの学習効果を促進させるもの）

damp
0624
[dæmp]

形 （湿気で）じめじめした

❶ a cold and damp night 寒くてじめじめした夜

🄢 humid, moist, muggy

humid は「むし暑くじめじめした」，moist は「潤いのある」というイメージ。

flourish
0625
[flʌrɪʃ]

動 繁栄する

❶ a flourishing economy 活気に満ちた経済
❷ allow urban communities to flourish
都市部を活性化させる

🄢 develop, thrive, prosper

❂ flour（花が開く）が原義。「花が咲き誇るように繁栄する」と覚えよう。

marvellous
0626
[mɑ́ːvələs]

形 驚くほど素晴らしい

❶ a marvellous invention 素晴らしい発明

🄢 remarkable, splendid, spectacular

wonderful の強意語。🖉 marvel 名 素晴らしいこと［もの，人］

relevant
0627
[réləvənt]

形 関係のある

❶ a relevant question 関連する質問
❷ experience directly relevant to the job
その仕事に直接関係のある経験

🄢 connected, related

🔄 irrelevant 形 無関係な

abandon
0628
[əbǽndən]

動 ①～を断念する　②～を見捨てる

❶ abandon hopes 希望を捨てる
❷ abandoned buildings 廃墟となったビル

🄢 ①give up ②vacate

目的語には思想や法律から，車や動物などの物質名詞まで，幅広い名詞をとる。

0629 absorb
[əbsɔ́:b]

動 ① （熱などを）吸収する，② （知識などを）取り入れる

❶ absorb nutrients 栄養素を吸収する
❷ capacity to absorb information
新しい情報を吸収する能力
🔄 ①take in, soak up ②incorporate

📝 absorbing 形 夢中にさせる ▶an absorbing performance （引き込まれるような演技）

0630 astonishing
[əstɒ́nɪʃɪŋ]

形 驚くべき

❶ astonishing success 驚くべき成功
❷ earn astonishing amounts of money
莫大な金を稼ぐ
🔄 startling, amazing

surprising の強意語で，良いこと・悪いことの両方に使える。amazing は良いことのみに使う。

0631 by no means
[　]

熟 決して～ではない

❶ by no means certain 決して確実ではない

🔄 absolutely not, not ~ at all

日常会話で使う By all means. （もちろん）との混同に注意！

0632 urgent
[ə́:dʒənt]

形 緊急の，差し迫った

❶ call for urgent action 緊急の対策を必要とする

🔄 critical, desperate, pressing

📝 urgency 名 緊急 ▶a matter of urgency （緊急を要する問題）

0633 decay
[dɪkéɪ]

動 腐敗する，悪化する

❶ decayed tooth 虫歯
❷ the town's decaying areas 町の衰退しつつある地域

🔄 spoil, corrupt

「食品が腐る」は go rotten ／ go bad，「ミルクが腐る」は go off や turn sour が好まれる。

0634 fate
[feɪt]

名 運命，不運な出来事

❶ decide the fate of the company
会社の運命を決定する
❷ by a twist of fate 運命のいたずらで
🔄 destiny, chance

通常，良くない運命を指す。類語の destiny は，良い意味で使われることが多い。

0635 dominate
[dɒ́məneɪt]

動 ～を支配する

❶ dominate the market 市場を支配する
❷ dominate the conversation 会話の中心となる
🔄 rule, overcome, monopolise

a building dominating the city （街を威圧するようなビル）のような比喩的な用法もあり。

0636 evade
[ɪvéɪd]

動 ～から逃れる，回避する

❶ evade responsibility 責任を逃れる
❷ evade the question 質問への回答を避ける
🔄 avoid, escape

📝 evasion 名 回避すること ▶be charged with tax evasion （脱税で告発される）

0637 facilitate
[fəsílɪteɪt]

動 ～を容易にする，促進する

❶ facilitate a smooth transition
スムーズな移行を容易にする
❷ facilitate language learning 言語学習を促進する

🔄 make ~ easier, assist

🖉 facilitator　名 ファシリテーター：物事をスムーズに進行させる役割を担う人

0638 medium
[míːdiəm]

名 媒体，伝達手段

❶ through the medium of art 芸術という媒体を通して

🔄 element, means, method

複数形は media。🖉 small and medium-sized companies 中小企業

0639 form
[fɔːm]

動 ～を形づくる

❶ form an opinion 意見をまとめる
❷ form healthy habits 健康的な生活習慣をつける

🔄 formulate, devise, produce

🖉 type　名 型，種類 ▶various forms of entertainment（さまざまな種類のエンタメ）

0640 principle
[prínsəpəl]

名 原理，信念，ポリシー

❶ fundamental principles 基本原則
❷ go against my principles 自分のポリシーに反する

🔄 belief, moral values

スペリングの似た principal（主要な，学長）と混同しないように。

0641 grant
[grɑːnt]

動 ～を許可する，～を聞き入れる

❶ grant permission 許可を与える
❷ take ~ for granted ～を当然のことと考える

🔄 allow, permit

🖉 grant　名 助成（金）▶a government grant（政府の助成金）

0642 heavily
[hévəli]

副 大いに，激しく

❶ be heavily influenced by the film
その映画に強く影響を受ける
❷ be heavily dependent on oil 石油に大きく依存している

🔄 excessively, powerfully

ほかに invest heavily on（～に大きな投資をする）のフレーズも頻出。

0643 highlight
[háɪlaɪt]

動 ～を目立たせる，強調する

❶ highlight key words キーワードに色付けする
❷ highlight computer skills in a CV
履歴書で PC スキルを強調する

🔄 emphasise, underline

🖉 highlight　名 見どころ，目玉 ▶the highlight of the festival（その祭りの見どころ）

0644 literally
[lítərəli]

副 文字通り，逐語的に

❶ literally translated 直訳されている
❷ take her words literally
彼女の発言を文字どおり受け取る

🔄 to the letter

🖉 literal　形 文字どおりの ▶literal interpretation（文字どおりの解釈）

Chapter 1

0645 contribution
[kɒntrəbjúːʃən]

名① 貢献　② 寄付

❶ make a significant contribution to society
社会に多大な貢献をする
❷ generous contribution 多額の寄付

🔄 ①participation ②donation

欧米の大学では, 授業やグループワークへの「貢献度」(contribution) が評価される。

0646 overall
[òʊvərɔ́ːl]

形 全体の, 総合的な

❶ overall customer satisfaction 全体的な顧客満足度
❷ an overall improvement in the system
その制度の総合的な改善

🔄 general, universal

副詞の overall (全体としては) は, ライティング Task 1 のイントロで使う必須表現 (p.352 以降参照)。

0647 prior
[práɪə]

形 前の, 事前の

❶ prior knowledge 予備知識
❷ prior engagements 先約
❸ prior to her arrival 彼女が到着する前に

🔄 previous, earlier

リスニングでは, prior to の言い換え表現として, before や earlier than が出題される。

0648 demonstrate
[démənstreɪt]

動 ～を証明する, はっきり示す

❶ clearly demonstrate evidence はっきりと証拠を示す
❷ demonstrate an exceptional talent
ずば抜けた才能を発揮する

🔄 illustrate, reveal

📝 demonstration 名 実演, デモ ▶give a demonstration (実演する, デモをする)

0649 update
[ʌpdéɪt]

動 ～を最新の状態にする

❶ be regularly updated 定期的に更新される
❷ update my knowledge and skills
知識やスキルをアップデートする

🔄 improve, upgrade, modernise

📝 up-to-date information 最新情報

0650 coincidence
[kəʊínsɪdəns]

名 偶然, 同時発生

❶ pure coincidence 全くの [単なる] 偶然
❷ by a strange coincidence くしくも

🔄 accident, chance

📝 coincide 動 同時に起こる, (意見や関心が) 一致する

0651 restore
[rɪstɔ́ː]

動① ～を復元する　② ～を回復させる

❶ restore the landmark 歴史的建造物を再建する
❷ be restored to its former glory
過去の輝きを取り戻す

🔄 ①renew ②return to a former state

「本来の姿ではない状態, 乱れた状態を元に戻す」という原義も覚えておこう。

0652 scarce
[skeəs]

形 乏しい

❶ scarce resources 乏しい [少ない] 資源

🔄 scant, in short supply

📝 scarcely 副 ほとんど～ない　scarcity 名 不足, 欠乏

DAY 1 | DAY 2 | DAY 3 | DAY 4 | DAY 5 | DAY 6 | **DAY 7** | DAY 8 | DAY 9 | DAY 10

0653 adapt
[ədǽpt]

動 ① 適応する［させる］
② ～を合うように変える

❶ adapt to a new environment
新しい環境に適応する
❷ adapt the design デザインを変える

🔁 ①adjust, accommodate ②modify

🖊 adaptable 形 適応できる　adaptation 🔁 脚色 ▸ film adaptation（映画化）

0654 root
[ru:t]

名 ① 根源，本質　② (植物の) 根

❶ find the root of the problem 問題の根源をつきとめる
❷ root vegetables 根菜

🔁 ①source, origin, cause

🖊 rooted 形 根付いた，根深い ▸ deep-rooted problems（根深い問題）

0655 suit
[su:t]

動 ① (要求などに) 合う　② ～に適している

❶ suit their needs 彼らのニーズを満たす
❷ areas well suited for agriculture
農業に最適な地域

🔁 ①satisfy, meet ②be appropriate

🖊 follow suit 先例にならう

0656 evolution
[ì:vəlú:ʃən]

名 進化

❶ the theory of evolution 進化論

🔁 development, progress

🖊 evolve 動 進化する ▸ rapidly evolve（急速に進化する）　evolutionary 形 進化による

0657 boom
[bu:m]

名 (経済などの) 急成長，ブーム

❶ the tourism boom 観光ブーム
❷ during the baby boom ベビーブーム期に

🔁 increase, expansion

スピーキングで場所を表す際に，booming を使えば (a booming city〈急成長中の都市〉) スコア UP！

0658 accompany
[əkʌ́mpəni]

動 ① ～と同時に起こる　② ～に付き添う

❶ be accompanied by drought 干ばつを伴う
❷ be accompanied by parents 両親に付き添われる

🔁 ①occur with ②go with

A and accompanying B（A とそれに付属する B）のような形でもよく使われる。

0659 soar
[sɔ:]

動 急上昇する

❶ soaring ocean temperature 急上昇する海面温度
❷ be expected to soar by 30%
30%急上昇すると予測されている

🔁 increase rapidly, shoot up

何かがスピードを上げて，〈ソアーっ〉と空高く舞い上がるイメージ。

0660 integral
[íntəgrəl]

形 不可欠な

❶ an integral part of my life
自分の生活に欠かせない物

🔁 necessary, essential

「重要な役割を担っている」というような部分的な重要性を強調する語。

Chapter 1

0661

appreciate
[əprí:ʃieɪt]

動（価値や重要性を）正しく理解する

❶ appreciate the importance 重要性を理解する
❷ appreciate the beauty of the scenery
景色の美しさを味わう

S value, acknowledge, recognise

このほかにも「～に感謝する」,「価値が上がる」の意味も押さえておこう。

0662

bound
[baʊnd]

形 ① 決定的な，きっと～する　② ～行きの

❶ be bound to end in failure 確実に失敗に終わる
❷ a train bound for London ロンドン行きの電車

S ①certain ②travelling towards

関 bound **名** 限界，範囲／**熟** out of bounds 立ち入り禁止で

0663

clarify
[klǽrɪfaɪ]

動 ～を明確にする

❶ clarify my point 要点を明確にする

S explain, illuminate

関 clarification　**名** 明確化，説明 ▶ask for clarification（わかりやすい説明を求める）

0664

date back to

動 ～にさかのぼる

❶ date back to the Iron Age 鉄器時代にさかのぼる

S originate from, has its origins in

歴史や考古学のテーマにおける頻出語の一つ。stretch back to もよく使われる。

0665

distinct
[dɪstíŋkt]

形 ① はっきり異なる　② 注目すべき

❶ distinct categories はっきりとした区分
❷ a distinct possibility 高い可能性

S ①clearly different ②definite

関 distinction　**名** 区別，立派な成績 ▶graduate with distinction（優秀な成績で卒業する）

0666

rule out

動 ～を除外する

❶ rule out the possibility 可能性を否定する
❷ rule out the proposal その提案を否定する

S exclude, eliminate

⇔ rule in ～を含める

0667

expose
[ɪkspóʊz]

動 ① ～に触れさせる　② ～を暴露する

❶ be exposed to intense sunlight
強い日差しにさらされる
❷ expose the truth 真実を暴露する

S ①put at risk ②reveal

関 exposure　**名** 身をさらすこと，暴露

0668

face up to

動（困難など）に立ち向かう，対処する

❶ face up to climate change 気候変動に対処する

S address, accept and deal with

熟 in the face of ～にもかかわらず　on the face of it 表面上は

0669 grasp
[grɑːsp]

❶ grasp the importance 重要性を理解する
❷ grasp the opportunity チャンスをつかむ

動 ① ～を理解する　② ～をつかもうとする　　匿 ①comprehend ②grab, capture

🖋 grasp 名 理解，把握 ▸have a good grasp of (～をよく理解している)

0670 invest
[ɪnvést]

❶ invest heavily in tourism
観光産業に多額の投資を行う
❷ invest time and effort 時間と労力を注ぐ

動 ～を投資する，つぎこむ　　匿 spend money, subsidise

🖋 investment 名 投資 ▸a wise investment for the future (未来への賢い投資)

0671 mutual
[mjúːtʃuəl]

❶ mutual respect 互いに尊敬し合うこと
❷ reach a mutual understanding 相互理解につながる

形 お互いの　　匿 shared, reciprocal

🖋 mutually 副 お互いに ▸mutually beneficial (双方にとってメリットのある)

0672 question
[kwéstʃən]

❶ question the value その考えに疑問を持つ

動 ～を疑問に思う　　匿 doubt, challenge, dispute

🖋 question 名 疑問，議題 ▸without question (間違いなく)，in question (問題になって)

0673 retrieve
[rɪtríːv]

❶ retrieve the stolen money 盗まれた金を取り戻す
❷ retrieve the situation 事態を立て直す

動 ～を取り戻す　　匿 get back, restore

🖋 retrieval 名 復旧，回復

0674 enjoy
[ɪndʒɔ́ɪ]

❶ enjoy good health 健康に恵まれている
❷ enjoy the benefit of scientific progress
科学の進歩の恩恵を受ける

動 ～を享受する　　匿 appreciate, benefit from

アカデミックなコンテクストでは，「楽しむ」よりも「享受する，恵まれている」の方が一般的。

0675 sensitive
[sénsətɪv]

❶ sensitive issues デリケートな問題
❷ be sensitive to cold 風邪をひきやすい

形 デリケートな，影響を受けやすい　　匿 delicate, vulnerable

人について形容する際に，be sensitive to other people's feelings を使うとスコア UP!

0676 in the way

❶ stand in the way of progress 成長の妨げになる

熟 邪魔になって　　匿 obstacle to, hindrance to

stand のほかに，get in the way of my work (仕事の邪魔になる) のように get も使われる。

Chapter 1

0677 drawback
[drɔ́ːbæk]

名 欠点, 不利

❶ the main drawback 主な欠点
❷ a drawback to the argument その主張の欠点

≡ disadvantage, downside

defect や fault より少しマイルドな響きがある。

0678 pattern
[pǽtən]

名 ① パターン, 傾向　② 模様

❶ weather patterns 天候パターン
❷ striped patterns ストライプ模様

≡ ①method ②design

リスニング Part 4 でよく出題され, 特に migration patterns (〈動植物の〉移動パターン) は重要!

0679 withdraw
[wɪðdrɔ́ː]

動 ① ～を撤回する, 取り消す
② (現金を) 引き出す

❶ withdraw support 支援をやめる
❷ withdraw money お金を引き出す

≡ ①abolish, remove ②take out

✐ withdrawal 名 撤退, 取り消し ▸troop withdrawal (軍の撤退)

0680 outstanding
[aʊtstǽndɪŋ]

形 ① 極めて優れた, 目立った　② 未払いの

❶ outstanding natural beauty 素晴らしい自然美
❷ outstanding debts 未払い金

≡ ①impressive, magnificent ②unresolved

✐ stand out 目立つ ▸stand out in the crowd (人混みの中でひときわ目立つ)

0681 equip
[ɪkwíp]

動 ① ～を備え付ける
② (知識などを) 身に付けさせる

❶ a well-equipped room 設備の整った部屋
❷ equip students with research skills 学生に調査スキルを身に付けさせる

≡ ①provide, furnish ②prepare

名詞の equipment (設備, 装置) は, 特にリスニングで頻出。

0682 accommodate
[əkɔ́mədeɪt]

動 ① ～を収容できる　② ～を調整する

❶ accommodate 5,000 spectators 5,000人の観客を収容できる
❷ accommodate the request 要求に応える

≡ ①hold, shelter ②adjust

accommodation (宿泊施設) はリスニングの必須表現。c と m が 2 つずつ必要。

0683 cost
[kɔst]

名 損害, 損失

❶ the environmental cost of tourism 観光産業による環境コスト
❷ at all costs 何としてでも

≡ loss, damage

✐ cost 動 (費用が) かかる, 失わせる ▸cost thousands of jobs (何千もの雇用を失わせる)

0684 elaborate
[ɪlǽbərət]

形 手の込んだ, 入念な

❶ elaborate costumes 手の込んだ衣装

≡ complicated, detailed, intricate

✐ elaborate 動 詳細に述べる ▸elaborate on (～について詳細に述べる)

0685 authentic
[ɔ:θéntɪk]

形 本場の，本物の

❶ authentic Italian food 本格的なイタリア料理
❷ authentic works 本物の作品

≒ real, genuine

authenticate 動 ～が本物であることを証明する　authenticity 名 本物であること

0686 agent
[éɪdʒənt]

名 ① 要因　② 薬品

❶ an active agent of learning 学習を促進する要因
❷ colouring agents 着色剤

≒ ①factor, element ②substance

熟 through the agency of ～の結果

0687 constructive
[kənstrʌ́ktɪv]

形 建設的な，前向きの

❶ constructive relations 建設的な関係
❷ offer constructive criticism 建設的な批判をする

≒ positive, valuable, productive

construct 動 ～を組み立てる ▶construct an argument（議論を組み立てる）

0688 dismiss
[dɪsmís]

動 ① ～を却下する　② ～を解雇する

❶ dismiss the company's claims
その会社の要求を却下する
❷ be unfairly dismissed 不当に解雇される

≒ ①disregard, reject ②lay off

dismissal 名 解雇　dismissive 形 否定的な，軽蔑的な

0689 in vogue
[vəʊg]

熟 流行している

❶ in vogue in the art world アート界で流行っている

≒ in fashion, all the rage

vogue の発音に注意。come into vogue（はやり出す）もセットで覚えておこう。

0690 disregard
[dìsrɪgá:d]

動 ～を無視する

❶ disregard the law 法律を無視する

≒ ignore, dismiss

熟 in disregard of ～を無視して

0691 reform
[rɪfɔ́:m]

名 改革，刷新

❶ educational reforms 教育改革

≒ change, improvement

「(建物を) リフォームする」は和製英語。英語では，remodel や renovate を使う。

0692 address
[ədrés]

動 ① ～に取り組む　② 講演する

❶ address public health issues
公衆衛生問題に取り組む
❷ address a meeting 会議でスピーチをする

≒ ①deal with, tackle

名詞の address（住所）は，リスニングのディクテーションに登場するのでスペリングを要チェック。

Chapter 1

0693 exceed
[ɪksíːd]

動 ～を超える

❶ exceed the budget 予算を超える
❷ far exceed my expectations 大幅に期待を上回る

🄲 go beyond, surpass

🄿 excessive 形 度を超えた　excess 名 過度, 過剰 ▶ drink to excess (飲みすぎる)

0694 reserve
[rɪzə́ːv]

名 ① 蓄積　② 保護区

❶ large oil reserves 大規模な石油備蓄
❷ game reserve 鳥獣保護地区

🄲 ① supply　② animal sanctuary

🄷 in reserve 蓄えられて, 予備の／ 🄿 reserve 動 ～を蓄えておく

0695 attribute
[ətríbjuːt]

動 ① ～のせいにする
② ～の作品と考えられる

❶ be attributed to pollution 汚染が原因である
❷ the works attributed to the painter
その画家が描いたとされる作品

🄲 ① ascribe　② associate with

🄿 attribute 名 特質, 性質 ▶ the attributes of a great leader (偉大なリーダーの資質)

0696 deal
[díːl]

名 ① 取引　② 取り扱い

❶ negotiate a deal 契約をまとめる
❷ a raw deal 不当な扱い

🄲 ① bargain, contract　② treatment

🄷 a great deal of 大量の～／ 🄿 dealer 名 販売業者 ▶ an art dealer (美術商)

0697 earnings
[ə́ːnɪŋz]

名 報酬

❶ revenues and earnings 総収益と純利益
❷ total career earnings 生涯賃金の総計

🄲 income, profit

income は「投資などの不労所得も含めた収入」, salary は「固定給」のこと。

0698 migration
[maɪgréɪʃən]

名 移動, 移住

❶ seasonal migration 季節移動
❷ urban migration 都市部への移住

🄲 relocation, movement

動植物の移動に加え, 人の移住にも使われる。 🄿 migrate 動 移住する

0699 from scratch
[skrætʃ]

熟 ゼロから

❶ start a business from scratch
事業をゼロから始める

🄲 from the beginning

up to scratch (一定の水準に達して) も重要表現として押さえておこう。

0700 life span
[spæn]

名 寿命, 生存期間

❶ the average life span of a smartphone
スマホの平均寿命

🄲 lifetime

🄿 span 動 及ぶ　名 期間 ▶ span two decades (20年間に及ぶ)

0701 disruption
[dɪsrʌ́pʃən]

❶ widespread traffic disruption
広範囲に渡る交通の乱れ
❷ classroom disruption　学級崩壊

名 混乱，崩壊　　🔁 **disturbance, interference**

🖊 disrupt　動 ～を中断させる，混乱させる　disruptive　形 破壊的な，混乱させる

0702 atmosphere
[ǽtməsfɪə]

❶ be released into the atmosphere
大気中に放出される
❷ a relaxed atmosphere　落ち着いた雰囲気

名 ① 大気　② 雰囲気，ムード　　🔁 ① **air** ② **ambience**

上記①の意味はリスニングの Part 4, 「環境」に関するレクチャーで頻出。

0703 prime
[praɪm]

❶ be of prime importance　最も重要である
❷ a prime example　典型例

形 ① 最も重要な　② 典型的な　　🔁 ① **most important** ② **typical**

🖊 prime　名 全盛期 ▸in one's prime（絶頂期にあって）

0704 rational
[rǽʃənəl]

❶ a rational approach　合理的な方法
❷ a rational argument　理性的な議論

形 理性的な，合理的な　　🔁 **logical, reasonable, sensible**

🖊 rationalise　動 ～を正当化 [合理化] する ▸rationalise the system（システムを合理化する）

0705 initiate
[ɪníʃɪeɪt]

❶ initiate a development project
開発プロジェクトを始める

動 ～を始める　　🔁 **begin, commence, launch**

begin や start のフォーマル語なので，ライティング向き。🖊 initial　形 最初の

0706 secure
[sɪkjʊ́ə]

❶ a secure future　安心できる未来
❷ financially secure　経済的に安定した

形 安全な　　🔁 **safe, stable**

safe の硬い語。🖊 security　名 安全，安定　secure　動 ～を確保する

0707 spectacular
[spektǽkjələ]

❶ a spectacular view　壮大な眺め
❷ spectacular success　輝かしい成功

形 ① (景色などが) 目を見張るような
② 印象に残るような　　🔁 ① **picturesque** ② **impressive**

🖊 spectacle　名 光景　spectator　名 観客

0708 legend
[lédʒənd]

❶ according to legend　伝説によれば
❷ a football legend　サッカー界のレジェンド

名 ① 伝説　② 伝説的人物　　🔁 ① **myth, folk tale** ② **icon**

🖊 legendary　形 伝説的な ▸a legendary figure（伝説的人物）

Chapter 1

0709

statistics
[stətístɪks]

名 ① 統計値　② 統計学

❶ according to official statistics 公式の統計によると
❷ applied statistics 応用統計学

🄢 ①figures, specific details

「統計値」の意味では複数扱い，「統計学」の場合は単数扱いとなる。

0710

append
[əpénd]

動 ～に付け加える

❶ be appended to a document
書類に添付されている

🄢 add, attach, affix

♦ pend は「ぶら下げる」という意味。pendant（ペンダント）は，首からぶら下げるもの。

0711

dense
[dens]

形 ①（人が）密集した　② 濃度が濃い

❶ areas of dense population 人口密集地域
❷ dense fog 濃霧

🄢 ①crowded ②thick, heavy

最も人口密度が高い国はモナコ，低いのはモンゴル。

0712

increasingly
[ɪnkríːsɪŋli]

副 ますます，だんだん

❶ become increasingly difficult
ますます困難になっている

🄢 more and more

more and more のフォーマル語で，〈become increasingly ＋形容詞〉の形で頻出。

0713

barrier
[bǽriə]

名 障害，障壁

❶ break down cultural barriers 文化的障壁を取り除く
❷ language barrier 言語の壁

🄢 obstacle, hurdle

🖉 barrier-free　形 バリアフリーの ▶barrier-free access to（～を自由に利用できる）

0714

distribution
[dìstrəbjúːʃən]

名 ① 分布　② 分配，配給

❶ geographical distribution 地理的分布
❷ food distribution systems 食糧配給制度

🄢 ①spread ②supply, allocation

🖉 distribute　動 ～を分配する，広げる ▶globally distributed（世界中に分布して）

0715

ridicule
[rídəkjuːl]

動 ～を笑いものにする，嘲笑する

❶ get ridiculed on social media
ソーシャル・メディアでばかにされる

🄢 mock, deride, scorn

「悪意のないからかい」には，pull one's leg や josh を使う。🖉 ridiculous　形 ばかげた

0716

origin
[ɔ́rɪdʒɪn]

名 始まり，起源

❶ have its origins in Europe ヨーロッパを起源とする
❷ the place of origin 原産地，出所

🄢 beginning, root

🖉 originate in [from]　～に始まる ▶originate in the 16th century（16 世紀に起源がある）

0717 launch
[lɔ:ntʃ]

❶ launch a new product 新製品を発売する
❷ launch a rocket ロケットを発射する

動 ①～を開始する，発売する　② 発射する　🔄 ①make available

何かを外に打ち出すイメージ。 🔗 launch 名 開始，打ち上げ ▶book launch (本の発売)

0718 foundation
[faʊndéɪʃən]

❶ lay a foundation 基盤を築く
❷ foundation course (大学の) 入学準備コース

名 土台，基礎　🔄 basis, grounds, principle

🔗 found 動 ～を設立する ▶found a college (大学を創設する)

0719 sacrifice
[sǽkrəfaɪs]

❶ make significant sacrifices 多大な犠牲を払う

名 犠牲　🔄 giving up, loss

🔗 sacrifice 動 ～を犠牲にする ▶sacrifice one's career advancement (出世をあきらめる)

0720 outdated
[àʊtdéɪtɪd]

❶ outdated IT systems 時代遅れの IT システム
❷ the law that has become outdated 時代遅れになった法律

形 時代遅れの，旧式の　🔄 old-fashioned, obsolete

old-fashioned 以外にも，out of date や no longer useful で言い換え可能。

0721 order
[ɔ́:də]

❶ in alphabetical order アルファベット順に
❷ restore public order 秩序を回復する
❸ the established order 確立された体制 [秩序]

名 ① 順序　② 秩序　③ 体制　🔄 ①sequence ②peace ③society

多義語だが，IELTS ではこの 3 つの意味が重要。 🔀 disorder 名 無秩序，混乱

0722 pick up

❶ Sales are picking up. 売り上げが回復している。
❷ pick up a language 言語を習得する

動 ① 回復する　② ～を身に付ける　🔄 ①improve ②learn

日本語の「ピックアップする (選ぶ)」は，英語では pick up ではなく pick out と表現するので注意。

0723 submit to
[səbmít]

❶ submit to authority 権力に屈する

動 ～に従う，服従する　🔄 give in, yield

留学後の課題の late submission (提出の遅れ) は，減点になるので気をつけよう！

0724 structure
[strʌ́ktʃə]

❶ the family structure 家族構成
❷ a wooden structure 木造

名 ① 構造，構成　② 建造物　🔄 ①organisation, composition ②construction

リスニング Part 3 の頻出語で，エッセイなどの「枠組み，構成」について話す際に使われる。

0725	**universal** [jùːnəvə́ːsəl] 形 世界中の, 万人の	❶ the near universal use of smartphones スマホがほぼ全世界で使われていること ❷ universal interest 普遍的関心ごと 類 comprehensive, general

⚡ uni- は「1つの」という意味の接頭辞。uniform (制服) が好例。

0726	**worthy** [wə́ːði] 形 ① ~に値する　② 尊敬すべき	❶ worthy of note 注目に値する ❷ a worthy opponent 好敵手 類 ①deserving ②respectable

⚡ 接尾辞の -worthy は「~に値する」という意味 ▶trustworthy 形 信頼できる

0727	**fatal** [féɪtl] 形 ① 致命的な　② 重大な	❶ cause a fatal accident 死亡事故を起こす ❷ a fatal error 重大な過失 類 ①deadly, lethal ②serious

📝 fatality 名 死, 死者数 ▶traffic fatalities (交通事故による死者)

0728	**association** [əsòusiéɪʃən] 名 つながり, 関連	❶ a close association 密接なつながり ❷ visual associations 視覚的連想 類 link, connection

📝 associated with ~と関連した ▶problems associated with obesity (肥満に関連した問題)

0729	**immerse** [ɪmə́ːs] 動 ① ~を没頭させる　② (~を液体に) 浸す	❶ become immersed in the project そのプロジェクトに没頭する ❷ immerse my hands in water 手を水に浸す 類 ①completely involve ②submerge

📝 immersion 名 浸すこと, 没頭 ▶a total immersion in (~にすっかりはまること)

0730	**well-off** 熟 (経済的, 健康的に) より豊かな	❶ be born into a well-off family 裕福な家庭に生まれる 類 rich, wealthy

less well off のようにして, poor の婉曲表現としても使われる。　反 badly off 貧困の

0731	**setting** [sétɪŋ] 名 (特定の) 状況, 環境	❶ in a school setting 学校という環境では ❷ provide the perfect setting for relaxation 休養に最適な環境を提供する 類 environment, situation

situation よりも明確な状況を指し, hospital, rural, family などの特定の形容詞と結び付く。

0732	**accelerate** [əkséləreɪt] 動 ~を加速させる, 早 [速] める	❶ accelerate the growth 成長を加速させる ❷ at an accelerating rate 加速度的に 類 increase speed, make faster

車の「アクセル」(accelerator) と関連付けて覚えよう!

0733 odour

[óʊdə]

❶ an unpleasant odour　不快な臭い
❷ produce body odour　体臭を発する

名 臭い

⚑ smell, stink

scent と fragrance は「よい香り」を, odour や stink は「不快なにおい」を指す。

0734 anticipate

[æntísəpeɪt]

❶ anticipate a problem　問題が起こると予測する
❷ anticipated to rise by 20%
20 % の上昇が見込まれている

動 ～を予測する

⚑ foresee, forecast, predict

expect とは異なり,〈予測＋それに対する準備〉のニュアンスを含む。

0735 ascertain

[æ̀sətéɪn]

❶ ascertain the truth of the case
その事件の真実を解明する

動 ～を突き止める, 解明する

⚑ discover, find out

〈アサテイン〉と発音する。

0736 obsession

[əbséʃən]

❶ become an obsession　中毒になる
❷ an obsession with money　お金への執着

名 取りつかれていること

⚑ preoccupation, fascination

⚑ obsess　動 ～に取りつく, 悩ます ▸be obsessed with (～のことしか頭にない)

0737 boast

[boʊst]

❶ boast about my ability　自分の能力を鼻にかける
❷ boast beautiful architecture　美しい建築を誇る

動 自慢する, ～を誇りにする

⚑ brag, pride oneself in

Kyoto boasts many historical sites. のように, 地名や特定の場所が主語に来ることも多い。

0738 clash

[klæʃ]

❶ clashing views　相反する見解
❷ two events clash　2 つの行事が重なる

動 ① 意見がぶつかる　② 日時がぶつかる

⚑ ①differ　②conflict

⚑ crash　動（砕け散るように）衝突する　crush　動（機械や手で強く）押しつぶす

0739 objective

[əbdʒéktɪv]

❶ clear business objectives　明確な事業目標
❷ share a common objective　共通の目標を持つ

名 目的, 目標

⚑ goal, aim, purpose

goal の硬い語。⚑ objective　形 客観的な

0740 compensate for

[kɑ́mpənseɪt]

❶ compensate for a lack of manpower
労働力不足を補う
❷ compensate for damage　損害を補償する

動 ① ～を補う　② ～の補償をする

⚑ ①make up for　②pay back

⚑ compensation　名 補償 ▸claim for compensation（補償を請求する）

Chapter 1

0741	**conceive** [kənsíːv] 動 ~と考える，~を思いつく	❶ conceive the idea of expanding businesses 事業を拡大することを思いつく 🔄 **imagine, visualise**
	imagine のフォーマルな言い方。	

0742	**core** [kɔː] 形 中核 [中心] になる	❶ core subjects 主要科目 ❷ core business activities 中核的なビジネス活動 🔄 **key, central, fundamental**
	🖉 core 名（果物の）芯，核，中心部 ▸ shocked to the core（ひどく驚く）	

0743	**fade** [feɪd] 動 弱まる，薄くなる，衰える	❶ fade out as we age 年齢とともに衰える ❷ fading light 消えかかっている光 🔄 **dim, wither, decline**
	fade-out とは，映画やテレビの技法で，「画面や音声が少しずつ消えていくこと」を指す。	

0744	**feed** [fiːd] 動 ① ~を養う，~に食べ物を与える ② （餌を）食べる	❶ feed my family 家族を養う ❷ feed on insects 昆虫を餌にする 🔄 ① **support** ② **live in**
	🖉 feedback 名 フィードバック，反響 ▸ receive feedback（フィードバックを受ける）	

0745	**characteristic** [kæ̀rəktərístɪk] 名 特徴，特色	❶ genetic characteristics 遺伝的な特徴 ❷ acquired characteristics 獲得形質 🔄 **feature, attribute, quality**
	形容詞として，It's characteristic of（いかにも~らしい）のようにも使われる。	

0746	**geographical** [dʒìːəgræfɪkəl] 形 地理に関する，地理的な	❶ geographical features 地理的な特徴 🔄 **earthly, terrestrial**
	リスニング，リーディング必須語彙の一つ。❻ geo- は「土」という意味。	

0747	**nurture** [nə́ːtʃə] 動 ① （子供や植物を）育てる ② （感情を）育む	❶ nurture a child 子供を養育する ❷ nurture relationships 関係を育む 🔄 ① **foster, cultivate, grow**
	「芸術やスポーツの才能は，Nature or nurture?（生まれか育ちか）」は IELTS の頻出テーマ。	

0748	**heighten** [háɪtn] 動 （感情や効果を）高める	❶ heighten public awareness 国民の意識を高める ❷ heighten the risk of death 死亡リスクを高める 🔄 **raise, increase, intensify**
	発音は〈ヘイトゥン〉ではなく〈ハイトゥン〉。	

0749 mood
[mu:d]

❶ in the mood for pasta パスタが食べたい気分で
❷ mood swings 気分変動

名 ① 気分　② 気性

類 ① feeling　② emotional state

日本語の「ムード，雰囲気」は atmosphere や vibes で表す。

0750 gap
[gæp]

❶ income gap 所得格差
❷ close the gap ギャップ［差］を埋める

名 相違，隔たり

類 difference, disparity, divide

元は「割れ目，すき間」の意味だが，比喩的な「相違」という意味のほうが重要。

0751 being
[bíːɪŋ]

❶ intelligent beings 知的生命体
❷ come into being 誕生［発生］する

名 存在，実在

類 existence, life

一般的に「人間」と言いたい場合は，humans や people を用いる。

0752 lay
[leɪ]

❶ lay the blame on him 彼のせいにする
❷ lay emphasis 強調する
❸ lay an egg 卵を産む

動 ①（義務などを）課す　②～を置く
　③（卵を）産む

類 ① impose　② place　③ produce

✍ lay ~ out　～を明確に説明する

0753 break the ice

❶ make a joke to break the ice
　ジョークを言って場を和ませる

動 場の空気を和ませる

類 lighten the atmosphere

ice-breaking jokes（場を和ませるジョーク）のように形容詞的にも使われる。

0754 neglect
[nɪglékt]

❶ neglect my duties 任務［職務］を怠る
❷ neglected old buildings 放置された古い建物

動 ～を軽視する，放置する

類 disregard, fail to look after

child neglect（育児放棄）は「教育」テーマの重要ワード。

0755 halt
[hɔːlt]

❶ halt the spread of diseases 病気のまん延を食い止める
❷ halt the tide of global warming
　地球温暖化の進行を止める

動 ～を中止［中断］させる

類 stop, disrupt, discontinue

halt　名 中止，停止 ▶ come to a halt（中断する，機能しなくなる）

0756 analysis
[ənǽlɪsɪs]

❶ a detailed analysis of the data
　そのデータの詳細な分析
❷ after careful analysis 慎重な分析のあとで

名 分析

類 careful examination

✍ analyse　動 ～を分析する　analytical　形 分析に関連した

DAY 1　DAY 2　DAY 3　DAY 4　DAY 5　DAY 6　DAY 7　DAY 8　DAY 9　DAY 10

Chapter 1

0757

clue
[klu:]

名 手がかり

❶ search for clues 手がかりを探す
❷ genetic clues 遺伝的な情報や証拠

類 hint, sign, indication

I have no clue. (さっぱりわからない) は会話でよく使われるので覚えておこう！

0758

exclusion
[ɪksklú:ʒən]

名 ① 排除，除外　② 除名，除籍

❶ social exclusion 社会からの排除
❷ exclusion from school （素行不良による）退学処分

類 ①elimination ②expulsion

派 exclude 動 ～を排除する，除外する ▶exclude the possibility (可能性を排除する)

0759

straightforward
[strèɪtfɔ́:wəd]

形 簡単な，シンプルな

❶ straightforward explanation シンプルな説明

類 easy, simple, plain

反 complicated 形 複雑な，分かりにくい

0760

overwhelm
[əʊvəwélm]

動 ～を圧倒する

❶ be overwhelmed by the news
そのニュースに打ちのめされる

類 overcome, defeat

派 overwhelming 形 圧倒的な ▶the overwhelming majority of students (圧倒的多数の学生)

0761

immense
[ɪméns]

形 巨大な，莫大な

❶ the immense potential of robotics
ロボット工学の計り知れない可能性
❷ under immense pressure 大きな重圧を受けて

類 enormous, massive, vast

large や big の強意語で，無限に広がるイメージがある。

0762

vivid
[vívɪd]

形 ① 色鮮やかな　② (記憶や印象が) 鮮明な
③ 生き生きとした

❶ vivid colours 鮮明な色
❷ have a vivid imagination 鮮明な想像力を持っている

類 ①bright ②graphic ③lively

派 vividly 副 鮮明に／反 vague 形 曖昧な

0763

wipe out
[waɪp]

動 ～を消去する，壊滅させる

❶ be wiped out by human activity
人間の活動によって壊滅する

類 destroy, eradicate, eliminate

受け身で使われることが多く，「環境」テーマにおける頻出語。

0764

faithful
[féɪθfəl]

形 ① (人や信念に) 忠実な
② (作品や描写が) 忠実な，正確な

❶ a faithful dog 忠犬
❷ a faithful account of the event
その出来事の正確な説明

類 ①loyal, devoted ②accurate

名詞の faithful (忠実な信者) は，the Apple faithful (Apple製品信者) のように比喩的にも使われる。

0765 load
[ləʊd]

❶ carry a heavy load 重い荷物を運ぶ
❷ share the load 作業を分担する

名 ① 積み荷　② (精神的な) 負担，責任　　📘 ①cargo ②responsibility, duty

熟 loads of たくさんの〜 ▶loads of calls (多数の電話による問い合わせ)

0766 fundamental
[fʌ́ndəméntl]

❶ fundamental knowledge 基礎知識
❷ a fundamental difference 根本的な違い

形 基本的な，根本的な　　📘 basic, principal, cardinal

🅔 basic and very important

0767 generous
[dʒénərəs]

❶ a generous contribution 多額の寄付
❷ a generous amount of space 充分な余白

形 ① 気前の良い　② 豊富な，多くの　　📘 ①charitable ②large, plentiful

「お金の気前良さ」を連想させる語。　📗 generosity　名 気前の良さ，豊富さ

0768 modest
[módɪst]

❶ a modest increase わずかな増加
❷ a modest and sincere man 控えめで実直な男性

形 ① (量や変化が) あまり多くない
② 控えめな

📘 ①small, limited
②humble, unassuming

📗 modesty　名 謙虚さ／🔄 boastful　形 自慢好きの

0769 account for
[əkáʊnt]

❶ account for 60% 60% を占める
❷ account for the difference 違いを説明する

動 ① 〜の割合を占める　② 〜を説明する　　📘 ①make up, comprise ②explain

「〜を説明する」の意味では，explain や describe への言い換えがリスニング・リーディングで頻出。

0770 dishonest
[dɪsónɪst]

❶ dishonest behaviour いいかげんな態度
❷ dishonest business practices 不正な事業活動

形 いいかげんな，不正の　　📘 immoral, unethical

モラルや法的に悪いことを描写する際に使われる。

0771 assess
[əsés]

❶ assess the impact 影響を評価する
❷ assess the total cost 総費用を算定する

動 〜を評価する，算定する　　📘 judge, estimate, evaluate

assess は「よく考えてから下す評価」，evaluate は「能力や効果の良し悪しの評価」。

0772 ban
[bæn]

❶ ban smoking 喫煙を禁止する

動 〜を禁止する　　📘 prohibit, forbid

📗 ban　名 禁止 ▶a total ban on junk food ads (ジャンクフード広告の全面的禁止)

Chapter 1

0773 initiative
[ɪníʃətɪv]

名 ① 戦略 ② 率先, 主導権

❶ business initiatives 事業計画
❷ take the initiative in formulating a plan
率先して計画を練る

類 ①strategy, scheme ②lead

「主導権を持って, 率先して計画を練る [立てる]」のように覚えよう。

0774 trial
[tráɪəl]

名 ① 試験 ② 裁判

❶ clinical trials 臨床試験
❷ a criminal trial 刑事裁判

類 ①test, experiment ②case

熟 trial and error 名 試行錯誤

0775 contrary
[kɑ́ntreri]

形 正反対の, 逆の

❶ contrary evidence 全くの矛盾した証拠
❷ contrary to popular belief
世間一般の認識とは異なり

類 opposite, contradictory

派 contrary 名 正反対 ▶to the contrary (それとは逆に), on the contrary (それどころか)

0776 detection
[dɪtékʃən]

名 発見, 検出

❶ early detection of cancer がんの早期発見
❷ crime detection and prevention
犯罪の発見と予防

類 discovery

派 detect 動 ~を見つける, 見抜く   detective 形 探偵の ▶detective novels (推理小説)

0777 ease
[iːz]

動 ① (痛みや問題を) 緩和する
② ~を容易にする

❶ ease traffic congestion 交通渋滞を緩和する
❷ ease access to the internet
ネットへのアクセスを容易にする

類 ①relieve, soothe ②facilitate

派 ease 名 容易さ, 安心 ▶at ease (安心して), ill at ease (不安で)

0778 exclusive
[ɪksklúːsɪv]

形 ① 排他的な, 独占的な ② 高級な

❶ exclusive rights 独占権
❷ an exclusive hotel 高級なホテル

類 ①sole ②high-class, stylish

反 inclusive 形 ~を含めた ▶inclusive of meals (食事込みの)

0779 harsh
[hɑːʃ]

形 ① (発言や態度が) 辛辣な
② 厳しい, 残酷な

❶ harsh criticism 厳しい批判
❷ survive a harsh winter 厳しい冬を乗り切る

類 ①bitter ②severe

会話では, Don't be so harsh on ~. (~にそんなにきつく当たらないで) がよく使われる。

0780 constraint
[kənstréɪnt]

名 制約, 制限

❶ impose severe constraints 厳しい制約を課す
❷ due to time constraints 時間の制約があるため

類 restriction

派 constrain 動 ~を制限する ▶constrain movement (動作を制限する)

0781

cooperation
[kòʊpərέɪʃən]

名 協力, 提携

❶ develop a sense of cooperation 協調性を育てる
❷ in cooperation with the company
その企業と提携して

🄢 teamwork, collaboration

スペリングの似た corporation（企業, 法人）と混同しないように。

0782

likelihood
[láɪklihʊd]

名 可能性

❶ increase the likelihood 可能性を高める

🄢 prospect, probability

livelihood（暮らし, 生計）と間違えないように注意！

0783

justify
[dʒʌ́stɪfaɪ]

動 ~を正当だと説明［証明］する,
正当化する

❶ justify the means 手段を正当化する
❷ justify high salaries 高給が正当だと証明する

🄢 rationalise, warrant

例のほかに, cost（費用）, action（行為）, existence（存在意義）などの目的語をとる。

0784

leading
[líːdɪŋ]

形 ① 1番の, トップの　② 主要な

❶ leading manufacturers トップ［大手］メーカー
❷ the leading cause of death 主な死因

🄢 ①top, powerful ②main

🖉 leading-edge 　形 最新の ▸leading-edge technologies（最先端技術）

0785

appeal
[əpíːl]

名 ① 魅力　② （政府などへの）要求

❶ lose its appeal 魅力を失う
❷ an appeal to the government 政府への要求

🄢 ①attraction, charm
　②urgent request

人の「アピールポイント」には, selling point や strength を使う。

0786

mimic
[mímɪk]

動 ~をまねる

❶ mimic other insects for protection
身を守るためにほかの昆虫に擬態する

🄢 imitate, copy

mimic は「似たことをする」, copy は「そっくりまねる」, imitate は「手本にする」。

0787

restrain
[rɪstréɪn]

動 ① （感情などを）抑える
　② （人が~するのを）抑える

❶ restrain my anger 怒りを抑える
❷ restrain him from using violence
彼に暴力をふるうのをやめさせる

🄢 ①control, hold back ②prevent

🖉 restrained 　形 控えめな, 地味な ▸a restrained response（控えめな反応）

0788

brutal
[brúːtl]

形 残忍な, 残酷な

❶ a brutal murder 残忍な殺人
❷ make a brutal comment 非常に辛らつなコメントをする

🄢 harsh, merciless

cruel の強意語で, それに violence の要素が加わったニュアンスがある。

Chapter 1

obligation
0789

[ɔ̀bləɡéɪʃən]

名 義務，責任

❶ be under a legal obligation　法的義務がある
❷ social obligations　社会的義務

🔁 duty, commitment, responsibility

🔗 obligate　動 義務づける ▸feel obligated to do（～する義務があるように感じる）

scheme
0790

[skíːm]

名 計画，政策

❶ a gifted education scheme　英才教育プログラム
❷ a two-month pilot scheme　2 カ月の予備計画

🔁 plan, strategy, programme

通常，個人的な計画ではなく，団体の公式な計画に用いられる。

craft
0791

[krɑ́ːft]

名 ① 手工業，工芸　② 船，飛行機

❶ arts and crafts　美術工芸品
❷ naval craft　艦船

🔁 ①work ②vessel

🔗 craft　動 ～を作る ▸craft a speech（念入りにスピーチを作る）

at the expense of
0792

[ɪkspéns]

熟 ～を犠牲にして

❶ at the expense of my health
　自分の健康を犠牲にして

🔁 for the cost of

🔗 go to the expense of doing　～することにお金を費やす

deprived
0793

[dɪpráɪvd]

形 ① （権利や機会が）奪われた　② 貧しい

❶ be deprived of educational opportunities
　教育を受ける機会がない
❷ deprived areas　貧困地域

🔁 rob, strip

🔗 deprivation　名 不足，はく奪 ▸sleep deprivation（睡眠不足）

descend
0794

[dɪsénd]

動 ① 下りる　② （先祖から）伝わる

❶ descend to the ground　地上に下りる
❷ be descended from the same ancestor
　同じ祖先の流れをくんでいる

🔁 ①go down, decline ②originate

🔄 ascend　動 登る，上がる／🔗 descent　名 下降　ascent　名 上昇

enforce
0795

[ɪnfɔ́ːs]

動 ～を実行する，施行する

❶ enforce the law　法律を施行する

🔁 apply, implement, impose

🔗 enforcement　名 実行，施行 ▸law enforcement（法の執行，法律）

excavate
0796

[ékskəveɪt]

動 ～を掘る

❶ be excavated from the site　その場所から発掘される

🔁 dig, unearth

地質学（geology）や人類学（anthropology）のテーマで頻出。

0797

hierarchical
[haɪrάːkɪkəl]

形 階層的な，縦社会の

❶ hierarchical business structure 縦社会の企業体質

類 ranked, layered

イギリスの階級制やインドのカースト制度が hierachical な社会の典型例。

0798

odd
[ɒd]

形 ① 奇妙な　② 奇数の

❶ his odd behaviour 彼の奇妙な行動
❷ an odd number 奇数

類 ①strange, unusual, different

「偶数」は an even number と言う。

0799

make the most of

動 ～をフル活用する

❶ make the most of my experience
　経験をフル活用する

類 use, take advantage of, manipulate

スピーキングでのスコアアップ表現の一つ。フル活用しよう！

0800

spontaneous
[spɒntéɪnɪəs]

形 その場で思いついた

❶ spontaneous applause 自然にわき起こる拍手
❷ spontaneous donations 突然思い立って行う寄付

類 unplanned, impromptu

辞書にある「自発的な」という訳で覚えると誤解する。「自発的な」は voluntary の方が近い。

0801

backward
[bǽkwəd]

形 ① 発達が遅れていた　② 後方の

❶ a backward country 発展途上国
❷ without a backward glance 後ろを振り返らずに

類 ①underdeveloped

派 backward-looking　形 保守的な⇔ forward-looking　形 進歩的な

0802

investigate
[ɪnvéstɪgeɪt]

動 ～を詳しく調査する

❶ investigate the cause of the crime
　その犯罪の原因を究明する

類 look into, scrutinise, explore

派 investigation　名 調査 ▶ carry out scientific investigations（科学的調査を行う）

0803

bland
[blænd]

形 ① 面白みに欠ける　② 味気がない

❶ a bland statement 面白みに欠ける意見
❷ bland foods あっさりした食べ物

類 ①boring ②tasteless

②の意味に関連して，「味系」の語彙をチェック。 ▶ plain（薄味の），rich（濃厚な），sour（酸っぱい）

0804

yield
[jiːld]

動 ①（利益や作物を）生み出す
　②～に屈する

❶ yield positive results 良い結果をもたらす
❷ yield fruit フルーツを産出する
❸ yield to pressure プレッシャーに負ける

類 ①produce, generate ②give in

派 yield　名 収穫高，収益 ▶ high crop yields（高い穀物生産高）

Chapter 1

0805 sophisticated

[səfístɪkeɪtɪd]

形 ① (機械や仕組みが) 精巧な
② 教養のある, 洗練された

❶ sophisticated technology 高度な技術
❷ a sophisticated woman 洗練された女性

類 ①advanced, developed
②cultured, refined

物を形容するときは「精巧で高度な」, 人のときは「上品で教養がある」という含みがある。

0806 chain

[tʃeɪn]

名 連鎖, ひと続き

❶ a chain of events 一連の出来事
❷ a chain of volcanoes 火山帯
❸ the food chain 食物連鎖

類 series, train, sequence

何かが連続してつながっている状態を表す。日本語の「チェーン (鎖)」と同じイメージ。

0807 preserve

[prɪzə́ːv]

動 ～を維持する, 保つ

❶ preserve historical buildings
歴史的建造物を保存する
❷ preserve its original condition 元の状態を保つ

類 protect, maintain

🖉 conserve 動 ～を保護する, ～を温存する ▶conserve wildlife (野生生物を保護する)

0808 coarse

[kɔːs]

形 ① (表面が) 粗い ② 下品な, 粗野な

❶ a coarse cloth 目の粗い布地
❷ coarse language 下品な言葉

類 ①rough ②vulgar, offensive

🔄 ① soft (滑らかな), smooth (滑らかな) ／② fine (立派な), delicate (上品な)

0809 modify

[mɔ́dɪfaɪ]

動 ～を修正する, 変更する

❶ modify the system システムを修正する
❷ modify my behaviour 態度を改める

類 alter, adjust, amend

genetically-modified food = GM food (遺伝子組み換え食品) 🖉 modification 名 変更, 修正

0810 reputable

[répjətəbəl]

形 評判の良い

❶ a highly reputable company とても評判のよい会社

類 respected, prestigious

🖉 reputation 名 評判 ▶enhance one's reputation (評判を高める)

0811 steep

[stiːp]

形 ① (変化が) 急な ② (道や坂が) 急な

❶ a steep drop 急降下, 急落
❷ a steep slope 急勾配

類 ①sharp ②precipitous

🖉 be steeped in ～があふれている ▶a place steeped in history (歴史あふれる場所)

0812 myth

[mɪθ]

名 神話, 作り話

❶ ancient myth 古代の神話
❷ urban myth 都市伝説

類 folk tale, legend

🖉 mythical 形 神話 [想像] 上の ▶mythical creatures (架空の生物)

0813 betray

[bɪtréɪ]

❶ betray their trust 彼らの信頼を裏切る
❷ betray a confidence 秘密を漏らす

動 ① 〜を裏切る　② (秘密などを) 漏らす　⊜ ①deceive, double-cross ②reveal

会話では, throw 〜 under the bus (〜を裏切る) や break one's words (約束を破る) をよく使う。

0814 clear

[klɪə]

❶ clear land for agriculture 農業のために整地する
❷ clear the table テーブルを片付ける

動 〜を取り除く, 除去する　⊜ remove, tidy, evacuate

🖉 clearance　名 撤去, 片付け ▶clearance sale (在庫一掃セール), land clearance (開墾)

0815 inherit

[ɪnhérɪt]

❶ inherited diseases 遺伝性疾患
❷ inherit a fortune 財産を相続する

動 ① 〜を受け継ぐ　② 〜を相続する　⊜ ①born with ②fall heir to

🖉 inheritance　名 相続, 継承 ▶inheritance tax (相続税)

0816 sole

[sóʊl]

❶ have sole responsibility for the project
その計画の責任を一手に背負う

形 唯一の　⊜ only, single, exclusive

only の強意語で, ライティングで用いる硬い語。

0817 pursuit

[pəsjúːt]

❶ in the pursuit of better lives より良い生活を求めて
❷ intellectual pursuits 知的な趣味

名 ① 追及, 探求　② 趣味, 気晴らし　⊜ ①search, hunt ②leisure activity

🖉 pursue　動 〜を追求する ▶pursue a career as a doctor (医師としての道を進む)

0818 indulge

[ɪndʌ́ldʒ]

❶ indulge in luxury shopping
高級品の買い物を楽しむ
❷ indulge my child 子供を甘やかす

動 ① 存分に楽しむ　② 〜を甘やかす　⊜ ①fully enjoy ②pamper, spoil

🖉 indulgent　形 優しい, 甘い ▶self-indulgent (自分に甘い)

0819 stuck

[stʌk]

❶ get stuck in traffic 交通渋滞にはまる
❷ be stuck for words 言葉に詰まる

形 ① 身動きが取れない　② 困って　⊜ ①jammed ②at a loss

▶I have something stuck between teeth. (歯に何か詰まっている)

0820 boil down to

❶ It all boils down to personal preference.
結局は個人の好みということになる。

動 結局は〜ということになる　⊜ come down to, amount to

boil した (考えを煮詰めた) 結果, down する (結論にたどり着く) とイメージしてみよう!

0821 label
[léɪbəl]

動 ～にレッテルを貼る

❶ be labelled as a racist
人種差別者だとレッテルを貼られる

類 describe unfairly, dub, name

リスニングのディクテーション問題では，過去に「ラベル」の意味で出題されたことがある。

0822 presume
[prɪzjúːm]

動 ～を推測する，～と思い込む

❶ presume her to be innocent
彼女は無実だと強く思う

類 assume, suppose

assume よりも，「強い自信を持って思う」といった含みがある。 🔗 presumably 副 おそらく

0823 comprehensive
[kɒ̀mprɪhénsɪv]

形 包括的な，総合的な

❶ a comprehensive review 包括的な見直し
❷ comprehensive school 総合制中等学校

類 extensive, all-inclusive, compete

🔗 comprehend 動 ～を完璧に理解する

0824 reflect
[rɪflékt]

動 ① ～を映す，反映する ② じっくり考える

❶ reflect the local culture 地域文化を反映する
❷ reflect on the past 過去を振り返る

類 ①indicate, manifest ②consider

🔗 reflection 名 反射，内省，兆候 ▶a reflection of modern life（現代社会を映し出すもの）

0825 resume
[rɪzjúːm]

動 ～を再開する

❶ resume rescue operations 救援活動を再開する

類 restart, continue

つづりが似た résumé（履歴書）とは，発音が異なるので混同しないように！

0826 flat
[flæt]

形 ① 均一の ② きっぱりとした

❶ a flat rate 均一料金
❷ a flat denial きっぱりと断ること

類 ①fixed, set ②definite, outright

🔗 flatten 動 ～を壊滅させる ▶be flattened by the cyclone（サイクロンにより壊滅状態になる）

0827 strengthen
[stréŋθən]

動 ～を強化する

❶ strengthen family ties 家族の絆を強める
❷ strengthen the economy 経済を強化する

類 reinforce, boost, heighten

例のほかに，position（立場），skill（能力），muscle（筋肉），will（意志）などを目的語にとる。

0828 suspend
[səspénd]

動 ① ～を一時的に止める
② ～を停職［停学］にする

❶ temporarily suspend the operation
一時的に営業を停止する
❷ be suspended from school 停学になる

類 ①delay, postpone ②keep out

パンツが落ちないように留める，suspenders（サスペンダー）から連想すれば覚えやすい。

0829

alien
[éɪliən]

形 外国の，外来の，異質な

❶ the invasion of alien species　外来種の侵入
❷ alien registration　外国人登録

類 strange, foreign, peculiar

🖉 alienate　動 ～を遠ざける，疎遠にする

0830

logic
[lɑ́dʒɪk]

名 論理

❶ the logic behind the decision
　決定するに至った論理［根拠］

類 reason, thinking

🖉 logical　形 論理的な　▶logical reasoning（論理的推論）

0831

valid
[vǽlɪd]

形 (チケットなどが) 有効な，根拠のある

❶ valid passport　有効なパスポート
❷ make a valid point　理にかなった意見を述べる

類 sound, reasonable, rational

🖉 validate　動 ～を証明する　validity　名 妥当性／⇔ invalid　形 無効な

0832

vary
[véəri]

動 変わる，異なる

❶ vary considerably in size　サイズがかなり異なる
❷ varying degrees of success　さまざまな成功の度合い

類 differ

🖉 varied　形 多種多様な

0833

portray
[pɔːtréɪ]

動 (絵や写真で) 表現する，描く

❶ be vividly portrayed in the film
　映画で生き生きと描かれている

類 describe, depict, represent

🖉 portrait　名 肖像画　portrayal　名 描写されたもの

0834

vulnerable
[vʌ́lnərəbəl]

形 弱い，影響を受けやすい，傷つきやすい

❶ be vulnerable to extreme weather
　異常気象に弱い
❷ vulnerable age groups　傷つきやすい年齢層

類 exposed to, prone to

IELTS 超必須単語の一つ。🖉 vulnerability　形 弱さ，もろさ

0835

outweigh
[aʊtwéɪ]

動 ～より上回る，勝る

❶ The benefits far outweigh the disadvantages.
　メリットがデメリットよりもはるかに多い。

類 exceed, be greater than

「比較」を示唆する語。A far weight B で「A は B よりはるかに勝る」。

0836

distinctive
[dɪstíŋktɪv]

形 独特の，特徴のある

❶ distinctive design　特徴のあるデザイン
❷ have a distinctive shape　独特な形をしている

類 typical, characteristic

🖉 distinct　形 違った，目立つ　▶「他者と異なって目立って」という属性の違いを強調した語。

0837 faint
[feɪnt]

❶ a faint light かすかな光
❷ a faint hope わずかな望み

形 ① かすかな　② (望みが) 薄く

類 ①weak ②slight

🔑 not have the faintest idea さっぱりわからない

0838 conquer
[kɔ́ŋkə]

❶ conquer new territories 新しい領土を支配する
❷ conquer my fear 恐怖に打ち勝つ

動 ① ～を征服する　② ～を乗り越える

類 ①control ②defeat, overcome

「歴史」関連のパッセージでよく使われる。　🔑 conqueror 名 征服者

0839 notorious
[nəutɔ́:riəs]

❶ a notorious criminal 悪名高き犯罪者
❷ a company notorious for its low wages
低賃金で有名な会社

形 悪名が高い

類 infamous

🔑 notoriety 名 悪評, 悪名 ▸ gain notoriety (悪名をとどろかせる)

0840 passing
[pá:sɪŋ]

❶ a passing trend 一時的な流行

形 一時的な

類 temporary, fleeting

trend 以外にも, interest ([一時的な] 関心) や phase ([一時的な] 局面) とよく結びつく。

0841 exploit
[ɪksplɔ́ɪt]

❶ exploit temporary workers 派遣労働者を搾取する
❷ exploit natural resources 天然資源を利用する

動 ① ～を搾取する　② ～を利用する

類 ①take advantages of ②utilise

🔑 exploitation 名 搾取, 利用 ▸ exploitation of resources (資源の利用)

0842 wholesale
[hóulseɪl]

❶ at wholesale prices 卸売価格で
❷ the Tokyo central wholesale market
東京中央卸売市場

形 卸売りの

類 large-scale, extensive

「卸売り」とは, 商品をメーカーから仕入れ, 小売業者などに販売すること。

0843 nerve
[nɜːv]

❶ calm my nerves 不安を落ち着かせる
❷ nerve cells 神経細胞

名 ① 不安　② 神経

類 ①anxiety

🔑 have the nerve to do ～する度胸がある　get on one's nerves ～をいらつかせる

0844 abuse
[əbjú:s]

❶ child abuse 児童虐待
❷ abuse of power 権力 [権利] の乱用

名 ① 虐待　② 乱用, 誤用

類 ①mistreatment ②misuse

🔑 abusive 形 悪い, 口汚い ▸ use abusive language (暴言を吐く)

0845 confine
[kənfáɪn]

動 ① ～を制限する　② ～を閉じ込める

❶ be confined to the business district
ビジネス街に限られている

❷ confined spaces 囲まれた空間，狭い空間

類 ①restrict ②enclose

◊ fine は「境界を定める」という意味の接辞。define だと，「～を定義する」の意味になる。

0846 derive
[dɪráɪv]

動 ① ～に由来する　② ～を引きだす，得る

❶ be derived from Latin ラテン語に由来する

❷ derive pleasure 喜びを得る

類 ①originate from ②obtain

フレーズ❶のように，from とセットで使われる。❷は get のフォーマルな言い方。

0847 solitary
[sɔ́lətəri]

形 孤独な

❶ a solitary life 孤独な生活

類 lonely, isolated

◊ soli- は「孤独」を表す接頭辞。名詞 solitude の意味は「孤独」。

0848 digest
[daɪdʒést]

動 ①（知識などを）消化する
②（食べ物を）消化する

❶ digest information 情報を理解する

❷ digest food 食べ物を消化する

類 ①understand ②assimilate, absorb

②の意味は，「健康」や「環境」テーマで頻出。

0849 the tip of the iceberg
[áɪsbɜːg]

熟 氷山の一角

❶ be merely the tip of the iceberg
ほんの氷山の一角である

類 just the beginning

tip は「先端」という意味。on the tip of one's tongue で「（言葉や物事が）思い出せそうで」。

0850 disguise
[dɪsgáɪz]

動 ①（事実を）隠す　② ～を変装させる

❶ disguise the fact その事実を隠す

❷ disguise itself as a flower 花の形に姿を変える

類 ①conceal, hide ②camouflage

フレーズ❷は「昆虫」や「植物」のテーマで，カムフラージュの意味で使われる。

0851 evacuate
[ɪvǽkjueɪt]

動 避難する，～を立ち退く

❶ evacuate from the building ビルから避難する

❷ evacuate the town 市外に避難する

類 leave, remove, clear

⊘ evacuation **名** 避難 ▸ evacuation drill（災害訓練）

0852 consecutive
[kənsékjətɪv]

形 連続した

❶ for ten consecutive days 10日間連続で

類 successive, sequential, in a row

フレーズ❶は in a row（連続して）を使って，for ten days in a row と表現することも可能。

DAY 1
DAY 2
DAY 3
DAY 4
DAY 5
DAY 6
DAY 7
DAY 8
DAY 9
DAY 10

Chapter 1

0853

further
[fə́:ðə]

副 さらに

❶ further explore the potential
可能性をさらに追及する
❷ take one step further さらに一歩踏み込む

☝ to a greater extent

🖉 further 動 ～を前進させる ▸ further one's understanding （～の理解をさらに深める）

0854

implication
[ìmplɪkéɪʃən]

名 ①（予測される）結果，影響
②ほのめかし，言外の意味

❶ have profound implications for the
environment 環境に大きな影響を与える
❷ financial implications 財政上の影響

☝ ①potential consequence
②suggestion

将来起こりうる大きな影響，引き起こされる結果について用いられる。

0855

specify
[spésɪfaɪ]

動 ～を明確に述べる，規定する

❶ specify the terms and conditions
取引条件を明記する

☝ define, prescribe

Could you be more specific?（具体的に言っていただけますか）はスピーキングの Part 3 で使おう！

0856

loose
[lu:s]

形 おおざっぱな，ずさんな

❶ a loose translation いいかげんな翻訳

☝ vague, inexact

🖉 loosely 副 大まかに ▸ loosely based on a real story （実話を大まかに基にしている）

0857

in accordance with
[əkɔ́:dəns]

熟 （法律や規則）に従って

❶ in accordance with legal requirements
法的要件に従って

☝ in line with, in conformity with

🖉 accord 調和，合意 ▸ of one's own accord （自発的に）

0858

intervene
[ìntəvíːn]

動 （状況改善のために）介入する

❶ intervene in the conflict 争いに介入する

☝ become involved, interfere

🖉 intervention 名 介入 ▸ human intervention （人の介入）

0859

bold
[bəuld]

形 ①大胆な，勇敢な
②はっきりした，目立った

❶ make a bold decision 勇気ある決断を下す
❷ bold colour pattern はっきりした配色

☝ ①brave, daring ②prominent

PC ソフトの word で，「ホーム」タブ上部左の「B」を選択すれば太字になるが，これは Bold の頭文字。

0860

mass
[mæs]

形 大量の，大規模な

❶ mass production 大量生産
❷ appeal to a mass audience 大衆の心に訴える

☝ large-scale, extensive

このほかにも，mass extinction（大量絶滅）や mass tourism（マスツーリズム）は必須。

0861 misconception
[mìskənsépʃən]

名 誤解，思い違い

❶ public misconceptions about health
健康に関する一般的な誤った認識
❷ correct misconceptions 思い違いを訂正する
🔄 **misunderstanding, false impression**

「個人的な誤解」には，misunderstanding を用いる。 🔗 conception 名 思考，理解

0862 spark
[spɑːk]

動 ① (関心や興味を) 刺激する
② ～の火付け役になる

❶ spark my curiosity in the field of astronomy
天文学分野への好奇心を刺激する
❷ spark controversy 論争を巻き起こす
🔄 ① **stimulate** ② **cause, give rise to**

「火花」が原義。 🔗 sparkling 形 キラキラ光る，発泡性の ▸sparkling water（炭酸水）

0863 collision
[kəlíʒən]

名 衝突

❶ head-on collision 正面衝突
❷ a collision between a satellite and space debris
人工衛星と宇宙ゴミの衝突
🔄 **crash, impact**

🔗 collide 動 衝突する ▸collide with the asteroid（小惑星と衝突する）

0864 shallow
[ʃǽləʊ]

形 ① (発言や考えが) 薄っぺらい，浅はかな
② 浅い

❶ shallow reasons 薄っぺらい理由
❷ a shallow river 浅い川
🔄 ① **superficial** ② **of little depth**

a shallow person のように人に使うと，「物事を真剣に考えないいい加減な人」という意味になる。

0865 stretch
[stretʃ]

動 ① ～を伸ばす，広げる
② ～を引き延ばす

❶ the mountain stretching from the ocean
海から広がる山々
❷ stretch the truth 事実を誇張する
🔄 ① **extend, spread** ② **lengthen**

🔗 stretch one's mind 頭を柔らかくする

0866 underline
[ʌ̀ndəláın]

動 ～を強調する

❶ underline the need for urgent action
早急な対応が必要だと強調する
🔄 **emphasise, stress, highlight**

「強調したい部分には，アンダーラインを引く」と覚えよう。

0867 progressive
[prəgrésɪv]

形 ① 進行している ② 進歩的な

❶ a progressive reduction 徐々に進む減少
❷ progressive schools 進歩的な学校
🔄 ① **ongoing, developing** ② **modern**

🔑 pro-（前に）+ gress（歩く）+ -ive =「進行している」。

0868 commence
[kəméns]

動 開始する

❶ a project scheduled to commence in May
5月に開始予定の事業計画
🔄 **begin, start, initiate**

アメリカでは「卒業式」に commencement を使う。イギリスでは graduation を使うのが一般的。

DAY 1 | DAY 2 | DAY 3 | DAY 4 | DAY 5 | DAY 6 | DAY 7 | DAY 8 | DAY 9 | **DAY 10**

0869 substitute
[sʌ́bstɪtjuːt]

❶ a substitute teacher 代替教員
❷ find a substitute 代替案を見つける

名 代わりの人 [物]　≡ replacement, alternative

🖉 substitute A for B　B の代わりに A を使う

0870 deserve
[dɪzə́ːv]

❶ deserve attention 注目に値する
❷ deserve punishment 罰を受けて当然である

動 ① ～の価値がある
　　② ～を受けるに値する　≡ ①earn, merit ②have a right to

🖉 deserved　形 当然の　deservedly　副 当然, 正当に

0871 arouse
[əráʊz]

❶ arouse interest in politics 政治への関心を高める

動 ～を刺激する, 喚起する　≡ cause, excite, generate

形の似ている arise（生じる）の過去形 arose と混同しないように！

0872 collaborative
[kəlǽbərətɪv]

❶ collaborative research 共同研究
❷ make a collaborative effort 協力して取り組む

形 協同の　≡ cooperative, joint

cooperate は「協力する」だけだが，collaborate には「共同で何かを成し遂げる」という含みがある。

0873 condemn
[kəndém]

❶ condemn the decision その決定を非難する
❷ be condemned to death 死刑を宣告される
❸ be condemned to lower wages 賃下げにあう

動 ①～を非難する　②～に罰を与える
　　③～を不利な状況に追いやる　≡ ①disapprove, denounce ②sentence

最後の n は発音しない。　🖉 condemnation　名 激しい非難, 反対

0874 undermine
[ʌndəmáɪn]

❶ undermine her confidence 彼女の信頼を損なう

動 ～を弱体化させる, 弱らせる　≡ weaken, reduce, damage

trust（信頼）や self-esteem（自尊心）など，感情系の名詞をよく目的語にとる。

0875 disadvantaged
[dìsədvɑ́ːntɪdʒd]

❶ disadvantaged areas 恵まれない地域

形 (経済的や社会的に) 恵まれない　≡ deprived, underprivileged

↔ advantaged　形 恵まれた, 豊富な

0876 fragile
[frǽdʒaɪl]

❶ fragile china 壊れやすい陶磁器
❷ the fragile ecosystems 壊れやすい生態系
❸ fragile economies 脆弱な経済

形 ① 壊れやすい, もろい　② 傷つきやすい　≡ ①brittle ②weak, delicate

🖉 fragility　名 壊れやすさ ▸the fragility of the environment（環境の壊れやすさ）

0877 compose
[kəmpóuz]

動 ① ~を構成する　② ~を作曲する

❶ be composed of multiple layers　複数の層から成る
❷ compose music for the film
その映画のために作曲する

🔄 ①make up　②write

🔗 composer 名 作曲家　composition 名 作曲, 作文, 構成

0878 stark
[stɑːk]

形 ① 全くの　② (場所などが) 荒涼とした

❶ in stark contrast to her opinion
彼女の意見とは全く対照的に
❷ stark landscape　殺伐とした風景

🔄 ①sharp　②arid, desolate

ライティングで「比較」を表現する際に, in stark contrast to (~と全く対照的に) を使ってみよう。

0879 aristocracy
[æ̀rəstókrəsi]

名 貴族

❶ members of the aristocracy　貴族, 上流階級者

🔄 the upper class, the nobility

貴族とは, King (王), Queen (女王), Prince (王子), Duke (伯爵) などのこと。

0880 revise
[riváiz]

動 ① ~を変更する　② (本などを) 改訂する
③ (テストに向けて) 復習する, 勉強する

❶ revise the original plan　当初の計画を変更する
❷ a revised edition　改訂版
❸ revise for the test　テストに備えて復習する

🔄 ①change　②amend　③prepare for

revise for the test はイギリス英語。アメリカでは study for the exam が一般的。

0881 determining
[ditə́:miniŋ]

形 決定的な

❶ a determining factor　決定的な要因
❷ play a determining role　決定的な役割を果たす

🔄 decisive, critical

🔗 determinant 名 決定要素 ▶ a determinant of income levels (所得水準の決定要因)

0882 rebel
[ribél]

動 反発する, 逆らう

❶ rebel against the government's decision
政府の決定に逆らう

🔄 go against, disobey

🔗 rebel 名 反逆者　rebellion 名 反乱　rebellious 形 反抗的な

0883 competence
[kómpətəns]

名 能力

❶ technical competence　専門的能力

🔄 capability, proficiency, faculty

他者と compete (競争する) できるような, 何かを高いレベルで行う能力のこと。

0884 contradictory
[kòntrədíktəri]

形 矛盾する

❶ contradictory statements　矛盾した発言

🔄 opposing, conflicting

🔗 contradict 動 ~と矛盾する　contradiction 名 矛盾

0885	**vertical** [və́:tɪkəl] 形 垂直の	❶ vertical lines 垂直線 ❷ vertical farming 垂直農法 © **perpendicular, steep**
	∅ horizontal 形 水平の　linear 形 直線の　diagonal 形 対角線上の	

0886	**profound** [prəfáʊnd] 形 ① 重大な，深刻な　② 難解な	❶ a profound effect on the economy 　経済への大きな影響 ❷ a profound question 難問 © ①**powerful** ②**complex**
	∅ profundity 名 奥深さ ▸the profundity of the painting (その絵画の奥深さ)	

0887	**convention** [kənvénʃən] 名 ① 慣習，しきたり　② 会議，協議会	❶ by convention 慣習的には ❷ an international convention 国際会議 © ①**custom, practice** ②**conference**
	∅ conventional 形 慣習の，従来の　convene 動 (会議などを) 開催する	

0888	**widen** [wáɪdn] 動 ～を広げる，広がる	❶ widen the road 道幅を広げる ❷ widening income gap 広がる所得格差 © **expand, broaden, increase**
	◐ 接尾辞 -en は「～にする」▸shorten 動 ～を短くする　lighten 動 ～を明るくする	

0889	**accountable** [əkáʊntəbəl] 形 説明責任のある	❶ be held accountable for the results 　結果に対して説明責任がある © **responsible, to blame**
	∅ accountability 名 説明責任 ▸legal accountability (法的な説明責任)	

0890	**seize** [si:z] 動 ① ～を奪う，支配する　② ～をつかむ	❶ seize power 権力を握る ❷ seize opportunities チャンスをつかむ © ①**take control of** ②**grab**
	∅ seize up [機械が不具合で] 作動しなくなる，[人間が痛みで] 動けなくなる	

0891	**apt** [æpt] 形 ① 適切な　② ～の傾向がある	❶ an apt description of the festival 　その祭典の適切な描写 ❷ be apt to forget 忘れやすい © ①**appropriate, suitable** ②**tend**
	∅ aptitude 名 才能，能力 ▸aptitude for art (芸術のセンス)	

0892	**potential** [pəténʃəl] 形 可能性のある，潜在的な	❶ potential risks 潜在的なリスク ❷ existing and potential customers 　既存客と見込み客 © **possible, likely, prospective**
	∅ potential 名 可能性 ▸potential for growth (成長の可能性)	

0893 fall short of

O fall short of the requirements
必要条件を満たしていない

動 (基準や期待) に達しない，〜に不足する　⑤ fail to meet, be insufficient

ここでの short は，「足りない」という意味。熟 in short supply 不足して

0894 strain
[streɪn]

O come under severe strain　ひどい重圧をかけられる
O bear the strain of childcare responsibilities
子育ての負担に耐える

名 ① 緊張，重圧　② 負担　⑤①anxiety, stress ②force, pressure

🖉 strain　動 〜をピンと張る，(体の一部を) 痛める ▶strained relationships (緊迫した関係)

0895 dwell
[dwel]

O dwell in the forest　森に生息する
O dwell on the past　過去を引きずる

動 ① 住む，居住する　② くよくよ考える　⑤①live, reside

🖉 dweller　名 住人　dwelling　名 住居 ▶ともに硬い語なのでライティング向き。

0896 hypothesis
[haɪpɔ́θəsɪs]

O test a hypothesis　仮説を検証する
O our findings that support the hypothesis
その仮説を立証する研究結果

名 仮説，前提　⑤ theory, assumption

🖉 hypothetical　形 仮説上の

0897 fetch
[fetʃ]

O fetch objects　物を取ってくる
O fetch water from the well　井戸から水をくんでくる

動 〜を取ってくる　⑤ go and get, collect

E to go get something and bring it back

0898 deposit
[dɪpɔ́zɪt]

O mineral deposits　鉱床
O pay a deposit of £500　頭金で500ポンドを支払う

名 ① 堆積物　② 頭金　⑤①sediment ②down payment

リーディングでは①の意味，リスニング (Part 1) では②の意味で登場することが多い。

0899 industrious
[ɪndʌ́striəs]

O industrious Japanese workers
よく働く日本人労働者

形 よく働く，勤勉な　⑤ hard-working, diligent

hard-working の硬い語で，リーディングでよく登場する。

0900 bring ~ to life

O bring the city to life　街を再び活気づける
O bring the film to life　映画をさらに面白くする

動 〜を再び活気づける，面白くする　⑤ enliven, stimulate, brighten up

E to make something more interesting, active or attractive

Chapter 1

DAY 1　DAY 2　DAY 3　DAY 4　DAY 5　DAY 6　DAY 7　DAY 8　DAY 9　DAY 10

0901

systematic
[sìstəmǽtɪk]

形 体系的な，組織的な

❶ a systematic approach 体系的な方法

類 organised, logical

派 systematically 副 体系的に ▶ carried out systematically（体系的に実施される）

0902

drive
[draɪv]

名 ① 意欲，原動力　② 活動，運動

❶ the drive to survive 生き残るという強い思い
❷ fund-raising drive 資金集めの活動

類 ①willpower, desire ②campaign

派 drive 動 ～を活発にする，推進する ▶ drive economic growth（経済成長を促す）

0903

settle
[sétl]

動 ① (新しい環境に) 慣れる　② 定住する
③ ～を解決する

❶ settle in a new environment 新しい環境に慣れる
❷ settle in Europe ヨーロッパに定住する
❸ settle the difference 和解する

類 ①adjust ②inhabit ③fix

派 settle down (気持ちが) 落ち着く，結婚して身を固める

0904

biased
[báɪəst]

形 偏った考えを持った

❶ a biased opinion 偏った意見

類 prejudiced, one-sided, unfair

派 bias 名 偏見／反 unbiased 形 偏りのない

0905

incentive
[ɪnséntɪv]

名 動機づけになるもの

❶ provide employees with financial incentives
従業員に報奨金を与える

類 inducement, enticement

金銭以外にも，休暇，住宅の提供，減税などが incentive に含まれる。

0906

stationary
[stéɪʃənəri]

形 静止している，変化のない

❶ a stationary vehicle 静止している車両

類 immobile, static

スペリングの似た stationery（文房具）と混同しないように！

0907

code
[kəʊd]

名 ① 暗号　② 規則

❶ break a code 暗号を解読する
❷ a dress code 服装規定

類 ①secret message ②set of rules

②の意味では，a code of conduct（行動規範）のフレーズも要チェック。

0908

comply with
[kəmpláɪ]

動 (法やルール) に従う

❶ comply with legal requirements 法的要件に従う

類 meet, abide by

日本語にもなっている compliance（法令順守）を手がかりにして覚えよう。

900 1800 2700 3600

DAY 11
DAY 12
DAY 13
DAY 14
DAY 15
DAY 16
DAY 17
DAY 18
DAY 19
DAY 20

0909 lengthy
[léŋθi]

❶ a lengthy train delay 大幅な電車の遅れ

形 長ったらしい，冗長な

🔄 extended, prolonged

long はニュートラルだが，lengthy にはネガティブなニュアンスがある。

0910 forceful
[fɔ́ːsfəl]

❶ a forceful argument 説得力のある主張

形 力強い

🔄 powerful, compelling

人に使うと，「力強い，はっきりと自己主張する」というポジティブな含みが出る。

0911 practise
[prǽktɪs]

❶ practise Zen meditation 座禅を行う
❷ practise medicine 開業医である

動 ① ～を実行する
② （専門職に）従事する

🔄 ①do ②work in, engage in

アメリカ英語では，practice とつづる。ライティングでのスペリングの使い分けに要注意！

0912 landmark
[lǽndmɑːk]

❶ a landmark moment 歴史的瞬間
❷ historic landmarks 歴史的建造物

名 ① （重要な）出来事
② 歴史的建造物，史跡

🔄 ①milestone ②monument

②の意味では，目立つ建物や遺跡などの「名所」に使われる。

0913 eminent
[émɪnənt]

❶ an eminent author 著名な作家

形 著名な，優れた

🔄 renowned, respected

🇪 famous, important and respected

0914 rotate
[rəʊtéɪt]

❶ rotate clockwise 時計回りに回転する
❷ rotate the leadership role リーダー役を交代で行う

動 ① 回転する ② ～を交代させる

🔄 ①turn ②take turns

🖋 rotation 名 回転，循環

0915 crude
[kruːd]

❶ a crude estimate 概算
❷ crude oil 原油

形 ① 大まかな ② 加工されていない

🔄 ①rough ②raw

🔄 ① exact 形 正確な／② refined 形 精製した

0916 outlet
[áʊtlet]

❶ find an outlet for stress ストレスのはけ口を見つける
❷ retail outlets 小売店

名 ① （感情の）はけ口 ② 直販店

🔄 ①vent ②shop

アメリカ英語では，「コンセント，プラグの差し込み口」の意味もある。

0917

immune
[ɪmjúːn]

形 影響を受けない，免疫（性）の

❶ immune to cyber-attack サイバー攻撃を受けない
❷ the immune system 免疫系 [システム]

🔄 resistant, unaffected

🔑 immun(o)- は「免疫」の意味。HIV = Human Immunodeficiency Virus（ヒト免疫不全ウイルス）

0918

contribute
[kəntríbjuːt]

動 ① 一因となる　② 寄付する

❶ contribute to global warming
地球温暖化の一因である
❷ contribute funds 寄付する

🔄 ①cause ②donate

🔑 tribute は「与える」という意味。distribute なら，「〜を分け与える，分配する」となる。

0919

nationwide
[nèɪʃənwáɪd]

形 全国的な

❶ a nationwide effort 全国的な取り組み
❷ launch a nationwide campaign
全国キャンペーンを始める

🔄 across the country

✏ nationwide　副 全国的に ▶be sold nationwide（全国で売られている）

0920

token
[tóʊkən]

名 しるし，証拠

❶ as a token of gratitude 感謝のしるしに
❷ by the same token 同様に

🔄 symbol, sign

イギリスでは gift token のように，「商品券」の意味で使われる。

0921

net
[net]

形 最終的な，正味の

❶ a net profit 純利益
❷ net income 手取り収入

🔄 final, overall

✏ net　動 〜の純益をあげる

0922

take its toll
[toʊl]

動 大きな被害をもたらす

❶ take its toll on the economy 経済に打撃を与える

🔄 cause damage, negatively affect

✏ ここでの toll は「損害，死者数」の意味。リスニングでは「料金所」の意味で出る。

0923

surplus
[sɔ́ːpləs]

名 余剰分

❶ a trade surplus 貿易超過
❷ a surplus of €5 million 500万ユーロの余剰

🔄 excess, surfeit

🔑 sur-（超えて）+ plus（加えた）から成る。／ ⇄ shortage 名 不足

0924

peculiar
[pɪkjúːliə]

形 ① 奇妙な　② 特有の

❶ a peculiar smell 独特なにおい
❷ peculiar to the country その国にしか見られない

🔄 ①odd, bizarre ②unique

少し不快で，独特な性質や習慣を持つものに対して使われる。

DAY 11
DAY 12
DAY 13
DAY 14
DAY 15
DAY 16
DAY 17
DAY 18
DAY 19
DAY 20

0925 fierce
[fɪəs]

❶ a fierce battle 激戦
❷ fierce opposition 激しい抵抗
❸ fierce animals どう猛な動物

形 ①（競争などが）激しい　② どう猛な

S ①aggressive ②ferocious

E with a lot of energy, strong feelings, and sometimes violent

0926 affirm
[əfə́:m]

❶ affirm their support 彼らを支援することを断言する

動 ～だと断言する

S pledge, declare

affirmative 形 肯定的な　negative 形 否定的な

0927 tremendous
[trɪméndəs]

❶ a tremendous amount of water ものすごい量の水
❷ a tremendous effort とてつもない努力

形（量や大きさが）莫大な

S huge, vast, enormous

big や great のフォーマルな強意語。量だけでなく，感情や活動の規模などにも使われる。

0928 accomplished
[əkʌ́mplɪʃt]

❶ accomplished at singing 歌唱力がとても高い
❷ an accomplished artist 卓越した芸術家

形 熟達した

S skilful, competent

accomplish 動 ～を成し遂げる，完了する

0929 utility
[juːtíləti]

❶ demonstrate the utility of the device
その機器の有用性を証明する
❷ pay utility bills 公共料金を支払う

名 ① 有用性，役に立つこと
　　② 公共サービス

S ①usefulness ②public service

utility 形 役に立つ，多用途の ▶a utility player（オールラウンドプレーヤー）

0930 overstate
[əʊvəstéɪt]

❶ cannot be overstated
どれだけ誇張してもし過ぎることはない
❷ overstate the extent 程度を誇張する

動 ～を誇張して言う

S exaggerate

understate 動（実際よりも）控えめに言う

0931 adhere to
[ədhíə]

❶ adhere to the principle 原則を忠実に守る

動（決まりや信念）を忠実に守る

S stick to, keep to, comply with

類語の stick to は「強い意思で～にこだわる」という意味。

0932 obscure
[əbskjúə]

❶ for some obscure reason はっきりしない理由で
❷ an obscure artist 無名の芸術家

形 ① 不明瞭な，曖昧な　② 無名の

S ①unclear ②lesser unknown

obvious 形 明らかな　evident 形 明白な　apparent 形 はっきり見える

Chapter 1

0933	**absurd** [əbsə́:d] 形 道理に反した，ばかげた	❶ an absurd idea ばかげた考え 🔄 completely **ridiculous**, **ludicrous**
	ridiculous の強意語。 🖉 absurdity 名 不条理	

0934	**transmission** [trænzmíʃən] 名 ① 伝達，伝染　② 放送	❶ sexual transmission 性行為感染 ❷ radio transmission ラジオ放送 🔄 ①**conveyance**, **communication** ②**spread**
	🖉 transmit 動 ~を伝える ▶transmit data（データを送る）	

0935	**immeasurable** [ɪméʒərəbəl] 形 計れない，計り知れない	❶ have an immeasurable impact 計り知れない影響を及ぼす 🔄 **incalculable**, **immense**
	🖉 immeasurably 副 計り知れないほど	

0936	**shape** [ʃeɪp] 動 ① ~を決定づける，~に影響を与える ② ~を形づくる	❶ Personality is shaped by environment. 性格は環境によって決まる。 ❷ shape the dough パン生地を形づくる 🔄 ①**determine**, **influence** ②**form**
	-shaped のように複合語でも使われる。 ▶V-shaped valley（V字形の渓谷）	

0937	**outrageous** [aʊtréɪdʒəs] 形 理不尽な，とんでもない，無礼な	❶ an outrageous claim とっぴな主張 ❷ an outrageous price 法外な値段 🔄 very **shocking**, **ridiculous**
	🖉 outrage 名 激怒，暴力 ▶日本映画のタイトルとしても有名。	

0938	**loyalty** [lɔ́ɪəlti] 名 忠誠心	❶ build customer loyalty 顧客忠誠心を確立する ❷ show loyalty to the nation 国家に忠誠を示す 🔄 **faithfulness**, **devotion**
	royalty（著作権使用料）との混同に注意！ 🖉 loyal 形 忠実な，忠誠を誓っている	

0939	**archaic** [ɑːkéɪ-ɪk] 形 古い，古代の	❶ archaic laws 旧法 ❷ an archaic education system 時代遅れの教育制度 🔄 **antiquated**, **outdated**
	♂ arch で始まる語は「古」のイメージ ▶archaeology 名 考古学　archive 名 古文書	

0940	**haunt** [hɔːnt] 動 （悪い記憶が）絶えず思い浮かぶ	❶ be haunted by painful memories つらい記憶に悩まされている 🔄 **troubled**, **affected**
	🖉 haunted 形 幽霊のよく出る ▶a haunted mansion（お化け屋敷）	

0941 intake
[ínteɪk]

❶ daily fat intake 日々の脂肪摂取量
❷ a 20% drop in student intake
20%の入学者受け入れ減

名 ①（飲食物の）摂取　② 入学[採用]者数　🔄 ①absorption ②admission

「摂取」の意味では, alcohol, calorie, energy などの名詞とともによく使われる。

0942 tender
[téndə]

❶ at the tender age 幼くして
❷ tender loving care 優しい心遣い

形 ① 若い　② 優しい　🔄 ①young ②affectionate

🔗 tender　動 ～を提出する, 入札する ▶tender for a contract（契約に入札する）

0943 indispensable
[ìndɪspénsəbəl]

❶ become an indispensable part of modern life
現代生活に欠かせないものになる

形 不可欠な, なくてはならない　🔄 critical, essential

necessary の強意語で,「それがないと非常に困る」と必要性を強調したもの。

0944 air
[eə]

❶ air my views 自分の意見を述べる
❷ air grievances 不満を述べる

動（意見などを）述べる, 公表する　🔄 vocalise, proclaim

アメリカ英語だと,「～を放送する」(= broadcast) という意味で使われる。

0945 breakdown
[bréɪkdaʊn]

❶ communication breakdown コミュニケーションの断絶
❷ the breakdown of traditional family values
伝統的な家族の価値観の崩壊

名 故障, 機能停止, 断絶　🔄 failure, loss

🔗 break down（機械やシステムが）故障する

0946 reveal
[rɪvíːl]

❶ reveal secrets 秘密を暴露する
❷ the findings revealed by the study
研究によって明らかになった発見

動 ～を明らかにする, 暴露する　🔄 make known, disclose

🔗 revealing　形（肌を）露出する ▶revealing clothing（露出度の高い服）

0947 consistent
[kənsístənt]

❶ consistent sales growth 堅実な売上の伸び
❷ be consistent with history 歴史と一致している

形 ① 着実な　② 一致した　🔄 ①steady ②compatible

🔄 inconsistent　形 矛盾した ▶an inconsistent statement（一貫性のない主張）

0948 come into effect

❶ new rules that are to come into effect soon
まもなく施行される新しいルール

動 効力が生じる, 施行される　🔄 take effect, be implemented

🔗 effect　名 効果, 結果／in effect 事実上, 施行されて

111　Chapter 1

0949 prospect
[prɑ́spekt]

名 可能性，見通し

❶ enhance my job prospects 就職の可能性が高まる

🔄 anticipation, possibility

prospectus（学校や施設の案内書）と混同しないように。

0950 cutting-edge
[kʌ̀tɪŋ-édʒ]

形 最先端の

❶ cutting-edge technologies 最先端技術

🔄 the newest, the most advanced

🖋 edge 名 有利な立場 ▸ have an edge over（～よりも有利な立場である）

0951 abundance
[əbʌ́ndəns]

名 大量，多量，豊富さ

❶ an abundance of wildlife 多種多様な野生生物
❷ in abundance 大量に，豊富に

🔄 great deal, masses

🖋 abundant 形 豊富　abound 動 たくさんある［いる］

0952 spring
[sprɪŋ]

動 跳ぶ，跳ねる，湧き出る

❶ spring to mind ふと思いつく
❷ spring to life 突然活気づく

🔄 appear suddenly

「突然外に飛び出てくる」イメージがある。 🖋 spring 名 泉，湧き水 ▸ hot spring（温泉）

0953 surface
[sə́:fɪs]

名 ① 表面　② 上辺，見かけ

❶ the surface of the moon 月面
❷ scratch the surface 上っ面をなでる
❸ on the surface 表面上は，見かけは

🔄 ①exterior, outer layer, covering

過去にディクテーション問題で出題されたことがあるので，発音・スペリングは要チェック！

0954 devise
[dɪváɪz]

動 ～を考案する

❶ devise a training plan トレーニングの計画を立てる

🔄 invent, come up with

🖋 device 動 装置 ▸ a labour-saving device（省力装置）

0955 gross
[ɡrəʊs]

形 ① 総計の，全体の　② いまいましい

❶ gross profit 粗利益
❷ gross negligence 重大な過失

🔄 ①total ②unacceptable

🖋 GDP = Gross Domestic Product　国内総生産

0956 divert
[daɪvə́:t]

動 ① ～をそらす　② ～を転換する

❶ divert public attention from the problem
その問題から世間の注目をそらす
❷ divert traffic 交通の流れを変える

🔄 ①distract ②redirect

🖋 diversion 名 転換，迂回路，気分転換

900　　1800　　2700　　3600

DAY 11

DAY 12
DAY 13
DAY 14
DAY 15
DAY 16
DAY 17
DAY 18
DAY 19
DAY 20

0957 empathy
[émpəθi]

名 共感，感情移入

❶ show empathy for victims　被害者へ共感を示す
❷ develop empathy in children
共感する心を子供に芽生えさせる

≋ understanding, compassion

empathise 動 ~に感情移入する（＋ with）

0958 prejudice
[prédʒədɪs]

名 偏見

❶ experience racial prejudice　人種的偏見を経験する

≋ bias, bigotry

bias 名（好みによる）偏見 ▶prejudice は人種，性別，宗教などに対する偏見。

0959 affluent
[ǽfluənt]

形 裕福な

❶ affluent areas of the city　その都市の裕福な地域

≋ prosperous, wealthy

「ほかの貧困地域や国，人などと比較して，生活水準が高く豊かである」ということ。

0960 pinpoint
[pínpɔɪnt]

動 ~を正確に指摘する

❶ pinpoint the source of the problem
その問題の出所を指摘する

≋ identify, discover, determine

pin（ピン）で point（先端）を正確に指すイメージ。

0961 comfort
[kʌ́mfət]

名 ①慰め　②快適さ，心地よさ

❶ offer him a few words of comfort
彼に慰めの言葉をかける
❷ live in comfort　快適に暮らす

≋ ①compassion ②satisfaction

comforting 形 慰めになるような ▶comforting words（慰めの言葉）

0962 foreseeable
[fɔːsíːəbəl]

形 予測できる

❶ foreseeable risks　予測可能なリスク
❷ for the foreseeable future　しばらくの間

≋ predictable, likely

♦ fore-（前もって）+ see（見る）+ -able（可能である）＝「予測できる」

0963 in place

熟 適所に，準備が整って

❶ put security measures in place
安全対策を整備する

≋ in operation, in action

熟 in place of ~の代わりに／ have its place 意味がある，存在意義がある

0964 prototype
[próʊtətaɪp]

名 原型，試作品

❶ a prototype of the device　その機器の試作品
❷ a prototype vehicle　試作車

≋ the first model

比喩的に「何かを最初に行った人」，「原型となった物」という意味でも使われる。

0965 implement
[ímpləmənt]

動 ～を実行 [実施] する

❶ implement tax reforms 税制改革を実施する

ⓢ carry out, enforce

🔄 implementation 名 実施, 施行 ▶the implementation of new systems（新制度の実施）

0966 offensive
[əfénsɪv]

形 不快な

❶ his offensive behaviour 彼の不快な態度
❷ avoid offensive language 不快な言葉を控える

ⓢ rude, unpleasant

🔄 offend 動 ～の気分を害する ▶offended by his remarks（彼の発言で不快になる）

0967 esteem
[ɪstí:m]

名 尊敬, 高い評価

❶ hold her in high esteem 彼女に尊敬の念を抱く
❷ public esteem 世間の評価

ⓢ regard, admiration

実は, respect よりも日本語の「尊敬」に近い。 🔄 self-esteem 名 自尊心

0968 identical
[aɪdéntɪkəl]

形 同じ, 同一の

❶ be identical to the original 原文とそっくりである
❷ be genetically identical 遺伝学的に同じである

ⓢ same, indistinguishable

same のフォーマル語。 identical twins で「一卵性双生児」という意味。

0969 neighbouring
[néɪbərɪŋ]

形 隣接する

❶ neighbouring countries 隣国

ⓢ nearby, bordering

neighbour（隣人）や neighbourhood（近所）と混同しないように！

0970 infrastructure
[ínfrəstrʌktʃə]

名 インフラ, 社会基盤

❶ digital infrastructure デジタルインフラ
❷ improve the infrastructure of the country
国のインフラを整備する

ⓢ framework

transport（輸送）, power supplies（電力供給）, communications（通信）などがインフラ。

0971 overlook
[əʊvəlʊ́k]

動 ① ～を見過ごす ② ～を見渡す

❶ overlook the fact 事実を見逃す
❷ a room overlooking the beach
ビーチが見渡せる部屋

ⓢ ①miss, neglect ②look from above

look over（～にざっと目を通す）と混同しないように注意しよう。

0972 aspect
[ǽspekt]

名 点, ポイント, 側面

❶ the positive aspects of rural life
田舎生活のプラス面

ⓢ feature, side, element

point よりも具体的な点について述べる際に用いられる。

0973 liable
[láɪəbə]

❶ be liable for damages 損害の責任がある
❷ be liable to pay the cancellation fee
キャンセル料金を払う義務がある

形 (法的に) 責任がある　　🔁 legally responsible, accountable

フレーズ❷の pay のあとには charge (料金) や debt (借金) など，お金系の名詞が来る。

0974 locate
[loʊkéɪt]

❶ locate missing people 行方不明の人を探し出す
❷ be located in the suburbs 郊外にある

動 ① (場所を) 特定する　② ～を置く　　🔁 ①discover ②situate

フレーズ❷は，ライティング Task 1 の地図問題での必須表現。

0975 strategy
[strǽtɪdʒi]

❶ marketing strategies マーケティング戦略
❷ strategies to attract more foreign investment
海外投資を誘致するための戦略

名 戦略　　🔁 tactic, game plan

🖊 strategically 副 戦略的に　strategise 動 戦略計画を立てる

0976 combat
[kómbæt]

❶ measures to combat climate change
気候変動に対処する取り組み
❷ combat declining sales 減少する売り上げを食い止める

動 ～と戦う，に対抗する　　🔁 fight, deal with

「悪い状況がさらに悪化しないように努める」というニュアンスがある。

0977 shed light on
[ʃed]

❶ shed light on the mystery その謎を解き明かす

動 (問題点などを) 明らかにする　　🔁 clearly explain, clarify

🖊 shed 動 (不要な物を) 捨てる，減らす

0978 reference
[réfərəns]

❶ make reference to the data そのデータについて触れる
❷ with reference to previous research
以前の研究に関連して

名 ① 言及　② 参照　　🔁 ①remark ②source

🖊 a letter of reference 推薦状　reference number 問い合わせ番号

0979 fussy
[fʌ́si]

❶ a fussy eater 食べ物の好き嫌いが多い人
❷ be fussy about clothes 服の好みにうるさい

形 好き嫌いが激しい，好みにうるさい　　🔁 particular, picky

人の好みを言うときに使える，スピーキングでスコア UP につながる表現。

0980 resist
[rɪzíst]

❶ resist change 変化に抵抗する
❷ resist the urge to eat junk food
ジャンクフードを食べたい衝動を抑える

動 ① ～に抵抗する　② ～に耐える，抑える　　🔁 ①oppose ②stop

🖊 resistant 形 抵抗力がある ▶resistant to heat (熱に強い)

Chapter 1

0981	**impartial** [ɪmpáːʃəl] 形 中立的な，公平な	❶ offer impartial advice 公平なアドバイスをする ❷ an impartial observer 第三者 ≅ unbiased, objective, fair

リーディングでは，unbiased や objective に言い換えられることが多い。

0982	**prestige** [prestíːʒ] 名 名声，敬意	❶ international prestige 世界的な名声 ≅ reputation, fame, prominence

≅ prestigious 形 一流の，高名な ▶a prestigious university（名門大学）

0983	**opt for** [ɒpt] 動 ～を選ぶ	❶ opt for a private school 私立校への進学を選ぶ ❷ opt for early retirement 早期退職を選ぶ ≅ choose, select

choose の少し硬い語。会話では，インフォーマルな pick out や go for を使おう！

0984	**rage** [reɪdʒ] 名 激怒，激しい怒り	❶ explode with rage 大激怒する ❷ road rage あおり運転 ≅ anger, fury

anger の強意語。Storms rage. のように，動詞で「猛威をふるう」の意味でも使われる。

0985	**oversee** [əʊvəsíː] 動 （人や仕事を）監督する	❶ oversee the staff スタッフを監督する ≅ supervise

overlook（～を見過ごす，見渡す）と混同しないように！

0986	**preliminary** [prɪlímənəri] 形 準備の，予備の	❶ preliminary surveys 事前調査 ❷ the preliminary stages of the tournament トーナメントの予選ステージ ≅ initial, prior

フレーズ❶は，study（研究）や assessment（評価）など，リサーチ系の名詞を修飾する。

0987	**torture** [tɔ́ːtʃə] 名 拷問，苦痛	❶ psychological torture 精神的苦痛 ≅ agony, torment

大変だったことに対して，It was torture.（本当に拷問だったよ）のように比喩的にも使える。

0988	**publicise** [pʌ́blɪsaɪz] 動 ～を宣伝する，公表する	❶ publicise a new film 最新の映画の宣伝を行う ❷ be widely publicised 広く知れ渡っている ≅ advertise, promote

❻ public（公の）＋ -ise（～にする）＝「公にする」⇒「公表する」

0989 erosion
[ɪróʊʒən]

❶ soil erosion 土壌侵食
❷ erosion of trust 信頼の低下

名 ① (土地の) 浸食
② (力や価値などの) 低下

≒ ①destruction ②decay

①の意味は「環境」テーマで頻出。このほかにも，権力や価値などの低下にも用いられる。

0990 disclose
[dɪsklóʊz]

❶ refuse to disclose any information
いかなる情報の公開も拒む

動 (秘密を) 公開する，暴露する

≒ reveal

⚫ dis- は「反対・逆」を表す接頭辞。 🖉 disclosure 名 公開，暴露

0991 take on

❶ take on a new role 新しい役割を引き受ける
❷ take on a broader meaning より広い意味を持つ

動 ① (責任などを) 引き受ける
② (性質や意味を) 帯びる

≒ ①undertake, assume ②acquire

The wood takes on the quality of fabric. (その木は布としての性質がある) のようにも使う。

0992 decent
[díːsənt]

❶ a decent job まともな仕事
❷ decent citizens 善良な市民

形 ① まあまあ良い ② 礼儀正しい

≒ ①good enough, above average
②honest

「平均以上で，それなりに満足できる」というポジティブな含みがある。

0993 retain
[rɪtéɪn]

❶ retain moisture 水分を保つ
❷ retain skilled workers スキルのある社員を引き止める
❸ retain the original shape 元の形を維持する

動 ～を保つ，維持する

≒ keep, hold on to

🖉 retention 名 維持，記憶力

0994 reminder
[rɪmáɪndə]

❶ serve as a constant reminder
(主語を) 見ると常に思い出す

名 思い出させてくれる物 [人]

≒ cue, prompt

constant 以外にも，stark (はっきりと) や timely (タイミング良く) などの形容詞にも修飾される。

0995 sustain
[səstéɪn]

❶ sustain human life 人間の生命を維持する
❷ sustain an injury けがをする

動 ① ～を維持する ② (損害などを) 受ける

≒ ①maintain ②suffer

🖉 sustenance 名 食物 sustainable 形 持続可能な

0996 tackle
[tǽkəl]

❶ tackle poverty 貧困解決に取り組む
❷ tackle the gender pay gap
性別による賃金格差の解決に取り組む

動 (全力で問題解決に) 取り組む

≒ address, deal with

「(スポーツで) タックルする」の意味も。困難や逆境に立ち向かうことを表すポジティブな語。

Chapter 1

0997	**downside** [dáʊnsaɪd]	❶ the downsides of technological development 技術発展のマイナス面
	名 マイナス面，欠点	🔄 drawback, disadvantage
	drawback や disadvantage に加え，negative aspect, negative side で言い換え可能。	

0998	**invasion** [ɪnvéɪʒən]	❶ invasion of privacy　プライバシーの侵害 ❷ an invasion of tourists　旅行者が殺到すること
	名 ① 侵略，侵入　② 押し寄せること	🔄 ①violation ②influx, flood
	🖊 invasive　形 侵略的な ▶ invasive species（外来種）🔁 native species（固有種）	

0999	**turn ~ around**	❶ turn business around　事業を好転させる
	動（経済や業績）を好転させる	🔄 recover, change for the better
	🖊 turnaround　名 好転，作業完了までの時間 ▶ turnaround times（所要時間）	

1000	**vast** [vɑːst]	❶ vast amounts of energy　大量のエネルギー ❷ account for the vast majority　大多数を占める
	形（量や規模が）莫大な	🔄 huge, enormous
	フレーズ❷は，ライティング Task 1 で高い割合（通常 75% 以上）を示す際に使おう！	

1001	**dignity** [dígnəti]	❶ treat opponents with dignity and respect 威厳と敬意を持って相手に接する
	名 威厳	🔄 importance, prominence
	🖊 dignified　形 威厳のある，堂々とした ▶ a dignified manner（堂々とした態度）	

1002	**burning** [bɜ́ːnɪŋ]	❶ a burning issue　緊急を要する問題 ❷ his burning ambition　彼の燃えるような野望
	形 ① 緊急の，重大な ② 燃えるような，情熱的な	🔄 ①important, urgent ②passionate
	スピーキングで，I've got a burning ambition to do ~. が使えれば，スコア UP は確実！	

1003	**triumph** [tráɪəmf]	❶ a great triumph　大成功 ❷ in triumph　意気揚々と
	名 大成功，達成，功績	🔄 success, achievement
	「勝利」（victory）の意味もあるが，上記の 3 つの意味を押さえておこう！	

1004	**diminish** [dəmínɪʃ]	❶ diminish in size　規模が縮小する ❷ diminishing value　減少しつつある価値
	動 減少する，縮小する	🔄 decrease, reduce
	単語中の mini（小さい）を手がかりに覚えよう！ 重要性，効力などの「低下」にも使える。	

DAY 11
DAY 12
DAY 13
DAY 14
DAY 15
DAY 16
DAY 17
DAY 18
DAY 19
DAY 20

1005 slump
[slʌmp]

❶ an economic slump 経済の停滞
❷ the football club's slump サッカーチームの不振

名 停滞, 不振　　🔁 fall, downturn, inactivity

経済やビジネスの「停滞」から, スポーツ選手の「不振」にまで使われる。

1006 horrendous
[hɒréndəs]

❶ a horrendous crime 恐ろしい犯罪
❷ a horrendous mistake とんでもないミス

形 ① とても恐ろしい　② (状況が) ひどい　🔁 ①horrific ②terrible

👌 horr で始まる語は「恐怖系」▶horror 名恐怖　horrible 形恐ろしい

1007 squeeze
[skwiːz]

❶ squeeze a lemon レモンを絞る
❷ squeeze into the hall (人が) ホールに押し寄せる
❸ squeeze through the gap 無理やり隙間を通る

動 ① ～を搾る　② 押し寄せる
　③ 無理に入る　　🔁 ①squash ②flood ③force

🖉 compress 動 ～を圧縮する　crush 動 ～を押しつぶす, ぺしゃんこにする

1008 formula
[fɔ́ːmjələ]

❶ a magic formula for success 成功するための方程式

名 決まったやり方, 方法, 方式　　🔁 method, technique

化学・数学の分野では「公式」の意味で使われる。▶a chemistry formula (化学式)

1009 marked
[mɑːkt]

❶ a marked difference 明確な違い
❷ in marked contrast to the method
　その方法とは好対照で

形 際立った, 目立った　　🔁 obvious, prominent

「mark (印) が付いているので, 目立っている」と覚えよう!

1010 maximise
[mǽksəmaɪz]

❶ maximise the chance 可能性を最大限に高める
❷ maximise her artistic potential
　彼女の芸術的可能性を最大限に引き出す

動 ～を最大化 [最大限] にする　　🔁 make the best use of

🖉 maximum 名 最大 ▶for maximum effect (最大の効果を得られるように)

1011 predominantly
[prɪdɒ́mənəntli]

❶ a predominantly male work environment
　ほとんどが男性の職場

副 大部分は, 圧倒的に　　🔁 mostly

🖉 predominant 形 重要な　predominate 動 優勢である　predominance 名 優位

1012 countermeasures
[káʊntəmeʒə]

❶ countermeasures against terrorism
　テロへの対抗措置

名 対抗策　　🔁 action, course of action

measure とは異なり, 凶悪事件などの害を及ぼすような出来事に対して講じる策を指す。

119

Chapter 1

1013 rhetorical
[rɪtɔ́rɪkəl]

❶ a rhetorical question 修辞疑問文

形 修辞法の

🔄 stylistic, non-literal

「修辞疑問文」とは，Who knows what will happen? のような答えを求めない疑問文のこと。

1014 prevail
[prɪvéɪl]

❶ prevail among young people 若者の間に広まる
❷ prevail over my rival 敵に打ち勝つ

動 ① 広がる，普及する ② 勝つ

🔄 ①become common ②win

🔗 prevailing 形 一般的な，現在の ▶prevailing economic conditions (現在の経済状況)

1015 absenteeism
[æ̀bsəntíːɪzəm]

❶ reduce staff absenteeism スタッフの欠勤を減らす
❷ tackle absenteeism in schools
無断欠席の解決に取り組む

名 (正当な理由がない) 欠勤，欠席

🔄 truancy

イングランドやウェールズでは，子供の無断欠席を容認した親は刑罰の対象となる。

1016 striking
[stráɪkɪŋ]

❶ a striking feature 目立った特徴
❷ bear a striking similarity 酷似している

形 目立つ，人目を引く

🔄 noticeable, marked

🔗 strikingly 副 著しく，目立って ▶strikingly similar (酷似している)

1017 cynical
[sínɪkəl]

❶ cynical comments 皮肉なコメント

形 皮肉な，斜に構えた

🔄 sceptical, pessimistic

🔗 cynicism 名 皮肉なことば [考え方]

1018 administer
[ədmínɪstə]

❶ administer a fund 資金を管理する
❷ administer justice 裁判する，裁く

動 ① ～を管理する ② ～を執行する

🔄 ①manage ②dispense

🔗 administrative 形 管理の，経営上の ▶administrative work (管理業務)

1019 tedious
[tíːdiəs]

❶ a tedious task つまらない作業

形 退屈な，つまらない

🔄 dull, monotonous

tedious は「長くて退屈な」，dull は「刺激がなくて退屈な」といった違いがある。

1020 consent
[kənsént]

❶ by mutual consent 互いに同意の上で
❷ informed consent インフォームドコンセント

名 承諾，承認，同意

🔄 agreement, acceptance

「電気コンセント」は和製英語。イギリスでは，a power socket や a plug socket と言う。

900 1800 2700 3600

1021 accumulate
[əkjúːmjəleɪt]

❶ accumulate wealth 富を蓄える
❷ accumulating evidence 累積証拠

動 ～を蓄積 [累積] する

🔁 amass, assemble

accumulate は「徐々に集める」, amass は「大量に集める」, assemble は「1 箇所に集める」。

1022 magnitude
[mǽgnɪtjuːd]

❶ recognise the magnitude of the problem
問題の重大さを理解する

名 重要さ, 重大さ

🔁 importance, scale

🖋 magnify 動 ～を拡大する, 誇張する ▶ magnify the impact（影響を強める）

1023 hazardous
[hǽzədəs]

❶ hazardous to health 健康に有害な
❷ hazardous industrial waste 有害産業廃棄物

形 有害な, 危険な

🔁 dangerous, harmful

🖋 hazard 名 危険 ▶ a health hazard（健康被害）

1024 attentive
[əténtɪv]

❶ an attentive listener 注意深く話を聞く人
❷ offer attentive service 細やかなサービスを提供する

形 注意深い, 思いやりのある

🔁 focused, watchful

attentive は「関心があるので注意深い」, careful は「ミスや危険のおそれがあるので注意深い」。

1025 sharpen
[ʃɑ́ːpən]

❶ sharpen analytical skills 分析能力を磨く

動 ～をシャープにする, 磨く

🔁 improve, hone

🔑 -en は「～化する」という意味 ▶ light（軽い）⇒ lighten（～を軽くする）

1026 quota
[kwóʊtə]

❶ an import quota 輸入割当制
❷ a monthly quota to meet 毎月の達成ノルマ

名 ① 割り当て ② ノルマ

🔁 ① allocation ② assignment

「ノルマ」は和製英語なので, イギリス人には通じない。

1027 classify
[klǽsɪfaɪ]

❶ be classified into five categories
5 つのカテゴリーに分類される
❷ be classified according to size サイズで分類される

動 ～を分類する

🔁 divide, organise

🖋 classification 名 分類　classified 形 機密の

1028 deceptive
[dɪséptɪv]

❶ ban misleading and deceptive advertising
誤解を招く誇大広告を禁止する
❷ deceptive business practices 詐欺的なビジネス手法

形 （人を）だまそうとする

🔁 deceitful, misleading

🖋 deception 名 詐欺　deceive 動 ～をだます

Chapter 1

1029	**glue** [gluː] 動 ① ～を接着する ② ～をくぎ付けにさせる	❶ glued to the wall 壁に接着された ❷ glued to TV screens テレビ画面にくぎ付けになる ❸ ①stick, adhere ②draw attention
	名詞の「接着剤」の意味も重要 ▶put glue on the joint (接合部に接着剤をつける)	

1030	**burden** [bə́ːdn] 名 (精神的, 経済的な) 負担	❶ bear the burden of the cost 費用を負担する ❷ become a burden on him 彼の負担になる ❸ responsibility, concern
	✐ burden 動 (負担や借金を) 負わせる ▶be burdened with debt (借金に苦しんでいる)	

1031	**bizarre** [bəzáː] 形 奇妙な, 風変わりな	❶ bizarre behaviour 奇妙な行動 ❸ unusual, odd
	unusual の強意語。「奇妙で目を奪われる」という意味で, 特に外見や性質に用いられる。	

1032	**cutback** [kʌ́tbæk] 名 削減, 縮小	❶ budget cutbacks 予算削減 ❸ reduction, decrease
	✐ cut back on staff costs 人件費を削減する	

1033	**swell** [swel] 動 膨れる, ～を膨らませる	❶ swell to more than £3 million in deficit 赤字が 300 万ポンドまで膨れあがる ❸ enlarge, crescendo
	[不規則変化] swell-swelled-swollen [swelled] に注意。	

1034	**synonymous** [sɪnɒ́nɪməs] 形 同義の, 同じことを意味して	❶ become synonymous with Japanese culture 日本文化の代名詞となる ❸ nearly the same
	✐ synonym 形 類義語	

1035	**friction** [fríkʃən] 名 摩擦, 不和, あつれき	❶ cause friction between the two nations 両国間にあつれきを生む ❸ disagreement, resistance
	PILOT 社の「フリクションボールペン」なら, 「摩擦」で文字を消せる!	

1036	**attend to** [əténd] 動 ～に対処する	❶ attend to her needs 彼女の要求に応える ❷ attend to family matters 家庭での出来事に対処する ❸ take care of
	✐ attendant 形 付随する 名 案内係, 付添人 ▶attendant risks (付随するリスク)	

DAY 11
DAY 12
DAY 13
DAY 14
DAY 15
DAY 16
DAY 17
DAY 18
DAY 19
DAY 20

1037 boundary
[báʊndəri]

名 ① 境界（線）　② 限界

❶ cross national boundaries 国境を越える
❷ political boundaries 政治的境界
❸ extend the boundaries 限界を広げる

🔄 ①border ②limits

border は地図上の「正式な国境」を指す。boundary は川や森などの「曖昧な境界」にも使われる。

1038 dictate
[díktéɪt]

動 ～を命令する，指示する

❶ dictate policy 方針を指示する
❷ dictate the terms of the agreement
契約条件を指示する

🔄 order, impose

🔗 dictator 名 独裁者 ▶ an evil dictator（凶悪な独裁者）

1039 tempting
[témptɪŋ]

形 魅力的な，心をそそる

❶ a tempting offer 魅力的なオファー
❷ tempting for consumers 消費者にとって魅力的な

🔄 enticing, inviting

🔗 temptation 名 誘惑 ▶ resist temptations（誘惑に負けない）

1040 discharge
[dɪstʃáːdʒ]

動 ① ～を排出［放出］する
② （責務を）果たす

❶ be discharged into the river 川に排出される
❷ discharge my duty 職務を果たす

🔄 ①release ②perform

💡 charge は「荷物を積む」が原義。dis-（反対）があるので，「荷物を降ろす」⇒「排出する」。

1041 sanction
[sǽŋkʃən]

名 制裁

❶ lift economic sanctions 経済制裁を解く

🔄 penalty, restriction

🔗 sanction 動 ～を認める，認可する

1042 stringent
[stríndʒənt]

形 （規則が）厳しい，厳格な

❶ introduce stringent regulations
厳しい規制を導入する
❷ stringent visa requirements 厳格なビザの必要条件

🔄 strict, tight, rigid

「例外の余地なし」という厳格な含みがある。フォーマルなため，ライティング向き。

1043 diverge
[daɪvɔ́ːdʒ]

動 ① （意見などが）異なる
② 分岐する，それる

❶ diverge from the initial plan
当初の計画から変わる
❷ diverge from the path 道からそれる

🔄 ①become different
②go in different directions

🔗 divergence 名 相違，分岐　divergent 形 分岐する，異なる

1044 economical
[èkənómɪkəl]

形 経済的な，効率的な

❶ economical use of space スペースの有効活用
❷ economical to travel by air
飛行機での移動が経済的で

🔄 cost-efficient, inexpensive

🔗 economise (on) 動 ～を節約する

Chapter 1

1045	**stability** [stəbíləti] □□	❶ emotional stability 精神的安定 ❷ see a period of stability 安定期を経る
	名 安定	類 security, balance

形容詞 stable（安定した）の対義語は unstable だが, 名詞は instability と in をつける。

1046	**endanger** [ɪndéɪndʒə] □□	❶ endanger his health 彼の健康に危険を及ぼす ❷ endangered species 絶滅危惧種 ❸ be critically endangered 絶滅の危機に瀕している
	動 ～を危険にさらす	類 put at risk

「絶滅危惧種」が減少している原因と, その解決策を答える問題はライティングで頻出。

1047	**monopoly** [mənɔ́pəli] □□	❶ enjoy a virtual monopoly 事実上の独占状態である
	名 独占状態, 独占権	類 complete control, dominance

土地を購入して独占していくゲームは「モノポリー」。 🖉 monopolise 動 ～を独占する

1048	**archaeological** [ù:kiəlɔ́dʒɪkəl] □□	❶ examine the archaeological record 考古学上の記録を調べる ❷ archaeological finds 考古学上の発見物
	形 考古学上の	類 historical, ancient

🖉 archaeology 名 考古学　anthropology 名 人類学

1049	**flood** [flʌd] □□	❶ flood the market （製品などを）市場にあふれさせる ❷ be flooded with tourists 観光客が殺到している
	動 ～にあふれる, 殺到する	類 saturate, overwhelm

熟 a flood of 大量の～ ▶a flood of calls（電話の嵐）

1050	**compulsory** [kəmpʌ́lsəri] □□	❶ free compulsory education 無償の義務教育 ❷ compulsory voting 義務投票
	形 （規則上）必須の, 義務の	類 required, mandatory

日本の教育制度は, Japan has the nine-year free compulsory education system. と説明できる。

1051	**enter into** □□	❶ enter into a negotiation 交渉を開始する ❷ enter into the spirit of the occasion 場の雰囲気に溶け込む
	動 ① （事業や交渉を）始める 　② ～に参加する	類 ①launch　②take part in

start や begin のフォーマル語。目的語には agreement や trade など, 承認や契約を表す語をとる。

1052	**insight** [ínsaɪt] □□	❶ gain an insight into the local culture 現地の文化を理解する ❷ a fascinating insight 興味深い洞察
	名 本質を見抜くこと, 洞察力	類 understanding, intuition

🖉 insightful 形 洞察力のある ▶insightful comments（的を射たコメント）

1053 spur
[spɜː]

❶ spur economic growth 経済成長を促す
❷ spur the government into action
政府に行動を促す

動 ～を刺激する，促進させる

⑤ prompt, stimulate

熟 on the spur of the moment 思いつきで

1054 fascination
[fæsənéɪʃən]

❶ hold a fascination with beauty products
化粧品に強い興味を持っている

名 強い興味，魅了

⑤ obsession, enchantment

🖉 fascinating　形 興味をそそる ▶ a fascinating book（非常に興味深い本）

1055 humane
[hjuːméɪn]

❶ humane treatment of prisoners
囚人に対する人道的な扱い

形 人道的な，思いやりのある

⑤ sympathetic, considerate

kind のフォーマル表現。 ⬌ inhumane　形 残酷な

1056 coordination
[kəʊɔːdənéɪʃən]

❶ in coordination with local businesses
地元企業と協力して
❷ hand-eye coordination 手と目の協調，運動神経

名 ① 協力，調整　② （身体機能の）協調

⑤ ① partnership ② connection

❷のフレーズは，「目にした状況に合わせて，すぐに体が動かせる能力」のこと。

1057 inevitable
[ɪnévətəbəl]

❶ inevitable consequences 必然的な結果

形 避けられない，必然的な

⑤ unavoidable, inescapable

the inevitable（不可避なこと）のように名詞的にも使われる。

1058 integrate
[íntɪɡreɪt]

❶ integrate with the local community
地域社会の一員となる
❷ integrated education

動 ～を統合する

⑤ combine, blend

❷のフレーズ「統合教育」とは，障害児と健常児とを一緒に教育することを言う。

1059 gist
[dʒɪst]

❶ get the gist of the message
メッセージの要点をつかむ

名 要点

⑤ main idea

話し言葉。文書やスピーチ，議論などの主旨を理解したときに使う。

1060 reconcile
[rékənsaɪl]

❶ reconcile opposing views
反対意見と折り合いをつける
❷ reconcile differences 違いを調整する

動 ～を和解させる，調整する

⑤ settle, resolve

🖉 irreconcilable　形 和解できない ▶ irreconcilable differences（和解できない不和）

1061 □ □

wary
[wéəri]

形 用心深い

❶ keep a wary eye on traffic 交通に用心する

⧉ careful, cautious

weary（疲れ切った）と混同しないように注意！

1062 □ □

lucrative
[lú:krətɪv]

形 もうかる，お金になる

❶ lucrative ventures 大もうけできる事業

⧉ profitable

profitable は「利益性」を強調した語，lucrative は単に「大金がもうかる」。

1063 □ □

indicator
[índəkeɪtə]

名 指針，指標

❶ key economic indicators 主要な経済指標
❷ an indicator of academic achievement
学業成績を測る指標

⧉ measure, sign

🖉 indication 名 (何かを示す) サイン，兆候

1064 □ □

spare
[speə]

動 ① (時間や労力を) 割く
② ～から逃れさせる

❶ spare a thought for the issue その問題を考える
❷ spare him further embarrassment
彼がさらに恥をかかないようにする

⧉ ①give ②avoid

🖉 spare 形 予備の ▸in my spare time（余暇に）

1065 □ □

popularly
[pópjələli]

副 一般に，幅広く

❶ be popularly known as otaku culture
オタク文化として世間一般に知られている
❷ a popularly elected mayor 一般選挙で選ばれた市長

⧉ widely, generally

🖉 popular support 一般大衆の支持 ▸〈popular＝人気のある〉のマインドから脱却しよう。

1066 □ □

monumental
[mὸnjəméntl]

形 ① 巨大な ② 重要な，不朽の

❶ monumental loss 多大な損失
❷ a monumental work 不朽の作品

⧉ ①huge, significant ②impressive

インフォーマルな語。「功績」や「失敗」など，幅広い大きさを表現できる。

1067 □ □

superficial
[sù:pəfíʃəl]

形 表面的な，うわべだけの

❶ superficial knowledge 浅い知識

⧉ cursory, shallow

✥ deep 形 深い，深遠な　significant 形 意義深い

1068 □ □

criterion
[kraɪtíəriən]

名 (判断するための) 基準，尺度

❶ objective criteria 客観的な基準
❷ meet certain criteria 一定基準を満たす

⧉ basis, standard

複数形は criteria。スペルアウトをする際には気をつけよう！

DAY 11
DAY 12
DAY 13
DAY 14
DAY 15
DAY 16
DAY 17
DAY 18
DAY 19
DAY 20

1069 mark
[mɑːk]

❶ mark special occasions 特別な日を記念する
❷ mark the beginning of the end 終幕の幕開けとなる

動 ① ~を記念［祝賀］する　② ~を示す

🔄 ①celebrate ②represent, signify

📝 mark down the price 値下げする　mark up the floor 床を傷つける

1070 frantic
[frǽntɪk]

❶ a frantic search for survivors 生存者の決死の捜索
❷ frantic efforts 必死の努力

形 必死の，取り乱した

🔄 hectic, desperate

🅴 in an energetic, hectic and wild way, but not well-organised largely due to time limit

1071 seek
[siːk]

❶ seek medical assistance 医療援助を求める
❷ seek employment 求職する
❸ seek asylum 亡命を求める

動 ~を探し求める

🔄 look for, strive for

フォーマルなのでライティング向き。🔗 seeker 名 探し求める人 ▶job seekers（求職者）

1072 plausible
[plɔ́ːzəbəl]

❶ plausible explanation もっともな説明
❷ plausible hypothesis 納得のいく仮説

形 もっともらしい

🔄 likely, reasonable

🔄 implausible 形 信じ難い ▶implausible claims（信じ難い主張）

1073 shoot up
[ʃuːt]

❶ shoot up by 10% of GDP GDP が 10% 上昇する

動 急上昇する

🔄 soar, increase suddenly

インフォーマルなので，ライティングでは使わないように。

1074 infusion
[ɪnfjúːʒən]

❶ an infusion of hope 希望の吹込み
❷ a herbal infusion ハーブの煎じ薬

名 注入，吹き込み

🔄 introduction, injection

🔗 infuse 動 ~を吹き込む ▶infuse confidence in my students（生徒に自信を植えつける）

1075 rear
[rɪə]

❶ rear the young (動物の) 子を育てる
❷ rear livestock 家畜を育てる

動 (動物の子を) 育てる

🔄 raise, care for

人間の子供を「育てる」場合は，raise を使う。🔗 rear 形 後方の，後ろの

1076 distress
[dɪstrés]

❶ reduce pain and distress 痛みと苦痛を和らげる
❷ financial distress 財政難

名 苦痛，悩み，経済的困窮

🔄 suffering, hardship

🔗 distress 動 ~を苦しめる／熟 be distressed to do ~して心を痛める

Chapter 1

1077 disposable
[dıspóʊzəbəl]

❶ disposable products 使い捨て製品
❷ disposable income 可処分所得

形 ① 使い捨ての　② 自由に使える　　🔄 ①throwaway ②expendable

「可処分所得」とは，収入から税金や社会保険料を引いて，残った自由に使える所得のこと。

1078 relay
[riːléɪ]

❶ relay information to staff スタッフに情報を伝える

動 ～を中継して伝える　　🔄 communicate, pass on

news や message など情報系の名詞を目的語にとる。

1079 on the lookout for

❶ on the lookout for anything suspicious
何か怪しい物を警戒して
❷ on the lookout for new talent 新たな才能を探して

熟 ① ～を警戒して　② ～を探して　　🔄 ①rigilant, wary ②in search for

lookout と outlook（将来の展望）を混同しないように注意。

1080 inference
[ínfərəns]

❶ make inferences about the data
そのデータについて推論を立てる
❷ inference methods 推論方法

名 推論，推測　　🔄 deduction, reasoning

✍ infer　動 ～を推測する ▸infer the meaning of words（単語の意味を推測する）

1081 underlying
[ʌndəláɪɪŋ]

❶ the underlying cause of distress 不安の根本原因
❷ the underlying mechanism 基本メカニズム

形 基礎をなす，根本的な　　🔄 fundamental

✍ underlie　動 ～の根底にある ▸what underlies the concept（その概念の根底にあるもの）

1082 quote
[kwəʊt]

❶ quote a line from the play
その劇からセリフを引用する
❷ quote an example 例を引く

動 ～を引用する，引き合いに出す　　🔄 mention, cite, restate

「引用」とは，人の言葉や文章を抜き出して自分の文に使うこと。

1083 stranded
[strǽndɪd]

❶ be stranded off the coast of Mexico
メキシコ沖で座礁する
❷ leave passengers stranded 乗客を立ち往生させる

形 座礁した，立ち往生した　　🔄 lost, adrift

I missed the last train and was stranded.（終電を逃して，足止めを食らった）

1084 circulation
[sɜːkjəléɪʃən]

❶ blood circulation 血液循環
❷ monthly circulation 月間発行部数

名 ① 循環　② 流通　　🔄 ①flow ②distribution

♂ circul（円）＋ -ation（すること）＝「円のように動くこと」⇒「循環」

1085

shatter
[ʃǽtə]

動 (希望などを) くじく，粉々に割る

❶ shattered hopes くじかれた希望
❷ shatter his self-confidence 彼の自信をくじく

🔄 destroy

「～を粉々に割る」の意味も重要 ▶shattered glasses (粉々に割れたグラス)

1086

contempt
[kəntémpt]

名 軽蔑

❶ show utter contempt ひどく軽蔑する

🔄 hatred, loathing

✏ hold ~ in contempt ～をどうでもいいものと考える

1087

sound
[saund]

形 ① 信頼できる　② 安定した　③ 健康な

❶ sound scientific evidence 信頼できる科学的証拠
❷ financially sound 財政的に安定して
❸ a sound mind 健全な精神

🔄 ①reliable ②stable ③healthy

「土台や状態がしっかりしている」というイメージがある。

1088

source
[sɔːs]

動 ～を調達する

❶ be sourced from farms 農家から買い付けられる
❷ data sourced from the website
そのサイトから得たデータ

🔄 obtain, come by

✏ source 名 起源，源 ▶a major source of information (主な情報源)

1089

cling to
[klɪŋ]

熟 ～に固執する，こだわる

❶ cling to my beliefs 自身の信念に固執する

🔄 adhere to, stick to

✏ clingy 副 くっついて離れない ▶a clingy boyfriend (べたべたする彼氏)

1090

legitimate
[lədʒítəmət]

形 ① 合法の，合法的な
　　② 合理的な，理にかなった

❶ the legitimate use of force 合法的な武力行使
❷ a legitimate question 当然の [もっともな] 疑問

🔄 ①legal ②valid, acceptable

✏ legislative 形 立法の　legislature 名 議会　legislation 名 法律の制定

1091

mobility
[məubíləti]

名 流動性，移動性，可動性

❶ social mobility 社会的流動性
❷ people with reduced mobility 身体障害者

🔄 movement

✏ mobile 形 可動性の ▶[英] mobile library [米] bookmobile (移動式図書館)

1092

stir
[stɜː]

動 ① ～をかき立てる　② ～をかき混ぜる

❶ stir the imagination 想像力をかき立てる
❷ stir coffee コーヒーをかき混ぜる

🔄 ①stimulate, arouse ②blend

✏ stir up ～を引き起こす ▶stir up a controversy (物議を醸す)

Chapter 1

1093 dismal
[dízməl]

形 悲惨な，散々な

❶ a dismal failure 悲惨な失敗

類 miserable, depressing

♀ ここでの dis- は「否定」ではなく，「日」を表す。dis-（日）+ mal（悪い）=「悪い日」

1094 stroll
[strəʊl]

動 散歩する，ぶらつく

❶ stroll around the city 街を散歩する
❷ stroll along the beach ビーチを散歩する

類 wander, roam

スピーキングで walk の代わりに使って，スコアアップを狙おう！

1095 guidance
[gáidəns]

名 指導，アドバイス

❶ technical guidance 技術指導
❷ under expert guidance 専門家の指導の下で

類 direction, advice

🖉 guideline 名 指針　guided 形 ガイド付きの

1096 autocratic
[ɔ̀:təkrǽtɪk]

形 独裁的な，横暴な

❶ autocratic leaders 独裁的な指導者
❷ an autocratic management style
横暴な経営スタイル

類 oppressive, tyrannical

♀ auto- は「自身」を表す接頭辞 ▶ automation（自動化），autonomy（自治）

1097 glow
[gləʊ]

名 柔らかい光

❶ a faint glow 淡い光

類 gleam

♀ gl で始まる語には「光系」が多い ▶ gleam（かすかな光），gloss（光沢）

1098 judicial
[dʒu:díʃəl]

形 司法の，裁判の

❶ the judicial system of Japan 日本の司法制度

類 legal

judicious（思慮深い）と混同しやすいので注意。

1099 screen
[skri:n]

動 ① ～を選別する　② ～を隠す，さえぎる

❶ screen candidates 候補者を選考する
❷ be screened from the public
世間の目から隠されている

類 ①test, vet ②hide

🖉 screen 名 映画，仕切り，選抜 ▶ a screen actor（映画俳優）

1100 conservative
[kənsə́:vətɪv]

形 ① 保守的な　② （評価が）控えめな

❶ conservative views 保守的な考え方
❷ make a conservative estimate 控えめな試算をする

類 ①traditional, conventional
　②moderate

♀ con- は「ともに」，serve は「見守る」の意味 ▶ conservation（保護）

1101 fruitful
[frúːtfəl]

❶ a fruitful discussion 有意義な議論
❷ a fruitful topic 有益な話題

形 有益な，実りのある　🔁 productive

↔ fruitless　形 成果のない，無益な

1102 underestimate
[ʌ̀ndəréstɪmeɪt]

❶ underestimate the total cost 総額を低く見積もる
❷ underestimate his abilities 彼の能力を低く見る

動 ～を低く見積もる，過小評価する　🔁 undervalue

↔ overestimate　動 ～を高く見積もる，過大評価する

1103 sheer
[ʃɪə]

❶ the sheer amount of energy
非常に多くのエネルギー
❷ with sheer determination 不退転の決意で

形 全くの，完全な　🔁 absolute, complete, pure

size や number などの「単位」，または delight や luck などの「抽象名詞」を修飾することが多い。

1104 feat
[fiːt]

❶ an incredible feat 信じられないような功績

名 功績，業績　🔁 achievement, triumph

成し遂げるのに，長期の努力や特別なスキルが必要な成功を指す。

1105 distort
[dɪstɔ́ːt]

❶ distort the truth 真実をゆがめる
❷ a distorted view ゆがんだ見方，偏見

動 ～を曲げる，歪曲する　🔁 bend, twist

類語の bend を使った bend the truth もよく用いられる。

1106 prolonged
[prəlɔ́ŋd]

❶ a prolonged recession 長引く不況
❷ prolonged periods of drought
長期にわたる干ばつ

形 長期の，長引く　🔁 continuing, persistent

フレーズ❶，❷以外にも illness（病気）や heatwaves（熱波）などを修飾する。

1107 coherent
[kəʊhíərənt]

❶ a coherent strategy 一貫した戦略
❷ a coherent narrative 首尾一貫した話

形 首尾一貫した，理路整然とした　🔁 logical, rational, consistent

🔗 coherence　名 首尾一貫性 ▶ lack coherence（一貫性に欠ける）

1108 endeavour
[ɪndévə]

❶ academic endeavour 学業での挑戦

名 努力，チャレンジ　🔁 attempt, effort

try のフォーマル語で，日本語の「チャレンジ」に近い。

Chapter 1

1109 activate
[金ktɪveɪt]

動 ~を活性化させる，促進する

❶ activate the immune system
免疫系の働きを活性化させる
❷ activate language learning 言語学習を促進する

≣ stimulate, stir

「(機械やソフトを) 起動させる」の意味もあるが，IELTS では上記の意味が重要。

1110 habitable
[hǽbətəbəl]

形 居住可能な

❶ a habitable planet 居住可能な惑星

≣ livable, suitable for living in

✐ habitat **名** 生息地　habitation **名** 居住，住まい

1111 come to terms with

動 ~を受け入れる，~と妥協する

❶ come to terms with the result
その結果を受け入れる

≣ accept

熟 on ~ terms with ... …とは~の関係で ▸ on good terms with the country (その国とはいい関係で)

1112 joint
[dʒɔɪnt]

形 共同の，連帯の

❶ a joint venture 合弁事業
❷ a joint product コラボ商品

≣ shared, collaborative, concerted

「結合，接合」が原義。名詞だと「関節」の意味が一般的。

1113 plot
[plɒt]

名 ① 策略，陰謀　② (物語の) 筋
③ (土地の) 区画

❶ a plot to overthrow the government 政府転覆計画
❷ a twist in the plot 予期せぬ話の展開
❸ a plot of land 土地の小区画

≣ ①plan, conspiracy

✐ plot **動** たくらむ ▸ plot to overthrow the government (政府転覆をたくらむ)

1114 complement
[kɒ́mpləmənt]

動 ~を補完 [補足] する

❶ complement each other 互いに補い合う

≣ supplement, add to

✐ supplement **動** ~を補う，埋め合わせる

1115 mandatory
[mǽndətəri]

形 強制的な，必須の

❶ a mandatory retirement age 定年
❷ impose mandatory sanctions 強制的な制裁を課す

≣ compulsory, requisite

⇔ voluntary **形** 自発的な ▸ take voluntary retirement (自主退職する)

1116 fertile
[fɜ́ːtaɪl]

形 ① (土地が) 肥沃な
② (人が) 想像力豊かな

❶ fertile land 肥沃な土地
❷ fertile imagination 豊かな想像力

≣ ①rich, productive ②creative

✐ fertiliser **名** 肥料／**⇔** infertile **形** (土地が) 不毛の，(動物が) 不妊の

1117 spell
[spel]

❶ a spell of dry weather 日照り続き

名 しばらくの間，ひと続き

🔄 period of time

🔗 spell 動 ～を意味する，～になる ▶spell disaster（災いを及ぼす）

1118 compatible
[kəmpǽtəbəl]

❶ be compatible with each other 互いに相性が良い
❷ be compatible with the iPhone
iPhone と互換性がある

形 相性が良い，互換性がある

🔄 well-matched

🔄 incompatible 形 相性が合わない ▶incompatible with each other（互いに相いれない）

1119 discard
[dɪskάːd]

❶ discarded plastic on the beach
ビーチに捨てられたプラスチック

動 ～を捨てる

🔄 dispose of, dispense with

🔷 dis-（離れて）+ card（トランプのカード）=「不要なカードを捨てる」

1120 intrusion
[ɪntrúːʒən]

❶ an intrusion into his private life
彼の私生活への介入

名 侵入，介入

🔄 interruption

🔗 intrude 動 侵入する，邪魔をする intruder 名 侵入者

1121 obedient
[əbíːdiənt]

❶ an obedient child 素直な子供
❷ an obedient dog 忠犬

形 従順な，素直な

🔄 well-behaved, faithful

スピーキングで犬について話す際，❷のフレーズを使えばスコア UP は確実！

1122 applaud
[əplɔ́ːd]

❶ applaud the decision その決定に強く賛成する
❷ applaud the speaker 講演者に拍手を送る

動① ～を称賛する ② ～に拍手を送る

🔄 ①approve, praise ②clap, cheer

🔗 applause 名 拍手（喝采）▶thunderous applause（万雷の拍手）

1123 resolution
[rèzəlúːʃən]

❶ approve the resolution 決議案を承認する
❷ make a New Year's resolution 新年の決意をする

名 ①（投票による）決議 ② 決意

🔄 ①official statement
②determination

🔗 resolve 動 ～を決心する，解決する

1124 assimilate
[əsíməleɪt]

❶ assimilate the idea その概念を理解する
❷ assimilate into society 社会に溶け込む

動①（知識などを）理解する，吸収する
② 同化する

🔄 ①comprehend ②integrate

「何かを自分の中に取り込んで似せさせる」という含みを持つ。

133

Chapter 1

1125	**intended** [ɪnténdɪd] 形 対象とした，意図された	❶ books intended for young adults 若者 (YA) 向けの本 ❷ intended audience ターゲットとなる聴衆 📄 designed, planned

未来のことを言う際に，intend to do（～する予定である）を使えばスコア UP！

1126	**morale** [mərǽl] 名 士気，やる気	❶ boost morale in the office 職場の士気を高める 📄 self-esteem

moral（道徳上の，教訓），mores（道徳観）との意味の違いに注意。

1127	**cater** [kéɪtə] 動（要求に）応じる	❶ cater to their needs 彼らの要求に応える ❷ cater for young children 幼児にも対応している 📄 satisfy, accommodate

🖊 catering 名 ケータリング，出前 ▶provide catering services（ケータリングを提供する）

1128	**outward** [áʊtwəd] 形 外側への，国外への	❶ change its outward appearance 外観を変更する ❷ the outward journey 往路，行きの旅 📄 external

🔄 inward 形 内側の ▶an inward-looking person（自分本位な人）

1129	**degradation** [dègrədéɪʃən] 名 悪化，劣化	❶ environmental degradation 環境の悪化 📄 deterioration

🖊 degrade 動 ～を悪化 [低下] させる ▶degrade the quality of life（生活の質を落とす）

1130	**cite** [saɪt] 動 ① ～を引用する ② ～に言及する	❶ cite government figures 政府の統計値を引用する ❷ cite location as the main advantage 立地を一番の魅力として挙げる 📄 ①quote ②mention, refer to

mention の硬い語で主にライティングで使う。 🖊 citation 名 引用，言及

1131	**comparable** [kómpərəbəl] 形 比較できる，匹敵する	❶ be comparable in size to an elephant 象に匹敵する大きさである 📄 similar, close, corresponding

🖊 compare A to B A を B と比較する，A を B に例える

1132	**speculation** [spèkjəléɪʃən] 名 ① 推測 ② （利益を狙う）投機	❶ speculation about potential markets 潜在市場に関する憶測 ❷ pure speculation 単なる憶測 📄 ①guess, hypothesis, assumption

guess のフォーマル語。 🖊 speculate 動 ～だと推測する

1133 confer
[kənfə́ː]

❶ confer with my supervisor 上司と協議する
❷ confer a degree 学位を授ける

動 ① 協議する　② (称号や学位を) 贈る

類 ①discuss, consult,　②bestow

派 conference　名 会議, 協議会 ▶「confer するための会」と考えれば覚えやすい。

1134 scorching
[skɔ́ːtʃɪŋ]

❶ scorching heat 猛暑

形 猛烈に暑い

類 sweltering, sizzling

「天気」ついて話す際に, very hot の代わりに使えばスコア UP 間違いなし!

1135 point out

❶ point out faults 欠点を指摘する
❷ It is often pointed out that ~.
　～としばしば指摘される。

動 ～を指摘する, ～に注目させる

類 mention, identify

派 point to ～を指摘する, ～に注意を向ける

1136 inhibit
[ɪnhíbɪt]

❶ inhibit the growth of cancer cells
　がん細胞の増殖を抑える

動 ～を抑止する, 妨げる

類 prevent, hinder

派 inhibition　名 抑止, 阻止 ▶without inhibitions (何のためらいもなく)

1137 cut-throat
[kʌ́t-θrəʊt]

❶ cut-throat competition 過酷な競争

形 過酷な, 熾烈な

類 intense, aggressive

ビジネスの過酷さを表す際に用いられる。competitive よりもネガティブな含みがある。

1138 deplore
[dɪplɔ́ː]

❶ deplore the decision その決定を非難する

動 ～を非難する

類 disapprove of

「～を遺憾に思う」の意味もあるが, IELTS では「非難する」の方が大事。

1139 stimulus
[stímjələs]

❶ in response to visual stimuli 視覚刺激に反応して

名 刺激

類 boost, spur

複数形は stimuli なので要注意!

1140 deviate
[díːvieɪt]

❶ deviate from the standard 基準から外れる

動 それる, 外れる

類 diverge, stray

派 deviant　形 (基準から) 逸脱した

Chapter 1

1141

diplomatic
[dìpləmǽtɪk]

形 ① 外交の
② 駆け引きのうまい，そつのない

❶ diplomatic relations 外交関係
❷ a diplomatic reply そつのない返事

🔄 ②tactful, discreet

He's intelligent and diplomatic.（彼は頭がよく，人の扱いがうまい）

1142

dispel
[dɪspél]

動 (不安を) 払いのける，一掃する

❶ dispel the myth 神話を払拭する
❷ dispel fears 恐怖を払拭する

🔄 get rid of, dismiss

♀ dis-（分離）+ pel（追い立てる）=「払いのける」

1143

sturdy
[stɔ́ːdi]

形 ① 頑丈な，しっかりした
② 丈夫な，たくましい

❶ durable and sturdy products
長持ちする頑丈な製品
❷ a sturdy man 体格のいい男性

🔄 ①strong, robust ②well built

物を修飾する場合は「素材がよくて頑丈な」，人の場合は「健康的でがっしりとした」となる。

1144

fall into

動 ① ~に分類される　②~の状態になる

❶ fall into three categories
3つのカテゴリーに分類される
❷ fall into disuse 使われなくなる

🔄 ①be divided into

②の意味ではほかに，disrepair（荒廃）や chaos（大混乱）などを目的語にとる。

1145

infancy
[ínfənsi]

名 ① 幼少，幼年期　② 初期段階

❶ during infancy 乳児期に
❷ in its infancy 初期段階で

🔄 ①early childhood ②beginnings

🔗 infant 名 幼児，赤ん坊

1146

empower
[ɪmpáuə]

動 ~に権利を与える

❶ empowered women
男性に頼らないスキルを持った自立した女性

🔄 give the power to, authorise

🔗 empowerment 名 権限を持たせること ▶最近では日本でもよく使われる。

1147

engrossed
[ɪngróust]

形 没頭した，夢中になった

❶ be engrossed in video games
テレビゲームに夢中になっている

🔄 absorb, engaged

🔗 engrossing 形 夢中にさせる ▶an engrossing detective story（非常に面白い推理小説）

1148

privilege
[prívəlɪdʒ]

名 特権

❶ enjoy the benefits and privileges
恩恵と特権を享受する

🔄 right, advantage

🔗 privileged 形 特権のある ▶privileged class（特権階級）

900	1800	2700	3600

1149 enrich
[ɪnrítʃ]

動 ～を豊かにする

❶ be enriched with vitamin A ビタミンＡが豊富である
❷ enrich your life 人生を豊かにする

🔁 make nutritious, enhance

⬚ enrichment 名豊かさ ▶cultural enrichment（文化的教養の豊かさ）

1150 suppress
[səprés]

動 ～を抑える，抑圧する，我慢する

❶ suppress a smile 笑みを抑える
❷ suppress illegal activity 違法行為を抑える

🔁 hold back

⭕ sup-（下に）+ press（押す）=「押さえつける」⇒「抑圧する」

1151 catastrophe
[kətǽstrəfi]

名 大災害，大惨事

❶ an environmental catastrophe 環境の激変
❷ an economic catastrophe 経済の大惨事

🔁 disaster, calamity

⬚ catastrophic 形壊滅的な，最悪の ▶a catastrophic event（大惨事）

1152 sumptuous
[sʌ́mptʃuəs]

形 豪華な，ぜいたくな

❶ a sumptuous feast at Christmas
クリスマスの豪華なご馳走

🔁 luxurious, lavish

〈豪華＋感動〉のニュアンス。食事以外にも，painting や building などを修飾する。

1153 equivalent
[ɪkwívələnt]

形 相当する，同等の

❶ equivalent to £3 million 300万ポンド相当の
❷ a qualification equivalent to a master's degree
修士号と同等の資格

🔁 equal, identical

to 以下には収入や売り上げなどの数値や，それに相当する価値のあるものが来る。

1154 expel
[ɪkspél]

動 ～を追い出す，追放する

❶ be expelled from school 退学になる
❷ be expelled from the country 国外退去になる

🔁 exile, evict, exclude

exile は「政治的理由での追放」，evict は「住居からの強制退去」を指す。

1155 compassion
[kəmpǽʃən]

名 同情心，哀れみ

❶ express my compassion for the victims
犠牲者のことを思いやる
❷ compassion fatigue 共感疲労

🔁 sympathy, pity

sympathy の強意語。⬚ compassionate 形思いやりのある，同情的な

1156 shrink
[ʃríŋk]

動 縮む，縮小する

❶ shrinking budgets 縮小する予算
❷ shrinking working age populations
縮小する労働年齢人口

🔁 become smaller, reduce in size

⬚ shrinkage 名縮小，減少 ▶the shrinkage of glaciers（氷河の減少）

DAY 11　DAY 12　DAY 13　**DAY 14**　DAY 15　DAY 16　DAY 17　DAY 18　DAY 19　DAY 20

Chapter 1

1157 fluid

[flúːɪd]

形 ① 流れるような　② 変わりやすい

❶ her fluid movements　彼女の軽快な動き
❷ a fluid situation　流動的な状況

🔄 ① **smooth and elegant** ② **unsteady**

名詞の fluid には,「液体」という意味がある (liquid の専門用語)。

1158 lean towards

[liːn]

動 ① (人の考えなど) に傾く
　② (物が) 〜の方に傾く

❶ lean towards his viewpoint　彼の考えに傾く

🔄 ① **favour**

📝 the Leaning Tower of Pisa　ピサの斜塔

1159 instinct

[ínstɪŋkt]

名 本能, 直感

❶ follow their natural instincts
　生まれ持った本能に従う
❷ know 〜 by instinct　本能的に〜がわかる

🔄 **intuition, talent**

ほかにも maternal instinct (母性本能), survival instinct (生存本能) を押さえておこう。

1160 hands-on

[hǽndz-ɒn]

形 実地体験ができる, 実践的な

❶ have hands-on experience of working abroad
　海外で実務経験を積む
❷ through hands-on education　実践教育を通して

🔄 **practical, first-hand**

hands-on は「実際に行う体験」, first-hand は「実体験に加え, 直接見聞きする体験」も含む。

1161 scrap

[skræp]

動 ① (計画などを) やめにする
　② 〜を処分する

❶ scrap an original plan　当初の計画を取りやめる
❷ scrapped cars　廃車

🔄 ① **give up** ② **throw away**

📝 scraps of 〜の断片 ▶scraps of information (わずかな情報)

1162 idyllic

[ɪdílɪk]

形 のどかな, 牧歌的な

❶ idyllic scenery　のどかな風景

🔄 **rural, picturesque**

rural は客観的に「田舎の」, idyllic は文学的に「牧歌的な」といった違いがある。

1163 impair

[ɪmpéə]

動 (価値や機能を) 悪くする, 損なう

❶ impair my health　健康を損なう
❷ visually impaired people　視覚障害者

🔄 **damage, harm**

damage (〜を損なう, 傷つける) のフォーマル語。

1164 synthesis

[sínθɪsɪs]

名 総合, 合成

❶ a synthesis of different approaches
　異なるアプローチの統合
❷ chemical synthesis　化学合成

🔄 **mix, combination**

「異なるもの同士を組み合わせること」という意味。

DAY 11
DAY 12
DAY 13
DAY 14
DAY 15
DAY 16
DAY 17
DAY 18
DAY 19
DAY 20

1165 grave
[greɪv]

❶ in grave danger of extinction
深刻な絶滅の危機にひんして
❷ grave consequences for society　社会への深刻な影響

形 深刻な，重大な　　　**© serious, mortal**

⊖ serious and important

1166 correspond
[kɔ̀rəspónd]

❶ correspond with each other　互いに一致する
❷ the designs that correspond closely
よく調和しているデザイン

動 一致する，調和する　　**© relate, be similar**

correspond には「連絡する」の意味もあるが，IELTS では「一致 [調和] する」が重要。

1167 injection
[ɪndʒékʃən]

❶ a £3bn capital injection　30 億ポンドの資本投入
❷ insulin injection　インシュリン注射

名 ① 投入　② 注入，注射　　**©①administration ②investment**

⊙ -ject は「投げる」を表す接尾辞。reject, object, eject（〜を追い出す）なども同じ。

1168 mount
[maʊnt]

❶ mount a campaign　キャンペーンを開始する
❷ mounting pressure　ますます高まるプレッシャー

動 ① 〜を開始する　② 増加する　　**©①initiate ②increase**

②の意味は，mountain をゆっくり登っていくイメージで覚えよう！

1169 futile
[fjúːtaɪl]

❶ a futile attempt　無駄な試み

形 無駄な，無益な　　　**© useless, ineffective**

「うまくいく可能性がなく無意味な」という含みがある。

1170 comeback
[kʌ́mbæk]

❶ make an amazing comeback　華々しい復帰を飾る

名 復帰，再起　　　**© return, recovery**

スポーツ選手や有名人の復帰をはじめ，過去に流行った物の再燃にも使われる。

1171 malicious
[məlíʃəs]

❶ malicious actions　悪意のある行為
❷ with malicious intent　悪意を持って

形 悪意のある　　　**© evil, spiteful**

⊙ mal- は「悪い」という意味の接頭辞。malfunction は「機械の故障，機能不全」の意味。

1172 skyrocket
[skáɪrɒ̀kɪt]

❶ skyrocketing oil prices　高騰している原油価格
❷ cause house prices to skyrocket
住宅価格を高騰させる

動 急上昇する，急増する　　**© increase suddenly, soar**

ニュースなどでよく使われる。インフォーマルなので，ライティングでは使わないように！

Chapter 1

1173 meticulous
[mətíkjələs]

❶ meticulous planning 綿密な計画立案
❷ with meticulous attention 細心の注意を払って

形 極めて注意深い，きちょうめんな　≒ careful, fastidious

▶She's meticulous about her appearance. (彼女は，外見にこだわりが強い)

1174 utter
[ʌ́tə]

❶ without uttering a word 一言も発さずに
❷ utter a prayer 祈りを捧げる

動 (声を) 発する，(言葉を) 口に出す　≒ say

✐ utter 形 全くの，完全な　utterly 副 全く，完全に　utterance 名 発言

1175 conviction
[kənvíkʃən]

❶ religious conviction 宗教的信念
❷ previous convictions for theft 窃盗の前科

名 ① 強い信念　② 有罪判決　≒ ① strong belief ② sentence

✐ convict 名 囚人，受刑者　convicted 形 有罪判決を受けた

1176 responsive
[rɪspónsɪv]

❶ responsive to criticism 批判に対応して
❷ a responsive audience 反応のいい観衆

形 反応が早い，いい反応を示す　≒ quick to react, receptive

単に反応をするだけでなく，好反応であることを示唆するポジティブな語。

1177 obstruct
[əbstrʌ́kt]

❶ obstruct the path 進路をふさぐ
❷ obstruct the police 警察に妨害行為を働く
❸ obstruct the progress 進展を阻む

動 ① (道を) ふさぐ
　② (活動を) 妨害する，妨げる　≒ ① block ② prevent, hamper

✐ obstruction 名 妨害，障害 ▶ obstruction of duties (職務妨害)

1178 soak up
[səuk]

❶ soak up nutrients 栄養素を吸収する
❷ soak up the atmosphere of Paris パリの雰囲気に浸る

動 ① ～を吸い込む，吸収する
　② ～を浴びる，浸る　≒ ① absorb ② fully enjoy

スピーキングの Part 3 では，soak up languages (言語を習得する) を使ってみよう！

1179 figurative
[fígjərətɪv]

❶ in a figurative sense 比喩的な意味で

形 比喩的な，文字通りでない　≒ metaphorical

build bridges の意味は「橋を建設する」だが，figurative な意味だと「関係を構築する」となる。

1180 precaution
[prɪkɔ́ːʃən]

❶ take precautions against earthquakes 地震に対して予防策を講じる

名 用心，警戒　≒ preventative measure

✐ precautionary 形 事前の

DAY 11　DAY 12　DAY 13　**DAY 14**　DAY 15　DAY 16　DAY 17　DAY 18　DAY 19　DAY 20

1181 compelling
[kəmpélɪŋ]

❶ compelling evidence 有力な証拠
❷ a compelling reason やむを得ない理由
❸ a compelling story 感動的な物語

形 ① 納得できる，やむを得ない
② 感動的な

≒ ①convincing ②interesting

🔗 feel compelled to do ～しなければならない気がする

1182 proceed
[prəsíːd]

❶ proceed with the sale 販売を継続する
❷ proceed to the final 決勝戦に進む

動 ① 継続する，開始する
② 進む，前進する

≒ ①continue, start ②advance

🔗 proceeding 名 手順，手続き ▸ criminal proceedings（刑事訴訟手続き）

1183 static
[stǽtɪk]

❶ remain static 変化しないままである
❷ static traffic 進まない渋滞

形 変化がない，停滞した，進まない

≒ still, motionless

⇔ dynamic 形 行動的な，活発な　active 形 活発な，能動的な

1184 debris
[débriː]

❶ space debris 宇宙ゴミ
❷ remove the debris 残がいを取り除く

名 残がい，がれき

≒ waste material

最後の s は発音しない。リーディングの「環境」や「宇宙」に関するテーマで登場する。

1185 hinder
[híndə]

❶ hinder the progress of civilisation
文明の進歩を妨げる

動 ～を妨げる，妨害する

≒ prevent, hamper

🔗 hindrance 名 妨げとなる人［物］

1186 deduction
[dɪdʌ́kʃən]

❶ logical deduction 論理的な推論
❷ tax deduction 課税控除

名 ① 推論　② 控除

≒ ①inference ②subtraction

🔗 deduce 動 ～を推測する

1187 manipulate
[mənípjəleɪt]

❶ manipulate the public 世論を操作する
❷ manipulate the language 言葉を巧みに操る

動 ① ～を操作する　② ～をうまく活用する

≒ ①control ②use skillfully

🔗 manipulation 名 操作 ▸ genetic manipulation（遺伝子操作）

1188 state-of-the-art
[stèɪt-əv-ðə-άːt]

❶ state-of-the-art technologies
最新のテクノロジー機器
❷ state-of-the-art facilities 最先端施設

形 最新式の，最先端の

≒ modern, latest

テクノロジー関連以外にも，建物，手法，商品などに使うことができる。

141

Chapter 1

1189 contest
[kəntést]

動① ～に異議を唱える
② （～を得ようと）争う，闘う

❶ strongly contest the decision
その決定に強く反対する
❷ a fiercely contested battle 競争の激しい戦い

❸ ① object to ② contend for

a beauty contest（美人コンテスト）のように，「コンテスト」の意味でも使われる。

1190 dissent
[dɪsént]

名 意見の相違，異議

❶ political dissent 政治的意見の違い
❷ suppress dissent 反対意見を抑え込む

❸ opposition, refusal

↔ assent 名 同意，承認　agreement 名 同意，合意　approval 名 同意，承認

1191 reinforce
[ri:ənfɔ́:s]

動 ～を強化する，強める

❶ reinforce my belief 信念を強める
❷ reinforce the structure 体制を強化する

❸ strengthen, support

少し硬いが，スピーキングでも使える。目的語には意思，感情，理解などを表す名詞をとる。

1192 convincing
[kənvínsɪŋ]

形 説得力のある

❶ make a convincing argument
説得力のある主張をする

❸ persuasive, compelling, forceful

✐ convince 動 ～を納得させる ▶ convince the audience（聞き手を納得させる）

1193 minimise
[mínəmaɪz]

動① ～を最小限にする
② ～を過小評価する

❶ minimise the effect of global warming
地球温暖化の影響を最小限に抑える
❷ minimise the problem その問題を過小評価する

❸ ① reduce, lessen ② underestimate

✐ minimum 名 最小限 ▶ workers on the minimum wage（最低賃金労働者）

1194 redundant
[rɪdʌ́ndənt]

形① 冗長な，不必要な　② 解雇されて

❶ redundant information 冗長な情報
❷ be made redundant 解雇される

❸ ① unnecessary ② unemployed

✐ redundancy 名 余剰人員の解雇 ▶ compulsory redundancy（強制解雇）

1195 follow in one's footsteps

動 ～の先例にならう

❶ follow in my father's footsteps
父の歩んだ道をたどる

❸ follow the lead, follow suit

follow in the footsteps of の形でも使われる。

1196 wither
[wíðə]

動 （植物が）しおれる，枯れる

❶ wither in the heat 熱でしおれる

❸ wilt, shrivel

✐ wither away 衰える，薄れる

1197 provision
[prəvíʒən]

❶ the provision of basic infrastructure
基盤インフラの整備
❷ make provision for the future　将来に備える

名 ① 供給，提供　② 準備，用意

❸ ①supply ②preparations

⊘ provisions　名 （食料などの）蓄え ▸emergency provisions（非常食，救援物資）

1198 intensify
[ɪnténsɪfaɪ]

❶ intensify the crisis　危機的状況を強める

動 ～を強化する，増大させる

❸ heighten, accentuate

⊘ intensity　名 強烈，激しさ　intensive　名 集中的な

1199 exercise
[éksəsaɪz]

❶ exercise power　権力を行使する
❷ exercise influence　影響を及ぼす

動 （権利や能力を）行使する，用いる

❸ utilise, employ

目的語にはほかに，right（「権利」を行使する）や judgement（「判断」を下す）などをとる。

1200 body
[bɑ́di]

❶ government bodies　政府機関
❷ a growing body of evidence　相次ぐ証拠

名 ① 組織，機関　② 大量

❸ ①organisation ②quantity

リスニング，リーディングともに「組織」の意味が重要。

1201 classic
[klǽsɪk]

❶ a classic example　典型例

形 典型的な

❸ typical, model

「クラシック音楽」は和製英語。英語では classical music と表現するので注意！

1202 bolster
[bə́ʊlstə]

❶ bolster the immune system　免疫機能を高める
❷ bolster public spending　公的支出を増やす

動 ～を強める

❸ support, strengthen

⟷ undermine　動 ～を徐々に弱らせる　weaken　動 ～を弱める

1203 stride
[straɪd]

❶ make significant strides　大きな進歩を遂げる

名 歩み，進歩

❸ progress, advance

⊘ take ～ in one's stride　～をためらいなく受け入れる

1204 frugal
[frúːɡəl]

❶ a frugal life　質素な生活
❷ frugal meals　質素な食事

形 質素な，倹約的な

❸ economical, prudent

類義語の stingy と cheap はネガティブ，frugal はニュートラル，thrifty はポジティブな含みがある。

Chapter 1

1205 track down

動 ～を突き止める

❶ track down the source of the infection
感染源を突き止める
❷ track down distant family 遠い親類を突き止める
🔄 discover, detect, locate

🖉 keep track of ～を把握しておく　🔄 lose track of ～を見失う

1206 transformation
[trænsfəméɪʃən]

名 大きな変化, 変形

❶ a massive transformation 大規模な変化
❷ transformation into a global hub of commerce
世界的なビジネス中心地への転換
🔄 complete change

元の形や状態が完全に変わること。🖉 transform 動 ～を変える, 転換する

1207 feasible
[fíːzəbəl]

形 実行可能な, 実現可能な

❶ a feasible solution 実行可能な解決策

🔄 achievable, workable

technically feasible (技術的に実現可能な) のように, 副詞とともに用いられることもある。

1208 entrust
[ɪntrʌ́st]

動 ～を任せる, 委ねる

❶ be entrusted with a project
プロジェクトを委任される

🔄 assign, give responsibility

語尾に trust があるように, 「信頼して」任せることを指す。「無理やり」任せるは force。

1209 subjective
[səbdʒéktɪv]

形 主観的な

❶ a subjective view 主観, 主観的な見方
❷ a subjective judgement 主観的な判断
🔄 personal, biased

🖉 subjectivity 名 主観／🔄 objective 形 客観的な

1210 draw on
[drɔː]

動 ～を利用する

❶ draw on my knowledge and skills
知識とスキルを活かす

🔄 employ, utlise

🖉 draw up ～を作成する, 立案する ▶ draw up a new plan (新しいプランを立てる)

1211 abbreviation
[əbriːviéɪʃən]

名 省略, 略語

❶ a list of abbreviations 略語リスト

🔄 short version, reduction

▶ NY is an abbreviation of New York. (NY はニューヨークの略語である)

1212 withhold
[wɪðhóʊld]

動 ～を差し控える, 留保する

❶ withhold payment 支払いを保留する

🔄 refuse to give, keep back

with で始まる withstand (～に耐える) や withdraw (～を撤回する) と混同しないように!

1213 grim
[grím]

❶ a grim future 絶望的な未来
❷ the grim expression on his face 彼の険しい表情

形 ① 恐ろしい，残酷な
② (表情が) 険しい

🔄 ① bleak, dismal ② serious

①の意味では worrying, hopeless, miserable などのニュアンスが含まれる。

1214 merit
[mérɪt]

❶ merit attention 注目に値する
❷ merit a reward 報酬を得るに値する

動 (賞や非難などに) 値する

🔄 deserve

「メリット」の意味では，通常，merit ではなく advantage が用いられる。

1215 hostile
[hóstaɪl]

❶ a hostile attitude 敵対的な態度
❷ hostile to change 変化に大反対で

形 ① 敵対心のある　② 強く反対する

🔄 ① malicious ② opposed

「環境」テーマで hostile environment が出てきたら，「繁殖や生息に厳しい環境」という意味。

1216 leap
[liːp]

❶ a huge leap 大幅な増加
❷ a leap in logic 論理の飛躍

名 ① 急激な増加　② 飛躍

🔄 ① rapid increase ② illogical conclusion

🔄 leap 動 跳ぶ ▶ leap in the air (空中に跳び上がる)

1217 humble
[hʌ́mbəl]

❶ a humble and caring man 謙虚で思いやりのある男性
❷ come from humble beginnings
　貧しい家の出である

形 ① 謙虚な，つつましい
② (社会的地位が) 低い

🔄 ① modest ② less well off

フレーズ❷には，「昔は金銭面で苦しかったが，今は成功している」という含みがある。

1218 escalate
[éskəleɪt]

❶ escalate alarmingly 驚くほど上昇する
❷ escalating costs of healthcare 高騰する医療費

動 上昇する，増大する

🔄 soar, shoot up

日本でも「要求がエスカレートする」のように使われる。

1219 reassuring
[rìːəʃúərɪŋ]

❶ a reassuring smile 元気づけるような笑顔
❷ It's reassuring to know ~. ～と知って安心する

形 安心させる，元気づける

🔄 assuring, comforting

🔄 reassurance 名 安心 (感) ▶ offer reassurance (安心感を与える)

1220 assortment
[əsɔ́ːtmənt]

❶ a rich assortment of learning resources
　豊富な種類の学習リソース

名 各種取りそろえたもの，詰め合わせ

🔄 collection, variety

🔄 assorted 形 バラエティに富んだ ▶ come in assorted flavours (いろいろな味がある)

Chapter 1

1221 sensory
[sénsəri]

形 感覚の

❶ a sensory experience 感覚に訴えるような経験
❷ sensory stimuli 感覚刺激

⑤ receptive

sens で始まる, sensational (驚くような) や sensitive (デリケートな) との違いをチェック。

1222 conceal
[kənsíːl]

動 (事実や情報を) 隠す

❶ conceal the fact 事実を隠す

⑤ hide, cover up

hide のフォーマル語。🔗 concealment 名 隠すこと, 隠ぺい

1223 stagnant
[stǽgnənt]

形 停滞している, 活気のない

❶ a stagnant economy 停滞した経済
❷ be set to remain stagnant
低迷が続くと予想されている

⑤ still, inactive

🔗 stagnate 動 停滞する

1224 ingredient
[ɪŋgríːdiənt]

名 ① 要素, 要因 ② 食材, 材料

❶ essential ingredients for success
成功に不可欠な要素
❷ fresh local ingredients 地元の新鮮な食材
⑤ ①element, component
②pieces of food

「具材は成功に不可欠な物」と関連づけて考えると覚えやすい。

1225 alert
[əlɝ́ːt]

形 警戒して, 用心深い

❶ be alert to the danger of flooding
洪水の危険性を警戒する

⑤ watchful, cautious

🔗 alert 動 ~に警告する, 警報を出す 名 警告

1226 stage
[steɪdʒ]

動 ① ~を上演する
② ~を計画する, 実現する

❶ stage a play 劇を上演する
❷ stage a strike ストライキを計画する
❸ stage a comeback 復帰する

⑤ ①perform ②organise

🔗 stage 名 段階 ▶ at the initial stage (初期段階では)

1227 appalling
[əpɔ́ːlɪŋ]

形 ① 恐ろしい ② 最低の, 最悪の

❶ an appalling crime 恐ろしい犯罪
❷ in appalling working conditions
劣悪な労働環境で

⑤ ①horrific, terrible

🔤 horrible, shocking and disgusting

1228 pin down
[pɪn]

動 ~を明確にする

❶ pin down the concept 概念を明確にする

⑤ define, pinpoint

🔗 pin one's hopes on ~ ~に望みをたくす, 期待をかける

1229 prerequisite

[pri:rékwəzət]

名 必要 [必須] 条件

❶ an essential prerequisite for the job
その仕事を行うための必須条件
❷ prerequisite subjects　必修科目

S essential, requirement

フレーズ❷は，特定のコースを履修するために，事前に履修する必要がある科目のこと。

1230 implicit

[ɪmplísɪt]

形 ① 暗に示された　② 絶対的な

❶ an implicit criticism　言外の批判
❷ implicit faith　絶対的な信頼，盲信

S ①implied, indirect

⇔ explicit　形 明白な ▸make an explicit claim（明確に主張する）

1231 arbitrary

[á:bətrəri]

形 恣意的な，独断的な

❶ arbitrary power　不当権力
❷ an arbitrary decision　恣意的な決定

S inconsistent, erratic

E without any reason, plan, principle or system often unfairly

1232 plateau

[plǽtəʊ]

名 ① 停滞期，プラトー　② 高原

❶ reach a plateau　停滞期に入る
❷ the Tibetan plateau　チベット高原

S ①a period of stability ②flat elevation

「プラトー」とは心理学用語で，成長や進歩が一時的に停滞すること。

1233 devastate

[dévəsteɪt]

動 ① (場所を) 荒廃させる
　② (人を) 落胆させる

❶ areas devastated by the hurricane　ハリケーンの被災地
❷ feel devastated by the news
その知らせに打ちのめされる

S ①destroy, ruin ②shock

スピーキングでショックだったことを言う際に，I was devastated by ～ . を使えばスコア UP！

1234 animated

[ǽnɪmeɪtɪd]

形 生き生きとした，活発な

❶ an animated discussion　活発な議論
❷ an animated diagram　動きのある図

S lively, energetic

「アニメ映画」は animation film と言う。

1235 reside

[rɪzáɪd]

動 住む，居住する

❶ reside in the village　村に住む

S live, occupy, inhabit

live のフォーマル語。 ∥ resident　名 住人　residency　名 居住

1236 arid

[ǽrɪd]

形 とても乾燥した

❶ live in the arid desert　乾燥した砂漠に生息している

S very dry

arid ほどは乾燥しておらず，少量の草木と降水がある砂漠は semi-arid desert と言う。

Chapter 1

1237 ☐☐	**distil** [dɪstíl] 動 ① 〜を蒸留する ② (本質を) 抜き出す	❶ distilled water 蒸留水 ❷ distil the essence of the concept その概念の本質を抜き出す ≒ ①**purify** ②**grasp**
	①の意味は, ライティング Task 1 で登場。液体の生成・分離の過程を描写する際に使われる。	

1238 ☐☐	**in-depth** [ín-depθ] 形 (調査や議論が) 徹底的な, 綿密な	❶ an in-depth study of the document その文書に関する徹底的な調査 ❷ an in-depth analysis 綿密な分析 ≒ **comprehensive, exhaustive**
	study the issue in depth (その問題を徹底的に検討する) のように, 副詞の用法もある。	

1239 ☐☐	**concrete** [kónkriːt] 形 具体的な, 明確な	❶ concrete evidence 具体的な証拠 ≒ **definite, certain**
	concrete jungle とは, 「緑がなくビルが密集した都市の光景」のこと。	

1240 ☐☐	**bend** [bend] 動 〜を曲げる, 曲がる	❶ bend the truth 真実を曲げる ❷ bend over backwards 全力を尽くす ≒ **distort, stretch, twist**
	名詞の bend (道路などが曲がっている箇所, カーブ) はリスニングの地図問題で頻出。	

1241 ☐☐	**commitment** [kəmítmənt] 名 ① 真摯な取り組み, 献身 ② 責任, 義務	❶ her passionate commitment to the project その事業への彼女の情熱的な献身 ❷ work and family commitments 仕事と家庭の責任 ≒ ①**devotion** ②**responsibility**
	🖉 commit 動 〜に全力を傾ける／熟 be committed to 〜に全力を注いでいる	

1242 ☐☐	**bump** [bʌmp] 動 〜にぶつかる, 〜をぶつける	❶ bump my head on the ceiling 天井に頭をぶつける ❷ bump the car 車をぶつける ≒ **hit**
	bump into (〜に偶然会う) は, スピーキングでのスコアアップフレーズ。	

1243 ☐☐	**restless** [réstləs] 形 落ち着かない, そわそわする	❶ become restless 落ち着きをなくす ❷ restless children 落ち着きのない子供たち ≒ **uneasy, ill at ease**
	⭕ rest (休息) が less (ない) ほど, 「せかせか, そわそわして落ち着かない」。	

1244 ☐☐	**contrive** [kəntráɪv] 動 ① 〜を企画する, 考案する ② 何とか〜する	❶ contrive a plan 計画を立てる ❷ contrive to win the championship 何とか優勝する ≒ ①**make, create** ②**manage**
	🖉 contrived 形 不自然な ▶a contrived storyline (不自然なストーリー展開)	

1245 scrutiny
[skrú:tɪni]

❶ under close scrutiny 厳重な検査中で

名 綿密な調査

▣ **close examination, inspection**

専門的な視点から不正や欠陥がないかを徹底的に調べること。／ ✎ scrutinise 動 ~を綿密に調べる

1246 dispense with
[dɪspéns]

❶ dispense with the need for face-to-face communication
対面コミュニケーションの必要性をなくす

動 ~なしで済ます

▣ **get rid of**

イギリスでは ATM（現金自動預払機）のことを cash dispenser とも言う。

1247 pitfall
[pítfɔ:l]

❶ avoid potential pitfalls 潜在的なリスクを回避する
❷ obvious pitfalls in arguments 明らかな主張の欠陥

名 思わぬリスク，落とし穴，欠落

▣ **risk, difficulty, hazard**

pit は「地面に開いた穴」のことなので，そこに fall（落下）するイメージ。

1248 connotation
[kɒ̀nətéɪʃən]

❶ have a sexual connotation 性的な含みがある
❷ carry a negative connotation
ネガティブな含みがある

名 言外の意味，含み

▣ **overtone**

フレーズ❶は，「親しい」という意味で We're intimate. などと言うこと。

1249 dwindle
[dwíndl]

❶ Natural resources have dwindled.
天然資源が減少した。
❷ dwindling population 減少している人口

動 （徐々に）減少する，縮小する

▣ **decrease, decline**

限りあるものが徐々に減少して，消滅に近づいていくイメージがある。

1250 sparse
[spɑ:s]

❶ sparse population まばらな人口
❷ sparse hair 薄毛

形 まばらな，わずかな

▣ **scanty, scarce**

✎ sparsely 副 わずかに ▸ a sparsely populated area（過疎地）

1251 embark on
[ɪmbá:k]

❶ embark on a new project 新規事業に着手する

動 ~に乗り出す，着手する

▣ **start, take up**

✎ embark 動 乗り込む ▸ embark on a cruise（クルーズ船に乗り込む）

1252 rigorous
[rígərəs]

❶ a rigorous analysis 綿密な分析
❷ rigorous academic standards 厳格な学力水準

形 ① 正確な，綿密な　② 厳格な

▣ ① **thorough** ② **strict**

熟 the rigours of ~の厳しさ ▸ the rigours of modern life（現代社会の厳しさ）

1253 entitle
[ɪntáɪtl]

動 ① ～に資格を与える
　② ～に題名をつける

❶ be entitled to make a claim 要求する資格がある
❷ a book entitled *Evolution*
　『Evolution』というタイトルの本
🔄 ①qualify, eligible ②title

📝 entitlement　名 権利, 資格 ▶entitlement to pension（年金受給資格）

1254 solid
[sɒ́lɪd]

形 ① 安定した
　② 中身のある, しっかりした

❶ solid economic growth 堅実な経済成長
❷ a theory with solid arguments
　しっかりした論拠のある学説
🔄 ①consistent ②valid

「硬い, 固形の」という意味よりも, IELTS では①と②の少し比喩的な意味が大事。

1255 transition
[trænzíʃən]

名 移行, 変遷

❶ the transition from analogue to digital broadcasting
　アナログからデジタル放送への移行
🔄 change, shift

🔥 a period of transition（時代の）過渡期 ▶リーディングでの頻出フレーズ。

1256 generalise
[dʒénərəlaɪz]

動 ～を一般化する

❶ generalise the theory
　その理論がすべてに当てはまると考える

🔄 universalise

over-generalise とは,「日本人はみな勤勉だ」というように, 過度に一般化しすぎること。

1257 oriented
[ɔ́ːriəntəd]

形 ～を重視する, ～志向の

❶ be oriented towards digital technology
　デジタル技術志向の
❷ career-oriented women キャリア志向の強い女性
🔄 directed, focused

📝 orientation　名 オリエンテーション, 志向 ▶market orientation（市場志向）

1258 flee
[fliː]

動 逃げる, 避難する

❶ flee the country 国外に脱出する
❷ flee persecution 迫害を逃れる
🔄 leave, escape

[不規則変化] flee-fled-fled に注意。

1259 remedy
[rémədi]

名 ① 改善策　② 治療薬

❶ an effective remedy for traffic congestion
　交通渋滞の効果的な改善策
❷ a herbal remedy 植物性の生薬, 漢方薬
🔄 ①solution ②treatment

📝 remedy　動 ～を改善する, 治療する ▶remedy the problem（その問題を改善する）

1260 ecstatic
[ɪkstǽtɪk]

形 喜びに満ちた, 熱狂的な

❶ ecstatic fans 歓喜に満ちたファン

🔄 joyful, enthusiastic

happy や exciting の強意語。〈喜び＋熱気〉のニュアンスがある。

1261 scatter
[skǽtə]

動 ～をばらまく，まき散らす

❶ be scattered over the floor　床一面に散らばっている
❷ be scattered across Europe
　ヨーロッパ中に散在している
🔄 spread, sprinkle

書類などの身近なものの散乱から，情報やシステムの普及，動植物の分布まで幅広く使われる。

1262 graphic
[grǽfɪk]

形 生き生きとした，生々しい

❶ give a graphic account of the event
　その出来事を詳細に説明する
❷ in graphic detail　生々しく詳細に
🔄 vivid, clear

vivid とは異なり，不快な出来事を描写する際に用いられることが多い。

1263 homage
[hɑ́mɪdʒ]

名 敬意

❶ pay homage to the hero　その英雄に敬意を示す

🔄 respect, admiration

🔗 tribute　名 賛辞：亡くなった人に対する敬意を表すこと。

1264 illicit
[ɪlísɪt]

形 違法な，反道徳的な

❶ illicit drug use　違法薬物使用

🔄 illegal, improper

illegal は単に「違法」という意味だが，illicit には「社会的に恥ずべき」という非難が含まれる。

1265 induce
[ɪndjúːs]

動 ～を誘発する，引き起こす

❶ induce sleep　眠気を誘う

🔄 cause, generate

身体的症状の発症に使われ，目的語には stress（ストレス）や nausea（吐き気）などをとる。

1266 mediocre
[mìːdióʊkə]

形 平凡な，二流の

❶ mediocre performance　平凡な演技

🔄 average, uninspiring

🔄 excellent 形 優秀な　exceptional 形 並外れた　outstanding 形 極めて優れた

1267 provoke
[prəvóʊk]

動 ～を引き起こす

❶ provoke a discussion　議論を引き起こす
❷ provoke an angry response
　怒りの反応を引き起こす
🔄 cause, generate, prompt

🔗 provocative 形 人を怒らせるような　provocation 名 怒らせる言葉 [行為]

1268 navigate
[nǽvɪgeɪt]

動 ① ～を先導する
　② （困難などに）対処する

❶ navigate their way through the world
　その世界で自分たちの向かう方向を見つける
❷ navigate the complexity　複雑さに対処する
🔄 ①steer, direct　②deal with

「困難な状況の中，舵を取り任務を遂行していく」といったイメージ。

Chapter 1

1269 diameter
[daɪǽmɪtə]

❶ the diameter of the earth 地球の直径
❷ 50 metres in diameter 直径 50 メートル

名 直径 ⓢ breadth

地球の直径は 12,742km。 ⊘ radius 名 半径

1270 permissible
[pəmísəbəl]

❶ permissible level of noise 許容範囲の騒音レベル

形 許容範囲の ⓢ acceptable, allowable

⊘ permissive 形 許された, 寛大な permission 名 許可, 許諾

1271 redouble one's efforts
[riːdʌ́bəl]

❶ redouble their efforts to combat poverty
貧困撲滅のために一層の努力をする

動 一層の努力をする ⓢ increase one's effort

頻度は少し下がるが, triple one's efforts (3 倍努力する) という表現もある。

1272 pivotal
[pívətəl]

❶ play a pivotal role in promoting tourism
観光推進において中心的な役割を果たす

形 中枢の, 極めて重要な ⓢ crucial, central

名詞の pivot は「旋回軸」。転じて,「中心となる物 [人]」の意味でも使われる。

1273 ritual
[rítʃuəl]

❶ religious rituals 宗教儀式
❷ a morning ritual 毎朝のルーティーン

名 ① (宗教の) 儀式 ② 決まりきった習慣 ⓢ ①rite, ceremony ②routine

①の意味は,「歴史」テーマでよく登場する。スピーキングで②を使えばワンランク UP！

1274 toxic
[tɒ́ksɪk]

❶ toxic substances 有害物質
❷ the discharge of toxic waste into the sea
有毒廃棄物の海洋投棄

形 毒物の, 有毒な ⓢ poisonous, venomous

比喩的に a toxic work culture (心身に良くない職場環境) のようにも使われる。

1275 intuition
[ìntjuíʃən]

❶ trust my intuition 自分の直感を信じる
❷ women's intuition 女性の勘

名 直観 ⓢ instinct

⊘ intuitive 形 直観の

1276 prompt
[prɒmpt]

❶ prompt an angry reaction 怒りの反応を引き起こす
❷ prompted to take action 行動に移すよう促されて

動 ① ～を引き起こす ② ～を駆り立てる ⓢ ①cause ②encourage

⊘ prompt 形 素早い, 時間通りの ▶prompt action (迅速な対応)

DAY 11
DAY 12
DAY 13
DAY 14
DAY 15
DAY 16
DAY 17
DAY 18
DAY 19
DAY 20

1277 exhaust
[ɪgzɔ́ːst]

動 ～を使い果たす

❶ exhaust Earth's natural resources
地球の天然資源を使い果たす
❷ exhaust all possibilities 万策尽きる

🄴 use up, deplete

🔗 exhaust 名 排ガス　exhaustive 形 徹底的な

1278 transparent
[trænspǽrənt]

形 ① 透明な　② わかりやすい
③ 見え透いた

❶ a transparent container 透明な容器
❷ a transparent system わかりやすいシステム
❸ a transparent lie 見え透いたうそ

🄴 ①clear ②explicit ③blatant

🔆 trans-（越えて）＋ par（見える）＋ -ent〈形容詞化〉＝「透けて見える」

1279 proclaim
[prəkléɪm]

動 ～を公表する，宣言する

❶ proclaim a new foreign policy
新しい外交政策を発表する

🄴 declare, announce

🔗 self-proclaimed 形 自称～の ▸a self-proclaimed musician（自称ミュージシャン）

1280 replicate
[réplɪkeɪt]

動 ～を複製する，～に倣う

❶ replicate a successful business model
成功したビジネスモデルをまねる

🄴 copy

手法をまねる際によく使われ，「同じ結果を得るために」という含みがある。

1281 expansive
[ɪkspǽnsɪv]

形 ① 広大な　② 広範囲の

❶ expansive mountain views 広大な山の景色
❷ an expansive list of subjects 幅広いテーマのリスト

🄴 ①extensive ②wide-ranging

動詞 expand の派生語で，large よりも開放的に外へと広がるイメージがある。

1282 dual
[djúːəl]

形 2 重の

❶ serve a dual purpose 2 つの目的を果たす，一石二鳥
❷ dual-income households 共働き世帯

🄴 double

a dual-purpose vehicle だと，「乗客」と「荷物」の両方を運ぶ車両のことを指す。

1283 slash
[slæʃ]

動 ～を大幅に削減する

❶ slash prices 価格を大幅に下げる
❷ slash emissions by 20% 排出量を 20% 削減する

🄴 cut, reduce

ジャーナリズム用語のため，一般的には reduce を使うことが多い。

1284 puzzle
[pʌ́zəl]

名 難題，難問，パズル

❶ remain a puzzle 謎を残したままである
❷ something of a puzzle ちょっとした難問

🄴 mystery, enigma

🔗 puzzling 形 困惑させるような

Chapter 1

1285 sluggish
[slʌ́gɪʃ]

形 活気のない，（動きが）のろのろした

❶ a sluggish economy 停滞した経済，不況
❷ feel tired and sluggish へとへとでだるく感じる

類 inactive, slow

slug（ナメクジ）の派生語で，動作や変化が遅い様子を幅広く表現できる。

1286 lie with
[laɪ]

動 （人の）役目［義務］である

❶ The responsibility lies with the employer.
責任は雇用側にある。

類 be attributed to

▶ It lies with him to make a final decision. （最終決定は彼の役目だ）

1287 menial
[míːniəl]

形 （仕事が）雑用的な，単調な

❶ menial jobs 単調な仕事

類 unskilled, boring

賃金が低く，特別なスキルを必要としない仕事に使うことが多い。

1288 spot
[spɒt]

動 ～に気づく，～を発見する

❶ spot an error 誤りに気づく
❷ spot a place to sit 座る場所を見つける

類 notice, find

⊘ spot 名 場所，点，汚れ ▶ a dating spot（デートスポット）

1289 bulk
[bʌlk]

名 大量，大部分

❶ the bulk of household chores 家事の大部分
❷ bulk buying 大量購入，まとめ買い

類 volume, majority

熟 in bulk まとめて，大量に ▶ order stationery in bulk（文房具を大量注文する）

1290 uncover
[ʌnkʌ́və]

動 ～を発見する，明らかにする

❶ uncover the truth 真実を明らかにする

類 discover, detect

⚲ un-（反対）＋ cover（覆う）＝「覆いをはがす」

1291 subtle
[sʌ́tl]

形 かすかな，わずかな，微細な

❶ subtle differences わずかな違い
❷ subtle colours 淡い色

類 faint, muted

b は読まれないので注意。⊘ subtlety 名 巧妙さ，繊細さ

1292 terminate
[tə́ːməneɪt]

動 ～を終わらせる

❶ terminate a contract 契約を終了させる

類 bring to an end

⚲ term は「終わり」という意味。バスの terminal（終着駅）から連想しよう！

1293 peer
[pɪə]

名 同レベルの人，仲間，同僚　　≒ fellow

0 peer pressure 周囲からのプレッシャー

📖 peer　動 じっと見る ▸peer through the window（窓からのぞき込む）

1294 overcast
[ðʊvəkάːst]

形 雲に覆われた，どんよりした　　≒ cloudy

0 the overcast sky 雲に覆われた空

スピーキングで「天気」のテーマが出た際に使えば，スコア UP は確実！

1295 preceding
[prɪsíːdɪŋ]

形 前の，前述の　　≒ previous, prior

0 the preceding year 前年
❷ in the preceding chapter 前の章に

📖 precede　動 ～より前に起こる

1296 stipulate
[stípjəleɪt]

動 ～を規定する，明記する　　≒ state clearly

0 be stipulated in the contract 契約に規定されている
❷ stipulate the terms and conditions
　　取引条件を定める

主語には，law（法律），agreement（契約），act（条例）などの「ルール系」の名詞が来る。

1297 viable
[vάɪəbəl]

形 実行可能な，効果のある　　≒ workable, practical

0 provide a viable alternative
　　実行可能な代替案を与える
❷ commercially viable ビジネス的に実現可能な

「生物」のテーマでは，「自力で成長 [発芽] できる」という意味で使われる。

1298 disposal
[dɪspóʊzəl]

名 ① 処分，廃棄　② 分配　　≒ ①removal ②allocation

0 waste disposal 廃棄物処理
❷ at one's disposal 自由に使えて

📖 dispose of ～を捨てる ▸dispose of industrial waste（産業廃棄物を処理する）

1299 witness
[wítnəs]

動 ～を経験する，～に直面する　　≒ see, experience

0 witness an increase in crime 犯罪が増加する

動詞で「～を目撃する」，名詞で「目撃者」という意味もあるが，上記の意味が重要。

1300 pressing
[présɪŋ]

形 切迫した，急を要する　　≒ urgent

0 the most pressing issue facing the world today
　　今日の世界が直面している最も緊急の問題

problem や concern とも相性が良く，最上級で用いられることも多い。

DAY 11　DAY 12　DAY 13　DAY 14　**DAY 15**　DAY 16　DAY 17　DAY 18　DAY 19　DAY 20

ここに注目 受験者を困らせた質問 Top 3

これはすべてのセクションにおいて共通することですが，単語の意味を知っていたとしても，解釈が曖昧だったり，なんとなく知っていたりする程度だと，具体的な内容を問われた時に解答することができません。ここでは，過去3年間で実際に出題されたスピーキング，ライティングの問題を参照して，特に受験者が解答に困った語彙や表現の解説を行います。それでは早速まいりましょう！

1位：Are you an organised person? （しっかりと準備できる人ですか）

これはスピーキングのPart 1で出題された質問ですが，organisedを「組織された」と解釈すると，この質問を理解することができません。人に用いた場合のorganisedは，「用意周到な，まめな」という意味です。よって，上記の問いには次のように答えるといいでしょう。

> No, I'm awful at making arrangements, especially when it comes to time management. As a result, my timetable tends to be full, and yet I sometimes seem to miss out on important opportunities. I wish I could plan my life in a more organised way.

　　　　　　　・make arrangements（段取りする）　・miss out on（～を逃す）

ちなみに，organisedには「組織的な，整理された」という意味もあり，organised crime（組織犯罪），a well-organised presentation（とてもよくまとまった発表）のようにも使われます。

2位：Is it important to be patient? （我慢強いことは大切ですか）

これは2019年にスピーキングでよく出題された問題で，面食らった人が多くいました。patientは「我慢強い」という意味ですが，具体例を挙げつつ話を展開するのが難しかったようです。次のように解答すればいいでしょう。

> Yes, I'd say it makes a huge difference in many situations, both for business and studies. Things don't always go as planned or the results can be far from what you expect. But I do believe making continuous efforts will eventually pay off and bring you more benefits in the end.

　　　　　　　・make a huge difference（非常に重要である）　・pay off（報われる）

3 位：practical skills（実用的なスキル）

これはライティングとスピーキングで出題されたフレーズですが，曖昧に解釈している人が多く，具体的にどのようなスキルを提示すればいいのか困った人も多かったようです。practical skills の practical には，「実生活で役立つ」という含みがあります。次の問題はライティングの Task 2 で出題されました。一緒にアイディアを考えていきましょう。

Practical skills are more important than educational background in business.
To what extent do you agree or disagree with this statement?
（ビジネスにおいて，実用的なスキルは学歴よりも重要である。この見解にどの程度賛成か，または反対か）

どの程度賛成・反対かによりますが，特に賛成の場合はビジネスで役立つ具体的な practical skills を挙げる必要があります。ここでは，以下のような例を挙げ，掘り下げていくといいでしょう。

· management skills（マネジメントスキル）
  ▸ 人材，財源，時間などを適切かつ効率的にやりくりする能力。

· problem-solving（問題解決能力）
  ▸ 特定の問題に対し，どういったアプローチを取れば解決できるのかを考える能力。

· negotiation skills（交渉力）
  ▸ クライアントや取引先との交渉をスムーズに行える能力。

· sales and marketing skills（販売とマーケティングスキル）
  ▸ どういった形で商品・サービスを販売し，販路を拡大できるかを考える能力

この他にも cooking skills, car maintenance, gardening なども practical skills ですが，ここでは「ビジネスにおいて」とあるので，上記のような例を挙げてください。

いかがでしたか？　簡単そうに見えて，意外とチャレンジングだったのではないでしょうか。語彙力とスコアを同時に高めるには単に日本語訳を覚えるだけでなく，このように具体例を考えておくことも役立ちます。曖昧に解釈していそうな表現は，その都度辞書やインターネットで調べ，さらに理解を深めていきましょう！

1301 embellish
[ɪmbélɪʃ]

動 ① ～に装飾する
　　② (話に) 尾ひれを付ける

❶ embellish the dress ドレスに装飾を加える
❷ embellish a story 話を盛る

⑤ ① decorate ② exaggerate

🖉 embellishment 名 装飾すること, 飾り

1302 virtue
[vɚ́ːtʃuː]

名 ① 美徳　② 長所, 利点

❶ the virtue of honesty 誠実さの美徳
❷ the virtues of online voting オンライン投票の利点

⑤ ① moral goodness ② advantage

🖉 a paragon of virtue 美徳のかがみ／↔ vice 名 悪徳, 不道徳

1303 contend
[kənténd]

動 ① 競う, 競争する　② ～を強く主張する

❶ contend for the position その地位を争う
❷ contend that the decision is legally valid
　その決定は法的に有効だと主張する

⑤ ① compete against ② argue

🖉 contend with (問題に) 対処する ▶ contend with high inflation (高インフレに対処する)

1304 daring
[déərɪŋ]

形 大胆な, 向こう見ずな

❶ daring deeds 恐れ知らずの行動
❷ a daring adventure 危険を顧みない冒険

⑤ brave, bold, intrepid

「リスクを取ることをいとわない」という含みがある。

1305 tranquil
[trǽŋkwəl]

形 静かな, 穏やかな

❶ enjoy the tranquil countryside
　静かな田舎を満喫する
❷ a tranquil atmosphere 穏やかな雰囲気

⑤ calm, peaceful

リスニングでよく登場する。🖉 tranquillity 名 穏やかさ

1306 portion
[pɔ́ːʃən]

名 ① 部分　② 割り当て, 分担

❶ a good portion of time かなりの時間
❷ bear a portion of the responsibility
　責任の一部を担う

⑤ ① part ② share, amount

スピーキングでは a large portion of fried rice (チャーハン大盛り) のように, 「1人前」の意味で使おう!

1307 tighten
[táɪtn]

動 ① (ルールを) 厳しくする
　　② ～をきつく締める

❶ tighten the rules of broadcast advertising
　放送広告の規制を厳しくする
❷ tighten a rope 縄をきつく締める

⑤ ① make stricter ② fasten

↔ ① relax 動 ～を緩和する／② loosen 動 ～を緩める

1308 due
[djuː]

形 ① 予定されている　② 正当な, 十分な

❶ be due to start soon まもなく開始予定である
❷ due consideration 十分な考慮 [配慮]

⑤ ① expected ② proper

ライティングの地図問題では, be due to be relocated to (～に移転予定である) を使おう!

1309 add to

❶ add to production costs 製造原価を引き上げる
❷ add to the housing shortage 住宅不足を悪化させる

動 ① 〜を増やす　② 〜を悪化させる　⧉ ①increase ②worsen

add up to（合計〜になる）との混同に注意。

1310 intact
[ɪntǽkt]

❶ remain intact 無傷［もと］のままである
❷ intact forests 手つかずの森林

形（自然や建物が）無傷の，手つかずの　⧉ undamaged, unspoiled

建物の描写でよく用いられるが，価値や名声が保たれていることを表す際にも使われる。

1311 sway
[sweɪ]

❶ be easily swayed by others' opinions 他人の意見に流されやすい
❷ sway in the breeze そよ風になびく

動 ①（意見を）変えさせる　② 揺れる　⧉ ①influence ②move slowly

熟 hold sway 支配力［影響力］がある

1312 fury
[fjúəri]

❶ uncontrollable fury 抑えきれない激しい怒り
❷ feel the full fury of the storm 嵐の猛威を体感する

名 ① 激怒　②（悪天候の）猛威，（感情の）激しさ　⧉ ①rage, outrage ②severity

⊘ furious 形 激怒して　infuriate 動 〜を激怒させる

1313 breed
[briːd]

❶ breeding grounds 繁殖地，飼育場
❷ breed success 成功を生み出す

動 ①（動物が子を）産む　② 〜を引き起こす　⧉ ①mate ②cause, produce

⊘ breed 名 種族，品種 ▶a rare breed（珍種），a new breed of（新種の〜）

1314 ingenious
[ɪndʒíːniəs]

❶ come up with an ingenious idea 妙案が浮かぶ
❷ an ingenious approach 斬新なアプローチ

形 利口な，独創的な　⧉ clever, creative, inventive

スペリングの似た ingenuous（純真な）と混同しないよう注意！

1315 tremor
[trémə]

❶ a tremor in her voice 彼女の声の震え
❷ cause an earth tremor 地面の揺れを引き起こす

名 ① 震え，揺れ　② 地面の小さな揺れ　⧉ ①shake ②earthquake

⊘ tremble 動 震える ▶tremble with fear（恐怖で震える）　tremulous 形 震えた

1316 minute
[maɪnjúːt]

❶ a minute amount of time ほんのわずかな時間
❷ in minute detail 事細かに，微細に

形 ① 非常に小さい　② 詳細な，綿密な　⧉ ①tiny, miniscule ②thorough, precise

「分」を意味する minute とは，発音が異なるので要注意。

1317 characterise
[kǽrəktəraɪz]

動 ① ～を特徴づける
② ～の特徴を述べる

❶ be characterised by its diversity 多様性が特徴である
❷ be characterised as a pioneer
パイオニアと言われている

🔁 ①typify ②describe

🔗 character 名登場人物 ▶an animated character (アニメのキャラ)

1318 profusion
[prəfjúːʒən]

名 豊富にあること

❶ a profusion of wild flowers たくさんの野の花

🔁 abundance, wealth

🔗 profuse 形大量の

1319 versatile
[vɝ́ːsətɪl]

形 ① (人が) 多才な　② (物が) 用途の広い

❶ a versatile artist 多才な芸術家
❷ a versatile tool 用途の広い道具

🔁 ①multi-talented ②multi-purpose

🔗 versatility 名多才 ▶a person with exceptional versatility (並外れた多芸の持ち主)

1320 allocate
[ǽləkeɪt]

動 ～を割り当てる, 分配する

❶ allocate funds to the project
そのプロジェクトに資金を割り当てる
❷ allocate time wisely うまく時間を配分する

🔁 allot, assign

🔗 allocation 名割り当て, 配分 ▶budget allocations (予算配分)

1321 boon
[buːn]

名 恩恵, 恵み

❶ a great boon for the company
その企業にとっての大きな恩恵
❷ grant a boon 恩恵を与える

🔁 benefit, advantage, blessing

「『恩恵』はブーンっとやって来る」と覚えよう。

1322 emerging
[ɪmɝ́ːdʒɪŋ]

形 新たに現れた, 新興の

❶ an emerging trend 新しい傾向
❷ emerging artists 新進の芸術家
❸ emerging markets 新興市場

🔁 developing, emergent

「新興 (国) 市場」とは, 中国やインドなど, 経済が急成長中にある国の市場のことを言う。

1323 lure
[lʊə]

動 ～を誘惑する, おびき寄せる

❶ lure shoppers into stores 買い物客を店に誘い込む
❷ lure insects with nectar 蜜で昆虫を引き寄せる

🔁 attract, entice, tempt

釣りで使う魚をおびき寄せるための「ルアー」は, この語が由来。

1324 sequence
[síːkwəns]

名 連続 (するもの), 順序, 並び

❶ in a logical sequence 論理的な順序で
❷ a sequence of events 一連の出来事

🔁 arrangement, series, progression

🔗 sequence 動 ～を並べる, 配列する

1325 staggering
[stǽgərɪŋ]

形 驚異的な，驚かせるほどの

❶ staggering beauty 驚くほどの美しさ
❷ a staggering number of students
非常にたくさんの生徒

S astonishing, sheer

⌖ stagger 動 よろめく，〜を動揺させる

1326 jazz up
[dʒæz]

動 〜を飾り付ける，さらに面白くする

❶ jazz up my bedroom 寝室を飾り付ける
❷ jazz up the original script 元の原稿をより面白くする

S enliven, liven up, brighten up

food や speech などに幅広く使え，スコアアップに直結する熟語の代表格。

1327 supplement
[sʌ́pləmənt]

動 〜を補う，〜の足しにする

❶ supplement my income with a Saturday job
土曜日に仕事をして収入の足しにする

S add, support

⌖ supplement 名栄養補助食品 ▶dietary supplements（栄養補助食品）

1328 explicit
[ɪksplísɪt]

形 明確な，明白な

❶ give explicit instructions 明確な指示を出す

S clear, plain, straightforward

⇔ implicit 形暗黙の，暗示的な ▶give implicit approval（黙認する）

1329 apprehension
[æ̀prɪhénʃən]

名 (将来的な) 不安

❶ fear and apprehension 恐怖と不安
❷ with some apprehension 少し不安で

S anxiety

⌖ apprehensive 形心配している／ apprehend 動〜を捕まえる

1330 bottleneck
[bɑ́tlnek]

名 ① 渋滞地点　② (進行の) 遅れ，妨げ

❶ a bottleneck at the junction 交差点の渋滞
❷ a bottleneck in production 生産の遅れ

S ①blockage, gridlock ②delay

原義は文字通り「ビンの首」。通り道が狭いため，詰まったり，遅れたりする状態を表す。

1331 verify
[vérɪfaɪ]

動 〜を検証する，確認する

❶ verify the fact 事実を立証する
❷ verify the contents of the file
そのファイルの内容を確認する

S confirm, prove, substantiate

⌖ verification 名認証 ▶fingerprint verification（指紋認証）

1332 contentious
[kənténʃəs]

形 議論を引き起こす

❶ a contentious subject 議論を呼ぶテーマ

S controversial, debatable

⌖ contention 名論争 ▶the biggest point of contention（最大の論点）

1333 denounce
[dɪnáʊns]

動 (公然と) ～を非難する

❶ denounce violence 暴力を非難する
❷ be denounced by protesters 反対派から非難される

S criticise, condemn, censure

E criticise someone severely and publicly

1334 nosedive
[nóʊzdaɪv]

名 急降下, 急落

❶ take a nosedive 急降下する

S sharp fall, plummet

「価値」や「名声」の下落に加え，飛行機などの物体の降下にも使われる。

1335 depletion
[dɪplíːʃən]

名 大幅な減少

❶ ozone layer depletion オゾン層の減少
❷ the depletion of natural resources
天然資源の減少

S significant reduction

「環境」テーマで頻出。🖉 deplete 動 ～を激減させる

1336 trace
[treɪs]

動 ～を突き止める，～の跡を追う

❶ trace the origion 起源をたどる
❷ trace the evolutionary history of the bird
鳥類の進化の歴史をたどる

S discover, detect, track down

🖉 vanish without a trace 跡形なく消え去る

1337 hypocrisy
[hɪpókrəsi]

名 偽善 (行為)

❶ be accused of hypocrisy 偽善行為だと非難される
❷ a touch of hypocrisy 軽い偽善

S deceit, pretence

🖉 hypocrite 名 偽善者　honesty 名 正直, 誠実

1338 laborious
[ləbɔ́ːriəs]

形 骨の折れる，非常にきつい

❶ a laborious task 骨の折れる作業
❷ laborious work hours きつい勤務時間

S physically demanding, taxing

labour ([骨の折れる] 仕事) の形容詞と覚えておくと思い出しやすい。

1339 hamper
[hǽmpə]

動 ～を妨げる，～の邪魔をする

❶ hamper their efforts 彼らの取り組みの邪魔をする
❷ hamper the development of the car industry
自動車産業の発展を妨げる

S hinder, impede

妨害系の動詞は, hamper, hinder, impede の3点セットで覚えよう！

1340 bid
[bɪd]

名 努力，試み

❶ in a bid to cut costs コスト削減に努めて
❷ make a bid for freedom 自由のために努力する

S effort, attempt, endeavour

「入札」の意味もあるが，IELTS では上記の意味で押さえておこう。

1341 manifest
[mǽnəfest]

❶ manifest signs of illness　病気の兆候を示す
❷ manifest an eagerness to learn　学習意欲を示す

動 ～を明らかにする，明白に示す

🔄 display, exhibit

政党が掲げる「マニフェスト」は manifesto とつづり，イタリア語由来のもの。

1342 grace
[greɪs]

❶ with grace and dignity　優雅さと気品があって
❷ acquire social graces　社交礼儀を覚える

名 優雅さ，品格

🔄 elegance, courtesy

🖉 graceful　形 優雅な／🔄 disgrace　名 不名誉，不真面目

1343 nutritional
[nju:tríʃənəl]

❶ nutritional benefits of organic food
　有機食品の栄養面での利点
❷ a high nutritional value　高い栄養価

形 栄養に関する

🖉 nutritious　形 栄養のある ▶nutritious food（栄養豊富な食品）　nutrient　名 栄養素

1344 crystal clear
[krístl]

❶ make my point crystal clear
　話のポイントを非常にはっきりさせる

形 非常にはっきりした

🔄 evident, transparent, understandable

🖉 crystallise　動 ～を具体化する，結晶化させる

1345 evoke
[ɪvóʊk]

❶ evoke memories　記憶を呼び覚ます
❷ evoke emotional responses
　感情的な反応を引き出す

動 （感情や記憶を）呼び起こす

🔄 produce, generate, trigger

🖉 provoke　動 ～を引き起こす ▶「突発的な反応を」という含みがある。

1346 glimpse
[glɪmps]

❶ a glimpse of the future　未来像
❷ allow glimpses into other people's lives
　他人の生活を垣間見ることができる

名 イメージ，垣間見ること

🔄 experience, picture, image

🖉 catch a glimpse of　～をちょっと見る ▶catch a glimpse of his face（彼の顔をちらっと見る）

1347 once-in-a-lifetime
[wʌns-ɪn-ə-láɪftaɪm]

❶ a once-in-a-lifetime opportunity
　一生に1度の機会

形 一生に1度の，またとない

🔄 extremely rare

文字通り「人生に1度しかない」という意味。ハイフンなしでつづることもある。

1348 lag behind
[læg]

❶ lag behind in technology
　テクノロジーの分野で後れを取る
❷ lag behind my peers　周りに後れを取る

動 （競争相手に）後れを取る

🔄 fall behind, delay

🖉 lag　名 遅れ，時間差 ▶beat jet lag（時差ぼけを克服する）

Chapter 1

1349 intriguing
[ɪntríːgɪŋ]

形 興味をそそる，魅力的な

❶ an intriguing plot 魅力的なストーリー展開

= fascinating, stimulating

∥ intrigue 動 陰謀を企てる，関心を引く 名 陰謀

1350 refurbish
[rìːfə́ːbɪʃ]

動 ～を改装する，一新する

❶ a refurbished room 改装された部屋

= renovate, redecorate, remodel

リスニングの Part 2 で頻出。 ∥ refurbishment 名 改装

1351 candid
[kǽndɪd]

形 率直な，ありのままの

❶ a candid discussion 率直な議論
❷ a candid photo 飾らないありのままの写真

= frank, straightforward, outspoken

candidate（候補者）は，「candid に（率直に）意見を述べる人」と覚えよう。

1352 cluster
[klʌ́stə]

名 集団，一団

❶ a cluster of stars 惑星群
❷ a cluster of shoppers 買い物客の集団

= group, bunch, collection

∥ cluster 動 群がる ▶ cluster around the city centre（街の中心に群がる）

1353 staple
[stéɪpəl]

形 主要な

❶ the staple food of Japan 日本の主食
❷ a staple industry 主要産業

= main, primary, key

staple には動詞で，「～をホッチキスでとめる」という意味もある。

1354 recollect
[rèkəlékt]

動 ～を思い出す

❶ recollect what happened then
その時に起こったことを思い出す

= remember, recall

remember のフォーマル語。 ∥ recollection 名 回想，記憶

1355 thread
[θred]

名 （話や議論の）筋道，脈絡

❶ lose the thread of the conversation
会話の筋道がわからなくなる
❷ share a common thread 共通点がある

= idea, direction, subject

ディクテーション問題では，「糸」の意味でも出題される。

1356 eradicate
[ɪrǽdɪkeɪt]

動 ～を全滅［根絶］する

❶ eradicate diseases 病気を根絶する
❷ eradicate poverty through education
教育を通じて貧困を根絶する

= remove, eliminate, wipe out

目的語には「病名」や，inflation, violence, discrimination などの「社会問題」をとる。

1357 instantaneous
[ìnstəntéiniəs]

形 即座の，瞬間的な

❶ an instantaneous reply 素早い返信
❷ smooth and instantaneous banking transactions
スムーズで早い銀行取引

🔄 instant, immediate

🔗 instantaneously 副 即座に／🔄 delayed 形 遅延の

1358 delve into
[delv]

動 ～を掘り下げる，突っ込んで研究する

❶ delve deeply into the problem
その問題を深く掘り下げる

🔄 investigate, look into, explore

副詞の deeply（深く，徹底的に）と相性が良く，一緒に用いられることが多い。

1359 vigilant
[vídʒələnt]

形 気を配っている，用心深い

❶ remain vigilant in the face of terrorist threats
テロの脅威に対して引き続き警戒する
❷ a vigilant watchdog 警戒心の強い番犬

🔄 watchful, alert, wary

🔗 vigilance 名 警戒 ▸require constant vigilance（常に警戒を必要とする）

1360 bliss
[blɪs]

名 至福，無上の喜び

❶ sheer bliss この上ない幸せ
❷ wedded bliss 結婚の喜び

🔄 joy, delight, rapture

happiness の強意語。🔗 blissful 形 最高に幸せな

1361 levy
[lévi]

動 （税や罰金を）課す

❶ levy a heavy tax 重税を課す
❷ levy a charge on public parking spaces
公共の駐車場に料金を課す

🔄 impose

🔗 levy 名 徴税，課税 ▸a levy on landowners（地主への課税）

1362 benevolent
[bənévələnt]

形 親切な，善意ある

❶ a benevolent attitude 親切な態度
❷ a benevolent dictator 慈悲深い独裁者

🔄 kind, generous, philanthropic

通常，個人ではなく，権力者や機関などと結びつく。

1363 deficiency
[dɪfíʃənsi]

名 不足，不備

❶ treat vitamin deficiency ビタミン不足を補う
❷ deficiency in the plan その計画に欠けていること

🔄 lack, shortage

ビタミン以外にも，protein（タンパク質）や iron（鉄分）とも結びつく。

1364 indigenous
[ɪndídʒənəs]

形 先住の，原産の

❶ indigenous peoples 先住民
❷ indigenous to Australia
オーストラリア固有の［原産の］

🔄 local, native, earliest

native への言い換えは，「環境」や「歴史」のパッセージで頻出。

Chapter 1

1365 discern
[dɪsə́:n]

動 ～を見つける，気づく，理解する

❶ discern differences 違いがわかる
❷ discern a figure in the distance
遠くに人影を見つける

🔄 perceive, detect, differentiate

🖊 discernible 形 識別できる　discerning 形 目の肥えた

1366 room
[ru:m]

名 余地，可能性

❶ leave little room for doubt 疑いの余地はほぼない
❷ room for improvement 改善の余地

🔄 possibility, chance, scope

フレーズ❶と❷以外にも，room for debate（議論の余地）は頻出。

1367 blur
[blɜ:]

動 ～を曖昧にする，ぼやけさせる

❶ blur the line between fantasy and reality
空想と現実との境界線を曖昧にする

🔄 obscure

目的語には line のほかに，boundary（境界線）や distinction（区別）などをとる。

1368 blatant
[bléɪtənt]

形 見え透いた，わざとらしい

❶ a blatant lie 露骨なうそ
❷ blatant disregard 露骨な無視

🔄 obvious, glaring, flagrant

「はなはだしく目につき，不快である」といったニュアンスがある。

1369 pertain to
[pətéɪn]

動 ～に関係する

❶ laws pertaining to immigration 入国に関する法律
❷ pertain directly to the topic
そのテーマと直接関係のある

🔄 directly related to

A pertaining to B の形で使われ，A には legislation（法律）や clause（条項）が来ることが多い。

1370 bracket
[brǽkɪt]

名 ① 階層，グループ　② かぎカッコ

❶ the 15-64 age bracket 15 ～ 64 歳の年齢層
❷ income bracket 所得階層
❸ in the bracket そのカッコ内に

🔄 ①group, category ②parenthesis

フレーズ❶は，ライティングの Task 1 で「年齢別のグループ」を言う際の定番表現。

1371 converge
[kənvə́:dʒ]

動 （一点に）集中する，合流する

❶ converge at a meeting point 合流点に集まる

🔄 meet, intersect

🖊 convergence 名 集合，集中／ ⇔ diverge 動 枝分かれする

1372 enticing
[ɪntáɪsɪŋ]

形 心を引きつけられる，魅力的な

❶ enticing to the public 一般受けする
❷ an enticing job offer 魅力的な仕事の依頼

🔄 inviting, tempting

🖊 entice 動 ～を引きつける ▶entice customers（顧客を引きつける）

DAY 11 | DAY 12 | DAY 13 | DAY 14 | DAY 15 | **DAY 16** | DAY 17 | DAY 18 | DAY 19 | DAY 20

1373

down-to-earth
[daʊn-tʊ-ɜːθ]

❶ a down-to-earth approach 現実的な方法

形 現実的な

Ⓢ **practical, realistic, sensible**

🔗 come down to earth 現実の世界に戻る

1374

pledge
[pledʒ]

❶ make a pledge to cut taxes 減税の公約をする

名 誓約，公約

Ⓢ **promise, take an oath**

promise の硬い語。🔗 pledge to do ～することを約束する

1375

validate
[vǽlədeɪt]

❶ validate the theory 理論が正しいことを証明する
❷ validate her feelings 彼女の気持ちを受け止める

動 ～が正当であると確認する，
～を確認する

Ⓢ **prove, confirm**

🔄 invalidate 動 ～を無効にする ▸invalidate the conclusion（その決定を取り消す）

1376

lingering
[líŋgərɪŋ]

❶ lingering doubts なかなか解消しない疑問
❷ lingering pain なかなか消えない痛み

形 長引く，なかなか消えない

Ⓢ **lasting, prolonged**

🔗 linger 動 なかなか消えない，残存する

1377

credentials
[krɪdénʃəlz]

❶ professional credentials プロとしての資格

名 資格，資質

Ⓢ **proof of identity and qualifications**

学歴・職歴，さらに任務を遂行する能力や人物評価も含む。

1378

in conjunction with
[kəndʒʌ́ŋkʃən]

❶ in conjunction with the local government
地元自治体と連携して

熟 ～と共に，連携して

Ⓢ **together with, associated with**

conjunction は，英文法の文脈では「接続詞」の意味。

1379

exemplify
[ɪgzémplɪfaɪ]

❶ exemplify a common problem よくある問題の実例を挙げる
❷ exemplify corporate culture
企業文化の典型的な例となる

動 ① ～の実例を示す
② ～の典型的な例となる

Ⓢ ①**illustrate** ②**symbolise, typify**

🔗 exemplar 名 模範，典型例

1380

complacent
[kəmpléɪsənt]

❶ a complacent attitude 無関心な態度
❷ complacent about the future 将来に無関心で

形 無関心な，自己満足の

Ⓢ **self-satisfied, smug**

「現状に満足して危機感がなく，何もせずにあぐらをかいている」といった含みがある。

Chapter 1

1381	**blueprint** [blú:prìnt] 名 青写真, 計画	❶ a blueprint for economic growth 経済成長への計画 ❷ a blueprint for a better future 　よりよい未来のための計画 ⑤ plan, model

通常, 個人ではなく, 国や企業の事業計画に用いられる。

1382	**submerge** [səbmə́:dʒ] 動 水中に沈む, ~を水中に沈める	❶ submerge in water 水中に沈む ❷ submerged by the tide 潮流によって水没する ⑤ sink, go under water

♀ sub- (下に) + merge (沈める) = 「下に沈める」▶submarine (潜水艦)

1383	**fresh** [freʃ] 形 新鮮な, 新たな, 出たばかりの	❶ be fresh off the press 出版されたばかりである ❷ be fresh out of college 大学を出たばかりである ❸ make a fresh start 新たなスタートを切る ⑤ new

「大学1年生」は, イギリスでは fresher, 北米では freshman と言う。

1384	**kindle** [kíndl] 動 (感情を) かき立てる	❶ kindle her interest in art 　彼女のアートへの興味をかき立てる ⑤ stimulate, arouse, evoke

電子書籍リーダーの Kindle は, 「読者の心をかき立てたい」という製作者の思いから名付けられた。

1385	**subsidy** [sʌ́bsədi] 名 助成金, 補助金	❶ provide agricultural subsidies 　農業補助金を支給する ⑤ support, grant, contribution

🖉 subsidise 動 ~に補助金を払う

1386	**unconventional** [ʌ̀nkənvénʃənəl] 形 異例の, 型破りな	❶ an unconventional approach to the problem 　その問題に対する型破りな解決策 ⑤ unusual, unorthodox

「従来の型にとらわれず, 斬新でほかと異なる」といったポジティブな語。

1387	**demise** [dɪmáɪz] 名 消滅, 崩壊	❶ the company's demise その企業の倒産 ❷ the demise of local species 現地の種の消滅 ⑤ fall, end

death (死) の婉曲語としても使われるが, 上記のように比喩的な使われ方が多い。

1388	**signify** [sígnɪfàɪ] 動 ~を示す, 知らせる	❶ signify social status 社会的地位を示す ❷ signify the beginning of a new era 　新しい時代の始まりを知らせる ⑤ symbolise, represent, stand for

♀ sign (しるし) + -ify (~化する) = 「しるし化する」⇒「~を示す」

DAY 11　DAY 12　DAY 13　DAY 14　DAY 15　DAY 16　DAY 17　DAY 18　DAY 19　DAY 20

1389 equivocal
[ɪkwívəkəl]

❶ an equivocal response　曖昧な返事
❷ equivocal about the future　将来については曖昧で

形 曖昧な，はっきりしない

📄 unclear, ambiguous

✪ equi-（等しい）+ vocal（声）=「同じ声の」⇒「はっきりしない」

1390 underrated
[Àndəréɪtɪd]

❶ underrated skills　過小評価された能力

形 過小評価された

📄 underestimated, undervalued

↔ overrate　形 過大評価された　overvalued　形 過大評価された

1391 referendum
[rèfəréndəm]

❶ call for a referendum　国民投票を求める

名 国民投票，住民投票

📄 vote, election

referendum は「国民・住民による公開投票」，ballot は「無記名で行われる投票」を指す。

1392 wield
[wi:ld]

❶ wield power　権力を振るう
❷ wield considerable influence　大きな影響を及ぼす

動（権力を）振るう，（影響を）及ぼす

📄 use, exercise

主語には government や dictator，CEO などの権力者が来る。

1393 methodical
[məθɒ́dɪkəl]

❶ methodical planning　綿密な計画
❷ a methodical approach　系統的な手法

形 順序だった，系統だてられた

📄 well organised, structured, orderly

🄴 done in a careful and organised way

1394 crammed
[kræmd]

❶ be crammed into a short time　短時間に詰め込まれている

形 ぎっしり詰められた

📄 packed, staffed, full of

✎ cram　動 ~を詰め込む，一夜漬けの勉強をする

1395 fortify
[fɔ́:tɪfaɪ]

❶ fortify the city against attacks　攻撃から町を防備する
❷ fortified food　栄養強化食品

動 ① ~の防備を強化する
　② ~の栄養価を高める

📄 strengthen, reinforce

✎ fortification　名 要塞，強化　fortitude　名 不屈の精神

1396 probe
[prəʊb]

❶ launch a probe into the scandal　その不祥事の調査を開始する
❷ launch a probe into space　宇宙に探査機を送る

名 調査，宇宙探査機

📄 investigation, close examination

✎ probe　動 調査する ▸ probe into the causes of the accident（事故の原因を調査する）

Chapter 1

1397

clinical
[klínɪkəl]

形 臨床の

❶ clinical assessments 臨床評価
❷ clinical trials of new drugs and treatments
新しい薬品と治療法の臨床試験

Ⓢ **medical**

Ⓔ related to the examination and treatment of patients

1398

volatile
[vɒ́lətaɪl]

形 不安定な，気まぐれな

❶ a volatile economy 不安定な経済
❷ a volatile personality 気まぐれな性格

Ⓢ **unstable, unpredictable**

⊘ volatility 名 変わりやすさ ▶a period of volatility（変化の激しい時代）

1399

expertise
[èkspɜːtíːz]

名 専門知識

❶ fields of expertise 専門分野
❷ draw on my expertise 自身の専門知識を生かす

Ⓢ **specialised knowledge**

〈エクスパティーズ〉と発音する。expert（専門家）が持っている知識という意味。

1400

laudable
[lɔ́ːdəbəl]

形 称賛に値する

❶ a laudable aim 素晴らしい目的
❷ a laudable action 立派な行為

Ⓢ **admirable, honourable**

⊘ laud 動 称賛する，褒め称える ▶praise のフォーマル語。

1401

elicit
[ɪlísɪt]

動 （情報や反応を）引き出す

❶ elicit a response from the audience
聴衆から反応を引き出す
❷ elicit information 情報を引き出す

Ⓢ **draw, generate, evoke**

目的語には，sympathy（同情）や outrage（激怒）などの感情系の名詞もとる。

1402

detached
[dɪtǽtʃt]

形 ① （考えや態度が）客観的な
② 分離した，離れた

❶ emotionally detached 気持ちは冷静で
❷ live in a detached house 一戸建てに住む

Ⓢ ①**dispassionate** ②**remote, separate**

⊖ attached 形 くっつけられた，添付の

1403

commune with
[kɒ́mjuːn]

動 ～と心を通わせる

❶ commune with nature 自然に親しむ
❷ commune with team members
チームメイトと心を通わせる

Ⓢ **enjoy, communicate with**

⊙ 原義は「共有している」。community（地域社会）も同じ語源。

1404

discretion
[dɪskréʃən]

名 ① 決定権，自由裁量権
② 慎重さ，思慮深さ

❶ exercise my discretion 自由裁量権を行使する
❷ act with discretion 分別ある行動をする

Ⓢ ①**freedom to decide** ②**great care**

「自由裁量権」とは，一定のルール内で自由に判断・行動することが許されていること。

1405 feeble
[fíːbəl]

❶ his feeble effort 彼の乏しい努力
❷ a feeble old man 弱々しい高齢者

形 ① 乏しい，有効性に欠けた
② （体が）貧弱な

🔄 ①ineffective, unsuccessful ②weak

スペリングの似た fable（童話）との混同に注意。

1406 stifle
[stáɪfəl]

❶ stifle creativity 創造性を抑圧する
❷ stifle a laugh 笑いをこらえる

動 ① ～を妨げる ② ～を抑える

🔄 ①inhibit ②hold back, suppress

🔗 stifling 形 暑苦しい ▶a stifling room（暑苦しい部屋）

1407 refuse
[réfjuːs]

❶ refuse disposal ごみ処理
❷ extend refuse collection hours
ごみ回収時間を延長する

名 ごみ

🔄 waste, garbage

garbage のフォーマル語。動詞 refuse（～を断る）とは発音が異なるので要注意！

1408 deflect
[dɪflékt]

❶ deflect criticism 批判をそらす
❷ deflect attention away from the matter
その問題から注意をそらす

動 ～をそらす

🔄 divert, distract

🔑 de-（離れる）+ flect（曲げる）=「曲げて離す」⇒「そらす」

1409 gloomy
[glúːmi]

❶ be gloomy and overcast どんよりと曇っている
❷ a gloomy picture 悲観的な状況

形 ① 暗い，薄暗い ② 憂鬱な，悲観的な

🔄 ①dark ②depressing

フレーズ❶, ❷に加え，a gloomy future（悲観的な見通し）もよく出る。

1410 amplify
[ǽmplɪfaɪ]

❶ amplify the effect of climate change
気候変動の影響を増幅させる
❷ amplify the story さらに詳細に話す

動 ①～を増幅［増大］させる
②～を詳しく説明する

🔄 ①increase, intensify ②elaborate on

amplifier（略：amp）は，音量を上げるために使う「アンプ」のこと。

1411 proximity
[prɒksíməti]

❶ be in close proximity to a large park
広い公園のすぐ近くにある

名 近いこと，近接

🔄 adjacency, closeness

🔑 proxim- は「最も近い」という意味の接辞。approximately（おおよそ）もこの仲間。

1412 pressurise
[préʃəraɪz]

❶ feel pressurised into making a decision
決断を迫られているように感じる
❷ pressurised water 加圧水

動 ① ～に圧力をかける ② ～を加圧する

🔄 ①push, coerce ②squeeze

🔗 pressure 名 圧力 ▶air pressure（空気圧，大気圧）

Chapter 1

1413 robust
[rəbʌst]

形 頑丈な，頑強な

❶ robust design 頑丈な設計
❷ robust economy 活発な経済，好景気

≒ durable, strong

フレーズ❷は特に，「ビジネス」トピックで頻出 ▶ a robust business plan（強固な事業計画）

1414 despicable
[dɪspíkəbəl]

形 残虐な，卑劣な

❶ despicable crime 卑劣な犯罪
❷ a despicable act of terrorism 残虐なテロ行為

≒ appalling, horrible

🄴 extremely cruel, nasty, immoral and unpleasant

1415 peril
[pérəl]

名 深刻な危険

❶ the perils of alcohol abuse アルコール乱用の危険性
❷ in peril 危険な状態で

≒ serious danger

danger の強意語。文語的だが，新聞やニュースの見出しでよく使われる。

1416 tailor
[téɪlə]

動 ～を合わせる，調整する

❶ tailor language 言葉遣いを調整する
❷ tailor-made education 個に応じた教育

≒ adjust, modify, customise

「個々のニーズに合わせて，最適な物を作り提供する」という丁寧なニュアンスがある。

1417 seemingly
[síːmɪŋli]

副 一見したところ，見たところ

❶ achieve the seemingly impossible task
一見不可能な任務を成し遂げる

≒ apparently

impossible のほかに，simple や endless といった形容詞と高頻度で結びつく。

1418 imminent
[ímɪnənt]

形 差し迫った

❶ imminent danger 差し迫った危険
❷ imminent demise 差し迫った終焉

≒ approaching, impending

danger のほかに，threat, death, disaster など，危機系の名詞と結びつく。

1419 shy away from

動 ～するのを避ける，～を敬遠する

❶ shy away from responsibility 責任を回避する
❷ shy away from social events
社交的な催しを敬遠する

≒ avoid

-shy で「～が嫌いな」という形容詞の用法も重要 ▶ camera-shy（写真嫌いの）

1420 contamination
[kəntæmənéɪʃən]

名 汚染

❶ reduce plastic contamination by recycling
リサイクルによってプラスチック汚染を軽減する
❷ radioactive contamination 放射能汚染

≒ pollution, corruption

🅟 contaminate 動 ～を汚染する　contaminant 名 汚染物質

DAY 11
DAY 12
DAY 13
DAY 14
DAY 15
DAY 16
DAY 17
DAY 18
DAY 19
DAY 20

1421 rudimentary
[rùːdəméntəri]

形 初歩の，基礎の

❶ have a rudimentary understanding
基本を理解している
❷ at a rudimentary stage 初歩的な段階で
🔄 basic, elementary

rudiments 名 基本，基礎 ▸the rudiments of mathematics（数学の基礎）

1422 erect
[ɪrékt]

動（建造物や像を）建てる

❶ erect a wall 壁を建てる
❷ a newly erected building 新しく建てられたビル
🔄 build, construct

build の硬い語。形容詞の erect は，「直立した，垂直の」という意味。

1423 serene
[səríːn]

形 静かな，穏やかな

❶ a serene lake 穏やかな湖
🔄 calm, peaceful, tranquil

大自然あふれるのどかな景観を描写する際に使われる。

1424 commemorate
[kəméməreɪt]

動 〜を祝う，記念する

❶ commemorate the 50th anniversary of independence
独立 50 周年を記念する
🔄 celebrate, pay tribute to

特別な式典において，偉人などの死を追悼したり，功労者を称えたりする際に用いられる。

1425 crackdown
[krǽkdaʊn]

名 取り締まり，弾圧

❶ a crackdown on illegal dumping
不法投棄の一斉取り締まり
❷ a government crackdown 政府による弾圧
🔄 clampdown, elimination

crack down on 〜を取り締まる ▸crack down on protests（抗議運動を取り締まる）

1426 vie
[vaɪ]

動 争う，競争する

❶ vie for control 権力を奪い合う
❷ vie for customer attention
消費者の関心を得ようと張り合う
🔄 compete, contend, rival

compete の強意語で，フォーマルな響きを持つ。

1427 pithy
[píθi]

形 簡潔な，力強い

❶ a pithy comment 的を射た発言
❷ the film's pithy dialogue その映画の力強いセリフ
🔄 concise, succinct

direct（率直）で，intelligent（知的）で，well expressed（表現がうまい）というニュアンス。

1428 deceased
[dɪsíːst]

形 死んだ，逝去した

❶ deceased grandmother 亡くなった祖母
🔄 dead, late

硬い語なので，通常は the late を用いる ▸the late Steve Jobs（故スティーブ・ジョブズ氏）

Chapter 1

| 1429 | **trigger**
[trígə]
動 〜を引き起こす，〜のきっかけとなる | ❶ trigger a mass extinction 大量絶滅を引き起こす
❷ trigger a negative response
ネガティブな反応を引き起こす
⑤ cause, generate |

目的語には，crisis（危機）や tsunami（津波）など，予想外な出来事をとる。

| 1430 | **hunch**
[hʌntʃ]
名 予感，直感 | ❶ act on a hunch 直感を頼りに行動する
⑤ feeling, guess, intuition |

スピーキングでは，I have a hunch that 〜.（〜という予感がする）の形で使ってみよう！

| 1431 | **relegate**
[réligeit]
動（低い地位に〜を）降格させる | ❶ be relegated to the lowest rank
最も低い階級に格下げになる
⑤ lower, downgrade, demote |

↔ promote 動 〜を昇進させる

| 1432 | **ingrained**
[ingréind]
形（習慣や考えが）深く根付いている | ❶ be deeply ingrained in our culture
自分たちの文化に深く根付いている
❷ an ingrained prejudice 根深い偏見
⑤ deep-rooted, fixed |

「偏見や迷信，悪癖が根強く，容易に変えられない」といったニュアンスがある。

| 1433 | **procrastinate**
[prəkrǽstəneit]
動 先延ばしにする | ❶ procrastinate until the last minute
ぎりぎりまで先延ばしにする
⑤ delay, put off |

∥ procrastinator 名 ものごとを先延ばしにする人

| 1434 | **familiarity**
[fəmìliǽrəti]
名 よく知っていること，精通，熟知 | ❶ have a strong familiarity with marketing
非常にマーケティングに精通している
⑤ grasp, mastery, understanding |

∥ familiarise 動 〜を慣れ親しませる／ familiarise A with B A を B に親しませる

| 1435 | **expedite**
[ékspədait]
動 〜を促進させる | ❶ expedite the process 工程を早める
❷ expedite the matter 迅速に事を進める
⑤ facilitate, accelerate |

「無駄を減らしてテキパキ進める」が原義。

| 1436 | **in the front line**
熟 第一線［最前線］にいる | ❶ be in the front line of scientific research
科学研究の最前線にいる
⑤ in the most important or influential position |

ここでの front は形容詞で，「正面の，最前部の」という意味。

900 1800 2700 3600

DAY 11
DAY 12
DAY 13
DAY 14
DAY 15
DAY 16
DAY 17
DAY 18
DAY 19
DAY 20

1437 lacklustre

[lǽklÀstə]

形 精彩を欠いた，パッとしない

❶ a lacklustre performance
精彩を欠いたパフォーマンス
❷ her lacklustre response 彼女のパッとしない返事
🔁 dull, bland, uninspiring

🔄 inspiring 　形 奮起させる，活気づける

1438 cloud

[klaʊd]

動 ① ～をぼかす，曖昧にする
② ～を鈍らせる

❶ cloud the issue 問題をはぐらかす
❷ cloud my judgement 判断を鈍らせる
🔁 ①make unclear, obscure

🔗 cast a cloud over ～に暗い影を落とす

1439 resilient

[rɪzíliənt]

形 回復力のある，立ち直りが早い

❶ be resilient to natural disasters
自然災害からの復興が早い
❷ a resilient child 立ち直りの早い子供
🔁 quick to recover

🔗 resilience 　名 回復力 ▶ mental strength and resilience（精神的強さと回復力）

1440 multitude

[mʌ́ltɪtjuːd]

名 多数

❶ a multitude of career opportunities
多くのキャリアチャンス
❷ a multitude of talents あふれる才能
🔁 large number of, scores of

many や a lot of のフォーマルな強意語で，可算名詞に使う。

1441 supreme

[sʊpríːm]

形 （地位が）最高位の，最高の

❶ the supreme authority 最高権威
❷ make a supreme effort 最大の努力をする
🔁 greatest, absolute

🔗 Supreme Court of Justice 最高裁判所

1442 lurk

[lɜːk]

動 待ち伏せする，隠れて待つ

❶ lurk in the dark 暗闇に潜む
❷ lurk around every corner いたる所に潜んでいる
🔁 hide

There is something lurking in ～ .（～に何かが潜んでいる）のように，形容詞的にも使われる。

1443 straighten out

[stréɪtn]

動 （問題などを）是正する，整理する

❶ straighten out the situation 状況を正常化する
🔁 organise, sort out, resolve

「状況を整理することで問題を解決する」といったニュアンス。

1444 colossal

[kəlósəl]

形 巨大な，膨大な，とんでもない

❶ a colossal amount of money 巨額のお金
❷ a colossal statue 巨大な像
❸ a colossal mistake とんでもないミス
🔁 huge, tremendous, gigantic

ローマの巨大な Colosseum（コロシアム，闘技場）と同じ語源。

1445	**premise** [prémɪs] 名 根拠，前提	❶ the basic premise of the theory その理論の基本的な前提 ❷ on a false premise 虚偽の前提のもとに ≣ basis, assumption

🔁 premises 　名 店舗，建物 ▸commercial premises（商業用の建物，店舗）

1446	**rehabilitate** [riːhəbílɪteɪt] 動 ①〜を元に戻す，回復させる，回復する ②〜を社会復帰させる	❶ rehabilitate after an injury ケガから回復する ❷ rehabilitate offenders 犯罪者を社会復帰させる ≣ ①improve, restore ②reintegrate

🔁 rehabilitate 　動 〜にリハビリを施す ▸rehabilitate an injury（けがのリハビリを行う）

1447	**meagre** [míːgə] 形 わずかな量の，不十分な	❶ meagre income わずかな収入 ❷ meagre pension なけなしの年金 ≣ inadequate, scanty, paultry

生活に必要なもの，例えば「食料」「お金」「衣服」などの不足に使う。

1448	**recur** [rɪkə́ː] 動 再発する，繰り返される	❶ a recurring problem 再発した問題 ❷ recurring costs 経常費 ≣ happen again, repeat itself

フレーズ❷の「経常費」とは，毎年決まって支払われる費用のこと。

1449	**prolific** [prəlífɪk] 形 ① 多作の　② 多産の	❶ a prolific writer 多作な作家 ❷ prolific plants 実を多くつける植物 ≣ ①productive ②abundant, bountiful

a prolific player だと，「得点能力の高い選手」という意味。

1450	**throng** [θrɒŋ] 名 群衆，大群	❶ throngs of shoppers 大勢の買い物客 ❷ a throng of insects 昆虫の大群 ≣ crowd, group, cluster

🔁 throng 　動 〜に群がる ▸be thronged with visitors（観光客でごった返す）

1451	**meddle** [médl] 動 干渉する，ちょっかいを出す	❶ meddle in other people's business 他人のことに干渉する ≣ interfere, intervene

muddle（〜を混乱させる）と似ているので，混乱しないように注意。

1452	**enlightened** [ɪnláɪtənd] 形 賢明で洞察力のある，見識ある	❶ enlightened attitudes 賢明な姿勢 [態度] ❷ an enlightened policy 賢明な政策 ≣ informed, educated

🇪 having sensible, modern and sympathetic attitudes

DAY 11 DAY 12 DAY 13 DAY 14 DAY 15 DAY 16 **DAY 17** DAY 18 DAY 19 DAY 20

1453 entail
[ɪntéɪl]

動 ～を伴う，引き起こす

❶ entail some risk ちょっとした危険を伴う
❷ entail multiple steps いくつかの段階を伴う

≒ involve, cause

リーディングで頻出。「必然的で避けられない」といったネガティブな響きがある。

1454 apathy
[ǽpəθi]

名 無関心，無気力

❶ show apathy 無関心な態度を見せる
❷ public apathy 世間の無関心

≒ lack of interest, indifference

◐ -pathy は「感情」を表す接尾辞。telepathy なら，「相手の感情を読み取る能力」のこと。

1455 cryptic
[kríptɪk]

形 暗号のような，謎めいた，不可解な

❶ a cryptic message 不可解なメッセージ

≒ mysterious, perplexing, enigmatic

◐ crypt(o)- の意味は「隠れた」。ビットコインなどの「暗号通貨」は，cryptocurrency と言う。

1456 barren
[bǽrən]

形 不毛の，作物ができない

❶ a barren desert 不毛の砂漠
❷ a barren landscape 荒涼とした風景

≒ unproductive, infertile

「不毛」とは，土地の状態が悪く，植物が育たない状態のこと。

1457 metaphor
[métəfə]

名 隠喩，メタファー

❶ use metaphors in speech スピーチで隠喩を使う
❷ the perfect metaphor for her life
彼女の人生を表すぴったりな例え

≒ figure of speech, analogy

「直喩」(simile) とは She's like an angel. のように，like や as を用いた例えのこと。

1458 gauge
[geɪdʒ]

動 (価値や影響を) 判断する，評価する

❶ gauge the impact of new technology
新技術の影響を評価する

≒ measure, interpret

熟 a gauge of ～の基準 [尺度] ▶〈ゲイジ〉と発音するので注意。

1459 contagious
[kəntéɪdʒəs]

形 伝染性の

❶ contagious diseases 伝染病

≒ infectious, spreading

contagious laughter (笑いの伝染) のように，比喩的にも使われる。

1460 persistent
[pəsístənt]

形 ① 粘り強い，不屈の　② いつまでも続く

❶ persistent efforts 不屈の努力
❷ persistent problems なかなか解決できない問題

≒ ①determined ②continuing

「強い意志でやり抜く」と「長く続いて困る」のふた通りの意味がある。

1461 blunder

[blʌ́ndə]

名 大失敗，大間違い

❶ an administrative blunder 重大な管理上のミス
❷ interview blunders 面接での失敗

🔄 mistake, gaffe

mistake よりも深刻なミスを指す。

1462 no end in sight

熟 終わりが見えない，めどが立たない

❶ with no end in sight to the scorching weather
猛暑の終わりが全く見えずに

🔄 never ending

熟 nowhere in sight どこにも見えない，先が見えない

1463 embed

[ɪmbéd]

動 ① ～を埋め込む　② ～を根付かせる

❶ be embedded in the rock 岩の中に埋まっている
❷ be deeply embedded in our society
社会に深く根付いている

🔄 ①fix inside ②root

フレーズ❶や❷のように，受け身〈be + embedded〉の形で使われることが多い。

1464 eccentric

[ɪkséntrɪk]

形 変わった，奇抜な

❶ eccentric behaviour とっぴな行動

🔄 unusual, unconventional

「少し変わっていて，注意を引くような」というポジティブな響きがある。

1465 dilemma

[dəlémə]

名 板挟み，ジレンマ

❶ face a dilemma ジレンマに直面する
❷ pose a dilemma for parents
親にとって大きなジレンマとなる

🔄 quandry, problem

「ジレンマ」とは，どちらも重要に思えて，1つに絞れない状況のことを指す。

1466 enlist

[ɪnlíst]

動 ～に助けを求める

❶ enlist the help of volunteers
ボランティアに協力を求める

🔄 obtain, win, enrol

🔑 en-（中に入れる）+ list（リスト）＝「リストに載っている人に助けを求める」

1467 landscape

[lǽndskeɪp]

名 見通し，状況

❶ the global economic landscape 世界経済の見通し
❷ in a fast-changing digital landscape
急速に変化するデジタル環境の中で

🔄 scene, view

「風景」や「風景画」の意味もあるが，上記のような比喩的な意味が重要。

1468 fervent

[fə́ːvənt]

形 熱烈な，熱心な

❶ fervent supporters 熱心な支持者
❷ a fervent desire 切なる願い

🔄 passionate, ardent, impassioned

✍ fervently 副 熱心に ▸work more fervently（もっと熱心に働く）

1469 reproach
[rɪpróʊtʃ]

❶ reproach him for breaking the rules
ルールを破ったことで彼を叱る

動 ～を非難する，叱る　　🔁 rebuke, reprove, reprimand

🖊 reproach　名 非難，叱責 ▸beyond reproach (非難の余地がない，申し分のない)

1470 captivating
[kǽptəveɪtɪŋ]

❶ a captivating performance 魅惑的な演技
❷ a story with a captivating plot
非常に興味深い粗筋の物語

形 魅力的な，非常に興味深い　　🔁 fascinating

🖊 captivate　動 ～を魅了する ▸captivate audiences (聴衆を魅了する)

1471 thwart
[θwɔːt]

❶ thwart progress 進歩を妨げる
❷ thwart his ambitions 彼の野心をくじく

動 ～を阻止する，妨げる　　🔁 prevent, foil

🔄 facilitate　動 ～を促進する　 assist　動 ～を手伝う

1472 auspicious
[ɔːspíʃəs]

❶ auspicious start 幸先のいいスタート
❷ an auspicious date for a wedding
結婚式にふさわしい日取り

形 幸先のいい，縁起のいい　　🔁 promising, favourable, propitious

🖊 auspice　名 吉兆，援助 ▸under the auspices of (～の支援のもとで)

1473 turmoil
[tə́ːmɔɪl]

❶ political turmoil 政治的混乱
❷ deal with emotional turmoil 情緒不安に対処する

名 混乱，不安　　🔁 confusion, disorder, upheaval

〈混乱＋不安〉のニュアンスを持つ。

1474 drag
[dræg]

❶ drag heavy luggage 重い荷物を引きずる
❷ drag on for hours 何時間もダラダラと続く

動 ① ～を引きずる　② 長引く　　🔁 ①pull, haul, heave

🖊 drag　名 障害，妨げ ▸a drag on economic growth (経済成長の妨げ)

1475 in the wake of

❶ in the wake of the earthquake その地震に続いて

熟 ～に引き続いて　　🔁 following, as a result of

of 以下には disaster (災害)，war (戦争)，accusation (告訴) などのネガティブな語がよく来る。

1476 vent
[vent]

❶ vent my anger at management
経営陣に怒りをぶつける

動 (怒りや不満を) 発散させる　　🔁 release, voice, emit

give vent to (～に怒りを表す) のように，名詞でも使われる。🖊 ventilation　名 換気

Chapter 1

1477	**outburst** [áutbɜːst] 名 (感情やエネルギーの) 爆発，噴出	❶ an outburst of anger 怒りの爆発 🔄 **sudden release**
	🖉 burst out（感情を）急に表す　burst into tears 突然泣き出す	

1478	**mundane** [mʌndéɪn] 形 平凡な，ありふれた	❶ escape a mundane life 平凡な日常から逃れる ❷ the mundane daily commute 日々の単調な通勤 🔄 **repetitive, routine**
	毎日繰り返される単調なことを表す際に用いられる。	

1479	**displace** [dɪspléɪs] 動 ① ～に取って代わる，置き換える ② ～を移動させる	❶ be displaced by automation 機械化に取って代わられる ❷ be displaced from natural habitats 生息地から追い出される 🔄 ①**replace, ②force ~ to leave**
	「ロボット」のテーマが出題されたら，replace とセットで運用できるようにしておこう。	

1480	**repellent** [rɪpélənt] 形 ① 寄せ付けない，はねつける　② 不快な	❶ water-repellent shoes 防水靴 ❷ repellent behaviour 不快な態度 🔄 ①**resistant ②repulsive, offensive**
	🖉 repellent　名 防虫剤，虫よけ ▶a mosquito repellent（防蚊剤）	

1481	**icon** [áɪkɒn] 名 象徴，偶像，シンボル	❶ an icon of the modern world 現代社会の象徴 🔄 **symbol, representation**
	🖉 iconic　形 象徴的な ▶iconic landmark（象徴的な名所）	

1482	**recede** [rɪsíːd] 動 退く，後退する	❶ Floodwaters have started to recede. 洪水が引き始めた。 ❷ a receding hairline 後退している髪の生え際 🔄 **retreat, move back**
	「後ろに下がること」を意味する。名詞の recession (不景気，後退) と関連付けて覚えよう。	

1483	**imperial** [ɪmpíəriəl] 形 皇帝の，帝国の	❶ imperial power 皇帝の権力 🔄 **royal, regal**
	日本の「皇居」は，the Imperial Palace と表現する。	

1484	**couple with** 熟 ～を伴って，～と一緒に	❶ coupled with a lack of healthcare 医療不足と相まって 🔄 **together with, combined with**
	A coupled with B（B を伴った A，B と相まった A）のように，後置修飾の形をとることが多い。	

1485 brusque
[brúːsk]

形 素っ気ない，不愛想な

❶ brusque reply 不愛想な返事
❷ brusque manner 素っ気ない態度

Ⓢ **rude, blunt, curt**

Ⓐ polite 形 丁寧な，礼儀正しい　courteous 形 礼儀正しい

1486 confiscate
[kɑ́nfəskeɪt]

動 〜を没収 [押収] する

❶ confiscate illegal drugs 違法薬物を押収する

Ⓢ **seize, impound**

特に空港や学校などに，許可されていない物が持ち込まれた際に使われる。

1487 balance
[bǽləns]

名 均衡，バランス

❶ the ecological balance 生態的均衡
❷ nutritional balance 栄養バランス

Ⓢ **stability**

Ⓐ imbalance 名 不均衡／熟 on balance すべてを考慮すると，結局

1488 condense
[kəndéns]

動 (文章などを) 要約する，凝縮する

❶ condense our message into a short speech
メッセージを短いスピーチに凝縮する

Ⓢ **shorten, compress**

⚯ condensed 形 濃縮された ▶ condensed milk (練乳)

1489 insignificant
[ìnsɪgnífɪkənt]

形 重要ではない，ちっぽけな

❶ a relatively insignificant issue
それほど大したことのない問題

Ⓢ **unimportant, trivial**

A may seem insignificant but 〜. (A はささいなことかもしれないが〜) の形も頻出。

1490 diffuse
[dɪfjúːz]

動 ① (知識などを) 広げる
② (光や熱を) 発散する

❶ diffuse an argument 議論を拡大させる
❷ diffuse light through a screen
スクリーンを通して光を発散する

Ⓢ **spread, disseminate**

⚯ diffusion 名 普及，拡散 ▶ diffusion of new technologies (新技術の普及)

1491 vicinity
[vəsínəti]

名 近辺，付近

❶ in the vicinity of the town その街の周辺に

Ⓢ **surrounding area, proximity**

熟 in the vicinity of 約〜，〜前後 ▶ in the vicinity of 6 million euro (約 600 万ユーロ)

1492 turbulent
[tə́ːbjələnt]

形 ① (天候が) 大荒れの
② (状況が) 不安定な，手に負えない

❶ the turbulent weather 荒れた天候
❷ a turbulent economic climate 激動の経済情勢

Ⓢ ① **stormy** ② **unstable**

turbulent children (手の付けられない子供) のようにも使われる。

Chapter 1

1493 □□	**squander** [skwɔ́ndə] 動 ～を浪費する	❶ squander money お金を無駄遣いする ❷ squander opportunities チャンスを無駄にしてしまう 類 **waste, fritter away**
	「お金や時間など，貴重なものを軽率に使ってしまう」 というニュアンス。	

1494 □□	**grapple with** [grǽpəl] 動 ～に取り組む	❶ grapple with the problem その問題に取り組む 類 **wrestle with, struggle with**
	grapple と同様に，同義語の wrestle にも 「(人と) 取っ組み合う」 という意味がある。	

1495 □□	**perturb** [pətə́:b] 動 ～を動揺 [不安に] させる	❶ be perturbed by the sudden change 突然の変更に不安になる 類 **worry, upset**
	⦿ turb は 「混乱」 を表す接辞。disturb や turbulent もこの仲間。	

1496 □□	**ground** [graʊnd] 名 ① 根拠，理由 ② 範囲，領域	❶ on medical grounds 健康上の理由で ❷ cover a lot of ground 広範囲を網羅する 類 ①**reason** ②**subject, area**
	熟 on the grounds that ～という理由で	

1497 □□	**pervasive** [pəvéɪsɪv] 形 広く普及した，浸透した	❶ the pervasive influence of social media ソーシャルメディアの広範な影響 ❷ pervasive news coverage 大規模なニュース報道 類 **widespread, prevalent**
	⦿ pervade 動 ～に広がる，行き渡る ▶pervade the world (世界中に広がる)	

1498 □□	**deteriorate** [dɪtíəriəreɪt] 動 悪化 [低下] する	❶ deteriorate with age 年齢とともに衰える ❷ deteriorate into chaos 混乱状態に陥る 類 **worsen, collapse**
	deteriorating health (健康状態の悪化) のように，形容詞的にも用いられる。	

1499 □□	**makeshift** [méɪkʃɪft] 形 間に合わせの，一時しのぎの	❶ a makeshift shelter 仮設避難所 類 **temporary, provisional**
	「その場を乗り切るために簡易的に作った」 ということ。	

1500 □□	**superfluous** [suːpə́:fluəs] 形 余分な，過剰な	❶ superfluous information 余分な情報 ❷ be superfluous to requirements 求められている基準以上である 類 **unnecessary, redundant**
	1067 の superficial (表面的な) との混同に注意！	

1501 refresh
[rɪfréʃ]

動 ① ～を思い出せる
② ～をよみがえらせる

❶ refresh my memory　記憶を呼び起こす
❷ refresh my body and soul　心身ともに元気になる

S ①remind ②revitalise

Ⓔ refreshments　名 軽食　refreshing　形 目新しくて面白い

1502 asset
[ǽset]

名 ① 価値のある物 [人] ② 資産

❶ a great asset to our team　チームに不可欠な存在
❷ asset management　資産運用

S ①advantage ②property

be an asset to (～にとっての貴重な存在である) を使えば, スピーキングでスコア UP！

1503 outright
[áʊtraɪt]

形 ① 完全な, 徹底的な　② 明らかな

❶ an outright ban　全面的に禁止
❷ an outright lie　明らかなうそ

S ①complete, absolute ②clear

① complete と② clear のふた通りの意味があることを押さえておこう。

1504 condone
[kəndóʊn]

動 ～を許す, 容赦する

❶ do not condone any illegal activity
いかなる違法行為も容赦しない

S accept, approve of

目的語には violence, terrorism, racism など, 社会通念上, 認められない行為をとる。

1505 secluded
[sɪklú:dɪd]

形 ① 他人とかかわらない　② 人里離れた

❶ be secluded from the outside world
外の世界から隔離されている
❷ a secluded garden　ひっそりした庭園

S ①solitary ②hidden, private

リスニングの Part 2 では, ②の意味で〈a secluded ＋場所〉の形で出る。

1506 dissolve
[dɪzɒ́lv]

動 ① ～を解消する　② (感情が) なくなる

❶ dissolve a business partnership
業務提携を解消する
❷ his optimism dissolved　彼の楽観的な考えは消えた

S ①end, break up ②dismiss

物や組織, 気持ちなどが溶けてなくなるイメージ。Ⓔ dissolution　名 解決, 崩壊

1507 relic
[rélɪk]

名 遺跡, 遺物, 慣習

❶ the discovery of ancient relics　古代の遺物の発見

S ancient object, artefact

He's a relic. (彼は古い人だ) のように, 比喩的に使うことも可能。

1508 dazzling
[dǽzəlɪŋ]

形 ① 非常に明るい　② 素晴らしい

❶ a dazzling light　まばゆい光
❷ her dazzling performance
彼女の魅力的なパフォーマンス

S ①extremely bright ②impressive

②の意味は impressive の強意語で, 「目がくらむほど素晴らしい」ということ。

Chapter 1

1509 exuberant
[ɪgzjúːbərənt]

形 元気あふれる，生き生きとした

❶ her exuberant personality
はつらつとした彼女の性格
❷ an exuberant design　華やかなデザイン

🔄 ebullient, vigorous, lively

エネルギー，やる気，幸せなどがあふれ出すポジティブな響きを持つ。

1510 understate
[ʌ̀ndəstéɪt]

動 ～を低く評価する，軽視する

❶ understate his achievement
彼の実績を低く評価する
❷ understate the problem　その問題を軽視する

🔄 make light of, downplay

🔄 overstate　動 ～を誇張する／🔗 understatement　名 控えめな表現

1511 discipline
[dísɪplɪn]

名 ①（学問の）分野　② 自制心　③ しつけ

❶ an academic discipline　学問分野 [領域]
❷ a lack of self-discipline　自制心の欠如
❸ child discipline　子供のしつけ

🔄 ①field of study ②control

🔗 discipline　動 ～に自制心を持たせる ▶ discipline myself（自制する）

1512 rampage
[ræmpéɪdʒ]

動 暴れ回る

❶ rampage through the city　町中で暴れ回る

🔄 tear about, go berserk

destroy よりも軽く，「暴れて被害をもたらす」といったニュアンスがある。

1513 bounce back
[baʊns]

動 すぐに回復する，すぐに立ち直る

❶ bounce back from a slump in sales
売り上げ不振から立ち直る

🔄 recover

🔗 bounce　動 跳ねる，跳ね返る

1514 weather
[wéðə]

動 ～を切り抜ける，乗り切る

❶ weather the crisis　危機を乗り切る
❷ weather the storm　困難を切り抜ける

🔄 survive, ride out

「天気」の意味で，過去にディクテーション問題で出題されたことがある。

1515 precipitous
[prɪsípɪtəs]

形 ① 急勾配の　② 急激な，突然の

❶ precipitous cliffs　断崖絶壁
❷ a precipitous drop in tax revenues
税収の急激な落ち込み

🔄 ①steep, sheer ②sudden, rapid

🔑 precipit- は「真っ逆さまに」という意味。／🔗 precipitate　動 ～を突然引き起こす

1516 sloppy
[slɔ́pi]

形 いい加減な，不注意な

❶ his sloppy work　いい加減な彼の仕事
❷ in a sloppy manner　雑なやり方で

🔄 careless, disorganised

careless のインフォーマルな語。

1517 showcase
[ʃóʊkeɪs]

❶ showcase our talents 自分たちの才能を披露する
❷ showcase ancient treasures 古代の財宝を展示する

動 (才能などを) 見せる，展示 [披露] する　**🔁 represent, show, exhibit**

🔗 showcase　名 展示の場 ▶a showcase for new products (新製品の展示の場)

1518 a barrage of
[bǽrɑːʒ]

❶ a barrage of complaints 苦情の嵐

熟 ～の連発，～の集中　**🔁 a deluge of, a blast of**

barrage は「ダム」のこと。ダムに水が大量に押し寄せる場面をイメージしよう!

1519 subdue
[səbdjúː]

❶ subdue political opposition 政治的な反発を抑える
❷ a subdued housing market 不活発な住宅市場

動 ① (感情などを) 抑える　② ～を和らげる　**🔁①control, defeat ②curb, diminish**

🔑 sub- (下に) + due (置く) =「下に置く」⇒「抑える」

1520 precocious
[prɪkóʊʃəs]

❶ her precocious talent 彼女の早熟な才能
❷ a precocious child ませた子供

形 早熟の，ませた　**🔁 advanced, mature**

sexually precocious (性的に早熟な) のように，身体的な成長にも使われる。

1521 unfold
[ʌnfóʊld]

❶ as the story unfolds ストーリーが展開するにつれて
❷ unfold my arms 腕をほどく

動 ① 展開する　② ～を広げる　**🔁①develop, become clear ②spread**

🔑 un- は「反対」を表すので，fold (～を折り畳む) とは逆に閉じた物が開くイメージがある。

1522 climate
[kláɪmət]

❶ create a climate of fear 恐ろしい雰囲気を作り出す
❷ business climate ビジネス情勢

名 風潮，風土，情勢　**🔁 atmosphere, feeling**

リスニングでは climate change (気候変動) のように，定番の「気候」の意味で頻出。

1523 audacious
[ɔːdéɪʃəs]

❶ an audacious attempt 大胆な試み
❷ an audacious plan to take over the company
会社乗っ取りの大胆な計画

形 大胆な，恐れを知らない　**🔁 bold, daring, intrepid**

「リスクを冒すことをいとわない，大胆かつ無謀な」といったニュアンスを含む。

1524 impede
[ɪmpíːd]

❶ impede traffic 交通を妨げる
❷ impede the development of new technology
新技術の発展を阻む

動 (成長などを) 妨げる　**🔁 hamper, hinder, obstruct**

🔗 impediment　名 障害，妨げとなるもの

Chapter 1

1525	**stigma** [stígmə] 名 汚名，烙印	❶ carry a social stigma 社会的汚名を着せられる 🔁 **disgrace, dishonour**
	🖉 stigmatise 動 ～に汚名を着せる ▶unfairly stigmatised（汚名を不当に着せられる）	
1526	**phase out** [feɪz] 動（徐々に・段階的に）廃止する，減らす	❶ phase out the old system 古い制度を廃止する ❷ phase out greenhouse gas emissions 温室効果ガスの排出量を段階的に減らす 🔁 **gradually eliminate**
	🔁 phase in ～を段階的に導入する	
1527	**incessant** [ɪnsésənt] 形 ひっきりなしの，絶え間ない	❶ incessant rain 降りしきる雨 ❷ incessant calls 鳴りやまない電話 🔁 **continuous, constant, ceaseless**
	noise（騒音）や chatter（耳障りな音）など，雑音系の名詞を修飾することが多い。	
1528	**ruthless** [rú:θləs] 形 無慈悲な，非情な	❶ a ruthless dictator 無慈悲な独裁者 ❷ become ruthless in the pursuit of power 権力を求めて非情になる 🔁 **cruel, merciless, relentless**
	🅔 very determined to get what you want even in a cruel and harsh way	
1529	**narrow** [nǽrəʊ] 動 ～を狭くする，減らす	❶ narrow the gender pay gap 性別による報酬格差を縮める ❷ narrow down the possibilities 選択肢を絞る 🔁 **reduce, decrease**
	🖉 narrow 形 狭い，紙一重の　narrowly 副 辛うじて	
1530	**swarm** [swɔ:m] 動 群がる，あふれる	❶ swarm around the park 公園の周りに群がる ❷ bees swarming out of the hive 巣からあふれ出てくるハチ 🔁 **crowd, flock**
	🖉 swarm 名（人や動物の）群れ ▶a swarm of bees（ハチの群れ）	
1531	**concession** [kənséʃən] 名 ① 譲歩，容認　② 割引	❶ make concessions 譲歩する ❷ concession tickets 特別割引チケット 🔁 ①**compromise, admission** ②**discount**
	フレーズ❷は，5 ～ 15歳の子供や高齢者，身体障害者などが利用できるチケットのこと。	
1532	**inordinate** [ɪnɔ́:dənət] 形 過度の，法外な	❶ inordinate amount of time 途方もない時間 🔁 **excessive, unreasonable,** **superfluous**
	excessive の強調語。「通常では考えられないような」といったニュアンスがある。	

1533 radiate
[réɪdieɪt]

動 (光や熱などを) 放出する，(感情を) 発散する

❶ radiate light　発光する
❷ radiate confidence　自信にあふれている

🛢 emit, discharge, give off

🖉 radiation　名 放射線　radiant　形 幸せいっぱいの ▸ a radiant smile (満面の笑み)

1534 exempt
[ɪgzémpt]

形 免れて，免除されて

❶ be exempt from income tax　所得税が免除される
❷ be exempt from parking charges
　駐車料金を免除される

🛢 fee, excused

🖉 exemption　名 免除 (品) ▸ exemption from inheritance tax (相続税の免除)

1535 articulate
[ɑːtíkjələt]

形 (内容や考えが) はっきり伝わる，明瞭な

❶ an articulate speech　明瞭なスピーチ

🛢 eloquent, persuasive, expressive

🖉 articulate　動 ～を明確に述べる ▸ articulate my thoughts (考えをはっきり述べる)

1536 qualm
[kwɑːm]

名 不安，うしろめたさ

❶ have no qualms about taking on the role
　その役割を引き受けるのを躊躇しない
❷ without a qualm　何のためらいもなく

🛢 concern, misgiving, reservation

「自分のやっていることが正しいか否かの判断がつかないので不安」というニュアンス。

1537 succumb to
[səkΛm]

動 ～に負ける，屈する

❶ succumb to the temptation　誘惑に負ける
❷ succumb to sleep　眠気に負ける

🛢 give in to, yield to

「意志に反して (負ける)」という含みがある。ほかにも，cancer や pressure などを目的語にとる。

1538 cultured
[kΛltʃəd]

形 ① 教養のある　② 栽培 [養殖] された

❶ a cultured woman　教養のある女性
❷ cultured pearls　養殖真珠

🛢 ①sophisticated　②cultivated

主に「芸術」や「文学」に関する造詣の深さに用いられる。「知識」の広さには educated を使う。

1539 filter
[fíltə]

動 ① ～に浸透する　② 知れわたる

❶ be filtered through the ground　地面に浸透する
❷ filter through to consumers　消費者に知れわたる

🛢 ①pass through
　②become known, spread

コーヒーのフィルター (a coffee filter) から連想しよう！

1540 exacting
[ɪgzをæktɪŋ]

形 ① 骨の折れる，つらい
　② (規則が) 厳しい

❶ exacting work　骨の折れる仕事
❷ exacting safety standards　厳格な安全基準

🛢 ①demanding, laborious　②strict

②の意味では，「求められる基準やレベルが高いため，厳しい」という含みがある。

Chapter 1

counterpart
[káʊntəpɑːt]

名 同等の人 [物], 片割れ, 対の片方

❶ female counterparts 女性側
❷ work counterparts 仕事相手

類 equivalent, correspondent

同じ役割や対等な関係にある, 対になる人や物に対して使う。

1541

lobby
[lɔ́bi]

動 ロビー活動をする,
(議員などに) 働き掛ける

❶ lobby for the government
政府に対してロビー活動をする

類 persuade, campaign

ホテルや劇場の「ロビー」もスペリングは同じ。 ▶a hotel lobby (ホテルのロビー)

1542

self-sufficient

形 自立した, 自給自足の

❶ financially self-sufficient 経済的に自立した
❷ self-sufficient in food production 食料の自給

類 independent, self-reliant

食料自給率 (food self-sufficiency) の世界第 1 位はカナダの 264%, 日本はわずか 37% (2018 年)。

1543

equitable
[ékwətəbəl]

形 公平な, 均等な

❶ equitable distribution of wealth 富の均等な分配
❷ equitable access to public health services
平等に公共の医療サービスが受けられること

類 fair, reasonable, balanced

equal は「数量が均等な」, equitable は「平等で公平になるような」といった違いがある。

1544

enunciate
[ɪnʌ́nsieɪt]

動 ① (考えを) はっきりと述べる
② (言葉を) はっきり発音する

❶ enunciate a policy 政策をはっきりと述べる
❷ enunciate each word 一語一語はっきりと発音する

類 ①express, declare ②pronounce

スペリングの似た emancipate (〜を解放する) と混同しないように。

1545

counterfeit
[káʊntəfɪt]

形 偽りの, 偽造の

❶ counterfeit goods 偽造品
❷ counterfeit banknotes 偽札

類 fake, copy, forgery

主に貨幣や商品に用いられる。 [×] a counterfeit smile ⇒ [○] a fake smile (作り笑い)

1546

keep tabs on

動 〜を監視する, 管理する

❶ keep tabs on children's online activities
子供のオンライン活動を監視する

類 tend, watch, care

「人や物に tab (タグ) を付け, 行動・変化をチェックする」といったニュアンス。

1547

delusion
[dɪlúːʒən]

名 妄想, 思い込み

❶ under a delusion 妄想を抱いて, 思い違いをして
❷ delusions of grandeur 誇大妄想

類 false belief

illusion とほぼ同じ意味だが, delusion の方が少し深刻度が高い。

1548

DAY 11　DAY 12　DAY 13　DAY 14　DAY 15　DAY 16　DAY 17　DAY 18　DAY 19　DAY 20

1549 elucidate
[ɪlúːsədeɪt]

動 ～を明らかにする，はっきりさせる

❶ elucidate the main points 主題を明確にする

⊜ illuminate, clarify

形容詞 lucid（明快な）の動詞形。「今まで曖昧だったことをはっきりさせる」という含みがある。

1550 spurious
[spjúəriəs]

形 偽の，うその

❶ spurious results 偽の結果
❷ spurious grounds 偽りの理由

⊜ false, fake, insincere

⊖ genuine **形** 本物の

1551 facet
[fǽsɪt]

名 （物事の）側面，相

❶ facets of life 人生のさまざまな面
❷ different facets 異なる面

⊜ feature, aspect

∥ multi-faceted **形** 多面的な，多角的な

1552 baffle
[bǽfəl]

動 ～を困惑させる

❶ baffled by the question その質問に困惑して

⊜ confuse, puzzle, perplex

∥ baffling **形** 困惑させる，不可解な ▶a baffling story（不可解な話）

1553 therapeutic
[θerəpjúːtɪk]

形 健康上の，癒し効果のある

❶ the therapeutic effect of pet animals
ペットの癒し効果

⊜ healing, medicinal

「健康」分野における重要語。**∥** therapy **名** 治療法 ▶music therapy（音楽療法）

1554 combustible
[kəmbʌ́stəbəl]

形 可燃性の，燃えやすい

❶ combustible materials 可燃性の物質

⊜ flammable

⊖ incombustible **形** 不燃性の ▶incombustible materials（不燃物質）

1555 crop up
[krɒp]

動 （予想外のことが）起こる

❶ crop up around the world 世界中で起こる
❷ crop up in various industries
さまざまな業界で起こる

⊜ happen, occur, take place

∥ crop **名** 作物，収穫物 ▶crop failures（穀物の不作）

1556 a deluge of
[déljuːdʒ]

熟 大量の～

❶ be ruined by a deluge of rain 大雨で壊滅する
❷ a deluge of information 情報の氾濫

⊜ flood, barrage, downpour

flood（洪水，氾濫）よりも大規模。フレーズ❷のように，比喩的にも使われる。

Chapter 1

1557 cordial
[kɔ́:dʒəl]

❶ develop cordial relations 友好的な関係を築く
❷ a cordial welcome 心からの歓迎

形 友好的な, 心のこもった

⚫ **friendly and polite**

friendly よりもフォーマルで, 親しみやすさの中に礼儀正しさも含む。

1558 huddle
[hʌ́dl]

❶ huddle around the fire たき火の周りに集まる
❷ huddle together for warmth
暖を取るために身を寄せ合う

動 群がる, 体を寄せ合う

⚫ **gather, flock**

人にも使われるが, 動物の描写で使われることが多い。

1559 ominous
[ɒ́mɪnəs]

❶ ominous signs for the future
将来に対する不吉な兆候
❷ ominous clouds 不吉な雲

形 不吉な

⚫ **gloomy, sinister**

↔ promising 形 将来が明るい auspicious 形 縁起の良い

1560 sporadic
[spərǽdɪk]

❶ sporadic violence 時々起こる暴力
❷ in sporadic contact with my sister
妹とはたまに連絡を取って

形 時々起こる, 不定期の

⚫ **irregular, inconsistent**

✎ sporadically 副 時々, たまに／↔ regular 形 定期的な

1561 horizon
[həráɪzən]

❶ on the horizon 起こる可能性があって
❷ broaden my cultural horizons
文化的な視野を広げる

名 視野, 展望

⚫ **view, outlook, scope**

元は「地平線」という意味。 ✎ horizontal 形 平面の

1562 devoid of
[dɪvɔ́ɪd]

❶ be devoid of pressure and frustrations
プレッシャーや不満がない

熟 〜がない, 〜を欠いている

⚫ **lacking, wanting**

🅔 completely lack in

1563 revamp
[ri:vǽmp]

❶ revamped menu リニューアルされたメニュー
❷ revamp the hotel ホテルを改装する

動 〜を改良する, 改修する

⚫ **improve, renovate**

improve のインフォーマルな語なので, スピーキング向き。見た目を良くする際に使われる。

1564 voracious
[vəréɪʃəs]

❶ voracious eaters 食欲旺盛な捕食者
❷ a voracious appetite for Hollywood films
ハリウッド映画を観たい強い欲求

形 食欲旺盛な, 貪欲な

⚫ **hungry, insatiable, ravenous**

読書好きなら, スピーキングで a voracious reader (大の読書好き) を使おう!

1565 influx

[ínflʌks]

❶ a recent influx of foreign tourists
最近の外国人観光客の急増

名 流入，殺到

🔄 flood, inundation

🔀 exodus　名 流出 ▸an exodus of talent（才能のある人材の流出）

1566 inflict

[ɪnflíkt]

❶ inflict severe pain 激しい苦痛を与える
❷ inflict serious damage on the economy
経済に深刻な損害を与える

動 （苦痛などを）与える

🔄 impose, force

🔀 self-inflicted　形 自ら招いた ▸self-inflicted injuries（自らが招いたけが）

1567 protracted

[prətrǽktɪd]

❶ protracted negotiations 長期にわたる交渉
❷ a protracted struggle 持久戦

形 長引く，長期化する

🔄 lengthy, prolonged

「『想定外に』長引いている」ことを示唆するネガティブな語。

1568 run out of steam

❶ run out of steam due to the economic downturn
不況で活力を失う

動 （人や経済が）活力を失う，気力をなくす

🔄 lose momentum

🔀 lose steam　活力を失う ▸run out of の代わりに lose も使われる。

1569 extravagant

[ɪkstrǽvəɡənt]

❶ lead an extravagant lifestyle ぜいたくな生活をする
❷ make extravagant claims 途方もない主張をする

形 ① ぜいたくな　② 途方もない，大それた

🔄 ①luxurious, lavish　②unreasonable

🔀 frugal　形 質素な　thrifty　形 倹約的な，つましい

1570 poignant

[pɔ́ɪnjənt]

❶ a poignant story 心の痛む話
❷ serve as a poignant reminder 強烈に思い出させる

形 感傷的な，心が痛む

🔄 moving, pitiful

「胸を突き刺すような，切ない気持ちにさせるような」といったニュアンスがある。

1571 refute

[rɪfjúːt]

❶ refute the argument その主張を論破する

動 ～に反論する，異議を唱える

🔄 rebut, disprove, repudiate

argument 以外にも，claim, theory, hypothesis などの名詞を目的語にとる。

1572 mainstream

[méɪnstriːm]

❶ mainstream media 主要メディア
❷ mainstream consumers 主な消費者

形 主流（派）の

🔄 normal, ordinary, accepted

🔀 go mainstream　主流になる　out of the mainstream　受け入れられなくなって

Chapter 1

1573

supervision
[sùːpəvíʒən]

名 監視，監督

❶ under parental supervision 親の監視の下で
❷ responsible for the supervision of the initiative
その計画の監督を任されている

≒ observation, care

🔗 supervise 動 ～を監督する ▸supervise a football team (サッカーチームを監督する)

1574

glaring
[gléərɪŋ]

形 目立つ，目につく，明白な

❶ a glaring error ひどい [明らかな] 間違い
❷ a glaring example of discrimination
ひどい差別の事例

≒ obvious, outrageous, blantant

🔗 glare 名 まぶしい光 ▸the glare of the sun (太陽のまぶしい光)

1575

stem from

動 ～から生じる，起こる

❶ confidence that stems from success
成功からくる自信

≒ originate from, derive from

🔗 stem 動 始まる，～を食い止める 名 (植物の) 幹，茎

1576

copious
[kóupiəs]

形 大量の，多量の，豊富な

❶ copious amounts of water 大量の水
❷ take copious notes たくさんのメモを取る

≒ plentiful, abundant

↔ sparse 形 わずかな，希薄な scanty 形 不十分な

1577

abstain
[əbstéɪn]

動 控える

❶ abstain from drinking 飲酒を控える
❷ abstain from voting 投票を棄権する

≒ refrain, hold back, eschew

🔗 abstinence 名 自制，節制 abstention 名 慎むこと，棄権

1578

double-edged sword
[dʌ́bəl-edʒd]

名 長所と短所があること，もろ刃の剣

❶ Technology is a double-edged sword.
テクノロジーはもろ刃の剣である。

≒ positive and negative aspects

🄴 to have both positives and negatives

1579

formidable
[fərmídəbəl]

形 手ごわい，骨の折れる

❶ a formidable opponent 手ごわい敵
❷ face a formidable task 困難な課題に直面する

≒ powerful, daunting

formidable intelligence (素晴らしく高い知性) のように，プラスの意味でも使われる。

1580

insulation
[ìnsjəléɪʃən]

名 絶縁 (体)，断熱，防音

❶ improve home insulation 家の断熱性を改善する
❷ sound insulation 防音 (性)

≒ protection, shield, shelter

🔗 insulate 動 ～を断熱 [防音] する ▸insulate a wall (壁を断熱 [防音] する)

1581 alleviate
[əlíːvieɪt]

❶ alleviate suffering 苦痛を和らげる
❷ alleviate the financial burden 財政負担を軽減する

動（痛みや苦労を）和らげる，軽減する

≒ reduce, relieve, ease

目的語には，身体的な痛み（pain など）や精神的な痛み（stress など）を表す名詞もとる。

1582 foreboding
[fɔːbóʊdɪŋ]

❶ a sense of foreboding 不吉な予感

名 予感，前兆

≒ apprehension, trepidation

熟 bode ill for ～にとって悪い前兆である　💬 bode well for ～にとって良い前兆である

1583 pave the way for
[peɪv]

❶ pave the way for future development
将来発展するための道を開く

動 ～の道を開く，地固めをする

≒ prepare the way for

「歩道」はイギリス英語では pavement，アメリカ英語では sidewalk と言う。

1584 haphazard
[hæphǽzəd]

❶ haphazard record keeping いいかげんな記録管理
❷ in a haphazard manner でたらめな方法で

形 無計画な，ずさんな

≒ random, unplanned, disorganised

💬 well-organised 　形 きちんとした　systematic　形 体系立てられた

1585 precipitate
[prɪsípɪteɪt]

❶ precipitate a financial crisis 金融危機を引き起こす

動 ～を引き起こす

≒ cause, bring about, escalate

📝 precipitate　形 早まった ▶a precipitate action（拙速な行動）

1586 indignation
[ìndɪɡnéɪʃən]

❶ be filled with indignation 怒りに満ちている
❷ contain my indignation 怒りを抑える

名（不当な扱いに対する）怒り，憤り

≒ resentment

📝 indignant　形 腹を立てて ▶get indignant at the unfair treatment（不当な扱いに腹を立てる）

1587 ostentatious
[ɒstəntéɪʃəs]

❶ ostentatious fashion 派手なファッション
❷ ostentatious display of wealth
富を見せびらかすこと

形 派手な，これ見よがしの

≒ showy, gaudy

スペリングも意味も似ている ostensible（見せかけの）との混同に注意。

1588 allay
[əléɪ]

❶ allay fears 恐怖を和らげる
❷ allay suspicions 疑念を和らげる

動（痛みや不安を）和らげる

≒ reduce, lessen, alleviate

目的語にはほかに，concern（不安）や doubt（疑念）などの名詞をとる。

Chapter 1

1589 subsidiary
[səbsídiəri]

形 補助的な，従属的な

❶ subsidiary information　補足情報
❷ subsidiary companies　子会社

類 secondary, subordinate, peripheral

subsidiary companies (子会社) は，「ビジネス」テーマでの重要表現。

1590 offset
[ɔ́fset]

動 ～を相殺する，埋め合わせる

❶ offset the effects of climate change
気候変動の影響を相殺する

類 balance, counteract, neutralise

相殺するとは，「プラマイゼロにする，帳消しにする」ということ。

1591 precarious
[prɪkéəriəs]

形 不安定な，危険な

❶ a precarious financial situation　不安定な経済状況
❷ a precarious balancing act　危険な綱渡り

類 unsafe, insecure, unstable

スペリングの似た precocious (知的発達が早い) と混同しないように。

1592 correlation
[kɔ̀rəléɪʃən]

名 相関 [相互] 関係

❶ the correlation between poverty and education
貧困と教育の相関関係

類 relationship, connection

相関関係とは，「一方が変われば，他方も変わる関係」のこと。　📖 correlate　動 相関関係がある

1593 preposterous
[prɪpóstərəs]

形 非常識な，ばかげた

❶ his preposterous behaviour　彼の非常識な態度
❷ her preposterous claim　彼女のばかげた主張

類 riduculous, absurd

⟷ reasonable　形 理性的な　sensible　形 良識のある

1594 disseminate
[dɪséməneɪt]

動 (情報や知識を) 広める

❶ disseminate information　情報を広める
❷ be widely disseminated　広く知れわたっている

類 spread, diffuse

📖 dissemination　名 普及，広がり ▶ dissemination of education (教育の普及)

1595 dotted
[dɔ́tɪd]

形 点在した

❶ be dotted with gift shops　ギフトショップが点在している
❷ CCTV cameras dotted around the city
街のあちこちにある監視カメラ

類 spread, distributed

「ドットコム」からもわかるように，dot は「点」という意味。

1596 faculty
[fǽkəlti]

名 ① 能力　② (大学の) 学部，教員陣

❶ a unique human faculty　人類特有の能力
❷ the Faculty of Medicine　医学部
❸ faculty staff　大学の職員

類 ①power, ability　②department

イギリスでは，上記②の意味で department がよく使われる。

1597	**live with**	❶ live with the pain 痛みに耐える ❷ live with the consequences 仕方なく結果を受け入れる
	動 (苦痛などを) 我慢する, 受け入れる	ⓢ accept, tolerate

熟 live off ～で生計を立てる　live through (つらい出来事を) 乗り越える

1598	**erroneous** [ɪróʊniəs]	❶ erroneous information 間違った情報 ❷ be based on erroneous assumptions 誤った前提に基づいている
	形 (考えや情報が) 間違った	ⓢ incorrect, inaccurate, false

error (誤り) の形容詞。 ⓐ correct　形 誤りのない

1599	**stall** [stɔːl]	❶ stall a decision 決定を先延ばしする ❷ stalling growth 行き詰まっている成長
	動 ① ～を引き延ばす　② 行き詰まる	ⓢ ①stop, delay

∥ stall　名 売店, 露店 ▸a market stall (市場の露店)

1600	**exhilarating** [ɪgzíləreɪtɪŋ]	❶ an exhilarating experience 爽快な経験 ❷ an exhilarating game show ワクワクするゲームショー
	形 爽快な, ウキウキさせる	ⓢ stimulating, thrilling

exciting の強意語で, リスニングとリーディングで頻出する。

1601	**knack** [næk]	❶ have a knack for engaging the audience 聴衆を引き付けるコツを知っている
	名 コツ	ⓢ skill, trick

Once you've got the knack of it, ～ (いったんコツをつかんだら, ～) も使ってみよう!

1602	**provisional** [prəvíʒənəl]	❶ provisional results 暫定的な結果 ❷ make a provisional booking 仮予約をする
	形 暫定的な, 仮の	ⓢ temporary, interim, tentative

temporary は「期限付きの」, provisional は「正式決定までの一時的な」という意味。

1603	**inundate** [ínəndeɪt]	❶ be inundated by floodwaters 洪水に見舞われる ❷ be inundated with emails メールが殺到する
	動 ① ～を水浸しにする　② ～に押し寄せる	ⓢ ①flood ②swamp, overwhelm

∥ inundation　名 浸水 ▸the inundation of land (土地の浸水)

1604	**homogeneous** [hòʊmədʒíːniəs]	❶ an insular and homogeneous society 島国で同質的な社会
	形 同種の, 同質の	ⓢ uniform, identical

日本は, homogeneous society であると言える。 ⓐ heterogeneous　形 異質な

Chapter 1

1605 credence
[krí:dəns]

❶ give credence to the data そのデータを信用する
❷ lend credence to the theory
その理論の信びょう性を高める

名 信用，信頼

🔁 acceptance, faith, confidence

🖉 credible 形 信用できる　creditable 形 称賛に値する　credulous 形 だまされやすい

1606 exert
[ɪgzə́:t]

❶ exert control over the region その地域を統制する

動 (権力や影響力を) 行使する

🔁 use, exercise, employ

🖉 exertion 名 努力，行使 ▶physical exertion (身体活動，肉体疲労)

1607 far-fetched
[fɑ:-fetʃt]

❶ a far-fetched idea 現実離れした考え
❷ sound far-fetched 信じがたい響きがする

形 起こりそうもない，信じがたい

🔁 unlikely, improbable, implausible

unbelievable の強意語。「将来的に起こり得ない」というように，未来のことを表す。

1608 forsake
[fəseík]

❶ forsake the right 権利を捨てる
❷ forsake the traditional idea 固定観念を捨てる

動 ～を見捨てる，諦める

🔁 abandon, renounce

give up や leave の硬い語で，リーディングでよく登場する。

1609 food for thought

❶ provide much food for thought
多くの判断材料を提供する

名 思考の材料

🔁 ideas to think about

「物事を考える際に，知的刺激を与えてくれるもの」という含みがある。

1610 opaque
[oupéɪk]

❶ opaque glass すりガラス
❷ an opaque legal system 不透明な法制度

形 ① くすんだ，不透明な　② 不明瞭な

🔁 ①blurred ②unclear, obscure

「透明」系の形容詞，translucent (半透明の) と transparent (透明な) もセットで覚えておこう。

1611 breakthrough
[bréɪkθru:]

❶ achieve a breakthrough 大躍進を遂げる
❷ a major breakthrough in the field of medicine
医療分野での大きな進展

名 飛躍的な進歩，大発見

🔁 important development, new discovery

「サイエンス」分野における重要語。「長期の取り組みによる革新的な発見」という意味。

1612 penetrate
[pénətreɪt]

❶ penetrate the global market
世界市場に進出 [浸透] する
❷ penetrate the skin 肌に浸透する

動 ① ～に進出する
② ～に浸透する，染み込む

🔁 ①enter ②permeate

🖉 penetration 名 浸透，普及率 ▶smartphone penetration (スマホの普及率)

1613 ferocious
[fəróuʃəs]

❶ ferocious animals　猛獣
❷ ferocious opposition　激しい反対

形 ① どう猛な　② 猛烈な　　🔄 ①violent, fierce, brutal

fierce の強意語で，凶暴，熱烈，不快といった要素を含む。

1614 endearing
[ɪndíərɪŋ]

❶ an endearing quality　愛らしい特徴

形 かわいらしい　　🔄 lovable, adorable, engaging

かわいらしさに加えて，愛らしさを強調した語。

1615 veer
[vɪə]

❶ veer off the road　道路からそれる

動 進行方向を変える，それる　　🔄 change direction, swerve

比喩的に「会話や考えが本筋から逸れる」という意味でも使われる。

1616 reproduction
[ri:prədʌkʃən]

❶ a reproduction of his work　彼の作品の複製
❷ animal reproduction　動物の繁殖

名 ① 複製，コピー　② 生殖　　🔄 ①copy, duplicate ②breeding

絶滅危惧種の保護方法を問われたら，conservation and reproduction（保護と繁殖）と答えよう。

1617 subside
[səbsáɪd]

❶ Side effects have subsided.　副作用がおさまった
❷ Flood waters are subsiding.　洪水が引きつつある

動 弱まる，低下する　　🔄 go away, fade, recede

subsidy（補助金）や subsidise（〜に資金援助をする）と混同しないように。

1618 destitute
[déstɪtjuːt]

❶ be left destitute by the cyclone
　サイクロンの被害で極貧になる
❷ be destitute of compassion　思いやりが全くない

形 ① 極貧の ② 全くない　　🔄 ①poor, disadvantage ②devoid

①は，お金，食べ物，住居，その他生活に必要なものが足りない状態を指す。

1619 acclaim
[əkléɪm]

❶ achieve international acclaim　世界から絶賛される

名 絶賛　　🔄 praise, applause, accolade

特に「芸術的な功績」に対する称賛に用いられる。

1620 full-scale
[fʊl-skeɪl]

❶ a full-scale search　徹底的な捜索
❷ a full-scale model of a whale　クジラの原寸大模型

形 ① 徹底的な　② 実物大の　　🔄 ①thorough, extensive ②full-size

博物館に関するトピックでは，②の意味で使われる。

Chapter 1

1621	**plague** [pleɪg]	❶ be plagued by poverty 貧困に苦しめられる ❷ be plagued by questions 質問に悩まされる
	動① ～を苦しめる　②～を悩ます	🔄 ①torment, suffer ②annoy

🔗 plague 　名 災難, 伝染病, 異常発生 ▸a plague of locusts (イナゴの異常発生)

1622	**given** [gívən]	❶ be taken as a given 既知の事実として認識されている
	名 既知の事実, 現実	🔄 a basic fact, reality

🔗 given 　形 既定の　前 ～を考慮すると

1623	**stumble upon** [stʌ́mbəl]	❶ stumble upon a treasure trove of gold 金の宝庫を偶然発見する ❷ stumble upon a solution 解決策を偶然見つける
	動 ～を偶然発見する	🔄 come across, find by accident

🔗 stumble 　動 よろめく, つまずく／熟 stumbling block 障害, 困難

1624	**succinct** [səksíŋkt]	❶ a succinct explanation 簡潔な説明 ❷ a succinct summary 簡潔な要約
	形 簡潔な	🔄 concise, pithy

「簡潔」に加え,「相手を感心させるような」といったニュアンスがある。

1625	**bewilder** [bɪwíldə]	❶ a bewildered look 当惑した表情 ❷ be bewildered by his behaviour 彼の態度に困惑する
	動 ～を当惑 [困惑] させる	🔄 confuse, baffle

🔗 bewildering 　形 困惑するほどの ▸a bewildering range of (困惑するほど広範囲の)

1626	**lenient** [líːniənt]	❶ a lenient punishment (罪に対して) 軽い刑罰 ❷ lenient parents 寛大な両親
	形 (罰や犯罪に) 寛大な	🔄 tolerant, permissive, merciful

↔ severe 形 非情な　strict 形 厳格な　merciless 形 無慈悲な

1627	**pillar** [pílə]	❶ a pillar of society 社会の中心人物 ❷ the basic pillar of democracy 民主主義の基本となる柱
	名 中心人物, 柱	🔄 backbone, mainstay

「(建物の) 柱」の意味が一般的だが, IELTS では上記のような比喩的な用法が重要。

1628	**bridge** [brɪdʒ]	❶ bridge the gap between spending and revenue 支出と歳入の差を埋める
	動 ～を埋める, ～に橋を架ける	🔄 reduce, narrow, address

gap の代わりに gulf や divide を使っても, 同じ「溝 (差) を埋める」の意味になる。

DAY 11　DAY 12　DAY 13　DAY 14　DAY 15　DAY 16　DAY 17　DAY 18　DAY 19　DAY 20

1629 chronic
[krónɪk]

❶ chronic lower back pain 慢性的な腰痛
❷ chronic water shortages 慢性的な水不足

形 慢性の　⧉ persistent

⇄ acute　形 急性の ▸acute allergic symptom（急性のアレルギー症状）

1630 incur
[ɪnkə́ː]

❶ incur costs 費用を負担する
❷ the economic losses incurred by the disaster 災害により被った経済損失

動（費用を）負担する，（損害を）被る　⧉ cause, suffer

costs 以外にも，debt, expense, loss などの「金銭的被害」を表す名詞を目的語に取る。

1631 deference
[défərəns]

❶ in deference to the local culture 地元文化を尊重して

名 尊敬，敬意　⧉ respect, courtesy, regard

⧉ defer　動 ～を先延ばしにする／熟 defer to ～に従う ▸defer to her opinion（彼女の意見に従う）

1632 scathing
[skéɪðɪŋ]

❶ make scathing remarks 冷酷な発言をする
❷ launch a scathing attack 痛烈な非難を始める

形 痛烈な，冷酷な，容赦ない　⧉ caustic, blistering

⧉ unscathed　形 無傷の ▸survive unscathed（無傷で生き残る）

1633 downplay
[daʊnpléɪ]

❶ downplay my skills in an interview 面接で自分のスキルを控えめに言う

動 ～を控えめに話す　⧉ understate

play ～ down のように，熟語としても使われる。

1634 arduous
[áːdjuəs]

❶ an arduous journey きつい長旅

形 多大な努力が必要な，つらい　⧉ difficult, demanding, strenuous

「大変さ」を示唆する語で，体力を必要とする意味の名詞を修飾する。

1635 stand the test of time

❶ be robust enough to stand the test of time 何年たっても壊れないほど頑丈である

動 時の試練に耐える，長く続く　⧉ long-lasting, durable, hard-wearing

ここでの stand は動詞で，「～に耐える」という意味。

1636 painstaking
[péɪnzteɪkɪŋ]

❶ painstaking preparations 念入りな準備

形 綿密な，念入りな　⧉ careful, thorough

熟 take pains to do 苦労して～する

1637 wane

[weɪn]

動 徐々に弱くなる，終わりに近づく

❶ The prime minister's power is waning.
首相の力が弱まりつつある。
❷ her waning confidence　彼女の薄れつつある自信

≡ decline, fade, dwindle

主語には influence などの影響系，または interest などの感情系の名詞が来る。

1638 dispersal

[dɪspə́ːsəl]

名 分散，拡散，散布

❶ the dispersal of information　情報の拡散
❷ seed dispersal　種子の散布

≡ distribution, diffusion

🖉 disperse　動 ～を追い散らす，ばらまく ▶disperse the crowd（群衆を追い散らす）

1639 bleak

[bliːk]

形 ①（見通しが）暗い，憂鬱な
②（景色が）もの寂しい

❶ a bleak future　暗い先行き
❷ a bleak urban landscape　わびしい都会の風景

≡ ①dismal, gloomy ②desolate

⟷ ① promising　形 将来が明るい／② fertile　形（土地が）肥沃な

1640 decipher

[dɪsáɪfə]

動（暗号を）解読する，（文字を）読み解く

❶ decipher a code　暗号を解く
❷ decipher the meaning　意味を理解する

≡ decode, solve

〈ディシファー〉ではなく，〈ディサイファー〉と発音する。

1641 concerted

[kənsə́ːtɪd]

形 協力した，一丸となった

❶ make a concerted effort　一丸となって努力する

≡ collective, cooperative, joint

🔥 in concert with　～と協同して

1642 engender

[ɪndʒéndə]

動 ～を生み出す

❶ engender a sense of community
共同体意識を生み出す
❷ engender feelings of regret　後悔の念を生む

≡ generate, create

スペリングの似た endanger（～を危険にさらす）と混同しないように注意！

1643 deterrent

[dɪtérənt]

名 抑止するもの

❶ act as a deterrent　抑止力として機能する
❷ nuclear deterrent　核抑止力

≡ discouragement, curb, restraint

🖉 deter　動 ～を阻止する ▶deter A from doing（A が～するのを思いとどまらせる）

1644 treacherous

[trétʃərəs]

形 ① 裏切る　②（場所や天気が）危険な

❶ treacherous act　裏切り行為
❷ treacherous road conditions　危険な道路状態

≡ ①disloyal, unfaithful ②dangerous

⟷ loyal　形 信義に厚い　faithful　形 誠実な

DAY 11

DAY 12

DAY 13

DAY 14

DAY 15

DAY 16

DAY 17

DAY 18

DAY 19

DAY 20

1645

allude to
[əlúːd]

動 ～についてほのめかす

❶ allude to the fact 事実を暗に示す

🔄 mention indirectly

🖉 allude 動 それとなく言う，暗に示す　allusion 名 ほのめかし，遠回しな表現

1646

enigmatic
[ènɪgmǽtɪk]

形 謎めいた，えたいの知れない

❶ her enigmatic smile 彼女の謎に満ちた笑顔

🔄 mysterious, intriguing

mysterious は「理解困難な謎」，enigmatic は「意味深で興味深い謎」という違いがある。

1647

soothe
[suːð]

動 ～をなだめる，和らげる

❶ soothe the pain 痛みを和らげる
❷ soothe fears 恐怖を和らげる

🔄 ease, lessen, alleviate

🖉 soothing 形 慰める，心地よい ▶ soothing music（心地よい音楽）

1648

efficacy
[éfəkəsi]

名 有効性，効き目

❶ assess the efficacy of new treatments
新しい治療の有効性を評価する

🔄 effectiveness, power, potency

薬や治療などの効果について用いられる。

1649

revive
[rɪváɪv]

動 ～を復活させる，復興させる

❶ revive the economy 経済を復興させる

🔄 energize, renovate, restore

🖉 revival 名 復活 ▶ enjoy a revival（復活する）

1650

astronomical
[æstrənɑ́mɪkəl]

形 ① 天文の
② 天文学的な，けた外れに大きい

❶ astronomical observation 天体観測
❷ astronomical prices 天文学的な値段

🔄 ①celestial
②enormous, monumental

💡 astro- は「星，宇宙」の意味。▶ astronomy（天文学），astronaut（宇宙飛行士）

1651

on a par with

熟 ～と同等で，～と肩を並べて

❶ be on a par with professional musicians
プロの音楽家と同等のレベルである

🔄 equal to

🖉 par 名 同等，標準，（ゴルフの）パー

1652

quest
[kwest]

名 追求

❶ the quest for wealth 富の追求
❷ the human quest for knowledge
人間の知識への追求

🔄 search, pursuit

文語なので，リーディングでよく使われる。

Chapter 1

1653 □ □

inherent
[ɪnhíərənt]

❶ involve inherent risks 内在的リスクを伴う
❷ social problems inherent to the country
その国に固有の社会問題

形 本来備わっている，内在する，固有の　　≡ essential, intrinsic, innate

スペリングの似た inherit（〜を受け継ぐ）との混同に注意。

1654 □ □

forge
[fɔːdʒ]

❶ forge relationships 関係を築く
❷ forge banknotes 紙幣を偽造する

動 ①〜を築く　②〜を偽造する　　≡ ①establish ②illegally copy

🔗 forge 動 前進する ▶forge ahead（前へ進む，進歩する）　forgery 名 偽造

1655 □ □

far-reaching
[fɑː-ríːtʃɪŋ]

❶ far-reaching implications 広範囲に及ぶ影響

形 広範囲に及ぶ　　≡ extensive, widespread, sweeping

1607 の far-fetched（信じがたい，起こりえない）との混同に注意。

1656 □ □

standing
[stǽndɪŋ]

❶ social standing 社会的地位

名 地位，身分　　≡ status, position, level

🔗 long-standing 形 長期にわたる ▶long-standing relationships（長期にわたる関係）

1657 □ □

imbue
[ɪmbjúː]

❶ be imbued with a sense of dignity 威厳がある

動（考えや思想を）吹き込む，植え付ける　　≡ fill, infuse

通常，be imbued with のように受動態の形で用いられる。

1658 □ □

egregious
[ɪgríːdʒəs]

❶ an egregious error ひどい誤り
❷ egregious business practices 悪質なビジネス手法

形 実にひどい，とんでもない　　≡ terrible, blatant

ⓔ extremely bad and noticeable

1659 □ □

savour
[séɪvə]

❶ savour the moment その瞬間を楽しむ
❷ savour the home-cooked food
家庭料理を満喫する

動（経験を）楽しむ，（食べ物を）味わう　　≡ relish, take delight in

①の意味では，目的語に joy, memory, opportunity などの抽象名詞をとることが多い。

1660 □ □

latent
[léɪtənt]

❶ latent musical talent 隠れた音楽の才能
❷ latent infection 潜伏感染

形 隠れている，潜伏している　　≡ hidden, undiscovered

⟷ obvious 形 明らかな，露骨な　clear 形 はっきり見える

1661 blessing

[blésɪŋ]

名 ありがたいこと，恩恵

❶ more of a burden than a blessing
恩恵というより負担である
❷ a blessing or a curse 恩恵か災いか
🄢 advantage, benefit

熟 a blessing in disguise 不幸に見えて実は幸福，不幸中の幸い

1662 instil

[ɪnstíl]

動 ～を教え込む，植え付ける

❶ instil discipline in children 子供たちに規律を教え込む
❷ instil confidence in children
子供たちに自信をつけさせる
🄢 implant, engender

「思想・感情注入系」の動詞には，in や im で始まるものが多い ▸ inspire, imbue, infuse

1663 put forward

動 (計画や案を) 提出する，提案する

❶ put forward a new plan for consideration
検討のために新計画案を提出する
🄢 propose, suggest

ライティングでも使えるアカデミックなフレーズ。carry out や focus on などもこの仲間。

1664 establishment

[ɪstǽblɪʃmənt]

名 ① 団体，機関 ② 設立

❶ research establishments 研究機関
❷ encourage the establishment of new businesses
新規事業の設立を促す
🄢 institution, initiation

🖉 established 形 著名な ▸ established scholars (著名な学者たち)

1665 derogatory

[dɪrɔ́gətəri]

形 軽蔑的な，相手を傷つけるような

❶ derogatory remarks ひぼう
❷ post derogatory comments on Twitter
ツイッターに中傷的なコメントを投稿する
🄢 insulting, disparaging, pejorative

🔄 complimentary 形 優遇の　commendable 形 称賛すべき

1666 fabricate

[fǽbrɪkeɪt]

動 (話を) でっち上げる，捏造する

❶ fabricate a story 話をでっち上げる
❷ fabricate charges 根拠のない非難をでっち上げる
🄢 invent, forge

目的語には evidence や document など，「情報系」の名詞をとることが多い。

1667 informed

[ɪnfɔ́:md]

形 情報に通じた，情報に基づく

❶ make an informed decision
十分な見識に基づき判断を下す
🄢 knowledgeable, educated

Keep me informed. (逐次連絡をちょうだいね) は，日常会話の決まり文句。

1668 delineate

[dɪlínieɪt]

動 ① ～を詳しく説明する　② ～を線で描く

❶ delineate the concept コンセプトを詳しく説明する
❷ delineate the country's border
その国の境界線を描く
🄢 describe, define

line という語が入っているので，「線を描いて詳しく説明する」と覚えよう！

Chapter 1

1669 □ □	**garment** [gáːmənt]	❶ outer garments 上着 ❷ a garment factory 衣料品工場
	名 衣服，衣類	類 **outfit, clothing, attire**

garment は「一着の服」, clothing は「衣服全般」, outfit は「特別な日に着る服」を指す。

1670 □ □	**hone** [həun]	❶ hone my digital skills デジタルのスキルを磨く
	動 （能力や技能を）磨く	類 **improve, sharpen**

「すでに良いものに，時間を掛けてさらに磨きをかける」という含みがある。

1671 □ □	**retrospective** [rètrəspéktɪv]	❶ a retrospective exhibition of Monet's work モネの作品の回顧展 ❷ retrospective of the 16th century 16 世紀を思い出させる
	形 回顧的な，昔を思い出させるような	類 **nostalgic, evocative**

🔗 retrospect 名 回顧，回想 ▶ in retrospect（振り返ってみると）

1672 □ □	**harbour** [háːbə]	❶ harbour concerns about potential risks 潜在的なリスクに懸念を抱く
	動 （考えや計画を）心に抱く	類 **have, keep, nurture**

名詞の「港，港湾」の意味は，ディクテーション問題で頻出。

1673 □ □	**disposition** [dìspəzíʃən]	❶ her cheerful disposition 彼女の明るい性格
	名 （生まれ持った）性質，資質	類 **nature, character, temperament**

🔗 predisposition 名 健康状態，素因 ▶ a genetic predisposition（遺伝的素因）

1674 □ □	**gullible** [gʌ́ləbəl]	❶ gullible investors だまされやすい投資家
	形 だまされやすい	類 **naive, credulous**

gullible は「信用しすぎてだまされやすい」, naive は「世間知らずでだまされやすい」。

1675 □ □	**redeem** [rɪdíːm]	❶ redeem tickets for cash チケットを換金する ❷ redeem myself 名誉を回復する
	動 ① ～を現金化する ② （名誉などを）回復する	類 ① **swap** ② **compensate for**

熟 redeeming feature 取りえ，長所

1676 □ □	**extrinsic** [ekstrínsɪk]	❶ an extrinsic factor 外的要因 ❷ extrinsic motivation 外的動機付け
	形 外部の，外因性の	類 **outside, external**

⇔ intrinsic 形 本来備わっている，内発的な

DAY 11
DAY 12
DAY 13
DAY 14
DAY 15
DAY 16
DAY 17
DAY 18
DAY 19
DAY 20

1677 scope
[skəʊp]

名 範囲，領域

❶ extend the scope of support　支援の範囲を広げる
❷ beyond the scope of the law
　法の力が及ばないところで

🔄 opportunity, range, extent

💧 scope は「見る」が原義 ▸telescope（望遠鏡），microscope（顕微鏡）

1678 a new lease of life

名 復活，復帰

❶ give the old building a new lease of life
　その古い建物を改修する

🔄 revitalisation, revival

have a new lease of life（活力を取り戻す）は人に使われる。

1679 obsolete
[óbsəli:t]

形 使われなくなった，時代遅れの

❶ become completely obsolete
　完全に時代遅れになる
❷ obsolete equipment　時代遅れの設備

🔄 out of date, outdated, disused

特に，リーディング問題で頻出。瞬時に類語が言えるようにしておこう！

1680 formulate
[fɔ́:mjəleɪt]

動（詳細に）〜を策定する，考案する

❶ formulate new strategies　新たな戦略を策定する
❷ formulate a policy　政策を立案する

🔄 create, develop

create の硬い語。個人的な計画ではなく，政府や企業の計画・政策に用いられる。

1681 alarming
[əlɑ́:mɪŋ]

形 驚異的な

❶ an alarming speed　驚異的なスピード
❷ increase at an alarming rate
　驚異的な割合［勢い］で増加する

🔄 frightening, dismaying

🔗 alarm　名 警報（機），目覚まし時計，アラーム

1682 divulge
[daɪvʌ́ldʒ]

動（秘密を）漏らす

❶ divulge a secret　秘密を漏らす
❷ divulge personal details　個人情報を漏らす

🔄 reveal, disclose

似た意味の disclose には，「ばれるとまずい事実を人々に公開する」という含みがある。

1683 poaching
[póʊtʃɪŋ]

名 密猟

❶ elephant poaching for ivory　象牙狙いの象の密猟

🔄 illegal hunt

「野性動物減少の原因は？」と問われたら，animal poaching と答えよう！　🔗 poacher　名 密猟者

1684 momentary
[móʊməntəri]

形 ほんの一時的な，瞬間の

❶ a momentary lack of concentration
　一時的に集中力がなくなること

🔄 very brief, fleeting

🔗 momentarily　副 ほんの少しの間 ▸pause momentarily（一瞬止まる，ためらう）

Chapter 1

1685

keep abreast of
[əbrést]

動 (流行や進歩など) に遅れずについていく

❶ keep abreast of the latest technologies
最新のテクノロジーに遅れずについていく

🔄 update, keep up with

of のあとには, trend, development, innovation などの変化を表す名詞が来ることが多い。

1686

charming
[tʃɑ́ːmɪŋ]

形 魅力的な, 趣のある, 快適な

❶ visit a charming old town 風情ある古い町を訪れる
❷ a charming novel とても面白い小説

🔄 attractive, pleasant

文脈により意味が若干変化する。日本語の「チャーミングな」には, cute や adorable を使おう!

1687

unanimous
[juːnǽnɪməs]

形 満場一致の

❶ a unanimous decision 満場一致の決定
❷ by a unanimous vote 満場一致の採決で

🔄 in complete agreement

🔀 split 形 分裂した divided 形 分かれた

1688

ascribe
[əskráɪb]

動 ① ～のせいにする
② (特定の性質があると) 見なす

❶ ascribe stress to overwork
働きすぎがストレスの原因と考える

🔄 ①attribute, assign ②consider

▸ascribe more value to the product (その製品はもっと価値があると思う)

1689

desolate
[désələt]

形 (土地が) 荒れ果てた

❶ a desolate landscape 荒れ果てた風景
❷ a desolate stretch of land 広範囲にわたる荒野

🔄 barren, bleak

上記の意味に加え,「心」のわびしさや虚しさを感じさせるようなニュアンスもある。

1690

mechanism
[mékənɪzəm]

名 ① 仕組み, 方法 ② 機構, メカニズム

❶ a mechanism for dealing with the problem
その問題への対処方法
❷ the biological mechanism 生物学的メカニズム

🔄 ①system, procedure, method

📝 mechanic 名 機械学, 機構

1691

pointless
[pɔ́ɪntləs]

形 無意味な, 成果のない

❶ ask pointless questions 意味のない質問をする
❷ find it pointless to argue with him
彼と言い争っても無駄だと感じる

🔄 meaningless, futile

📝 point 名 要点 ▸to the point (要領を得た) ⇔ off the point (要領を得ない)

1692

contemplate
[kóntəmpleɪt]

動 ～をよく考える, 熟考する

❶ contemplate working abroad 海外で働くことを検討する
❷ contemplate the potential risk of divorce
離婚の潜在的リスクを考慮する

🔄 consider, examine

think about よりもフォーマルな表現で, 将来的なことを考える際などに使われる。

DAY 11 | DAY 12 | DAY 13 | DAY 14 | DAY 15 | DAY 16 | DAY 17 | DAY 18 | DAY 19 | DAY 20

1693 perk up

❶ Coffee perks me up in the morning.
コーヒーを飲むと朝から元気が出る。

動 ～を元気にさせる

❸ brighten, reinvigorate

▶ perk up the living room with some décor（居間を装飾で華やかにする）

1694 abide by
[əbáɪd]

❶ abide by the law 法律を順守する
❷ abide by the decision 決定に従う

動 ～に従う，～を順守する

❸ follow, comply with

🖋 law-abiding 形 法を守る ▶ a law-abiding citizen（法を守る市民）

1695 reasoning
[ríːzənɪŋ]

❶ scientific reasoning 科学的推論
❷ the reasoning behind the decision
その決定の根拠

名 推論，根拠

❸ thinking, rationalising

「適切な決定を下すために論理的に考えること，または論理的に導いた考え」という意味。

1696 empirical
[ɪmpírɪkəl]

❶ empirical research 実証研究
❷ be based on empirical evidence
経験的証拠に基づいている

形 実験［経験］に基づいた，実証可能な

❸ observational, factual

「科学」テーマにおける必須語彙。 ⟷ theoretical 形 理論的な，理論上の

1697 weave
[wíːv]

❶ weave a basket かごを編む
❷ weave a narrative 物語を作る

動 ① ～を編む ② （ストーリーを）作る

❸ ①knit ②make up, construct

weave-wove-woven と不規則変化する。

1698 solidarity
[sɒlədǽrəti]

❶ in solidarity with other groups 他団体と結束して
❷ fostered solidarity among the states
国家間で芽生えた結束力

名 結束，団結

❸ agreement, harmony

430 の solitude（孤独）と混同しないように注意。

1699 resourceful
[rɪzɔ́ːsfəl]

❶ resourceful and resilient business leaders
臨機応変で立ち直りの早いビジネスリーダー

形 臨機応変な

❸ sharp-minded, quick-witted

🄴 skilful at dealing with problems according to the situation

1700 overflow
[əʊvəflóʊ]

❶ overflowing rubbish bins あふれ出したごみ箱
❷ a park overflowing with greenery
緑あふれる公園

動 ～をあふれさせる

❸ flow over, spill over

🖋 overflow 名 氾濫，過剰 ▶ the overflow of the river（川の水があふれ出ること）

DAY 20

1701	**gentle** [dʒéntl]	❶ go for a gentle stroll 軽く散歩に出かける ❷ a gentle decline わずかな減少
	形 ① 軽い ② (増減が) 緩やかな, わずかな	◉ ① light ② small, gradual

スピーキングでは, do gentle exercise (軽い運動をする) のように使えばスコアアップ!

1702	**topical** [tópɪkəl]	❶ a debate on a topical subject 話題のテーマに関する議論
	形 話題の	◉ current, relevant

topic (話題) の形容詞。tropical (熱帯の) と見間違えないように注意。

1703	**domain** [dəméɪn]	❶ within the domain of science 科学の分野において
	名 分野, 領域	◉ field, area, sphere

熟 in the public domain 誰もが利用できる状態で

1704	**bypass** [báɪpɑːs]	❶ bypass the regulations 規制を逃れる ❷ bypass the busy street 混んでいる通りを迂回する
	動 ① ～を回避する ② ～を迂回する	◉ ① avoid, dodge ② go around

🔁 bypass 名 迂回道路

1705	**on the brink of** [brɪŋk]	❶ on the brink of collapse 崩壊寸前で ❷ on the brink of war 戦争が起こりそうで
	熟 ～の瀬戸際で	◉ about to, on the edge of

brink は「崖のふち」のこと。on の代わりに at や to も用いられる。

1706	**pragmatic** [prægmǽtɪk]	❶ a pragmatic approach to the problem その問題への実際的なアプローチ
	形 実用的な	◉ practical, realistic

↔ impractical 形 実現困難な

1707	**rectify** [réktɪfaɪ]	❶ rectify the error ミスを訂正する ❷ rectify the situation 状況を是正する
	動 ～を修正 [是正] する	◉ correct, put right

目的語には mistake, fault, issue といったミス系・状況系の名詞をとることが多い。

1708	**obscene** [əbsíːn]	❶ use obscene language 下品な言葉を使う ❷ an obscene amount of wealth 不当に得た巨額の財産
	形 ① ひわいな ② 不当な	◉ ① sexually offensive ② inappropriate

①の意味が一般的だが, ②の用法で使われることも多い。

900 1800 2700 3600

DAY 21

DAY 22

DAY 23

DAY 24

DAY 25

DAY 26

DAY 27

DAY 28

DAY 29

DAY 30

1709	**temperament** [témpərəmənt] 名 気性，気質	❶ her artistic temperament 彼女の芸術的な特性 ❷ his nervous temperament 彼の神経質な気質 ❸ **character, personality**

スペリングの似た temperate（温暖な）との混同に注意。

1710	**flesh out** [fleʃ] 動 ～を具体化する，肉づけする	❶ flesh out the plan その計画を具体化する ❷ flesh out the details 詳細部分を詰める ❸ **add more substance to**

flesh は「肉」という意味の名詞。put flesh on the bones of も同様の意味で使われる。

1711	**generic** [dʒənérɪk] 形 ① 包括的な，総称の ② ノーブランドの	❶ a generic term 総称，一般名詞 ❷ a generic drug ジェネリック医薬品 ❸ ①**all-inclusive, comprehensive**

genetic（遺伝の）と混同しないように注意。

1712	**invariably** [ɪnvéəriəbli] 副 常に，変わることなく	❶ almost invariably ほとんど例外なく ❷ as is invariably the case 毎回同じことであるが ❸ **always, without fail**

🖉 variable 名 変化するもの ▶質，数量，状況などが変化する可能性のあるものに使う。

1713	**forage** [fɔ́rɪdʒ] 動 (食料を) 探し回る	❶ forage for food 食料を探し回る ❸ **hunt, search, scour**

主語には動物が来ることが多いが，人が来ることもある。

1714	**upbringing** [ʌpbríŋɪŋ] 名 (幼少期の) 教育，しつけ	❶ have a proper upbringing 適切な教育を受ける ❷ a sheltered upbringing 温室育ち ❸ **raising, discipline**

bring up（～を育てる）と関連付けると覚えやすい。

1715	**reckon** [rékən] 動 ～であると思う	❶ reckon it's going to rain tomorrow 明日は雨が降ると思う ❸ **think, suppose**

イギリス英語でカジュアルな表現。スピーキングで I think の代わりに使ってみよう！

1716	**exorbitant** [ɪgzɔ́:bətənt] 形 (値段が) 法外な	❶ exorbitant fees 法外な料金 ❷ exorbitant property prices 法外な不動産価格 ❸ **astronomical, prohibitive**

法外な値段を請求されたときに，話し言葉では It was a rip-off.（ぼったくられた）と言う。

Chapter 1

1717 frustrate
[frʌstréɪt]

動 ～をくじく，駄目にする

❶ frustrate a project プロジェクトの進行を妨げる
❷ frustrate their efforts 彼らの努力を阻む

類 **prevent, hamper, thwart**

反 facilitate　動 ～を促進する

1718 bare
[beə]

形 ① ありのままの　② むき出しの

❶ the bare facts ありのままの事実
❷ bare rock 岩肌

類 ①**straightforward** ②**uncovered**

派 bare　形 最低限の ▶bare necessities（最低限の生活必需品）

1719 liaison
[liéɪzən]

名 つなぎ役，連携

❶ maintain a liaison 連携を保つ
❷ work in close liaison with local police
地元警察と密接に連携して活動する

類 **cooperation, communication**

派 liaise　動 連携する ▶liaise with the local authority（地元の自治体と連携する）

1720 repeal
[rɪpíːl]

動 （法律や契約を）廃止する，撤回する

❶ repeal the law 法律を廃止する

類 **revoke, call off**

repel（～を寄せ付けない）と混同しないように注意。

1721 tangible
[tǽndʒəbəl]

形 触って分かる，明らかな

❶ produce tangible results 目に見える結果を出す

類 **touchable, clear**

反 intangible　形 形のない ▶intangible cultural heritage（無形文化財）

1722 plunge
[plʌndʒ]

動 急降下する，急落する

❶ plunge to the lowest level
最低レベルにまで落ち込む

類 **plummet, nosedive**

ライティングの Task 1 で Line Graph が急降下していたら，plunge を使ってみよう！

1723 prodigious
[prədídʒəs]

形 素晴らしい，けたはずれの

❶ prodigious amounts of water 大量の水
❷ prodigious talent あふれるほどの才能

類 **enormous, vast, colossal**

派 prodigy　名 天才 ▶a musical prodigy（音楽の天才）

1724 makeover
[méɪkəʊvə]

名 改装，模様替え

❶ a room makeover 部屋の模様替え
❷ give my garden a makeover 庭の見栄えを良くする

類 **restoration**

「人の外見の変化」の意味もあるが、上記のような「場所の外観の変化」の方が重要。

900　　　　1800　　　　2700　　　　3600

DAY 21

DAY 22

DAY 23

DAY 24

DAY 25

DAY 26

DAY 27

DAY 28

DAY 29

DAY 30

1725 impeccable
[ɪmpékəbəl]

❶ her impeccable reputation 申し分のない彼女の評判
❷ have impeccable taste in music
音楽に優れたセンスがある

形 申し分のない, 完ぺきな　　🔵 perfect, flawless

センスや振る舞いの素晴らしさを表現する際に用いられることが多い。

1726 antagonistic
[æntǽɡənístɪk]

❶ an antagonistic relationship 敵対関係

形 対抗心のある, 敵対する　　🔵 hostile, argumentative

🖉 antagonism　名 敵対心 ▶ a growing antagonism (ますます高まる敵対心)

1727 gravitate towards
[ɡrǽvɪteɪt]

❶ gravitate towards the city
その都市に引き寄せられる

動 ~に引き寄せられる　　🔵 be attracted to

🖉 gravity　名 重力 ▶「宇宙学」(astrology) のテーマで必須。

1728 phobia
[fóubiə]

❶ overcome a phobia about public speaking
人前で話す恐怖を克服する
❷ a phobia of heights 高所恐怖症

名 恐怖症　　🔵 intense fear

強い恐怖について用いられる。程度が低い場合は, I'm afraid of heights. のように言う。

1729 teeming
[tíːmɪŋ]

❶ be teeming with life 生命体で満ちあふれている
❷ be teeming with tourists 観光客でごった返している

形 たくさんいる, あふれ返っている　　🔵 full, swarming

🖉 teem　動 いっぱいである ▶ teem with shoppers (買い物客でごった返している)

1730 falsify
[fɔ́ːlsɪfaɪ]

❶ falsify documents 文書を改ざんする
❷ falsify test results 検査結果を偽る

動 ~を偽造する　　🔵 doctor, forge

🔧 -fy は「~化する」という意味の接尾辞。形容詞 false (偽の) の動詞形と覚えよう!

1731 idiosyncratic
[ìdiəsɪnkrǽtɪk]

❶ his idiosyncratic behaviour 彼の風変りな行動

形 特異な, 変わった　　🔵 unusual, original, peculiar

🖉 idiosyncrasy　名 特異性, 独自性

1732 predicament
[prɪdíkəmənt]

❶ in a predicament 苦境にあって

名 困難な状況, 苦境　　🔵 quandary, difficult situation

「手立てが見つからず, どうしようもなく困難な状況」を表すフォーマルな語。

Chapter 1

1733 accentuate
[əkséntʃueɪt]

動 ～を強調する

❶ accentuate the positive 良い点を前面に押し出す
❷ accentuate the contrast between the past and the future
過去と未来の対比を強調する

🔄 emphasise, highlight

❷ accent 名 アクセント, 強勢, 訛り

1734 ramification
[ræ̀mɪfɪkéɪʃən]

名 余波, 影響

❶ the economic ramifications of Brexit
ブレグジットによる経済的影響

🔄 effect, aftermath

ある出来事が起きたあとで, 波及的に生じる結果のこと。予測不能な事態を指す場合が多い。

1735 fragmented
[frægméntɪd]

形 分裂した, ばらばらの

❶ a fragmented society 分裂した社会
❷ fragmented sleep 途切れ途切れの睡眠

🔄 divided, split

❷ fragment 名 破片, 断片　*fragmentary* 形 断片から成る

1736 ever-increasing
[évə-ɪnkríːsɪŋ]

形 急激に増え続けている

❶ expand at an ever-increasing rate
かつてないほどの増加率で広がる

🔄 escalating

🔵 ever- は「常に」を表す接頭辞 ▸ everlasting（永遠に続く）

1737 keep ～ at bay

動 ～を遠ざける, 避ける

❶ keep enemies at bay 敵を寄せ付けない
❷ keep colds at bay 風邪を引かないようにする

🔄 prevent, keep away

人から物にまで幅広く使える。特に, 害虫や病気を表す名詞を目的語にとる。

1738 cornerstone
[kɔ́ːnəstəʊn]

名 土台, 基盤

❶ the cornerstone of society 社会基盤

🔄 foundation, keystone

stone を用いたフレーズ, a stepping stone（成功への足掛かり）も要チェック！

1739 relish
[rélɪʃ]

動 ～を楽しむ

❶ relish the opportunity 機会を楽しむ
❷ relish the challenge 困難な状況を楽しむ

🔄 enjoy greatly

フレーズ①や②以外にも, moment, thought, prospect, chance などを目的語にとる。

1740 ornate
[ɔːnéɪt]

形 華麗な, 飾り立てた

❶ ornate and colorful costumes
華麗で色鮮やかな衣装

🔄 decorative, elaborate

🔄 simple 形 簡素な　plain 形 装飾［模様］のない

1741 enumerate
[ɪnjúːməreɪt]

❶ enumerate the details 詳細を一覧表にする

動 ~を列挙する，数え上げる

≒ list, itemise

✿ num は「数」を表す接辞 ▶numerous（多数の），numerical（数字上の）

1742 burgeoning
[bə́ːdʒənɪŋ]

❶ a burgeoning industry 急成長中の産業
❷ a burgeoning demand for energy 急増するエネルギー需要

形 急成長している

≒ expanding, soaring

特に，経済の成長や需要の増加を描写する際に使われる。

1743 vantage point
[vǽːntɪdʒ pɔɪnt]

❶ from our vantage point われわれの見解では

名 観点

≒ perspective, standpoint

✿ advantage からもわかるように，vantage には「好都合，有利になる点」という意味がある。

1744 astute
[əstjúːt]

❶ astute decision-making 抜け目のない意思決定
❷ an astute observation 抜け目のない観察

形 抜け目のない

≒ intelligent, sharp

ほかにも analysis, understanding, businessperson などの名詞を修飾する。

1745 negate
[nɪɡéɪt]

❶ negate the impact of inflation インフレの影響をなくす

動 ~を無効にする，取り消す

≒ invalidate, nullify, take away from

⟷ validate 動 ~を有効にする

1746 detract from
[dɪtrǽkt]

❶ detract from his reputation 彼の評判を傷つける

動 （価値や質）を下げる

≒ minimize, harm

✐ detractor 名 批判者

1747 rapport
[ræpɔ́ː]

❶ build rapport 気の合う関係を築く
❷ have good rapport with an audience 観客との関係が良好である

名 関係，調和

≒ harmonious relationship

〈ラポー〉と発音し，最後の t は読まない。

1748 unfit
[ʌnfít]

❶ unfit for human habitation 人間の居住に適していない
❷ overweight and unfit 太りすぎで不健康な

形 ① 不適当な　② 不健康な

≒ ①unsuitable ②out of shape

熟 keep fit 健康でいる ▶How do you keep fit? は，スピーキングでの頻出問題。

Chapter 1

1749 dismantle
[dɪsmǽntl]

❶ dismantle an engine　エンジンを分解する
❷ dismantle the present welfare system
　現在の福祉制度を廃止する

動 ① ～を分解する　② (制度を) 廃止する
⑤ ① take apart　② end

⑥ assemble　動 ～を集める，組み立てる　construct　動 ～を組み立てる

1750 oversight
[óuvəsaɪt]

❶ an administrative oversight　事務手続き上の見落とし
❷ a day-to-day oversight of the project
　その事業を日常的に管理すること

名 ① ミス，見落とし　② 監督，管理
⑤ ① mistake　② supervision

上記①と②のどちらの意味も頻出なので，文脈に応じた解釈をしよう！

1751 ambivalent
[æmbívələnt]

❶ be ambivalent about having children
　子供を産むことについて心を決めかねている

形 相反する感情を持って
⑤ indecisive, in a dilemma

ラテン語由来の心理学用語で，「どちらにも価値を感じる」ということ。

1752 reprimand
[réprəmɑːnd]

❶ be severely reprimanded for rude behaviour
　無礼な態度を厳しく叱責される

動 ～を叱責する
⑤ rebuke, reproach

フォーマル語。会話では tell off が使われることが多い。

1753 dimension
[daɪménʃən]

❶ cultural dimensions　文化的な側面
❷ the dimensions of the problem　その問題の重要さ

名 ① (物事の) 側面　② 重要性
⑤ ① aspect　② importance

⊘ dimension　名 寸法 ▶ the dimensions of the bed (ベッドの寸法)

1754 bygone
[báɪɡɒn]

❶ a bygone era　過ぎ去った時代
❷ relics from a bygone age　過去の遺産

形 過去の
⑤ past, former

同じく gone で終わる，foregone (決着済みの，わかりきっている) と混同しないように。

1755 gregarious
[ɡrɪɡéəriəs]

❶ gregarious women　社交的な女性たち
❷ gregarious animals　群生動物

形 ① 社交的な　② 群れで行動する
⑤ ① sociable, outgoing　② social

sociable のフォーマル語。①の意味には，「集団でいるのが好き」という含みがある。

1756 extol
[ɪkstóʊl]

❶ extol the virtues of the system
　そのシステムの長所を称賛する

動 ～を称賛する
⑤ praise enthusiastically

目的語には virtues のほかに，benefits (メリット) をとることが多い。

900　　　1800　　　2700　　　3600

DAY 21

DAY 22

DAY 23

DAY 24

DAY 25

DAY 26

DAY 27

DAY 28

DAY 29

DAY 30

1757 amendment
[əméndmənt]

❶ make minor amendments to the report
そのレポートにちょっとした修正を加える

名 改正, 修正

🔄 revision, alteration, adjustment

📘 amend 動 ～を修正する ▶ an amended version（改訂版）

1758 lift
[lɪft]

❶ lift economic sanctions 経済制裁を解除する
❷ lift a ban on beef imports
牛肉の輸入規制を解除する

動 （禁止令などを）解除する, 撤廃する

🔄 remove, end

🔥 lift one's spirits ～を元気づける

1759 collective
[kəléktɪv]

❶ collective responsibility 連帯責任
❷ collective endeavour 共同の試み
❸ collective achievements 力を合わせた成功

形 共同の, 共通の

🔄 shared, joint, mutual

🔁 individual 形 個人の, 個別の

1760 iron out
[áɪən]

❶ iron out problems 問題を解決する

動 ～を解決する

🔄 resolve, straighten out

発音に注意。iron には「アイロンをかける」の意味もある。

1761 dearth
[dɜːθ]

❶ a dearth of information 情報不足

名 不足, 飢饉

🔄 shortage, lack, scarcity

lack のフォーマル語。ライティングでうまく運用して, スコアアップにつなげよう！

1762 frivolous
[frívələs]

❶ frivolous lawsuits ばかげた訴訟
❷ frivolous comments 軽率な発言

形 ばかげた, 分別のない

🔄 silly, without value

🔁 sensible 形 分別のある　rational 形 理にかなった

1763 overhaul
[ðʊvəhɔ́ːl]

❶ overhaul the engine エンジンを点検する
❷ overhaul the education system
教育システムを見直す

動 ～を詳しく調べる, 見直す

🔄 examine, repair, revise

📘 overhaul 名 修理, 変化 ▶ a massive overhaul（大幅な変化）

1764 predecessor
[príːdəsesə]

❶ the latest model that is lighter than its predecessor
前のモデルよりも軽い最新機種

名 前からあった物, 前任者

🔄 forerunner, old model

新しいものと比較する場面で使われることが多く, 人にも物にも使える。

1765	**lax** [læks]	❶ lax regulations 緩い規制 ❷ a lax fiscal policy 手ぬるい財政政策
	形 緩い，手ぬるい	⚫ **slack, negligent**

フォーマルな語。rule, law, control などのルール系の名詞を修飾することが多い。

1766	**hibernate** [háɪbəneɪt]	❶ hibernate in a nest 巣で冬眠する ❷ hibernating animals 冬眠する動物
	動 冬眠する	⚫ **sleep winter, overwinter**

クマやヘビ以外にも，ハリネズミ (hedgehog) やリス (squirrel) も冬眠する。

1767	**a modicum of** [mɔ́dɪkəm]	❶ a modicum of sympathy わずかばかりの同情 ❷ feel a modicum of relief 少し安堵する
	熟 少量の～	⚫ **small amount**

例のほかに，respect や knowledge, humour など，プラスイメージの名詞を修飾することが多い。

1768	**infringe** [ɪnfríndʒ]	❶ infringe on human rights 人権を侵害する
	動 (法律や規則を) 侵す，破る	⚫ **violate, disobey**

🔗 infringement 名 違反，侵害 ▶ copyright infringement (著作権侵害)

1769	**dormant** [dɔ́:mənt]	❶ a dormant volcano 休火山 ❷ his dormant Twitter account 彼の休眠状態のツイッターアカウント
	形 休止状態にある，眠っている	⚫ **sleeping, inactive**

↔ active 形 活発な，能動的な

1770	**logistics** [lədʒístɪks]	❶ marketing and logistics マーケティングと詳細な計画
	名 (事業などの) 詳細な計画	⚫ **skilful organisation, meticulous planning**

🔗 logistics 名 物流管理，ロジスティックス ▶ a logistics centre (物流センター)

1771	**impulsive** [ɪmpʌ́lsɪv]	❶ an impulsive decision 衝動的な決断 ❷ make an impulsive purchase 衝動買いをする
	形 衝動的な	⚫ **rash, hasty**

🔗 impulse 名 衝動 ▶ buy things on impulse (衝動買いする)

1772	**devour** [dɪváʊə]	❶ devour prey 獲物をむさぼり食う ❷ devour dozens of books 何十冊もの本をむさぼり読む
	動 ① ～をガツガツ食べる ② ～を熱心に読む [見る]	⚫ ① **swallow** ② **eagerly read or watch**

②の意味が一般的だが，「生物系」のテーマでは，①の「ガツガツ食べる」が重要。

900　　　　1800　　　　2700　　　　3600

DAY 21

DAY 22

DAY 23

DAY 24

DAY 25

DAY 26

DAY 27

DAY 28

DAY 29

DAY 30

1773 insatiable
[ɪnséɪʃəbəl]

形 貪欲な，飽くことを知らない

❶ an insatiable appetite for knowledge
飽くなき知識欲

≒ voracious

appetite と高頻度で結びつく。ほかにも desire や curiosity など，欲系の名詞を修飾することが多い。

1774 flair
[fleə]

名 才能

❶ a flair for music 音楽の才能
❷ creative flair 創造的才能

≒ talent, gift, aptitude

「生まれつき持っている能力」，特に「芸術の能力」について用いられる。

1775 comprehensible
[kɒmprɪhénsəbəl]

形 理解しやすい，分かりやすい

❶ be barely comprehensible なんとか理解できる
❷ be comprehensible to a wide audience
幅広い視聴者に分かりやすい

≒ easy to understand

823 の comprehensive（包括的な）と混同しないように注意。

1776 unrivalled
[ʌnráɪvəld]

形 競争相手のいない，無敵の

❶ be unrivalled in every respect すべての点で並ぶものがない
❷ an unrivalled selection of products
無敵の製品ラインナップ

≒ without competition

🖉 rival 名 ライバル 動 ～に匹敵する 形 競争する

1777 detrimental
[dètrəméntl]

形 有害な

❶ be detrimental to health 健康に有害である
❷ the detrimental effects of smoking
喫煙の悪影響

≒ harmful, damaging

🖉 detriment 名 損害，損失 ▶to the detriment of my health（健康を損ねるほど）

1778 windfall
[wíndfɔːl]

名 思いがけない幸運，棚ぼた

❶ windfall profits 思いがけない利益

≒ unexpected gain

🔑 wind（風）＋ fall（落ちる）＝「風によって落ちてきた物」⇒「棚ぼた」

1779 categorical
[kæ̀təgɔ́rɪkəl]

形 断定的な

❶ a categorical denial 断固拒否
❷ a categorical statement 断言

≒ absolute, flat, outright

🖉 categorically 副 きっぱり ▶state categorically（断言する）

1780 against the backdrop of

熟 ～を背景に

❶ against the backdrop of social change
社会の変化を背景に

≒ in the context of

against the backdrop of mountains（山々を背景にして）のように，風景描写にも使われる。

| 1781 | shun
[ʃʌn]
動 〜を避ける | ❶ shun publicity 世間の目を避ける
❷ be shunned by the community
地域社会から孤立する
⑤ avoid, reject |

「面倒なことは,〈シャン〉と避けるべし」と覚えよう。

| 1782 | hugely
[hjúːdʒli]
副 非常に | ❶ a hugely popular tourist attraction
非常に人気の高い観光地
❷ a hugely entertaining film 非常に面白い映画
⑤ greatly, very much, so |

ほかに important や successful なども修飾する。very の代わりに運用できるようにしておこう!

| 1783 | fictitious
[fɪktíʃəs]
形 架空の, 作り話の | ❶ a fictitious news report 架空のニュース報道
⑤ unreal, imaginary |

facetious (ふざけた) や fortuitious (思いがけない幸運の) と混同しないように!

| 1784 | lapse
[læps]
名 ① ミス ② (時間の) 経過 | ❶ a lapse of judgement 判断ミス
❷ after a lapse of time 時がたったら
⑤ ①mistake ②interval, gap |

✍ lapse 動 期限が切れる, 消滅する

| 1785 | rampant
[rǽmpənt]
形 まん延した, (植物が) はびこった | ❶ rampant spread of disease 病気のまん延
❷ run rampant まん延する, 流行る
⑤ widespread, uncontrolled, pervasive |

widespread は単なる「広がり」, pervasive は〈広がり+多方面への影響〉を示唆する。

| 1786 | jargon
[dʒáːgən]
名 専門用語 | ❶ legal jargon 法律用語
❷ avoid using technical jargon
専門用語の使用を避ける
⑤ technical terms, specialised language |

不可算名詞のため, 複数形にしないこと。「理解しづらい」というネガティブな含みがある。

| 1787 | unveil
[ʌnvéɪl]
動 〜を発表 [公表] する | ❶ unveil new products 新製品を発表する
⑤ reveal, make public |

🔑 un- (反対に) + veil (ベールで覆う) = 「ベールを外す」⇒「発表する」

| 1788 | derelict
[dérəlɪkt]
形 放置された, 見捨てられた | ❶ demolish derelict buildings 廃ビルを取り壊す
❷ a derelict factory 廃工場
⑤ abandoned, deserted |

✍ dereliction 名 放棄, 怠慢 ▸ dereliction of duty (職務怠慢)

900 1800 2700 3600

DAY 21
DAY 22
DAY 23
DAY 24
DAY 25
DAY 26
DAY 27
DAY 28
DAY 29
DAY 30

1789

square with
[skweə]

動（意見や考えが）〜と合致する

❶ a theory that does not square with the facts
事実と合致しない理論

⛔ be consistent with

🔊 squarely　副 直接に　▶ be aimed squarely at children（子供を直接ターゲットにしている）

1790

crossroads
[krɔ́srəʊdz]

名 ターニングポイント，岐路

❶ at a crossroads　岐路に立って
❷ reach a crossroads in my career
キャリアの岐路に立つ

⛔ important life stage, turning point

常に複数形で用いる。リスニングの Part 2 では，「交差点」の意味で使われる。

1791

bilateral
[baɪlǽtərəl]

形 双方の

❶ bilateral agreement　双方の合意，二国間協定

⛔ reciprocal, collaborative

🔊 lateral　形 横の，横への　collateral　形 付加的な，副次的な

1792

inscribe
[ɪnskráɪb]

動（石などに文字を）刻み込む，彫る

❶ be inscribed on the stone　石に刻まれている

⛔ write, carve, engrave

🔑 in-（中に）+ scribe（書く）=「中に書く」⇒「刻む」

1793

inquisitive
[ɪnkwízətɪv]

形 知識欲のある

❶ inquisitive children　好奇心旺盛な子供たち
❷ develop inquisitive minds　探求心を育てる

⛔ curious, eager to know

英和辞典にある「詮索好きな」というネガティブな感じではなく，実際はポジティブな響きがある。

1794

consolation
[kɒ̀nsəléɪʃən]

名 慰め

❶ of little consolation to the victims
被害者にとってほとんど慰めにならない
❷ a few words of consolation　ちょっとした慰めの言葉

⛔ comfort, solace, compassion

🔊 console　動 〜を慰める　名 家庭用ゲーム機

1795

uphill
[ʌ̀phíl]

形 骨の折れる

❶ an uphill task　骨の折れる作業
❷ face an uphill battle　苦戦する

⛔ demanding, exacting, arduous

🔊 uphill　副 上り坂で／⛔ downhill　形 下り坂の　副 下って

1796

constitute
[kɒ́nstɪtjuːt]

動 ① 〜を構成する，占める
② 〜とみなされる

❶ constitute the majority of the working class
労働階級の大半を占める
❷ constitute a crime　罪になる

⛔ ①make up ②be considered

①の用法は，ライティングの Task 1 で運用できるようにしておこう。

1797 trepidation
[trèpədéɪʃən]

名 恐怖, 不安

❶ with fear and trepidation 恐怖と不安を抱えて

類 apprehension, nervousness

少し硬いが, I took the test with some trepidation. のようにスピーキングで使ってみよう!

1798 agile
[ǽdʒaɪl]

形 ① 動きが機敏な　② 頭の回転が速い

❶ agile movement 機敏な動き
❷ a leader with an agile mind 頭の回転が速いリーダー

類 ①nimble ②intelligent, sharp

派 agility 名 機敏性, 軽快さ

1799 fine-tune
[fàɪn-tjúːn]

動 ～を微調整する

❶ fine-tune a decision-making process
意思決定プロセスを微調整する
❷ fine-tune an instrument 楽器を微調整する

類 change slightly, adjust

「さらにうまく機能するように手を加える」というポジティブな含みがある。

1800 buoyant
[bɔ́ɪənt]

形 上昇傾向の, 活発な

❶ buoyant economy 上向きな経済
❷ buoyant job markets 活発な労働市場

類 developing, booming

海面に浮かぶ buoy (ブイ) の形容詞。「浮かび上がる」から「上昇」の意味に。

1801 peripheral
[pərífərəl]

形 周囲の, 重要でない

❶ peripheral information あまり重要でない情報
❷ peripheral economies 周辺経済

類 unimportant, marginal

派 peripheral 名 周辺機器 ▶ computer peripherals (コンピューターの周辺機器)

1802 impending
[ɪmpéndɪŋ]

形 差し迫った

❶ impending danger 迫り来る危険
❷ an impending recession 差し迫る不況

類 approaching, imminent

⑨ pend は「ぶら下がっている」という意味。危険が目の前にぶら下がっているイメージ。

1803 saturate
[sǽtʃəreɪt]

動 ① (液体に) ～を浸す
② ～を満たす, いっぱいにする

❶ saturated soil 湿った土壌, 飽和土
❷ saturate the market 市場を飽和状態にする

類 ①soak ②fill, permeate

saturated fat (飽和脂肪) は肉やバターなどに含まれ, 多量摂取すると健康に悪影響を及ぼす。

1804 appraisal
[əpréɪzəl]

名 (価値や能力の) 評価

❶ annual staff appraisals 年次従業員評価
❷ a critical appraisal of the evidence
その証拠の批判的評価

類 assessment, evaluation

プロによる評価に用いる。 派 appraise 動 ～を評価する

esoteric
[èsətérɪk]
形 難解な，秘伝的な

❶ esoteric knowledge 奥義
類 obscure, mysterious, enigmatic

「専門知識を持った一部の人にしかわからない」というニュアンスがある。

revel in
[révəl]
動 ～を享受する，味わう

❶ revel in success 成功を味わう
❷ revel in the media attention メディアの注目を味わう
類 enjoy very much

目的語には，fame, achievement, glory, freedom などの抽象的な名詞をとる。

elusive
[ɪlúːsɪv]
形 理解しにくい，見つけにくい

❶ the elusive concept of globalisation グローバリゼーションという理解しにくい概念
❷ elusive animals 見つけにくい動物
類 evasive, ambiguous

英 difficult to find, understand or achieve

tipping point
[típɪŋ pɔɪnt]
名（重大な変化が起こる）転換点

❶ reach a tipping point 転換点に達する
類 critical moment

関 sticking point 行き詰まりの原因 ▶sticking points in negotiations（交渉の行き詰まりの原因）

noxious
[nɔ́kʃəs]
形 有毒な，有害な

❶ noxious fumes 有毒な煙
類 toxic, harmful

関 obnoxious 形 不快な ▶obnoxious behaviour（不快にさせるような態度）

compound
[kəmpáʊnd]
動 ～をさらに悪化させる

❶ compound the problem 問題をさらに悪化させる
類 further aggravate

関 compound 名 化合物 ▶chemical compounds（化学物質）

immaculate
[ɪmǽkjələt]
形 傷ひとつない，完璧な

❶ in immaculate condition 完璧な状態で
類 perfect, impeccable

perfect の強調語。傷や欠点などがなく，文句のつけようのない完璧な状態を指す。

outset
[áʊtset]
名 初め，発端

❶ from the outset 最初から
❷ at the outset of the new era 新時代の幕開けに
類 beginning, commencement

beginning や start のフォーマル語。熟 set out on ～を開始する

221

Chapter 1

1813	**inept** [ɪnépt] 形 的外れな, 能力に欠ける	❶ inept decision-making 的外れな意思決定 ❷ be inept at financial management 財務管理に不向きである S **incompetent**

⇔ competent 形 有能な, 能力がある, 要求にかなう

1814	**envisage** [ɪnvízɪdʒ] 動 ～を想像する	❶ envisage working abroad 海外での勤務を想像する S **imagine, visualise**

imagine のフォーマルな語でイギリス英語。アメリカでは envision を使う。

1815	**fiasco** [fiǽskəʊ] 名 大失敗	❶ a complete fiasco 大失敗 ❷ turn into a fiasco 大失敗に終わる S **disaster, blunder**

失敗した「ショック」に加え,「恥ずかしさ」のニュアンスも含む。

1816	**hinge on** [hɪndʒ] 動 ～にかかっている, 依存する	❶ hinge on the final decision 最終決定にかかっている S **depend on**

頼る系の動詞は「依存の前置詞 on」を伴う ▸rely on, count on, bank on

1817	**culmination** [kʌ̀lmənéɪʃən] 名 最高潮, 集大成	❶ the culmination of the event そのイベントの最高潮 ❷ the culmination of years of commitment 長年にわたる努力の集大成 S **climax, pinnacle, peak**

✐ culminate 動 最高潮に達する, ～の最後を飾る

1818	**reclaim** [rɪkléɪm] 動 ① ～を取り戻す ② ～を埋め立てる	❶ reclaim income tax 所得税の返還を求める ❷ reclaimed land 埋め立て地 S ①**get back**

✐ reclamation 名 開拓, 干拓 ▸land reclamation (土地造成, 埋め立て)

1819	**cumbersome** [kámbəsəm] 形 面倒な, 扱いにくい	❶ cumbersome paperwork 煩雑な書類作業 ❷ be cumbersome to move the furniture 家具を移動させるのが面倒である S **complicated, bulky, heavy**

♦ -some は「～の傾向がある」という意味。burdensome だと「負担となる」。

1820	**lucid** [lúːsɪd] 形 明快な, わかりやすい	❶ a lucid account of the event その出来事のわかりやすい説明 S **clear, comprehensible**

1549 に登場した elucidate (～を明らかにする) と関連付けて覚えよう。

1821 rejoice
[rɪdʒɔ́ɪs]

❶ rejoice at the news その知らせを喜ぶ
❷ rejoice in election victory 選挙の勝利を喜ぶ

動 喜ぶ，うれしがる　　🔁 exult, take delight in

rejoice at[in, over] のように，前置詞とセットで用いられることが多い。

1822 goodwill
[gʊ̀dwíl]

❶ show a goodwill towards fellow workers
同僚に対して好意を示す
❷ a gesture of goodwill 好意のしるし

名 友好，好意　　🔁 consideration, benevolence

♂ good（善）＋ will（気持ち）＝「善意，好意」

1823 tantamount to
[tǽntəmaʊnt]

❶ be tantamount to rudeness 失礼そのものである
❷ be tantamount to impossible まず不可能である

熟 ～も同然である　　🔁 identical to, equal to

目的語には，abuse（虐待）や slavery（奴隷制度）などのネガティブな名詞をとる。

1824 tumultuous
[tjuːmʌ́ltʃuəs]

❶ receive a tumultuous welcome
熱烈な歓迎を受ける

形 熱烈な，大騒ぎの　　🔁 full of activity

「良い雰囲気の中でがやついている」というポジティブな含みがある。

1825 invigorate
[ɪnvígəreɪt]

❶ invigorate the economy 経済を活性化する
❷ invigorate the mind 気持ちを生き生きとさせる

動 ～を活気づける　　🔁 stimulate, revitalise, rejuvenate

🖊 reinvigorate　動 ～を再活性化させる ▸feel reinvigorated（元気を取り戻す）

1826 feud
[fjuːd]

❶ a long-running feud 長く続く確執
❷ settle a family feud 家族間の争いを解決する

名 確執，争い，いがみ合い　　🔁 conflict, strife

長期にわたる激しい論争のことを指し，暴力は含まれない。

1827 collate
[kəléɪt]

❶ collate information 情報を照合する
❷ collate and analyse data データを照合して分析する

動 ～を照合する　　🔁 gather, collect

リサーチ関連の文脈で頻出。「さまざまなソースから情報を収集し，比較検討する」という含み。

1828 unprecedented
[ʌnprésɪdentɪd]

❶ increase at an unprecedented rate
これまでにないペースで増加する
❷ on an unprecedented scale かつてない規模で

形 かつてない，先例のない　　🔁 unusual, unparalleled

🖊 precedent　名 前例，先例 ▸set a precedent（先例を作る）

Chapter 1

1829	**ameliorate** [əmíːliəreit] 動 ～を改善する	❶ ameliorate the situation 状況を改善する 題 **improve, rectify, remedy**
	improve のフォーマル語。目的語にはほかに，problem や condition などをとる。	

1830	**impromptu** [ɪmprɔ́mptjuː] 形 即座の，即興の	❶ an impromptu speech 即興のスピーチ ❷ hold an impromptu meeting 緊急会議を開く 題 **improvised, spontaneous**
	よく使われるラテン語の一つ。ほかにも ad hoc（特別の，その場その場の）が好例。	

1831	**accolade** [ǽkəleɪd] 名 称賛，栄誉	❶ win an accolade 称賛を得る ❷ receive accolades for my contribution 貢献に対して称賛を受ける 題 **praise, award, recognition**
	praise の強意語で，特に偉大な賞や功績に対する称賛を指す。	

1832	**pertinent** [pə́ːtɪnənt] 形 関連性のある	❶ pertinent questions 関連した質問 ❷ discuss issues pertinent to the policy 政策に関する問題を議論する 題 **relevant, fitting**
	⊠ irrelevant 形 無関係の，不適切な／熟 beside the point 的外れで	

1833	**look to** 動 ～に目を向ける，～を考える	❶ look to the future of Japan 日本の将来をよく考える 題 **consider, attend**
	熟 look to someone for（人の）～を頼りにする ▶look to him for help（彼に支援を頼る）	

1834	**exterminate** [ɪkstə́ːməneɪt] 動 ～を絶滅させる	❶ exterminate pests 害虫を駆除する ❷ exterminate enemies 敵をせん滅する 題 **kill, wipe out**
	kill の婉曲語。特に「環境」のテーマで登場し，動植物を目的語にとる。	

1835	**inertia** [ɪnə́ːʃə] 名 不活発，無気力，惰性	❶ suffer from inertia 無気力に悩まされる ❷ a strong sense of inertia 強い無気力感 題 **inactivity, laziness**
	⊠ energy 名 気力，元気 vigour 名 活力	

1836	**eavesdrop** [íːvzdrɒp] 動 盗み聞きする	❶ eavesdrop on a conversation 会話を盗み聞きする 題 **listen secretly**
	〈eavesdrop + on〉の形でよく使われる。無意識に聞こえてきた場合には overhear を使う。	

pedantic
1837
[pɪdǽntɪk]

形 無駄に細部にこだわる

❶ pedantic comments 細かすぎる発言
❷ a pedantic review 細かすぎる見直し

≒ **fussy, fastidious**

英和辞典には「学者ぶった」とあるが，この意味で使われることはまれ。

transcend
1838
[trænsénd]

動 ～を超越する

❶ transcend cultural barriers
文化的障壁を乗り越える

≒ **go beyond, exceed**

∂ transcendent 形 ずばぬけた　transcendental 形 超自然的な

fallacy
1839
[fǽləsi]

名 誤った考え，誤り

❶ a proven fallacy 証明された誤り
❷ a common fallacy よくある誤った考え

≒ **misconception, incosistency**

∂ fallacious 形 誤った，虚偽の ▶a fallacious argument (誤った主張)

transient
1840
[trǽnziənt]

形 はかない，つかの間の

❶ a transient life はかない人生
❷ transient visitors 短期の滞在客

≒ **short-lived, transitory**

⟷ permanent 形 永続的な　long-lasting 形 長続きする

threshold
1841
[θréʃhəʊld]

名 基準，境界

❶ raise the minimum threshold
最小閾値を引き上げる
❷ pain thresholds 痛みの限界

≒ **level, limit**

「閾値 (いきち)」とは，ある反応を起こさせるのに，加えなければならない最小のエネルギー値のこと。

at odds with
1842
[ɒdz]

熟 ～と不一致で

❶ at odds with modern thinking
現代的な考え方と一致せずに

≒ **in conflict with, on bad terms with**

∂ odds 名 可能性，見込み ▶against all odds (見込みがないにもかかわらず)

amid
1843
[əmíd]

前 ～の真っただ中に

❶ amid mounting concerns ますます高まる懸念の中
❷ amid the crowd 雑踏の中

≒ **in the middle of, during**

フォーマルな語で，特にリーディングで頻出。fear, confusion などのネガティブな名詞を修飾する。

exude
1844
[ɪgzjúːd]

動 ① (液体などを) 発散させる
② (自信などを) 十分に表す

❶ plants that exude nectar 蜜を出す植物
❷ exude confidence 自信にあふれている

≒ ①**give off, discharge** ②**display**

⟷ absorb 動 ～を吸収する

Chapter 1

1845	**vehicle** [víːɪkəl] 名 手段	❶ a vehicle for change 変化の手段 ❷ a vehicle for self-expression 自己表現手段 ≋ means, medium, method

ディクテーション問題では、「乗り物, 車」の意味で出題される。

1846	**revitalise** [riːváɪtəlaɪz] 動 ～を活性化する, 再生する	❶ revitalise the economy 経済を活性化する ❷ revitalise the immune system 免疫システムを回復させる ≋ reinvigorate, restore, reanimate

⌀ vit は「生命」という意味 ▶vitality (活力), vital (命の)

1847	**adept** [ǽdept] 形 熟達した, 非常にうまい	❶ be adept at language learning 言語学習の名人である ❷ become adept at dealing with stress ストレスへの対処がうまくなる ≋ skilled, expert, practised

skilful よりもさらに優れた技能を持っている状態を指す。

1848	**oblivion** [əblíviən] 名 忘れ去られること	❶ from fame to oblivion 名声から忘却へ ❷ fall into oblivion 世間から忘れ去られる ≋ obscurity

⌀ oblivious 形 忘れている, 気づかない

1849	**unorthodox** [ʌnɔ́ːθədɒks] 形 型破りな	❶ an unorthodox approach 型破りな方法 ❷ unorthodox methodology 従来にはない方法論 ≋ unconventional, eccentric

↔ orthodox 形 正統的 [伝統的] な   conventional 形 慣習の, 従来型の

1850	**orchestrate** [ɔ́ːkəstreɪt] 動 ～を画策する	❶ orchestrate a project プロジェクトを企画する ❷ orchestrate an attack 攻撃を画策する ≋ organise, stage-manage

orchestra (オーケストラ) の派生語。「自らが指揮をして, 計画的に行う」という含みを持つ。

1851	**churn out** [tʃɜːn] 動 量産する	❶ churn out cheap works 粗悪品を量産する ≋ produce in large quantities

「質は気にせず, とりあえず大量に作る」というネガティブなニュアンスがある。

1852	**quaint** [kweɪnt] 形 古風な趣のある	❶ a quaint country village 趣のある田舎町 ≋ charming, picturesque, attractive

「古い感じがして, 静かで趣のある」というポジティブなイメージを持つ。

1853 safeguard
[séɪfgɑːd]

動 ~を守る

❶ safeguard against climate change
気候変動に対処する
❷ safeguard the environment　環境を保護する

🔄 protect, shield

🖉 safeguard　名 予防手段　▸safeguards against fraud（詐欺に対する防衛手段）

1854 synopsis
[sɪnɒ́psɪs]

名 概要，あらすじ

❶ a synopsis of the film　その映画のあらすじ

🔄 summary, outline, abstract

主に本や映画，演劇などの芸術作品について述べる際に使われる。

1855 curtail
[kɜːtéɪl]

動 ~を切り詰める，削減する

❶ curtail spending　支出を削減する

🔄 reduce, limit, trim

目的語には investment などの金銭系の名詞，または right などの権利系の名詞をとる。

1856 aloof
[əlúːf]

形 よそよそしい，冷淡な

❶ aloof behaviour　よそよそしい振る舞い

🔄 distant, detached

「愛想が悪く，あえて距離を取って人と話さない」というネガティブな含みがある。

1857 reiterate
[riːítəreɪt]

動 ~を繰り返し言う，繰り返し行う

❶ reiterate my opinion　自分の意見を繰り返し述べる

🔄 repeat, restate

retaliate（仕返しする）と混同しやすい。

1858 anonymous
[ənɒ́nɪməs]

形 匿名の

❶ anonymous sources　匿名の情報源
❷ an anonymous survey　無記名のアンケート

🔄 unidentified, unnamed

1034 で登場した synonymous（同義の）との違いに注意。

1859 ramp up
[ræmp]

動 ~を増やす，増加させる

❶ ramp up production　生産量を増やす
❷ ramp up the price of season tickets
定期券の値段を上げる

🔄 increase

🖉 ramp　名 斜面，スロープ　▸ramps for wheelchair users（車いす利用者用スロープ）

1860 ethos
[íːθɒs]

名 （特定の集団が持つ）精神，信念，考え方

❶ school ethos　学園精神
❷ an ethos of self-reliance　自立の精神

🔄 spirit, essence, principle

人を動かすには ethos, pathos（情念），logos（理性）の 3 つが必要（アリストテレスの名言より）。

Chapter 1

1861 disparate
[díspərət]

形 異なる要素から成る

❶ a disparate group of people
全く異なる人たちの集団

Ⓢ **different, contrasting, diverse**

Ⓔ very different and unrelated to each other

1862 quench
[kwentʃ]

動 ①（渇きを）癒す　②（火などを）消す

❶ quench your thirst 喉の渇きを癒す
❷ quench the fire 火を消す

Ⓢ ①**satisfy** ②**extinguish**

🖉 unquenchable　形 飽くなき ▶ an unquenchable thirst for knowledge（飽くなき知識欲）

1863 incremental
[ìŋkrəméntl]

形 徐々に増加する

❶ see an incremental improvement
段階的な改善が見られる

Ⓢ **gradually increasing**

🖉 increment　名 昇給 ▶ annual increments（年次昇給）

1864 repercussion
[rìːpəkʌ́ʃən]

名 余波，影響

❶ repercussions of bad decision-making
誤った決断の影響

Ⓢ **ramification, ripple**

percussion（打楽器）の派生語。何かが起こったあとで，周囲に与える「余波」のことを指す。

1865 dampen
[dǽmpən]

動 （気持ちや希望を）くじく，削ぐ

❶ dampen his enthusiasm 彼の熱意をくじく

Ⓢ **weaken, reduce, lessen**

形容詞 damp（湿った）の動詞形で，dampen a cloth（布を湿らせる）のようにも使われる。

1866 run-down
[rʌ̀n-dáʊn]

形 ① 荒廃した　② 疲れきった

❶ regenerate a run-down part of the town
町の荒廃した地域を再生させる
❷ feel run-down 疲労困憊である

Ⓢ ①**neglected** ②**exhausted**

ハイフンなしの rundown とすると，名詞で「要約，概要」という意味になる。

1867 uphold
[ʌphóʊld]

動 （考えや思想を）守る，支持する

❶ uphold the law 法律を守る
❷ uphold traditional values
昔からの価値観を大切にする

Ⓢ **support, defend, preserve**

これまで続いてきたことを〈支持する＋維持する〉という含みがある。

1868 catalyst
[kǽtlɪst]

名 触媒，促進するもの

❶ act as a catalyst for change
変化を促す役割を果たす

Ⓢ **trigger, stimulant**

「変化や反応を引き起こしたり，促進したりするもの」という意味。

900 1800 2700 3600

DAY 21
DAY 22
DAY 23
DAY 24
DAY 25
DAY 26
DAY 27
DAY 28
DAY 29
DAY 30

1869 recount
[rɪkáʊnt]

動 ～について詳しく話す

❶ recount a story 話を詳しく述べる
❷ recount an experience 経験を詳しく述べる

🔄 tell, narrate

tell のフォーマル語。主に過去の出来事を詳しく話す際に使われる。

1870 extraneous
[ɪkstréɪniəs]

形 無関係な

❶ information extraneous to the matter
その問題とは無関係な情報

🔄 irrelevant, beside the point

🔄 relevant 形 関係 [関連] のある　pertinent 形 関連 [関係] のある

1871 hindsight
[háɪndsaɪt]

名 後知恵

❶ in hindsight あと知恵で，今になってみれば

🔄 understanding after the event

🔷 hind は「後ろの」という意味の接辞。／ 🔄 foresight 名 先見の明

1872 bear the brunt of
[brʌnt]

動 ～の矢面に立つ

❶ bear the brunt of responsibility
責任の矢面に立つ

🔄 take the majority of resposibility for

🅔 receive the worst part of something unpleasant, such as criticism and attack

---

1873 pristine
[prísti:n]

形 手つかずの

❶ pristine nature 手つかずの自然
❷ pristine coral reef 手つかずのサンゴ礁

🔄 unspoiled, immaculate

「環境」テーマにおける必須語。ほかにも beach, rainforest, wilderness といった名詞を修飾する。

1874 dodge
[dɒdʒ]

動 ～を避ける，ごまかす

❶ dodge the question 質問をかわす
❷ dodge the traffic 渋滞を避ける

🔄 evade, escape, elude

「ドッジボール」(dodgeball) を連想すれば，「かわす」というイメージで覚えやすい。

1875 loot
[lu:t]

動 ～を盗む，略奪する

❶ looted antiques 盗まれた骨董品
❷ loot historical objects 歴史的な遺物を略奪する

🔄 steal, plunder

📝 loot 名 略奪品 ▶find stolen loot (盗品を発見する)

1876 bountiful
[báʊntɪfəl]

形 大量の，豊富な

❶ a bountiful harvest 豊作
❷ bountiful energy supplies 十分なエネルギー供給

🔄 abundant, plentiful

🔄 scarce 形 少ない，まれな　meagre 形 わずかばかりの

Chapter 1

fitting
1877
[fítɪŋ]

形 ふさわしい

❶ a fitting tribute ふさわしい賛辞
❷ a fitting end to the event
そのイベントにふさわしい結末

⬛ suitable, appropriate, apt

🔗 fitting 名 付属品, 建具 ▶fixtures and fittings (家具什器, 付帯設備)

impart
1878
[ɪmpɑ́ːt]

動 (情報などを) 分け与える, 知らせる

❶ impart knowledge to students
生徒に知識を授ける

⬛ give, provide, convey

💡 im- (中に) + part (分ける) =「(相手の) 中に分ける」⇒「分け与える」

nocturnal
1879
[nɒktə́ːnl]

形 夜行性の

❶ nocturnal animals 夜行性動物

⬛ active at night

コウモリ (bat), フクロウ (owl), アライグマ (raccoon) などが夜行性動物の好例。

dissonance
1880
[dísənəns]

名 不一致, 相違

❶ the dissonance between the two leaders
二人のリーダーの相性の悪さ

⬛ disagreement, clash

原義は, ふたつ以上の音が調和しない状況のこと (不協和音)。⬌ harmony 名 調和, 一致

inhospitable
1881
[ìnhɒspítəbəl]

形 荒れ果てた, 居住できない

❶ an inhospitable island 居住に適さない島

⬛ bleak, hostile

「環境」テーマで頻出。ほかにも planet (惑星) や desert (砂漠) ともよく結びつく。

exhort
1882
[ɪgzɔ́ːt]

動 ～を促す, 熱心に勧める

❶ exhort a child to behave well
子供に行儀よく振る舞うよう強く言う

⬛ urge, advise

extort (～を脅迫する) と混同しないように注意。

congregate
1883
[kɒ́ŋgrɪgeɪt]

動 集まる, 集合する

❶ congregate around the park 公園の周囲に集まる
❷ congregate off the coast to feed
餌を求めて沿岸に集まる

⬛ gather, assemble, flock

通常, 大勢で集まるという動作を表し, 人や動物, 昆虫などに使うことができる。

tap into
1884

動 ① ～を活用する
② (気持ちや状況を) 理解する

❶ tap into his expertise 彼の専門知識を活用する
❷ tap into people's concerns 他人の不安を理解する

⬛ ①utilise ②understand

🔗 untapped 形 未開発の ▶untapped reserves of oil ([未開発の] 埋蔵石油)

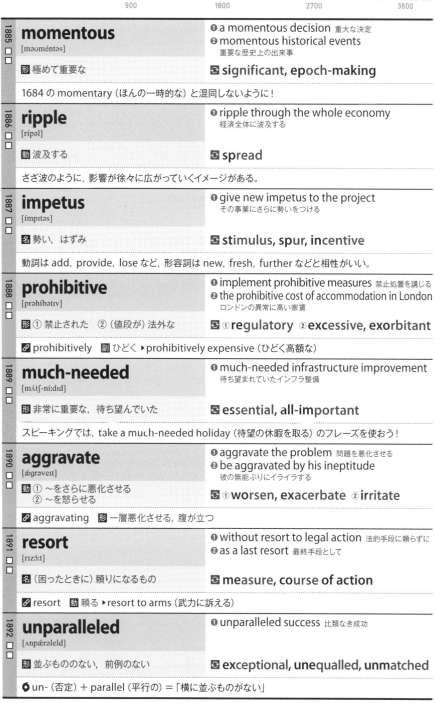

DAY 21 | DAY 22 | **DAY 23** | DAY 24 | DAY 25 | DAY 26 | DAY 27 | DAY 28 | DAY 29 | DAY 30

1885 momentous
[məʊméntəs]

❶ a momentous decision 重大な決定
❷ momentous historical events
重要な歴史上の出来事

形 極めて重要な

🔄 significant, epoch-making

1684 の momentary (ほんの一時的な) と混同しないように！

1886 ripple
[rípəl]

❶ ripple through the whole economy
経済全体に波及する

動 波及する

🔄 spread

さざ波のように, 影響が徐々に広がっていくイメージがある。

1887 impetus
[ímpɪtəs]

❶ give new impetus to the project
その事業にさらに勢いをつける

名 勢い, はずみ

🔄 stimulus, spur, incentive

動詞は add, provide, lose など, 形容詞は new, fresh, further などと相性がいい。

1888 prohibitive
[prəhíbətɪv]

❶ implement prohibitive measures 禁止処置を講じる
❷ the prohibitive cost of accommodation in London
ロンドンの異常に高い家賃

形 ① 禁止された ② (値段が) 法外な

🔄 ①regulatory ②excessive, exorbitant

🖉 prohibitively 副 ひどく ▶prohibitively expensive (ひどく高額な)

1889 much-needed
[mʌ́tʃ-níːdɪd]

❶ much-needed infrastructure improvement
待ち望まれていたインフラ整備

形 非常に重要な, 待ち望んでいた

🔄 essential, all-important

スピーキングでは, take a much-needed holiday (待望の休暇を取る) のフレーズを使おう！

1890 aggravate
[ǽɡrəveɪt]

❶ aggravate the problem 問題を悪化させる
❷ be aggravated by his ineptitude
彼の無能ぶりにイライラする

動 ① ~をさらに悪化させる
② ~を怒らせる

🔄 ①worsen, exacerbate ②irritate

🖉 aggravating 形 一層悪化させる, 腹が立つ

1891 resort
[rɪzɔ́ːt]

❶ without resort to legal action 法的手段に頼らずに
❷ as a last resort 最終手段として

名 (困ったときに) 頼りになるもの

🔄 measure, course of action

🖉 resort 動 頼る ▶resort to arms (武力に訴える)

1892 unparalleled
[ʌnpǽrəleld]

❶ unparalleled success 比類なき成功

形 並ぶもののない, 前例のない

🔄 exceptional, unequalled, unmatched

🔑 un- (否定) + parallel (平行の) = 「横に並ぶものがない」

Chapter 1

1893	**undo** [ʌndúː] 動 ～を元へ戻す	❶ undo the damage ダメージを修復する ❷ undo the decision 決定を取り消す 🔄 **reverse**

日常的には「(ボタンを) 外す」の意味で使われるが, IELTS では上記の方が重要。

1894	**erratic** [ɪrǽtɪk] 形 ① 気まぐれな ② 一貫性のない	❶ erratic behaviour 気まぐれな態度 ❷ erratic schedule 定まらないスケジュール 🔄 ①**unpredictable** ②**unstable**

1924 の elastic (弾力性のある) と混同しないように!

1895	**make amends for** [əméndz] 動 ～への償いをする	❶ make amends for mistakes ミスに対する償いをする 🔄 **compensate for**

make amendments to (～に修正を加える) との混同に注意。

1896	**grip** [grɪp] 名 ① 支配力 ② 理解力	❶ tighten grip 統制を強める ❷ lose my grip on reality 現実がわからなくなる 🔄 ①**control, power** ②**understanding**

🔄 get to grips with ～を理解し始める　in the grip of ～にさいなまれて

1897	**transgress** [trænzgrés] 動 (規則を) 破る, (制限を) 超える	❶ transgress the rule ルールを破る ❷ transgress the boundaries 境界線を越える 🔄 **violate, infringe**

🔑 trans- (越えて) + gress (踏み入れる) =「～を超える」

1898	**innate** [ɪnéɪt] 形 生まれつきの, 固有の	❶ an innate ability to multitask 複数のタスクをこなせる先天的能力 ❷ an innate sense of justice 持って生まれた正義感 🔄 **natural, inborn**

🔄 acquired　形 後天的な ▶acquired characteristics (後天的な特徴, 獲得形質)

1899	**groundbreaking** [gráundbrèɪkɪŋ] 形 革新的な, 草分けの	❶ groundbreaking research 革新的な研究 🔄 **innovative, pioneering**

🔄 break new ground 新境地を開拓する, 新しい分野に踏み出す

1900	**demeanour** [dɪmíːnə] 名 態度, 振る舞い	❶ her calm demeanour 彼女の冷静な態度 🔄 **behaviour, manner**

「話し方, 服装, 他人との接し方など, その人の人柄が分かる態度」を指す。

1901 exasperated
[ɪgzǽːspəreɪtɪd]

形 ひどくイライラして

❶ be exasperated by a long delay
大幅な遅延にいら立つ
❷ be exasperated by his rudeness　彼の無礼に憤慨する

🔄 infuriated, aggravated

exacerbate（〜を悪化させる）と混同しないように！

1902 forestall
[fɔːstɔ́ːl]

動 〜を未然に防ぐ

❶ forestall the demonstration　デモを未然に防ぐ

🔄 prevent, deter, avert

接頭辞の fore-（事前に）からもわかるように，「事前に手を打ち未然に防ぐ」という含みがある。

1903 pejorative
[pɪdʒɔ́rətɪv]

形 軽蔑的な

❶ pejorative language　軽蔑的な言葉

🔄 disparaging, derogatory

word, term, expression などの言語系の名詞を修飾することが多い。

1904 ventilation
[vèntəléɪʃən]

名 換気

❶ proper ventilation in a building
建物の適切な換気

🔄 airing, freshening

🔀 ventilate　動 〜を換気する ▶ventilate a room（部屋の換気を行う）

1905 appease
[əpíːz]

動 （人を）なだめる，（苦痛を）和らげる

❶ appease the masses　大衆をなだめる
❷ appease her anxiety　彼女の不安を和らげる

🔄 calm, pacify, placate

目的語には critics や voter などの人，または anger のような感情系の名詞をとる。

1906 philanthropic
[filənθrɔ́pɪk]

形 慈善の，慈善活動を行う

❶ philanthropic billionaires
慈善活動を行っている億万長者
❷ through philanthropic efforts　慈善活動を通じて

🔄 charitable, generous

🔀 philanthropist　名 慈善活動家 ▶ビル・ゲイツやウォーレン・バフェットがその好例。

1907 branch out
[brɑːntʃ]

動 （商売の）手を広げる

❶ branch out into a new market
新たな市場に進出する

🔄 expand, spread out

branch は名詞で「枝」という意味。事業が成長して，枝分かれしていく姿をイメージしよう！

1908 sphere
[sfɪə]

名 範囲，領域

❶ a sphere of activity　活動範囲
❷ a sphere of interest　関心の領域

🔄 field, scope, domain

🔀 sphere　名 球, 球体　atmosphere　名 大気　hemisphere　名 半球

Chapter 1

1909	**outperform** [àʊtpəfɔ́:m] 動 〜より優る，〜をしのぐ	❶ outperform my peers 自分のライバルをしのぐ 🔄 do better than, outshine
	🔄 underperform　動 〜に及ばない，劣る	

1910	**unscrupulous** [ʌnskrú:pjələs] 形 道徳に反する，たちの悪い	❶ unscrupulous and illegal practices 不誠実で違法なやり方 ❷ unscrupulous management 悪徳経営 🔄 immoral, unethical
	🔄 scrupulous　形 誠実な，入念な ▶scrupulous attention to detail（細部にまで気を配ること）	

1911	**milestone** [máɪlstəʊn] 名 画期的な出来事，節目	❶ reach a milestone 重要な段階に達する ❷ mark a historic milestone 歴史的な節目を示す 🔄 defining moment
	1738 で紹介した cornerstone（土台）との違いをチェックしておこう！	

1912	**sever** [sévə] 動 〜を断つ，断ち切る	❶ sever diplomatic relations 外交関係を断つ 🔄 separate, disconnect
	🖉 severance　名 切断，契約解除 ▶severance pay（退職金，解雇手当）	

1913	**imperative** [ɪmpérətɪv] 形 必須の，極めて重要な	❶ be imperative to success 成功に不可欠である 🔄 compulsory, critical
	It is imperative that 〜 .（〜は必須である）のように，that 節をとることもできる。	

1914	**sinister** [sínɪstə] 形 邪悪な，不吉な	❶ a sinister plot 邪悪な策略 ❷ sinister intentions 悪意 🔄 evil, malevolent, ominous
	There is something sinister about 〜 .（〜は危険な香りがする）の形も頻出。	

1915	**circumvent** [sɜ̀:kəmvént] 動 （障害物を）避ける，（規制などを）回避する	❶ circumvent the law 法律を逃れる ❷ circumvent an obstruction 障害を避ける 🔄 bypass, avoid, evade
	🔾 circum で始まる語は，「周」のイメージを持つ ▶circumference（円周）	

1916	**ultimatum** [ʌ̀ltəméɪtəm] 名 最後通告	❶ give employees an ultimatum 従業員に最後通告を突きつける 🔄 a final warning
	中に ultimate（最終的な）を含んでいることから，意味は推測しやすい。	

1917 procure
[prəkjúə]

動 〜を入手する，調達する

❶ procure resources 資源を調達する

≒ obtain, secure, come by

✐ procurement **名** 調達，獲得 ▶ procurement service（調達業務）

1918 erudite
[érədaɪt]

形 博識な，学問的な

❶ an erudite scholar 博識な学者
❷ a polished and erudite speech
　洗練された学術的なスピーチ

≒ well-informed, knowledgeable

人に使うと「知識が豊富である」，物に使うと「専門的な」といった響きが出る。

1919 discount
[dɪskáʊnt]

動 〜を考慮に入れない，無視する

❶ discount his opinions 彼の意見を軽く扱う
❷ cannot discount the possibility of the plan failing
　計画頓挫の可能性を無視できない

≒ disregard, dismiss

♦ dis-（否定）+ count（重要である）=「重要ではない」⇒「考慮しない」

1920 disparity
[dɪspǽrəti]

名 格差，不均衡

❶ growing income disparity 広がる収入格差
❷ huge disparity in wealth 非常に大きな貧富の格差

≒ difference, gap, inequality

gap の堅い語でネガティブなニュアンスがある。経済学や社会学でよく使われる。

1921 mind-boggling
[máɪnd-bɔ̀gəlɪŋ]

形 びっくり仰天の，信じられない

❶ a mind-boggling phenomenon
　びっくり仰天するような現象

≒ shocking, staggering

話し言葉。形の似た mind-blowing は，「見事な，すごい」という意味。

1922 muster
[mʌ́stə]

動 〜を集める，奮い起こす

❶ muster the courage to speak in public
　人前で話す勇気を奮い立たす

≒ collect, call up

muster up（〜を奮い起こす）の形で用いられることも多い。

1923 shore up
[ʃɔː]

動 （弱りかけているものを）支える

❶ shore up the economy 経済を支える

≒ bolster, support

shore は名詞で「支柱」。shore up a building（建物を支える）のようにも使われる。

1924 elastic
[ɪlǽstɪk]

形 弾力性のある，融通が利く

❶ elastic materials 伸縮素材
❷ an elastic regulation 融通の利く規則

≒ flexible, resilient

✐ elasticity **名** 弾力性

1925	**analogy** [ənǽlədʒi] 名 例え	❶ make an analogy between marriage and an adventure 結婚は冒険に例えられる ❷ historical analogy 歴史的な例え 🟰 **comparison, metaphor**

🖉 analogous 形 類似した ▶be analogous to（〜に類似している）

1926	**intractable** [ɪntrǽktəbəl] 形 手に負えない	❶ an intractable problem 手に負えない問題 🟰 **unmanageable, out of hand**

「治療困難な」という意味でも時々使われる ▶intractable cancer（難治がん）

1927	**dissipate** [dísəpeɪt] 動 ①（熱や煙を）散らす ②（お金を）浪費する	❶ dissipate heat 熱を分散する ❷ dissipate money 無駄遣いする 🟰 ①**disappear, fade** ②**waste**

🖉 dissipate 動（雲や霧が）散る，消える

1928	**strenuous** [strénjuəs] 形 激しい，きつい	❶ strenuous exercise 激しい運動 ❷ strenuous efforts 必死の努力 🟰 **arduous, demanding, exhausting**

過労死（karoshi）に代表されるように，日本は strenuous working culture な国と言える。

1929	**segment** [ségmənt] 名 区分，断片	❶ segment of society 社会階層 ❷ a representative segment 代表的な階層 🟰 **division, section, fraction**

🖉 segment 動 〜を分割する

1930	**penitent** [pénɪtənt] 形 後悔している	❶ be penitent about my crime 自分の犯した罪を悔いる 🟰 **regretful, repentant**

1832 で登場した pentinent（関連性のある）と見間違えないように注意しよう！

1931	**rebut** [rɪbʌ́t] 動 〜に反論する，反証する	❶ rebut criticism 批判に対して反論する ❷ rebut claims 要求に対して反論する 🟰 **disprove, invalidate**

拒絶・反対系の単語は，re で始まるものが多い ▶refuse, repeal, repel, refute

1932	**duplicate** [djúːplɪkeɪt] 動 〜をそっくり複製する	❶ successfully duplicate the experiments その実験を再現することに成功する 🟰 **copy exactly**

🖉 duplicate 形 複製の 名 全く同じもの ▶a duplicate set of keys（合い鍵）

DAY 21 | DAY 22 | DAY 23 | DAY 24 | DAY 25 | DAY 26 | DAY 27 | DAY 28 | DAY 29 | DAY 30

1933 in sync
[sɪŋk]

❶ be in sync with the new working environment
新しい職場環境にうまく適応している

熟 調和して，適応して

❸ in harmony, well-adjusted

話し言葉。synch は synchronisation（同時に起こること）の略語。

1934 overt
[óʊvɜːt]

❶ overt racism あからさまな人種差別

形 あからさまな

❸ open, undisguised

🔄 covert 形 秘密の，内密の ▶covert operations（秘密工作）

1935 fallout
[fɔːlaʊt]

❶ economic fallout 経済的低迷
❷ tackle the fallout from the financial crisis
金融危機の影響に対処する

名 悪い結果，予期せぬ影響

❸ unpleasant consequence

熟 fall out 口論する ▶fall out with my attorney（弁護士と口論する）

1936 commendable
[kəméndəbəl]

❶ commendable efforts 称賛に値する取り組み

形 称賛に値する

❸ admirable, praiseworthy

🔄 commend 動 ～を褒める ▶commend his bravery（彼の勇気を称賛する）

1937 encompass
[ɪnkʌ́mpəs]

❶ encompass a wide range of services
さまざまなサービスを含む
❷ mountains encompassing a small lake 小さな湖を囲む山々

動 ① ～を含む　② ～を取り囲む

❸ ①include, cover ②surround

🔄 en-（中に）+ compass（範囲）=「範囲の中に入れる」⇒「含む」

1938 telling
[télɪŋ]

❶ the most telling moment in the story
その物語の核心となる場面
❷ a telling example 分かりやすい例

形 ① 大きな影響を持つ　② 分かりやすい

❸ ①significant ②revealing

a telling example には，「情報が多くて分かりやすい」という含みがある。

1939 conjure up
[kʌ́ndʒə]

❶ conjure up happy childhood memories
幼少期の楽しい記憶を思い出させる

動 ～を思い出させる

❸ bring to mind, evoke

🔄 conjure 動 ～に魔法をかける

1940 benchmark
[béntʃmɑːk]

❶ a benchmark of performance 成果を測る尺度
❷ a benchmark for measuring economic progress
経済発展を測る基準

名 基準，尺度

❸ criterion, yardstick, barometer

「物事の価値判断をするための基準，指標」という意味。

Chapter 1

1941 tantalising

[tǽntəlaızıŋ]

形 興味をそそられる

❶ a tantalising offer 興味をそそられるオファー

類 tempting, enticing

🖉 tantalisingly 副 じらすかのように ▸tantalisingly close to (もう少しで〜で)

1942 spearhead

[spíəhed]

動 〜の先頭に立つ

❶ spearhead a campaign キャンペーンの先頭に立つ

類 lead, head

名詞で the spearhead of the campaign のように, 「リーダー」の意味でも使われる。

1943 skirt

[skɜːt]

動 〜を回避する, 避けて通る

❶ skirt the issue その問題を避けて通る
❷ skirt around the town その町を迂回する

類 avoid, evade, stay clear of

スカートは腰の「周り」に巻きつけるもの。そこから, 「周辺を回る」⇒「回避する」と覚えよう。

1944 irresistible

[ìrızístəbəl]

形 ① 抑えられない ② 魅力的な

❶ an irresistible urge 抑えられない衝動
❷ bargains that are irresistible to shoppers
買い物客を引きつけるような特売品

類 ① uncontrolable ② tempting, enticing

🔸 ir- (否定) + resist (抑える) + -able (可能) = 「抑えられない」

1945 conjecture

[kəndʒéktʃə]

動 推測する

❶ conjecture that the measure will be of little effect
その施策はほとんど効果がないと推測する

類 guess, hypothesise

🖉 conjecture 名 憶測, 推測 ▸pure conjecture (全くの憶測)

1946 property

[prɔ́pəti]

名 ① 特性 ② 財産, 不動産

❶ chemical properties 化学的性質
❷ rental properties 賃貸物件

類 ① quality, attribute ② land estate

通常は②の意味で使われることが多いが, リーディングでは①の方が重要。

1947 sought-after

[sɔːt]

形 需要の高い, 人気のある

❶ sought-after items 大人気の商品
❷ skills sought-after in today's job market
今日の雇用市場で需要の高いスキル

類 in demand, wanted, desirable

ここでの sought は, 動詞 seek (〜を求める) の過去分詞形。

1948 harness

[háːnəs]

動 〜を利用する, 役立てる

❶ harness wind power 風力を利用する
❷ harness the expertise of successful entrepreneurs
成功した起業家の知見を生かす

類 utilise, exploit, employ

よく「環境」テーマで登場し, 目的語には, 再生可能エネルギーを表す名詞をとることが多い。

1949 step up
[動] ～を強化する

❶ step up our efforts to combat climate change
気候変動に立ち向かう取り組みを強化する

🔄 improve, intensify

日本語の「ステップアップ」(向上する) には improve を使う。

1950 outwit
[aʊtwít]
[動] ～を出し抜く，～の裏をかく

❶ outwit her rivals ライバルを出し抜く
❷ outwit the system システムの裏をかく

🔄 outsmart, outperform

wit は名詞で「機知，機転，ウィット」という意味。

1951 worship
[wə́ːʃɪp]
[名] 崇拝，礼拝

❶ ancestor worship 祖先崇拝
❷ a daily act of religious worship 毎日の宗教崇拝

🔄 veneration, adoration

🔗 worship [動] ～を敬愛する

1952 conspicuous
[kənspíkjuəs]
[形] 目立った，顕著な

❶ conspicuous success 顕著な成功
❷ conspicuous consumption 顕示的消費

🔄 noticeable, clearly visible

❷の「顕示的消費」とは，自分の富をアピールするために，高価なものを購入すること。

1953 bombard
[bɒmbáːd]
[動] ～を攻め立てる

❶ bombard him with questions 彼を質問攻めにする
❷ be bombarded with adverts for products
商品の広告が殺到している

🔄 inundate, plague

「爆弾 (bomb) でバーッと攻め立てる」と覚えよう！

1954 exquisite
[ɪkskwízət]
[形] 非常に美しい，絶妙な

❶ exquisite fine dining 繊細な高級料理
❷ an exquisite piece of jewellery 美しい宝石

🔄 extremely beautiful

beautiful の強調語。「手の込んだ仕事による繊細な美しさ」を表す。

1955 subsistence
[səbsístəns]
[名] 必要最低限の生活 [食事，費用]

❶ means of subsistence 生活手段
❷ subsistence farming 自給農業

🔄 maintenance, preservation

🔗 subsist [動] 生活する／ subsist on ～で生計を立てる

1956 underpin
[ʌndəpín]
[動] (議論などを) 支持する，実証する

❶ be underpinned by research 研究に裏打ちされる

🔄 support, sustain, bolster

🔗 underpinning [名] 基礎，土台 ▶the underpinning of civilization (文明の基盤)

Chapter 1

high-profile
1957

[hὰɪ-próʊfaɪl]

形 注目を集めている

❶ a high-profile critic 注目を集めようとする批評家
❷ a high-profile case 注目を集めている事案

🔄 **conspicuous, attention-seeking**

🔄 low-profile 形 控えめな, 目立たない

bargaining
1958

[bάːɡənɪŋ]

名 値段などの交渉, 取引

❶ wage bargaining 賃金交渉
❷ be in a strong bargaining position
交渉開始時に有利な立場にいる

🔄 **negotiating**

🖊 bargain 動 (値段を) 交渉する 名 特売品

herald
1959

[hérəld]

動 ～の予兆となる

❶ herald the arrival of winter 冬の到来を告げる

🔄 **signal, portend**

arrival 以外にも, approach や end をよく目的語にとる。

dire
1960

[daɪə]

形 悲惨な, 恐ろしい

❶ dire consequences 悲惨な結果
❷ live in dire poverty 極貧生活を送る

🔄 **grave, catastrophic**

serious の強意語で, 極めて深刻な状況を表す。

trim
1961

[trɪm]

動 ① ～を削減する ② ～を刈り取る

❶ trim staff costs 人件費を削減する
❷ trim the lawn 芝を刈る

🔄 ① **reduce** ② **remove**

🖊 trimmer 名 刈り込み用道具, トリマー ▶hedge trimmer (植木用の電気バリカン)

poise
1962

[pɔɪz]

名 バランス, 落ち着き, 態度

❶ recover poise 落ち着きを取り戻す
❷ his poise and professionalism
彼の落ち着きとプロとしての姿勢

🔄 **balance, grace, elegance**

「高い能力や威厳があり, 落ち着いて自信に満ちた振る舞い」というニュアンス。

gloss over
1963

[ɡlɒs]

動 (良くないことを) 隠す, 言い逃れをする

❶ gloss over the facts 事実を隠す
❷ gloss over our responsibility
自分たちの責任に触れない

🔄 **avoid, cover up, ignore**

gloss は動詞で「光沢をつける」という意味。触れたくないことに光沢を塗って避けるイメージ。

beset
1964

[bɪsét]

動 ～を悩ませる

❶ be beset with social problems
社会問題に悩まされる

🔄 **plague, torment, afflict**

通常, be beset by[with] の形で使われ, 前置詞のあとにはネガティブな名詞が続く。

1965 regeneration
[rɪdʒénəréɪʃən]

❶ regeneration of a city in decline 衰退都市の再生
❷ urban regeneration 都市再生

名 再生，復活　🔁 **rebirth, revival**

✏ regenerate　動 ～を再生する ▶regenerate the town（町を再生する）

1966 authoritative
[ɔːθɔ́rətətɪv]

❶ authoritative voice 威厳のある声
❷ in an authoritative manner 威厳のある態度で

形 権威のある，威厳のある　🔁 **confident, self-assured**

authoritarian（権威的な）には，権威を利用して威張り散らすというような含みがある。

1967 unheard-of
[ʌ̀nhə́ːd-əv]

❶ be virtually unheard-of until recently
最近までほとんど前例がない

形 前例のない，前代未聞の　🔁 **unusual, unknown**

熟 go unheard　聞き流される，無視される

1968 skew
[skjuː]

❶ skew statistics 統計値を改ざんする

動 （事実や価値を）偽る，ゆがめる　🔁 **distort, falsify**

目的語には data や figure など数値系，または perception や view などの思考系の名詞をとる。

1969 uncanny
[ʌnkǽni]

❶ bear an uncanny resemblance
異常なほど似ている
❷ an uncanny ability 優れた能力

形 異様な，優れた　🔁 **strange, weird, eerie**

説明がつかないような現象や優れた能力を描写するポジティブな語。

1970 array
[əréɪ]

❶ a wide array of services 幅広いサービス

名 ずらりと並んだもの　🔁 **variety, display, arrangement**

🔄 disarray　名 混乱，乱雑 ▶fall into disarray（混乱状態に陥る）

1971 render
[réndə]

❶ render the law ineffective 法律を無効にする
❷ render assistance 援助を与える

動 ① ～に変える　② ～を与える　🔁 ①**make** ②**deliver, provide**

〈render ＋目的語＋補語〉の形でよく使われ，補語にはネガティブな形容詞などが来る。

1972 intolerable
[ɪntɔ́lərəbəl]

❶ intolerable heat 耐えらえない暑さ
❷ place an intolerable burden
耐え難いほどの負担をかける

形 耐えられない　🔁 **unbearable, insufferable**

🔄 tolerable　形 耐えられる

1973

ride out
[raɪd]

動 ～を乗り切る

❶ ride out the storm 嵐を乗り切る
❷ ride out the economic downturn 不況を乗り切る

🔄 **survive, weather, live through**

1514 で登場した weather（～を切り抜ける）とほぼ同じように使われる。

1974

rationale
[ræ̀ʃənάːl]

名 論理的根拠

❶ the rationale behind the choice
その選択をした論理的根拠

🔄 **reason, grounds, principle**

rational（合理的な）との混同に注意。発音も要チェック！

1975

holistic
[hɔlístɪk]

形 全体的な，総体的な

❶ a holistic approach to tackling health problems
健康問題の解決に取り組むための総合的なアプローチ

🔄 **universal, complete**

「問題などを個別にとらえるのではなく，大きな枠組みで考えるような」という意味。

1976

revere
[rɪvíə]

動 ～を崇拝する，あがめる

❶ revere his artwork 彼の芸術品をあがめる
❷ be revered as a symbol of national pride
国家威信の象徴としてあがめられている

🔄 **admire, venerate**

「尊敬度」は，respect ⇒ admiration ⇒ esteem, regard ⇒ reverence の順で高くなる。

1977

rife
[raɪf]

形 （悪いことが）まん延して，広まって

❶ be rife with corruption 汚職がまん延している

🔄 **widespread, rampant**

例のほかにも crime, errors, anxiety のようなネガティブな語と相性がいい。

1978

debacle
[deɪbάːkəl]

名 大失敗，瓦解

❶ end in a debacle 大失敗に終わる

🔄 **fiasco, catastrophe, collapse**

failure の強意語。🔄 triumph 名 大成功

1979

outstrip
[aʊtstríp]

動 ～を上回る，しのぐ

❶ Demand outstrips supply. 需要が供給を上回る。
❷ outstrip competitors ライバル企業を上回る

🔄 **surpass, exceed**

「経済」テーマで頻出。目的語には，inflation や sales などのビジネス関連の名詞をとる。

1980

unforgiving
[Ànfəgívɪŋ]

形 ① 厳しい，容赦のない ② 許されない

❶ unforgiving extreme weather 過酷な異常気象
❷ be unforgiving of any mistakes
いかなるミスも許されない

🔄 ①**harsh, severe** ②**merciless**

🔄 forgiving 形 寛容な，寛大な ▶have a forgiving nature（寛容な性格である）

1981 dexterity
[dekstérəti]

名 器用さ，巧妙さ

❶ require manual dexterity 手先の器用さを必要とする
❷ verbal dexterity 言葉の巧みさ

🖲 ingenuity, art, ability

🖉 dexterous 形 器用な，巧妙な ▸dexterous hands（器用な手先）

1982 sweeping
[swíːpɪŋ]

形 ① 広範囲の，全面的な
　　② 一般化しすぎた

❶ sweeping changes to the exam system
試験制度の全面的な変更
❷ a sweeping statement 一般論的な発言

🖲 ①far-reaching, comprehensive

🖉 sweep 動（台風や病気が場所を）素早く通過する，（床などを）掃く

1983 tarnish
[táːnɪʃ]

動（評判や名声を）傷つける

❶ tarnish the reputation of the company
会社の評判を損なう

🖲 harm, undermine

「（鉄や銅が）輝きを失って変色する」が原義。

1984 intermittent
[ìntəmítənt]

形 断続的な，途切れ途切れの

❶ intermittent rain 断続的に降る雨

🖲 irregular, sporadic

🔄 steady 形 一定の，不変の　continuous 形 途切れない，連続の

1985 assemblage
[əsémblɪdʒ]

名 集合（体）

❶ a diverse assemblage of species
種のさまざまな集合体
❷ an assemblage of antiques 骨董品一式

🖲 collection, variety

🖉 assemble 動 ～を集める，集まる

1986 insoluble
[ɪnsóljəbəl]

形（問題などが）解けない，解決できない

❶ an insoluble problem 解決できない問題

🖲 impossible to solve, indecipherable

solve の形容詞 soluble（解決できる）に否定の in- がついたもの。

1987 steer
[stɪə]

動 ～のかじを取る，～を（…に）向ける

❶ steer a boat south 船を南に進める
❷ steer the conversation to other topics
会話を別の話題へ向ける

🖲 control, direct, lead

🔥 steer clear of ～を避ける ▸steer clear of trouble（トラブルを避ける）

1988 assiduous
[əsídjuəs]

形 熱心な，細心の注意を払った

❶ be persistent and assiduous in her research
研究に粘り強く熱心である

🖲 diligent, meticulous

〈勤勉さ＋入念さ〉のニュアンスを持つ力強い語。

243

1989 arena
[ərí:nə]

名 活躍の舞台, 活動領域

❶ in the political arena 政治の舞台で
❷ enter the international arena 国際舞台に参加する

🔄 an area of activity, sphere

「競技場, アリーナ」の意味もあることから, 競争が激しい場所のイメージがある。

1990 conscientious
[kɒnʃiénʃəs]

形 まじめな, 入念な

❶ conscientious and trustworthy まじめで信頼できる
❷ be conscientious about their work
仕事にまじめである

🔄 diligent, meticulous

conscious (意識して) と混同しないように注意。

1991 a catalogue of
[kǽtəlɒg]

熟 連続する〜

❶ a catalogue of errors 度重なる誤り

🔄 a series of, a sequence of

🖉 catalogue　動 〜を目録 [カタログ] に載せる, 分類する　名 目録, カタログ

1992 tear down
[teə]

動 〜を取り壊す

❶ tear down the building to make way for a new road
新道路建設のためにビルを取り壊す

🔄 demolish, knock down

tear は不規則動詞で tear-tore-torn と変化する。また, 名詞の tear (涙) とは発音が異なるので注意。

1993 stature
[stǽtʃə]

名 ① 地位, 名声　② (人の) 身長

❶ enhance the country's international stature
その国の国際的な名声を高める
❷ be short in stature 身長が低い

🔄 ①reputation, status　②height

IELTS では①の意味が重要。「実績や功績に対して向けられる称賛」というニュアンス。

1994 egalitarian
[ɪgæ̀lətéəriən]

形 平等主義の

❶ an egalitarian society 平等主義の社会
❷ egalitarian distribution of wealth 平等な富の分配

🔄 fair, unprejudiced

Ⓔ based on the belief that all people are equal and have the same rights and opportunities

---

1995 pique
[pi:k]

動 ① (興味を) そそる　② (人を) 怒らせる

❶ pique my curiosity 好奇心をそそる
❷ be piqued by his rudeness 彼の失礼さにいら立つ

🔄 ①stimulate, arouse　②irritate

🖉 pique　名 (自尊心を傷つけられて) 立腹 ▶in a fit of pique (怒って, 腹を立てて)

1996 definitive
[dífinətɪv]

形 最終的な, 決定的な

❶ a definitive statement 最終的な声明
❷ provide a definitive answer 最終的な解答を出す

🔄 final, conclusive

スペリングの似た definite (確実な) と混同しないように注意。

DAY 21　DAY 22　DAY 23　**DAY 24**　DAY 25　DAY 26　DAY 27　DAY 28　DAY 29　DAY 30

1997 muddle
[mʌ́dl]

動 ～を混乱させる，ごちゃ混ぜにする

❶ be muddled by conflicting information
矛盾する情報に惑わされる
❷ muddle through ～をなんとか乗り切る

🄢 confuse, baffle

🖉 muddling 形 混乱するような／熟 in a muddle 混乱して

1998 aftermath
[ǽftəmæθ]

名 (災害や事件の) 余波，結果

❶ in the aftermath of the war 戦争の余波を受けて
❷ the aftermath of the storm 嵐の影響

🄢 result, effect

災害系や事件系の名詞と相性がいいが，victory や success などの名詞とも一緒に使われる。

1999 circumspect
[sə́:kəmspekt]

形 慎重な

❶ a circumspect statement 慎重な発言
❷ take a circumspect approach to immigration
移民問題に慎重な姿勢を取る

🄢 cautious, alert, vigilant

1915 の circumvent (～を回避する) と混同しやすいので注意しよう！

2000 recapitulate
[rì:kəpítʃəleit]

動 ～を要約する

❶ recapitulate an argument 議論をまとめる
❷ recapitulate the course of events
事の成り行きをまとめる

🄢 summarise

会話では，recap のように省略されることが多い。

2001 pretext
[prí:tekst]

名 口実，名目，言い訳

❶ under the pretext of freedom of speech
言論の自由という名目のもとに

🄢 excuse, pretence

ノーマルな語で，「本当の理由を隠すために，理由を偽って」という含みがある。

2002 dubious
[djú:biəs]

形 ① 疑っている　② 怪しい，うさんくさい

❶ be dubious about the idea その考えに疑いを持つ
❷ dubious business dealings 怪しいビジネス取引

🄢 ①doubtful ②suspicious

doubtful や suspicious ほどは疑っていないが，「少し怪しい」という軽い響きがある。

2003 ambience
[ǽmbiəns]

名 雰囲気

❶ a hotel with a cosy ambience
落ち着いた雰囲気のホテル

🄢 atmosphere

フレーズ❶の cosy に加え，good, relaxed, peaceful などのポジティブな形容詞と結びつくことが多い。

2004 optimum
[ɔ́ptəməm]

形 最適な，最善の

❶ optimum conditions for learning
学習に最適な条件
❷ maintain optimum health 最高の健康状態を維持する

🄢 the best possible, perfect

optimal にも同様の意味があるが，optimum の方が一般。 🖉 optimise 動 ～を最大限に利用する

Chapter 1

2005	**adorn** [ədɔ́:n] 動（人や物を）〜で飾る	❶ trees adorned with decorations 飾り付けされたツリー 🔄 **decorate, garnish, embellish**

adorned with の形でよく用いられ，目的語には pictures や flowers などの名詞をとる。

2006	**tamper with** [tǽmpə] 動 〜を改ざんする，〜に手を加える	❶ tamper with evidence 証拠を改ざんする ❷ tamper with the security system 防犯システムに手を加える 🔄 **interfere with, meddle with**

🔖 tamper-proof 形 簡単に変更できない ▶ a tamper-proof device（簡単にいじれない機器）

2007	**discrepancy** [dɪskrépənsi] 名 不一致，相違	❶ the discrepancy between rich and poor 富裕層と貧困層の間の食い違い 🔄 **difference, disparity, inconsistency**

「本来同じであるべきものが異なっている」というようなニュアンスがある。

2008	**subtract** [səbtrǽkt] 動 〜を引く，控除する	❶ subtract spending from total income 総収入から支出を差し引く 🔄 **take away, withdraw**

🔖 add 動 〜を足す　multiply 動 〜にかける　divide 動 〜を割る

2009	**conducive** [kəndjú:sɪv] 形（よい結果の）助けになる，貢献する	❶ be conducive to language acquisition 言語習得に役立つ ❷ be conducive to the public good 公益に寄与する 🔄 **beneficial, favourable**

スペリングの似た conductive（伝導 [伝熱] 性のある）との混同に注意。

2010	**embrace** [ɪmbréɪs] 動（新たな考えや変化を）進んで受け入れる	❶ embrace a new era 新しい時代を受け入れる ❷ embrace cultural diversity 文化的多様性を受け入れる 🔄 **willing to accept, welcome**

🔆 eagerly accept something new, such as a change, idea, belief or concept

2011	**ensuing** [ɪnsjú:ɪŋ] 形 あとに続いて起こる	❶ an ensuing discussion 続いて起きた議論 ❷ ensuing from efforts 努力の結果 🔄 **following, resulting from**

それほど頻度は高くないが，A ensued from B（B によって生じた A）の形でも使われる。

2012	**autonomy** [ɔːtónəmi] 名 ① 自治（権）② 自主性	❶ enjoy a high degree of autonomy 高度な自治権が保証されている ❷ develop students' autonomy 学生の自主性を育てる 🔄 ① **independence** ② **self-reliance**

🔖 autonomous 形 自らの意思で動く ▶ autonomous vehicles（自律走行車）

2013 recuperate
[rɪkjúːpəreɪt]

動 〜から回復する，
（活力や損失を）取り戻す

❶ recuperate from illness　病気から回復する
❷ recuperate our losses　損失を取り戻す

🔁 get better, recover

🔗 recuperation　名 （健康の）回復 ▶recuperation at home（自宅療養）

2014 insurmountable
[ìnsəmáʊntəbəl]

形 乗り越えられない，手に負えない

❶ insurmountable obstacles　乗り越えられない障害

🔁 impossible, intractable

mount（登る）が入っているので，「登れない」⇒「越えられない」と理解しよう。

2015 dilute
[daɪlúːt]

動 ① 〜を薄める　② 〜を弱める

❶ dilute concentrated orange juice with water
　濃縮オレンジジュースを水で薄める
❷ dilute the quality of education　教育の質を下げる

🔁 ①water down ②reduce, lower

②の意味ではほかに，power, impact, identity などを目的語にとる。

2016 untouched
[ʌntʌ́tʃt]

形 触れられていない，手つかずの

❶ untouched natural beauty　手つかずの自然の美しさ

🔁 undamaged, pristine, unspoiled

「環境」テーマで重要。上記3つの言い換えに気づけるようにしておこう！

2017 preclude
[prɪklúːd]

動 〜を妨げる，不可能にする

❶ preclude the use of force　武力行使を阻む
❷ preclude further investigation
　踏み込んだ調査を妨害する

🔁 prevent, inhibit, impede

このほかに，preclude the possibility（可能性をなくす）のフレーズも頻出。

2018 affinity
[əfínəti]

名 ① 親近感　② 類似性［点］

❶ a close affinity with nature　自然への愛着
❷ an affinity between art and sport
　芸術とスポーツの類似点

🔁 ①affection ②similarity

↔ dislike　名 嫌悪，反感　hostility　名 敵対心，反対

2019 stave off
[steɪv]

動 〜を防ぐ，食い止める

❶ stave off infection　感染を防ぐ
❷ stave off energy crisis　エネルギー危機を食い止める

🔁 fight off, delay

目的語には病名のほかに，bankruptcy や recession などのネガティブな語をとる。

2020 salient
[séɪliənt]

形 非常に重要な，目立った

❶ summarise the salient points　重要な点を要約する

🔁 noteworthy, notable, prominent

🅔 most important and noticeable

Chapter 1

2021	**relax** [rɪlǽks] 動 ～を緩める，緩和する	❶ relax immigration regulations 移民規制を緩和する 🔄 **loosen, mo**derate

🔀 tighten 動 ～を厳しくする ▶tighten the law（法律を厳しくする）

2022	**avenue** [ǽvənjuː] 名 方法，手段	❶ explore every possible avenue あらゆる可能な手段を模索する 🔄 **method, di**rection, **approach**

リスニングの Part 1 では，一般的な「大通り，並木道」という意味で登場する。

2023	**proportionate** [prəpɔ́ːʃənət] 形 比例した，つり合った	❶ business plans proportionate to the size of the organisation 組織の規模とつり合った事業計画 🔄 **corresponding, comparable**

The success is directly proportionate to the amount of time and effort we put in.のように使う。

2024	**unleash** [ʌnlíːʃ] 動 ～を解き放つ，引き起こす	❶ unleash my fury 怒りをぶちまける ❷ unleash the potential of young people 若者の可能性を引き出す 🔄 **let loose, re**lease

leash はアメリカ英語で，「（犬などをつなぐ）鎖」の意味。イギリスでは lead が使われる。

2025	**potent** [póʊtənt] 形 ① 効き目のある ② 影響 [説得] 力のある	❶ a potent drug 効き目のある薬 ❷ potent arguments 説得力のある主張 🔄 ①**powerful** ②**effective, forceful**

🔁 potency 名 効能，説得力

2026	**exonerate** [ɪgzɒ́nəreɪt] 動 ～の無実を証明する	❶ be exonerated from the charge of fraud 詐欺容疑が晴れる 🔄 **declare innocent**

🔀 convict 動 ～に有罪を宣告する　charge 動 ～を告訴する

2027	**spectrum** [spéktrəm] 名 （活動や考えの）範囲	❶ cover a broad spectrum of subjects 幅広いテーマを扱う ❷ across the spectrum すべての領域にわたって 🔄 **range, scope**

physics の専門用語。複数形は spectra。

2028	**propagate** [prɒ́pəgeɪt] 動 （考えを）広める，（動植物を）繁殖させる	❶ propagate ideas 思想を広める ❷ propagate plants from seeds 種から植物を繁殖させる 🔄 **spread, di**sseminate, **promulgate**

🔁 propaganda 名 プロパガンダ：ある特定の政治的な考えを押しつけるための宣伝

2029

a paucity of
[pɔ́ːsəti]

❶ a paucity of data データ不足
❷ a paucity of imagination 想像力不足

熟 ～の不足

🄢 a lack of, a scarcity of

resources などの資源系，research などの情報系の名詞を修飾することが多い。

2030

impressionable
[ɪmpréʃənəbəl]

❶ at an impressionable age 影響を受けやすい年代で
❷ impressionable youth 影響されやすい若者

形 影響を受けやすい

🄢 vulnerable, susceptible

child や teenager などの，感受性の強い若者を表す名詞を修飾する。

2031

denote
[dɪnóʊt]

❶ denote danger 危険な兆候を示す
❷ denote a change in foreign policy
外交政策の変更を意味する

動 ～を示す，意味する

🄢 indicate, signal

🄟 denotation 🄝 文字通りの意味／🄯 connotation 🄝 言外の意味，含み

2032

cohort
[kóʊhɔːt]

❶ graduating cohorts 同学年の卒業生
❷ a growing cohort of elderly people
増え続ける高齢者群

名 仲間，群

🄢 group, colleague

同級生，同期入社の同僚，同年代の人たちなど，「年齢・年代が同じ」という文脈で用いられる。

2033

rustic
[rʌ́stɪk]

❶ enjoy rustic scenery 田園風景を楽しむ
❷ rustic wooden chairs 飾り気のない木製のいす

形 ① 田舎っぽい ② 素朴な，飾り気のない

🄢 ①rural ②simple, rough

「のどかな雰囲気を醸し出すような」といったポジティブなイメージがある。

2034

rebuff
[rɪbʌ́f]

❶ rebuff all his suggestions 彼の提案をすべて拒絶する

動 ～を拒絶する，はねつける

🄢 refuse, spurn

🄟 rebuff 🄝 ぶしつけな拒絶 ▸ suffer a sharp rebuff（激しい拒絶を受ける）

2035

equilibrium
[ìːkwəlíbriəm]

❶ maintain social equilibrium 社会的均衡を維持する
❷ lose my equilibrium 平衡感覚を失う

名 つり合い，均衡

🄢 balance, stability

equi-（等しい）から推測できるように，物理的，精神的，政治的な「安定」を表す。

2036

vice versa
[vaɪs vɜ́ːsə]

❶ translate English into Japanese and vice versa
英日と日英の両方に訳す

副 逆もまた同様に

🄢 contrarily, in reverse

フレーズ❶のように，and vice versa の形で使われることが多い。

Chapter 1

| 2037 ☐☐ | **foil**
[fɔɪl]

動 ～を失敗させる，くじく | ❶ foil a terrorist attack テロ攻撃を阻止する

⊜ **prevent, thwart** |

⊖ assist 動 ～に力を貸す　facilitate 動 ～を手助けする

| 2038 ☐☐ | **reservation**
[rèzəvéɪʃən]

名 疑い，懸念 | ❶ have serious reservations about the scheme
その計画に強い疑いを持つ

⊜ **doubt, misgivings, qualms** |

通常複数形で表し，have 以外だと express などの動詞とも相性が良い。

| 2039 ☐☐ | **supersede**
[sùːpəsíːd]

動 ～を取り替える，～に取って代わる | ❶ be superseded by online content
オンラインコンテンツに取って代わられる

⊜ **replace, displace, substitute for** |

be superseded by の形で用いられることが多い。

| 2040 ☐☐ | **in store**

熟 将来起こりそうで | ❶ predict what the world holds in store for
the year 2050
2050 年に世界で起こりそうなことを予測する

⊜ **likely to happen** |

What's in store for the future of ～? (～の将来には何が待っているのか) は決まり文句。

| 2041 ☐☐ | **petrified**
[pétrɪfaɪd]

形 恐怖で固まって | ❶ be petrified of heights 高所が怖くて身がすくむ
❷ be petrified to see a wild bear
野生のクマを見て身がすくむ

⊜ **terrified, horrified** |

🔗 petri- は「石」の意味。びっくりしすぎて，体が石のように固まるイメージ。

| 2042 ☐☐ | **rejuvenate**
[rɪdʒúːvəneɪt]

動 ～を活性化させる，若返らせる | ❶ rejuvenate the run-down city centre
荒廃した都市の中心を再建する
❷ feel rejuvenated 生き返った気分になる

⊜ **revitalise, reinvigorate** |

▶ have a rejuvenating effect (若返りの効果がある)

| 2043 ☐☐ | **impasse**
[æmpáːs]

名 行き詰まり，手詰まり | ❶ reach to an impasse 行き詰まる
❷ break the impasse 行き詰まりを打開する

⊜ **stalemate, deadlock** |

「打開する」の意味では break のほかに，resolve や end なども使われる。

| 2044 ☐☐ | **jeopardise**
[dʒépədaɪz]

動 ～を危うくする，脅かす | ❶ jeopardise my career 自身のキャリアを犠牲にする
❷ jeopardise his health 彼の健康を脅かす

⊜ **sacrifice, endanger** |

📝 jeopardy 名 危険，危機 ▶ in jeopardy (危険にさらされて)

2045 marginal
[mɑ́:dʒɪnəl]

形 （数量が）わずかな

❶ see a marginal increase　わずかに増加する

S **slight, minor, negligible**

🔗 margin　名 差, 限度, 利益 ▸by a wide margin（大差で）

2046 cement
[sɪmént]

動 ～を固める, 強固にする

❶ cement positive relationships
友好な関係を強化する

S **strengthen, reinforce**

「『セメント』で関係を固める」とイメージしよう！

2047 revert to
[rɪvə́:t]

動 ～に戻る

❶ revert to normal　通常の状態に戻る
❷ revert to old habits　古い習慣に戻る

S **return to**

決まり文句で revert to type（元の状態に戻る）も要チェック。

2048 parameter
[pərǽmɪtə]

名 基準, 制限（範囲）

❶ create new parameters　新たな基準を設ける
❷ within the parameters of the law　法律の範囲内で

S **criterion, framework**

◐ meter は「計測」という意味 ▸thermometer（温度計）, barometer（気圧計）

2049 tentative
[téntətɪv]

形 仮の, 一時的な, 暫定的な

❶ tentative plans　試案
❷ reach a tentative deal　暫定的な合意に達する

S **provisional, interim**

🔄 permanent　形 永続的な　perpetual　形 永遠の

2050 redress
[rɪdrés]

動 ～を正す, 是正する

❶ redress the balance　バランスを取る
❷ redress the gender imbalance
男女の不均衡を是正する

S **correct, rectify**

🔗 redress　名 改善, 矯正手段 ▸a redress of grievance（不満に対する［政府の］対応策）

2051 anecdote
[ǽnɪkdəʊt]

名 逸話, エピソード

❶ amusing anecdotes from my childhood
子供のときの面白いエピソード

S **short personal story**

🔗 anecdotal　形 裏付けに乏しい ▸anecdotal evidence（事例証拠：個人的な逸話に基づいた証拠）

2052 necessitate
[nɪsésɪteɪt]

動 ～を必要とする, 余儀なくされる

❶ necessitate a change of our strategy
戦略の変更を余儀なくされる

S **require, demand, entail**

🔗 necessity　名 必要性, 必需品 ▸basic necessities（基本的な生活必需品）

Chapter 1

2053 stern
[stɜːn]

形 険しい，厳格な，厳しい

❶ a stern look 険しい表情
❷ issue a stern warning 厳重な警告を出す

⊜ strict, severe, harsh

🄴 strict, serious and disapproving

2054 make a dent in
[dent]

動 ～を減少させる

❶ make a dent in the deficit 赤字を減らす

⊜ reduce

🖉 dent 名 (表面の) くぼみ，へこみ

2055 portent
[pɔ́ːtent]

名 前触れ，兆し

❶ a portent of war 戦争の前触れ
❷ a portent of political upheaval 政変が起こる兆し

⊜ harbinger, omen

2025 の potent との混同に注意。🖉 portend 動 ～の前兆となる

2056 throwaway
[θróuəweɪ]

形 ① (商品が) 使い捨ての
② (発言が) 何げない

❶ throwaway plastic items 使い捨てのプラスチック製品
❷ a throwaway remark 何げない発言

⊜ ①disposable ②casual, careless

「環境」テーマでは，throwaway society (使い捨て社会) のフレーズが頻出。

2057 channel
[tʃǽnl]

動 (力や関心などを) 向ける，注ぐ

❶ channel our energy into creating a better society
より良い社会を築くために力を注ぐ

⊜ direct, focus

目的語にはほかに，money, effort, resources などの名詞をとることが多い。

2058 replete
[rɪplíːt]

形 いっぱいの，十分に備えた

❶ be replete with wildlife 野生生物であふれている
❷ a street replete with coffee shops
コーヒーショップが立ち並ぶ通り

⊜ filled, loaded, rife

例のように replete with の形でよく用いられる。🔄 scarce 形 少ない，まれな

2059 afflict
[əflíkt]

動 ～を悩ませる，苦しめる

❶ be afflicted by poverty 貧困に苦しむ
❷ be afflicted by a disease 病気に苦しむ

⊜ trouble, beset, assail

1566 の inflict との違いに注意しよう！ 🖉 affliction 名 苦痛

2060 status quo
[stèɪtəs kwóu]

名 現状

❶ question the status quo 現状に疑問を抱く
❷ maintain the status quo 現状を維持する

⊜ the present state, convention

ラテン語由来の表現。ほかに形容詞の de facto (事実上の) も覚えておこう！

2061 outdo
[aʊtdúː]

❶ outdo fellow teammates　チームメートに勝る
❷ outdo each other in competition　互いに競い合う

動 ～に勝る

⑤ surpass, outperform, outshine

1893 に出てきた undo（～を元に戻す）と混同しないように！

2062 bask in
[bɑːsk]

❶ bask in the glory of our achievement
達成の栄光に浸る

動（称賛や注目を）浴びる，楽しむ

⑤ enjoy, rejoice

文字通り，bask in the sun（日光浴をする）のように使うことも可能。

2063 irreversible
[ìrɪvə́ːsəbəl]

❶ irreversible environmental damage
回復不可能な環境被害

形 回復できない，撤回できない

⑤ unchangeable, permanent

💡 ir-（否定）+ revers（逆向きに変える）+ -ible（できる）=「元に戻せない」

2064 augment
[ɔːgmént]

❶ augment income with a part-time job
アルバイトをして収入を増やす
❷ augment human intelligence　知性を高める

動 ～を増やす，強化する

⑤ increase, expand, add to

フレーズ❶や❷以外にも，position や performance など幅広い目的語をとることができる。

2065 thematic
[θɪmǽtɪk]

❶ thematic elements of the film
その映画のテーマに関わる要素

形 テーマに関する

⑤ theme-based, theme-related

名詞 theme（テーマ）の派生語。発音に注意しよう！

2066 flaunt
[flɔːnt]

❶ flaunt their wealth　富を見せびらかす
❷ flaunt his talent　才能をひけらかす

動 ～を見せびらかす，ひけらかす

⑤ boast, show off, brag about

「〈フローンっと〉お金や才能を見せびらかす」と覚えよう！

2067 indicative
[ɪndíkətɪv]

❶ be indicative of a wider problem
問題が広がる兆しがある

形 兆しのある，暗示する

⑤ symptomatic, expressive

indicative of の形でよく使われる。動詞 indicate（～を示す）の派生語。

2068 upheaval
[ʌphíːvəl]

❶ economic upheaval　経済の大変動

名 大変動，激変

⑤ disruption, revolution

「大きな混乱や不安を巻き起こすような，社会的な大変動」といった含みがある。

Chapter 1

2069	**flimsy** [flímzi]	❶ flimsy evidence 説得力のない証拠 ❷ flimsy plastic もろいプラスチック
	形 ① 浅はかな，当てにならない　② もろい	🔄 ① **unconvincing** ② **weak**

話の内容や素材の「薄さ」を表す。

2070	**contract** [kəntrǽkt]	❶ contract the muscle 筋肉を収縮させる ❷ contract a disease 病気にかかる
	動 ① ～を縮小 [収縮] させる ② (病気に) かかる	🔄 ① **shrink** ② **develop**

ライティングでは，contraction (短縮形：It's や They'll など) を使ってはいけない！

2071	**long-established** [lɔŋ-ɪstǽblɪʃt]	❶ long-established traditions 古くからある伝統 ❷ long-established business practices 古くから続くビジネス手法
	形 長い歴史がある，古くからある	🔄 **long-existing, conventional**

🔗 well-established　形 (名声などが) 確立された，一流の，老舗の

2072	**focal point** [fóukəl]	❶ the focal point of the city 町の中心地 ❷ the focal point of the conference その会議の焦点
	名 ① (活動の) 中心　② (話の) 焦点	🔄 **the central place or point**

focal は名詞 focus (焦点) の派生語で，「焦点の」という意味。

2073	**consequential** [kɒ̀nsəkwénʃəl]	❶ consequential loss 間接損害 ❷ the most consequential decision 最も重要な決断
	形 ① 結果として起こる　② 重要な	🔄 ① **resultant** ② **significant**

🔄 inconsequential　形 重要でない

2074	**proposition** [prɒ̀pəzíʃən]	❶ reject the proposition 提案を却下する ❷ an attractive proposition 魅力的な提案
	名 提案，計画 (案)	🔄 **proposal, scheme, plan**

proposal のフォーマル語。ビジネスでよく使われる。

2075	**feign** [feɪn]	❶ feign illness 病気のふりをする，仮病を使う ❷ feign ignorance 知らないふりをする，白を切る
	動 ～のふりをする，～を装う	🔄 **pretend**

スポーツで使う「フェイント」と関連付けて覚えよう！

2076	**aesthetic** [i:sθétɪk]	❶ aesthetic appeal 美的魅力 ❷ an artwork of high aesthetic quality 美的価値の高い芸術作品
	形 美的な，美に関する	🔄 **artistic, pleasing**

アメリカ英語では esthetic とつづる。「エステ」は英語だと beauty treatment。

DAY 21 / DAY 22 / DAY 23 / DAY 24 / **DAY 25** / DAY 26 / DAY 27 / DAY 28 / DAY 29 / DAY 30

2077 embody
[ɪmbɑ́di]

❶ embody the spirit of fair play
フェアプレーの精神を体現する

動 〜を具現化する，体現する

🔄 **personify, incorporate**

∥ embodiment　名 具現化 ▶the embodiment of Western culture（西洋文化を体現したもの）

2078 instructive
[ɪnstrʌ́ktɪv]

❶ instructive life lessons 役に立つ人生の教訓
❷ an instructive and entertaining speech
ためになる面白いスピーチ

形 有益な，ためになる

🔄 **informative, illuminating**

∥ instructional　形 教育上の

2079 precursor
[prɪkɚ́ːsə]

❶ act as a precursor to technology
テクノロジーの前ぶれとして作用する

名 先駆者

🔄 **forerunner, predecessor, precedent**

リーディングでの重要語。The smartphone was a precursor to the tablet. のように使う。

2080 opportune
[ɑ́pətjuːn]

❶ an opportune moment 適切なタイミング

形 適切な，タイムリーな

🔄 **fortuitous, auspicious**

opportunity（チャンス，好機）の形容詞。

2081 cast aspersions on
[əspɚ́ːʃənz]

❶ cast aspersions on his character
彼の性格を中傷する

動 〜を中傷する

🔄 **criticise, condemn**

∥ cast　動 〜を投げ掛ける ▶cast doubt on（〜に疑問を投げ掛ける）

2082 treasure trove
[tréʒə trəʊv]

❶ a treasure trove of wildlife 野生生物の宝庫
❷ a treasure trove of art アートの宝庫

名 宝庫

🔄 **unexpected amount**

リーディング必須語彙の一つ。*∥* treasure　動 〜を大切に取っておく　名 宝物

2083 doomed
[duːmd]

❶ be doomed to fail 間違いなく失敗する
❷ be doomed to extinction 絶滅する運命にある

形 運の尽きた，消える運命にある

🔄 **destined, certain**

よく be doomed to の形で使われ，to 以下には名詞（例：failure）か原形動詞（例：fail）が続く。

2084 manoeuvre
[mənúːvə]

❶ manoeuvre a ship 船を操縦する
❷ have some room to manoeuvre
ある程度の融通が利く

動 ① 〜を操作する　②（うまく）動かす

🔄 ①**steer, guide**

アメリカ英語では maneuver とつづる。*∥* manoeuvre　名 巧妙な計画

Chapter 1

2085

knock-on
[nɒk-ɒn]

形 連鎖的な，ドミノ式の

❶ have a knock-on effect on marine life
連鎖的に海洋生物にも影響する

⑤ domino

あることがきっかけで，次々に別の出来事が起こる状態を指す。

2086

encroachment
[ɪnkróʊtʃmənt]

名 侵害，不法侵入

❶ encroachment on privacy プライバシーの侵害
❷ encroachment on the property
所有地への不法侵入

⑤ intrusion, invasion

時間，権利，所有物などに言及する際に使われる。❷ encroach 動 侵入する

2087

fend off
[fend]

動 ～をかわす，払いのける

❶ fend off unwanted questions
聞かれたくない質問をかわす
❷ fend off a dog 犬を追い払う

⑤ rebuff, resist, defend

❺ fend のもとの意味は「身を守る」。したがって，「(身を守るために) かわす」という含みがある。

2088

perpetrate
[pə́:pətreɪt]

動 (犯罪を) 行う，犯す

❶ perpetrate a crime 犯罪を犯す
❷ violence perpetrated by young people
若者によって行われた暴力行為

⑤ commit, carry out

❷ perpetrator 名 犯人 ▶ライティングの「犯罪」テーマで運用してみよう！

2089

rapturous
[rǽptʃərəs]

形 熱狂的な，歓喜の

❶ be greeted with rapturous applause
熱烈な拍手に迎えられる

⑤ ecstatic, enthusiastic

❷ rapture 名 歓喜，大喜び ▶in raptures (有頂天になって)

2090

inadvertently
[ìnədvə́:təntli]

副 うっかりと

❶ inadvertently leave the window open
うっかり窓を開けたままにする

⑤ unintentionally, by mistake

carelessly よりもネガティブ感は低く，「無意識のうちに」といったニュアンスがある。

2091

die down

動 (風や音が) 徐々に弱まる

❶ The winds have died down. 風がおさまった。

⑤ ease, fade

主語には天気以外に，noise などの音系，protest などの抵抗系の名詞が来る。

2092

euphemism
[jú:fəmɪzəm]

名 婉曲表現

❶ be used as a euphemism for the word
その単語の婉曲表現として使われる

⑤ polite term, indirect words

「婉曲表現」とは，直接的な，または不快な言い回しを避けるための表現のこと。

---

900 1800 2700 3600

DAY 21
DAY 22
DAY 23
DAY 24
DAY 25
DAY 26
DAY 27
DAY 28
DAY 29
DAY 30

2093 ignite
[ɪɡnáɪt]

動 ～に火をつける，～を引き起こす

❶ ignite public outrage 民衆の怒りに火をつける
❷ ignite a revolution in telecommunications
電気通信革命を引き起こす
🆂 kindle, generate

原義は「引火する」という意味 ▶Petrol easily ignites. (ガソリンは引火しやすい)

2094 incidental
[ìnsədéntl]

形 主要ではない，付随して起こる

❶ incidental information 重要でない情報
❷ incidental to the main purpose
主目的に付随して起こる
🆂 insignificant, peripheral

「偶然の」の意味も覚えておこう。 🅐 incidentally 副 ちなみに，ついでに

2095 ponder
[pɔ́ndə]

動 ～をじっくり考える

❶ ponder the meaning of life
生きることの意味をじっくり考える

🆂 consider, contemplate

think carefully about のフォーマル語。

2096 rarity
[réərəti]

名 珍しさ，希少性

❶ have rarity value 希少価値がある
❷ exceptional rarity 極めて珍しいこと

🆂 exception, oddity

▶It was a rarity for her to oversleep. (彼女が寝坊するなんて珍しい) のようにも使える。

2097 riveting
[rívətɪŋ]

形 素晴らしい，心が奪われるような

❶ a riveting speech 非常に素晴らしいスピーチ
❷ be inspired by the riveting film
その素晴らしい映画から着想を得る
🆂 absorbing, gripping, engaging

fascinating のフォーマル語。

2098 emulate
[émjəleɪt]

動 ～をまねる，見習う

❶ emulate her achievement 彼女の成功をまねる
❷ emulate the country's foreign policy
その国の外交政策をまねる
🆂 imitate, mirror, model

「あこがれや尊敬の念があるので，まねをする」といったニュアンスがある。

2099 wholesome
[hóʊlsəm]

形 ① 体に良い ② 健全な，道徳的な

❶ wholesome food 体に良い食べ物
❷ his wholesome mind 彼の健全な心
❸ wholesome values 倫理的価値観
🆂 ①healthy, nutritious ②moral, sound

「健康」テーマにおける重要語彙。②の意味でもよく使われるので要チェック。

2100 breathe new life into
[briːð]

動 ～を活気づける

❶ breathe new life into the town centre
その町の繁華街を活気づける

🆂 refresh, rejuvenate

「新しいアイディアや要素を加えることで，より魅力的なものに変える」といった含みがある。

Chapter 1

2101

unearth
[ʌnə́:θ]

動 ～を掘り起こす，～を明るみに出す

❶ unearth ancient artefacts 古代の遺物を掘り起こす
❷ unearth the truth 真実を解き明かす

🄢 dig up, discover, uncover

比喩的に，unearth new talents（新しい才能を発掘する）のようにも使われる。

2102

rift
[rɪft]

名 亀裂，対立

❶ heal the rift between the two countries
両国の対立関係を修復する

🄢 disagreement, feud

「岩や谷の裂け目」，「雲の切れ目」がもとの意味 ▸ rifts in a valley（谷の割れ目）

2103

cognitive
[kɔ́gnətɪv]

形 認知の，思考に関する

❶ cognitive ability 理解力
❷ reduce cognitive decline 認知力の低下を軽減する

🄢 mental, rational

♦ cogni- は「知る」という意味の接頭辞。recognise（認識する）もこの仲間。

2104

sidetrack
[sáɪdtræk]

動 ～をそらす，妨害する

❶ sidetrack an investigation 捜索を妨害する
❷ get easily sidetracked by distractions
邪魔なものに気を取られやすい

🄢 distract, divert

♦ side-（横に）＋ track（通り道）＝「横にそれる道」⇒「～をそらす」

2105

relinquish
[rɪlíŋkwɪʃ]

動 （権利や所有物を）放棄する

❶ relinquish control of a company
会社の経営権を放棄する

🄢 abandon, hand over

「意思に反して手放す」という含みがあり，目的語には right や post などをとる。

2106

sizeable
[sáɪzəbəl]

形 かなり大きな，かなり多い

❶ a sizeable increase 大幅な増加
❷ a sizeable amount of money かなりの金額

🄢 fairly large, considerable

ライティングの Task 1 で，数値の変化が大きい場合に使ってみよう！

2107

endemic
[endémɪk]

形 ある地域に特有の

❶ an endemic disease その土地固有の病気，風土病
❷ endemic species 地方特有の種，固有種

🄢 local, indigenous

スペリングの似た epidemic（流行［まん延］している）と混同しないように注意。

2108

solace
[sɔ́lɪs]

名 慰め，癒し

❶ find solace in music 音楽に癒しを見つける

🄢 comfort, consolation

「悲しみを〈ソラス〉ために，慰めを求める」と覚えよう。

DAY 21
DAY 22
DAY 23
DAY 24
DAY 25
DAY 26
DAY 27
DAY 28
DAY 29
DAY 30

2109 tweak
[twiːk]

動 ～を微調整する

❶ tweak the recipe　レシピを少し変える
❷ a system that needs some tweaking
微調整が必要なシステム

🔁 adjust, modify

「微調整を加えて，さらに良いものにする」というイメージ。少しカジュアルなので会話向き。

2110 blanket
[blǽŋkɪt]

形 包括的な

❶ a blanket statement　包括的な発言
❷ a blanket ban on the use of mobile phones in schools
学校内での携帯電話使用の全面禁止

🔁 comprehensive, all-inclusive

✐ blanket　動 ～を覆う ▶be blanketed by snowfall（一面雪に覆われている）

2111 misgivings
[mɪsgívɪŋz]

名 不安，恐れ

❶ have deep misgivings about the decision
その決定を強く疑っている

🔁 foreboding, anxiety, apprehension

「ある行為が正しいのかどうかわからず，どのような結果になるのか不安」といったニュアンスがある。

2112 deem
[diːm]

動 ～だと考える

❶ be deemed a success　成功と考えられている
❷ take whatever action we deem appropriate
妥当だと思う行動なら何でもする

🔁 consider, judge, regard

〈be deemed ＋ to do〉や〈deem ＋目的語＋補語〉の形で使われることが多い。

2113 mesmerising
[mézmərɑɪzɪŋ]

形 魅了される

❶ her mesmerising performance
魅了されるような彼女の演技

🔁 captivating, dazzling

✐ mesmerised　形 心奪われて ▶mesmerised by the scenery（その景色にうっとりして）

2114 own up to

動 （ミスや本当のこと）を認める，白状する

❶ own up to my mistake　ミスを認める
❷ own up to the fact　その事実を認める

🔁 admit, confess

「比較的軽微で，かつ恥ずかしいミス」について使われることが多い。

2115 juncture
[dʒʌ́ŋktʃə]

名 （重大な）時期，状況，岐路

❶ at a critical juncture　重大な局面において
❷ at this juncture　現段階では

🔁 crossroads

stage や phase よりも，段階の重要性を強調した語。

2116 indelible
[ɪndéləbəl]

形 （文字や記憶が）消せない

❶ leave an indelible impression
忘れられない印象を残す

🔁 permanent, unforgettable

🔑 in-（否定）＋ del（消す）＋ -ible（できる）＝「消すことができない」

Chapter 1

2117 compromise
[kɔ́mprəmaɪz]

動 ①（名声などを）傷つける
②（信念などを）曲げる

❶ compromise my career キャリアを危うくする
❷ compromise my principles 信念を曲げる

⑤ ①**undermine, weaken** ②**go against**

𝒪 uncompromising **形** 妥協しない ▶an uncompromising attitude（妥協のない態度）

2118 fully fledged
[fledʒd]

熟 一人前の，本格的な

❶ a fully fledged member 一人前のメンバー
❷ mature to a fully fledged organisation
立派な組織として成熟する

⑤ **developed, trained, established**

アメリカ英語では full-fledged と書く。discussion, company, teacher など幅広い名詞を修飾する。

2119 censure
[sénʃə]

動（人や行為を）〜のことで非難する

❶ be censured for misconduct 不正行為で非難される
❷ a censured policy 厳しく批判された政策

⑤ **criticise, condemn**

𝒪 censure **名** 非難 ▶escape censure（非難を逃れる）

2120 quagmire
[kwǽgmaɪə]

名 泥沼，窮地

❶ legal quagmire 泥沼の法廷闘争
❷ the quagmire of an economic crisis
経済危機の窮地

⑤ **dilemma, predicament, quandary**

もともとは「泥のぬかるみ」という意味。そこから転じて，「窮地」のように比喩的にも使われる。

2121 discrete
[dɪskríːt]

形 分離した，ばらばらの

❶ be divided into discrete groups
別々のグループに分けられる

⑤ **disconnected, detached**

separate の強調語。discreet（思慮深い）とスペリングが似ているので注意。

2122 usher in
[ʌ́ʃə]

動 〜の到来を告げる

❶ usher in a new era 新たな時代の到来を告げる

⑤ **signal, herald**

A new era was ushered in.（新たな時代が始まった）のように，受け身でも使われる。

2123 belittle
[bɪlítl]

動 〜を軽く扱う，をけなす

❶ belittle his achievement 彼の業績を軽く扱う
❷ belittle her opinion 彼女の意見を軽視する

⑤ **downplay, undervalue**

単語の中に little が入っていることから，意味は推測しやすいはず。

2124 composure
[kəmpóʊʒə]

名 落ち着き，平静

❶ regain composure 落ち着きを取り戻す
❷ maintain composure 平静を保つ

⑤ **dignity, poise**

𝒪 composed **形** 落ち着いた ▶be calm and composed（冷静沈着である）

2125	**far-flung**	❶ far-flung holiday destinations 遠い休暇旅行先
	[fɑː-flʌŋ]	
	形 遠方の，遠くの	⧉ distant

目的語には places や locations など，場所系の名詞をとることが多い。

2126	**upset**	❶ upset the delicate balance of marine communities 海洋群集の微妙なバランスを乱す
	[ʌpsét]	
	動 (状況などを) 乱す，駄目にする	⧉ disrupt, disturb

∅ upsetting 形 がっかりさせるような ▶ an upsetting experience (がっかりするような経験)

2127	**indefinitely**	❶ continue indefinitely 永遠に続く ❷ close the campus indefinitely キャンパスを無期限に閉鎖する
	[ɪndéfənətli]	
	副 永久に，無期限に	⧉ endlessly, without limit

⟡ in- (否定) + definite (終わりを決める) + -ly = 「終わりが決められていない」

2128	**fizzle out**	❶ show no sign of fizzling out 衰えている兆候を全く見せない ❷ be in danger of fizzling out 消滅の危機にある
	[fízəl]	
	動 徐々に消える	⧉ end, die out, fail

自動詞として使われ，主語には relationship, effort, growth など幅広い名詞が来る。

2129	**abject**	❶ live in abject poverty 極貧生活を送る ❷ an abject failure とんでもない失敗
	[ǽbdʒekt]	
	形 みじめな，ひどい	⧉ miserable, hopeless

❷ extremely poor and hopeless

2130	**perpetuate**	❶ perpetuate the tradition 伝統を永続させる ❷ perpetuate existing social inequality 現行の社会的不公平を存続させる
	[pəpétʃueɪt]	
	動 ～を長続きさせる	⧉ maintain, sustain, preserve

∅ perpetual 形 永続的な　perpetuity 名 永久 ▶ in perpetuity (永久に)

2131	**reciprocal**	❶ take reciprocal action お互いに行動を起こす ❷ a reciprocal agreement 互恵協定
	[rɪsíprəkəl]	
	形 お互いの，相互の	⧉ mutual, complementary

reciprocal には「相手と同じように」，mutual や complimentary には「互いを補って」という違いがある。

2132	**abate**	❶ The storm is beginning to abate. 嵐が弱まり始めている。 ❷ abate her sadness 彼女の悲しみを和らげる
	[əbéɪt]	
	動 弱まる，～を和らげる	⧉ die down, recede, subside

∅ unabated 形 衰えない ▶ unabated rainfall (降り続ける雨)

2133 epitome
[ɪpítəmi]

名 典型，縮図

❶ the epitome of a hard-working Japanese person
動勉な日本人の典型的な例

🔄 essence, embodiment

🅔 a perfect and typical example of something or someone

2134 sabotage
[sǽbətɑːʒ]

動 ～を妨害する，破壊する

❶ sabotage the progress 発達 [成長] を阻害する
❷ an attempt to sabotage their efforts
彼らの努力を無にしようとする試み

🔄 obstruct, ruin

📝 sabotage 名 妨害 ▶ an act of sabotage（妨害行為）

2135 across the board

熟 全体的に，全面的に

❶ a minimum pay rise across the board
全面的な最低賃金の引き上げ

🔄 extensively

フレーズ❶は副詞的な用法。「すべての」という意味で形容詞としても使われる。

2136 engulf
[ɪngʌ́lf]

動 ～を飲み込む，～を圧倒する

❶ be engulfed in flames 炎にのみ込まれる
❷ be engulfed by guilt 罪の意識にさいなまれる

🔄 cover, overwhelm

♻ en-（中に）+ gulf（湾）＝「湾の中に引き入れる」⇒「のみ込む」

2137 epicentre
[épɪsèntə]

名 中心地

❶ the epicentre of the music industry
音楽産業の中心地

🔄 focal point, hub

「震央」（地震の揺れを最も強く感じる地点）が原義だが，比喩的に使われることの方が多い。

2138 foolproof
[fúːlpruːf]

形 絶対確実な，間違えようのない

❶ a foolproof plan 絶対確実な計画

🔄 infallible, certain to be successful

-proof は「～に耐えられる」という意味 ▶ waterproof（防水の），fireproof（耐火性の）

2139 complicate
[kómplɪkeɪt]

動 ～を困難にする，複雑にする

❶ complicate the relationship 関係を悪化させる
❷ to complicate matters 厄介なことに

🔄 make difficult, obscure, confuse

📝 complication 名 悪化，合併症 ▶ complications of diabetes（糖尿病の合併症）

2140 improvised
[ímprəvaɪzd]

形 即興で作った

❶ an improvised speech 即興のスピーチ

🔄 impromptu, spontaneous

🔀 prepared 形 準備ができて　well-rehearsed 形 十分なリハーサルをした

DAY 21

DAY 22

DAY 23

DAY 24

DAY 25

DAY 26

DAY 27

DAY 28

DAY 29

DAY 30

2141 foothold
[fʊ́thəʊld]

名 土台，基盤

❶ establish a foothold 足掛かりを築く
❷ gain a firm foothold in overseas markets
海外市場の地盤を築く
≒ **foundation**

〈foot + hold〉＝「足場を固める物」のイメージで覚えよう！

2142 comb through
[kəʊm]

動 ～をくまなくチェックする

❶ comb through the document その文書を隅々まで調べる
❷ comb through the debris of collapsed buildings
倒壊した建物のがれきをくまなく調べる
≒ **search for, go over**

🖉 〈comb ＋場所＋ for〉～を求めて（場所を）探す

2143 cardinal
[kɑ́:dənəl]

形 基本的な，主要な

❶ the cardinal rule of advertising 広告の基本ルール
≒ **fundamental, prime, overriding**

🔄 unimportant 形 重要でない　trivial 形 ささいな，取るに足らない

2144 transpire
[trænspáɪə]

動 ① 明らかになる　② 起こる

❶ It now transpires she was right.
彼女が正しかったことが明らかになる。
❷ see what has transpired 何が起こったか確かめる
≒ ① **become apparent** ② **happen**

spire 系の動詞をチェック ▶inspire（動機づける），aspire（熱望する），perspire（汗をかく）

2145 integrity
[ɪntégrəti]

名 誠実，品位

❶ show integrity 誠実さを示す
❷ compromise his integrity 彼の品位を汚す
≒ **honesty, morality**

honesty の硬い強調語。🖉 integral 形 必須の　integrate 動 ～を統一する

2146 reminiscent
[rèmənísənt]

形 ～を思い出させるような

❶ be reminiscent of the 18th century
18 世紀を思い出させる
≒ **evocative, similar**

🖉 reminisce 動 回想する ▶reminisce about my childhood（子供時代を回想する）

2147 subvert
[səbvə́:t]

動 ① （政府などを）倒す，覆す
　　② ～を破壊する

❶ subvert a government 政府を転覆させる
❷ subvert traditional gender roles
伝統的な男女の役割を破壊する
≒ ① **overturn, undermine, overthrow**

①の意味で使われることが多く，power や state などの権力系の名詞を目的語にとる。

2148 pernicious
[pəníʃəs]

形 有害な，致命的な

❶ the pernicious effects of social media
ソーシャルメディアの悪影響
≒ **harmful, detrimental**

influence や effect などの影響系の名詞を修飾することが多い。

2149 normative
[nɔ́ːmətɪv]
形 基準となる，規範的な

❶ normative behaviour 規範的な行動
❷ a traditional normative work culture
昔からある規範的な労働文化
🔄 regulatory, prescriptive, standardised

「行動や考え方の基準・指標となるような」という意味。

2150 summon up
[sʌ́mən]
動 ① ～を思い出させる　② ～を奮い起こす

❶ summon up childhood memories
幼少期の記憶を思い起こす
❷ summon up the energy 力を奮い立たせる
🔄 ①recall ②muster

🖉 summon　動 ～を要求する ▶summon assistance（支援を求める）

2151 replenish
[rɪplénɪʃ]
動 ～を満たす，補給する

❶ replenish supplies 物資を補給する
❷ replenish lost nutrients 失われた栄養素を補給する
🔄 refresh, refill

🔄 exhaust　動 ～を使い果たす

2152 antidote
[ǽntɪdəʊt]
名 対抗手段

❶ serve as the perfect antidote to stress
ストレスへの最適な対処法となる
🔄 remedy, cure

「解毒剤」の意味もあるが，比喩的な意味の方が重要。スピーキングでも使用可。

2153 pathetic
[pəθétɪk]
形 哀れな，痛ましい

❶ feel pathetic 惨めな気持ちになる
❷ a pathetic attempt むなしい試み
🔄 sad, weak, helpless

スペリングの似た apathetic（無関心の）と混同しないように！

2154 consolidate
[kənsɔ́lədeɪt]
動 ～を強固にする

❶ consolidate my position in the company
会社での地位を固める
❷ consolidate their relationship 彼らの関係を強化する
🔄 strengthen, reinforce

🔑 con-（一緒に）+ solid（固い）+ -ate（する）=「一緒にして固くする」⇒「強固にする」

2155 sacred
[séɪkrɪd]
形 神聖な

❶ sacred shrines 神聖な神社
🔄 holy

英字新聞では，奈良公園のシカは sacred deer（神聖なシカ）と表現されることが多い。

2156 twist
[twɪst]
名 (小説や出来事の) 意外な展開

❶ enticing plot twists 魅力的などんでん返し
❷ go through twists and turns 紆余曲折を経る
🔄 unexpected development

🖉 twist　動 ～をゆがめる，ねじる ▶twist the truth（真実をゆがめる）

264

2157 unwarranted
[ʌnwɔ́rəntɪd]

❶ an unwarranted assumption 根拠のない思い込み
❷ unwarranted demands 不当な要求

形 不当な，保証されていない

🔄 unjustifiable, groundless

🖉 warrant 名 (商品の) 保証 ▶ under warranty (保証期間中で)

2158 confound
[kənfáʊnd]

❶ confound analysts アナリストを困惑させる
❷ confound expectations 予想を覆す

動 ～を困惑させる，覆す

🔄 ①baffle ②invalidate

1810 で登場した compound (～を悪化させる) との混同に注意。

2159 a plethora of
[pléθərə]

❶ a plethora of information 情報過多

熟 過剰な量の～

🔄 plenty of, an excessive amount of

🔄 a dearth of ～の不足　a scarcity of ～の不足

2160 entertain
[entətéɪn]

❶ entertain every possibility あらゆる可能性を考慮する
❷ entertain the idea of expanding the businesses abroad
海外で事業展開をしようと思う

動 ① ～を考慮する　② (感情や意見を) 抱く

🔄 ①consider ②harbour

目的語には，suspicion や doubt のようなネガティブな意味の名詞もとる。

2161 pinnacle
[pínəkəl]

❶ the pinnacle of his career 彼のキャリアの頂点

名 (権力などの) 頂点，絶頂

🔄 culmination, peak

🔄 nadir 名 一番下，底

2162 akin
[əkín]

❶ interests akin to my own 自分のものと似た関心
❷ animals akin to each other 似た種類の動物

形 類似した，酷似した

🔄 similar, alike

🖉 kinship 名 親族関係 ▶ kinship care (親族による養育)

2163 flawless
[flɔ́:ləs]

❶ her flawless performance 彼女の完璧な演技
❷ his flawless track record 彼の完璧な実績

形 欠点のない，完璧な

🔄 impeccable, immaculate

🔾 flaw (欠点) + -less (ない) = 「欠点がない」

2164 inception
[ɪnsépʃən]

❶ since its inception 創立当初から，誕生以来

名 始まり，開始

🔄 beginning, establishment

大学や会社，団体などの成り立ちを説明する箇所で使われることが多い。

Chapter 1

2165 acclimatise
[əkláɪmətaɪz]

動 (新たな環境に) 慣れる

❶ acclimatise to new environments
新しい環境に慣れる

☕ **adjust, accommodate**

アメリカ英語では acclimatise の代わりに，acclimate が使われる。

2166 prop up
[prɒp]

動 〜を支える，てこ入れする

❶ be propped up against the wall
壁に立てかけられている
❷ prop up an argument 議論をてこ入れする

☕ **bolster, emphasize**

prop は名詞で「支柱」という意味なので，何かを支えるイメージがある。

2167 nebulous
[nébjələs]

形 (考えが) 漠然とした，ぼんやりした

❶ a nebulous concept 漠然とした構想
❷ nebulous glow 曇った輝き

☕ **ambiguous, murky, vague**

✍ nebula 名 星雲：輝いた雲のように見える天体のこと

2168 springboard
[spríŋbɔːd]

名 きっかけ，たたき台

❶ use our ideas as a springboard
私たちのアイディアをたたき台にする

☕ **beginning point, starting blocks**

🅴 something that makes it easy or possible to start a particular activity

---

2169 fathom
[fǽðəm]

動 〜を探る，推測する，理解する

❶ cannot fathom the reasons for the blunder
重大ミスの原因が分からない

☕ **comprehend, unravel**

cannot fathom や difficult to fathom のように，不可能，困難を表す語とともに使われる。

2170 inexhaustible
[ìnɪgzɔ́ːstəbəl]

形 尽きない，無尽蔵の

❶ his inexhaustible passion 彼の尽きない情熱
❷ inexhaustible supply of hydroelectric power
無尽蔵の水力発電供給

☕ **bountiful, infinite**

🔑 in- (否定) + exhaust (使い果たす) + -ible (できる) ＝「使い果たすことができない」

2171 overshadow
[ðuvəʃǽdəu]

動 〜を見劣りさせる，暗くする

❶ overshadow her achievement
彼女の成功を見劣りさせる

☕ **outshine, eclipse**

文字通り上から影を落として，「実際よりも暗く [悪く] 見せる」という意味。

2172 inseparable
[ɪnsépərəbəl]

形 密接な

❶ the inseparable relationship between
language and culture
言語と文化の密接な関係

☕ **very close, inextricable**

「切り離すことができない」という意味。人間関係を描写することも可能。

2173 camaraderie
[kæ̀məráːdəri]

❶ build trust and camaraderie　信頼と友情を築く
❷ a workplace with great camaraderie
人間関係が良好な職場

名 友情, 仲間意識

🔄 companionship, fellowship

フランス語に由来。ほかには, faux pas (失言) や rendezvous (密会) がその好例。

2174 unmatched
[ʌ̀nmǽtʃt]

❶ a service unmatched by any other company
他社にはまねのできないサービス

形 並ぶもののない, 比類ない

🔄 unparalleled

ここでの match は「～に対抗する」。したがって,「対抗できないほどすごい」という含みがある。

2175 corroborate
[kəróbəreɪt]

❶ corroborate the hypothesis　その仮説を裏付ける
❷ evidence to corroborate his claims
彼の主張を裏付ける証拠

動 (陳述などを) 裏付ける, 確証する

🔄 confirm, authenticate

collaborate (協力する) と混同しないように注意。

2176 ward off
[wɔːd]

❶ ward off evil　厄除け [悪魔払い] をする
❷ ward off health risks　健康上のリスクを防ぐ

動 (病気や攻撃) から身を守る

🔄 counter, inhibit

🔗 ward　動 防ぐ　名 病棟 ▶a children's ward (小児病棟)

2177 traverse
[trævə́ːs]

❶ traverse the European Continent
ヨーロッパ大陸を横断する

動 ～を横断する

🔄 cross, roam

🎯目的語には, ocean や mountain などの広大な場所を表す名詞をとることが多い。

2178 hypnosis
[hɪpnóʊsɪs]

❶ under hypnosis　催眠状態で
❷ use hypnosis to reduce anxiety
不安を軽減させるために催眠術を使う

名 催眠状態, 催眠術

🔄 trance

「健康」テーマでときどき登場する。🔗 hypnotise　動 ～に催眠術をかける

2179 faltering
[fɔ́ːltərɪŋ]

❶ a faltering economy　低迷している経済
❷ faltering confidence in security　弱まる安全への信頼
❸ speak in a faltering voice　自信のない声で話す

形 調子が悪い, ためらっている

🔄 losing momentum, hesitant

🔗 falter　動 低迷する ▶Economic growth has faltered. (経済成長が行き詰った)

2180 expound on
[ɪkspáʊnd]

❶ expound on a powerful argument
説得力のある根拠を詳しく述べる

動 ～を詳しく説明する

🔄 elaborate on, enlarge on

「詳細」を表す場合は, 前置詞 on を用いることが多い。

Chapter 1

2181	**prerogative** [prɪrɔ́gətɪv] 名 特権	❶ prerogative of the rich 富裕層の特権 ❷ a customer's prerogative 顧客の特権 S entitlement, privilege

フレーズ❶と❷以外にも, the Royal prerogative (王族の特権) もよく使われる。

2182	**vehement** [víːəmənt] 形 熱心な, 激しい	❶ vehement opposition 猛反対 ❷ give a vehement denial 激しく否定する S fierce, violent

opposition や denial 以外にも, objection (異議) や protest (抗議) など, 反抗系の名詞を修飾する。

2183	**inculcate** [ínkʌlkeɪt] 動 (考えや知識を) 植え付ける, 教え込む	❶ inculcate proper discipline in children 子どもたちに適切なしつけをする S impart, indoctrinate

ライティングで「親の役割とは?」といった問題が出たら, 上記フレーズをそのまま使おう!

2184	**seminal** [sémɪnəl] 形 影響力が大きい	❶ a seminal study 影響力の大きい研究 ❷ a seminal piece of art 非常に重要な芸術作品 S influential, crucial

「将来の発展に影響するため重要な」といったニュアンスがある。

2185	**acumen** [ǽkjəmən] 名 見識, 洞察力, 才覚	❶ legal acumen 法的な見識 ❷ business acumen ビジネス感覚, 商才 S insight, shrewdness

「素早く的確に判断できる能力がある」というニュアンスの硬い語。

2186	**juvenile** [dʒúːvənaɪl] 形 若い, 未熟な	❶ juvenile birds 幼鳥 ❷ juvenile delinquency 青少年の非行 S young

IELTS ではフレーズ❶のように, 動物・鳥類を修飾することが多い。

2187	**taper off** [téɪpə] 動 徐々に減少する	❶ Sales have begun to taper off. 売り上げが徐々に減り始めた。 S decline, dwindle

taper off spending (支出を減らす) のように他動詞としても使われるが, 自動詞の用法が一般的。

2188	**cap** [kæp] 名 上限	❶ put a cap on election expenditure 選挙費用に上限を設ける ❷ welfare spending cap 社会福祉費の上限 S limit, restriction

帽子 (cap) をかぶせて, そこを「上限」と決めるイメージ。

2189 **omnipresent** [ɒmnɪpréznt] ☐☐	❶ an omnipresent threat どこにでもある脅威 ❷ become virtually omnipresent ほぼ全ての場所に存在するようになる
形 同時にどこにでもある，遍在する	🔄 **pervasive, ubiquitous**

⭕ omni-（すべて）+ present（存在する）=「どこにでもある」

2190 **nullify** [nʌ́lɪfaɪ] ☐☐	❶ nullify a decision 判決を無効にする ❷ nullify an effect 効果を無効にする
動 ～を無効にする	🔄 **abolish, invalidate, veto**

熟 null and void 無効で（法律用語）

2191 **ephemeral** [ɪfémərəl] ☐☐	❶ ephemeral fashions 一過性の流行 ❷ the ephemeral beauty of the cherry blossoms 桜のはかない美しさ
形 はかない，つかの間の	🔄 **short-lived, transient**

🔄 permanent 形 永続的な　perpetual 形 永遠の

2192 **upmarket** [ʌ̀pmɑ́ːkɪt] ☐☐	❶ an upmarket fashion brand 高級ファッションブランド
形 高級の	🔄 **prestigious, esteemed, exclusive**

「ビジネス」テーマで登場する。セミフォーマルな語なので，スピーキングでも使用可能。

2193 **panacea** [pæ̀nəsíə] ☐☐	❶ a panacea for social problems 社会問題に対する万能薬
名 万能薬，解決策	🔄 **cure-all, perfect solution**

a panacea for disease のように，文字通り「万能薬」の意味でも使われる。

2194 **glean** [gliːn] ☐☐	❶ glean information from the data データから情報を集める
動（事実や情報を）集める	🔄 **obtain, collect, garner**

ミレー作の絵画「落ち穂拾い」の原題は，The Gleaners と言う。

2195 **overriding** [ə̀uvəráɪdɪŋ] ☐☐	❶ an overriding consideration 最重要な検討事項
形 最も重要な	🔄 **main, predominant, prevailing**

🔄 override 動 ～を覆す，乗り越える ▸ override the decision（その決定を覆す）

2196 **ubiquitous** [juːbíkwɪtəs] ☐☐	❶ a ubiquitous presence いたる所にあること ❷ the ubiquitous coffee chain あちこちにあるコーヒーチェーン
形 いたる所にある	🔄 **pervasive, everywhere, omnipresent**

🔄 ubiquitously 副 いたる所にあって　ubiquity 名 いたる所にあること

2197 trailblazer
[tréɪlblèɪzə]

名 草分け，第一人者

❶ a trailblazer in the field of artificial intelligence
AI の分野におけるパイオニア

🔄 pioneer, forerunner, pathfinder

🖉 blaze a trail 先駆者になる

2198 substantiate
[səbstǽnʃieɪt]

動 ～を立証する，実証する

❶ substantiate the theory その理論を立証する

🔄 prove, verify

🖉 substantive 形 本質的な，重要な ▶substantive issues（重要な問題）

2199 infinitesimal
[ɪnfɪnətésəməl]

形 極小の，微量の

❶ infinitesimal particles 微粒子
❷ infinitesimal calculus 微積分

🔄 minute, miniscule

数学・統計学の用語だが，IELTS では「サイエンス」，特に「天文学」のテーマで出る。

2200 capitalise on
[kǽpətlaɪz]

動 ～を利用する

❶ capitalise on our expertise
自分たちの専門性を生かす

🔄 take advantage of

strengths や opportunities などに加え，misfortune のようなネガティブな名詞も目的語にとる。

2201 betterment
[bétəmənt]

名 向上，発展，成長

❶ work towards the betterment of society
より良い社会を目指して取り組む

🔄 progress, prosperity

improvement の硬い語で，社会的・経済的な進歩に使われる。

2202 revisit
[rìːvízɪt]

動 ～を再検討する

❶ revisit the issue その問題を再考する
❷ a policy that needs revisiting 再検討が必要な政策

🔄 reconsider, rethink

think about の硬い語。「じっくり前向きに考える」というポジティブな含みがある。

2203 abysmal
[əbízməl]

形 底知れない，最悪の

❶ abysmal weather 最悪の天気
❷ an abysmal failure ひどい失敗

🔄 terrible, awful, dismal

話し言葉で，terrible と同じように使われる。🔄 incredible 形 信じられないほど素晴らしい

2204 groundwork
[ɡráʊndwɜːk]

名 基礎，土台

❶ lay the groundwork for the scientific discovery
科学的大発見の基礎を築く

🔄 preparation, foundation

将来の作業を楽にするための ground（土台）を築く work（作業）と考えよう！

2205 streamline
[stríːmlaɪn]

❶ streamline the process　プロセスを簡素化する
❷ a streamlined design　流線形のデザイン

動 ～を効率化［合理化］する，流線形にする　🔄 simplify, rationalise

新幹線は the Shinkansen bullet train と呼ばれ，その形は streamlined と形容される。

2206 relentless
[rɪléntləs]

❶ relentless heat　厳しい暑さ
❷ her relentless pursuit of perfection
　彼女の飽くなき完璧さの追求

形 情け容赦のない，厳しい　🔄 unrelenting

✐ relent　**動** 折れる，弱まる ▸will not relent to pressure（プレッシャーに屈しない）

2207 materialise
[mətíəriəlaɪz]

❶ The referendum failed to materialise.
　国民投票は実現しなかった。

動（形となって）表れる，実現する　🔄 appear, happen, occur

have yet to materialise（まだ実現していない）のフレーズでもよく使われる。

2208 well-rounded
[wel-ráʊndɪd]

❶ well-rounded individuals　多才な人たち
❷ well-rounded education　豊かな教育

形 ① 多才な，博識な　② 包括的な　🔄 ①all-round ②complete and varied

例のほかに person, curriculum, response などの名詞とも相性がいい。

2209 defy
[dɪfáɪ]

❶ defy the law　法律を無視する
❷ defy description　言葉では言い表せない

動 ①（法や権威に）逆らう
　② ～を受け付けない　🔄 ①disobey, flout ②elude

ほかに，defy gravity（重力に逆らう）や defy logic（理屈に合わない）のフレーズも重要。

2210 in the pipeline
[páɪplaɪn]

❶ New projects are in the pipeline.
　新しい事業が進行中である。

熟 開発中で，進行中で　🔄 expected, on the way

pipeline は「輸送管」のこと。アイディアや計画が管を通って，実現に向かっていくイメージ。

2211 stricken
[stríkən]

❶ a disaster-stricken area　被災地
❷ panic-stricken passengers
　パニック状態に陥った乗客

形（不幸なことに）襲われた，さいなまれた　🔄 seriously affected

例のように複合語で用いられ，drought, poverty, cancer などの災難系の名詞と結びつく。

2212 hatch
[hætʃ]

❶ hatch into larvae　孵化して幼虫になる
❷ hatch a plan　計画をたくらむ

動 ①（卵が）孵化する
　②（計画などを）たくらむ　🔄 ①incubate ②plan secretly

上記①の意味は，Task 1 の「生物の成長」を描写する問題で使うことがあるので要チェック！

Chapter 1

2213 backbone
[bǽkbòʊn]

❶ the backbone of the local economy
地元経済の中心勢力

名 (社会や組織の) 主力, 柱

🔄 cornerstone, foundation, bedrock

the backbone of の形で使われることが多い。また, 生物の「背骨」の意味でも使われる。

2214 assuage
[əswéɪdʒ]

❶ assuage her fear 恐怖を和らげる
❷ assuage his guilt 罪を軽減する

動 (苦痛や不安を) 和らげる, 緩和させる

🔄 relieve, alleviate, soothe

目的語には anger などの感情系に加え, thirst や hunger などの欲求系の名詞もとる。

2215 resurgence
[rɪsɔ́:dʒəns]

❶ a resurgence of interest in traditional music
伝統音楽に対する関心の再燃

名 復活, 再起

🔄 comeback, revival

📎 resurgent 形 復活している ▶ a resurgent economy (復調した経済)

2216 accrue
[əkrú:]

❶ accrue debts 負債が生じる
❷ Considerable benefits will accrue.
かなりの利益が生じる。

動 (費用などが) 生じる, 増える

🔄 accumulate, increase

フレーズ❶のような他動詞, ❷のような自動詞, どちらの用法も重要。

2217 germane
[dʒɜ:méɪn]

❶ a topic germane to the discussion
議論と密接に関係のある話題

形 密接に関係した

🔄 relevant, pertinent

germane to の形でよく用いられ, to 以下には debate, argument, issue などの名詞が来る。

2218 upkeep
[ʌ́pkì:p]

❶ invest in the upkeep of historical buildings
歴史建造物の維持に費用を使う

名 維持 (費)

🔄 conservation, repair

ライティングで「建築」のテーマが出たら, フレーズ❶をそのまま使おう!

2219 inexorable
[ɪnéksərəbəl]

❶ inexorable economic decline 止められない不況
❷ inexorable population growth
避けられない人口増加

形 (出来事が) 止められない, 避けられない

🔄 unstoppable, unavoidable

📎 inexorably 副 容赦なく

2220 perennial
[pərénɪəl]

❶ a perennial water shortage problem
長年続く水不足問題

形 長続きする, 長期間続く

🔄 continuing, permanent, lasting

🔄 enni は「年」を表す ▶ biennial (2 年の), centennial (100 年の), millenial (1,000 年の)

2221 expend
[ıkspénd]

● expend a lot of time and energy
多くの時間とエネルギーを費やす

動 ～を費やす，消費する

€ consume, dissipate

spend のフォーマル語。目的語には energy, effort, money, time をとることが多い。

2222 bearing
[béərıŋ]

● have great bearing on his future career
彼の将来のキャリアに大きく影響する
❷ have good bearings 物腰が柔らかい

名 ① 関係性，影響　② 態度，物腰

€ ①relevance ②demeanour

熟 lose one's bearings 自分の位置を見失う

2223 milieu
[míːljɜː]

● a social milieu 社会環境
❷ succumb to the milieu その環境にめげる

名 環境，境遇

€ ambience, surroundings

フランス語由来の単語。〈ミーリユー〉の発音に注意しよう！

2224 contingent
[kəntíndʒənt]

● Success is contingent upon cooperation.
成功するかは連携できるかにかかっている。

形 依存する，～次第で

€ dependent, conditional

🔗 contingency 名 不測の事態 ▶ create contingency plans（危機管理計画を作成する）

2225 cancel out

● cancel each other out 互いに相殺する
❷ cancel out the effect of medication
薬物の効果を打ち消す

動 ～を相殺する，無効にする

€ offset, neutralise, counteract

フレーズ❷は out を省略して，cancel the effect of medication としても使われる。

2226 realm
[relm]

● within the realms of possibility 可能な範囲内で
❷ be found in the realms of science
科学の分野で見られる

名 領域，範囲

€ field, domain, sphere

field（分野）の硬い語で，もとは「王国」という意味。

2227 convoluted
[kónvəluːtıd]

● convoluted explanation 複雑な説明

形 （議論などが）複雑な

€ extremely complicated, puzzling

complicated の強調語で，ネガティブ感がより強い。 ⇔ straightforward 形 容易な，簡単な

2228 annihilate
[ənáıəleıt]

● annihilate the enemy 敵を全滅させる
❷ be annihilated by fire 火事で全焼する

動 （敵や都市を）全滅させる

€ demolish, obliterate, decimate

🔑 nihil は「無」を意味するラテン語。日本語の「ニヒル」もこの語が由来。

Chapter 1

2229 revelation
[rèvəléɪʃən]

名 暴露

❶ revelations about her personal life
彼女の私生活の暴露

⑤ disclosure, discovery

熟 come to the revelation that ～が明らかになる／ ⚡ reveal 動 ～を暴露する

2230 idealised
[aɪdíəlaɪzd]

形 理想とする

❶ hold an idealised view of my country
自国に対する理想的な考えを持つ

⑤ dream, epitome

ideal のフォーマル語。「より自分の理想に近い最高の物を求めて」といったニュアンスがある。

2231 per capita
[kǽpɪtə]

形 ① 一人当たりの　副 ② 一人当たり

❶ per capita income　一人当たりの収入
❷ coffee consumption per capita
一人当たりのコーヒー消費量

⑤ ① for each person

よく使われるラテン語。ほかに per se（それ自体は）, per annum（1 年につき）も要チェック！

2232 foreshadow
[fɔːʃǽdəʊ]

動 ～の前兆となる

❶ foreshadow events in the plot
その陰謀の前触れとなる
❷ foreshadow a change　変化の徴候を示す

⑤ imply, predict

2171 で登場した overshadow と混同しないように注意。

2233 a spate of
[speɪt]

熟 一連の～，多発する～

❶ a spate of negative news　一連の悪い知らせ
❷ a spate of illness　病気の連続

⑤ succession, outpouring, torrent

「悪いことが短期間のうちに連続して起こる」というニュアンスがある。

2234 vicarious
[vɪkéəriəs]

形 自分のことのように感じられる，擬似の

❶ vicarious experience　疑似体験

⑤ indirect, substitute

「実際に自分には起きていないが」という含みがあり，ポジティブな語を修飾することが多い。

2235 rein
[reɪn]

名 統制，支配

❶ take over the reins　指揮権を引き継ぐ
❷ give the leader a free rein
指導者に自由裁量権を与える

⑤ control

熟 rein in ～を抑制する ▶rein in public spending（公費を抑える）

2236 decimate
[désɪmeɪt]

動 ～を壊滅させる，
～に甚大な被害をもたらす

❶ be decimated by drought　干ばつで壊滅状態にある
❷ the crops decimated by pests
害虫により大打撃を受けた作物

⑤ kill, destroy, severely damage

decimate the healthcare system（医療制度に大打撃を与える）のように比喩的にも使われる。

2237 illuminating [ɪlúːməneɪtɪŋ] 形 わかりやすくする，明らかにする	❶ give an illuminating example わかりやすい例を挙げる ❷ an illuminating anecdote わかりやすいエピソード ⬛ instructive, informative

illuminated 形 照明を当てた　illumination 名 照明

2238 extrapolate [ɪkstrǽpəleɪt] 動 ～を推定する，予測する	❶ extrapolate trends from data データから流行を予測する ⬛ deduce, hypothesize

「既知の事実から，将来のことを推測する」という意味。「経済」テーマでよく出る。

2239 heyday [héɪdeɪ] 名 全盛期	❶ in its heyday 最盛期に ❷ the heyday of 1980s Japan 1980年代の日本の最盛期 ⬛ prime, peak

2161 の pinnacle は「最高の状態」を，heyday は「過去の栄光」を強調する点が異なる。

2240 irreparable [ɪrépərəbəl] 形 修復できない，取り返しがつかない	❶ cause irreparable damage 修復不可能な損害をもたらす ⬛ irreplaceable

ir で始まる語を復習 ▸irresistible（抑えられない），irreversible（回復できない）

2241 earmark [íəmɑːk] 動 （お金などを）取っておく	❶ earmark funds for educational purposes 教育目的の資金を取っておく ❷ the land earmarked for development 開発用地 ⬛ keep, set aside, allocate

名詞の earmark は「耳標（家畜を識別するために耳につける印）」という意味。

2242 versed [vɜːst] 形 熟知した	❶ be well versed in legal matters 法律の問題に熟知している ⬛ skilled, expert, practised

familiar や knowledgeable の硬い語で，ライティング向き。

2243 have recourse to [rɪkɔ́ːs] 動 ～に頼る，～を利用する	❶ have recourse to action 行動に頼る ⬛ turn to, fall back on

recourse 名 頼ること ▸without recourse to fossil fuels（化石燃料に頼らずに）

2244 utilitarian [juːtìlətéəriən] 形 実用的な	❶ utilitarian buildings 実用性の高い建造物 ❷ utilitarian interior design 実用的なインテリアデザイン ⬛ practical

🔑 utili- は「役立つ」という意味の接辞 ▸utilise（～を活用する），utility（実用性）

2245	**antecedent** [æntəsíːdənt] 名 前例，以前の出来事	❶ historical antecedents 歴史的な前例 🔄 precursor, forerunner

🔗 antecedent 形 以前の ▸antecedent events（昔の出来事）

2246	**outlive** [aʊtlív] 動 ～より長く生きる，乗り切る	❶ Women still outlive men overall. 　一般的に女性は男性より長生きする。 ❷ outlive its usefulness 役に立たなくなる 🔄 ①live longer than, survive

これまでに登場した out で始まる動詞を復習 ▸outperform, outwit, outstrip, outdo

2247	**incisive** [ɪnsáɪsɪv] 形 鋭い，鋭利な	❶ an incisive analysis 鋭い分析 ❷ an incisive author 知力が鋭敏な作家 🔄 sharp, insightful

「頭の回転が早く、かつ考えを明確に表現できるような」といったニュアンスを含む。

2248	**mayhem** [méɪhem] 名 大混乱	❶ economic mayhem 経済的混乱 ❷ a party that ended in mayhem 　大混乱のうちに終了したパーティー 🔄 chaos, disorder

▸the Christmas mayhem（クリスマスの大騒ぎ）のようにユーモラスに使われることもある。

2249	**undisputed** [ʌndɪspjúːtɪd] 形 議論の余地がない，誰もが認める	❶ undisputed facts 疑いのない事実 ❷ the undisputed champion 誰もが認める王者 🔄 undoubted, unchallenged

indisputable（議論の余地のない）と混同しないように！

2250	**tip the balance** 動 決定的な要因となる	❶ tip the balance in favour of the group 　その団体に有利に働く要因となる 🔄 make the critical difference

ある特定の行動や発言などが、これから迎える結果の重要な要素になるということ。

2251	**unmistakable** [ʌnməstéɪkəbəl] 形 間違いない，明白な	❶ an unmistakable sign はっきりとした兆候 ❷ send an unmistakable message 　明白なメッセージを伝える 🔄 apparent

🔶 un- + mistake + -able ＝「間違える可能性がないほど明らかな」

2252	**onus** [óʊnəs] 名 責任	❶ place the onus on management 　経営陣に責任を押し付ける 🔄 blame, responsibility

responsibility のフォーマル語。フレーズ❶は、place の代わりに put も使われる。

2253 bar

[bɑ:]

動 ～を妨げる，禁止する

❶ be barred by law　法律によって阻まれる
❷ be barred from entering　入場を禁止されている

🔄 **block, forbid**

「bar（棒）を立てて進行を妨害する」と覚えよう。　🔗 barring　**前** ～がなければ

2254 point-blank

[pɔɪnt-blǽŋk]

形 ① きっぱりとした　**副** ② きっぱり（と）

❶ a point-blank refusal　断固拒否
❷ refuse point-blank　きっぱりと断る

🔄 ①**blunt, direct** ②**bluntly, directly**

🔗 draw a blank　失敗に終わる　go blank　（頭の中が）真っ白になる

2255 subscribe to

[səbskráɪb]

動 ① ～に同意する　② ～を定期購読する

❶ subscribe to the view　その見解に同意する
❷ subscribe to an online newspaper
　新聞のオンライン版を定期購読する

🔄 **agree to, give support to**

②の意味が一般的だが，アカデミックな文脈では①の方が重要。

2256 eclectic

[ɪkléktɪk]

形 取捨選択による，多岐にわたる

❶ eclectic interests　幅広い趣味
❷ an eclectic collection of artworks
　芸術品の多岐にわたるコレクション

🔄 **broad, diverse, varied**

eccentric（奇妙な）や electric と見間違えないように注意。

2257 exemplar

[ɪgzémplə]

名 模範例

❶ an exemplar of good practice　善い行いの見本

🔄 **model**

Ⓔ a typical or good example of something

2258 tenuous

[ténjuəs]

形 （関係などが）希薄な，内容のない

❶ have a tenuous connection　関係が希薄である
❷ tenuous evidence　不十分な証拠

🔄 **weak, uncertain**

relationship や link などの関係性を表す名詞のほかに，claim のような主張を表す語とも結びつく。

2259 showing

[ʃóʊɪŋ]

名 （取り組みの）結果，成果

❶ make a strong showing　良い成果を挙げる
❷ on present showing　現在の状況から判断すると

🔄 **performance, results, records**

「劇や映画の上映」の意味もある ▸late-night showings（深夜上映，レイトショー）

2260 liken

[láɪkən]

動 ～を…に例える

❶ liken politics to war　政治を戦争に例える

🔄 **compare, equate**

liken A to B（A を B に例える）の形でよく使われる。

Chapter 1

2261 self-explanatory
[self-ɪksplǽnətəri]

❶ a job title that is quite self-explanatory
非常にわかりやすい肩書

🔣 clearly expressed, self-evident

形 見ればすぐ分かる，一目瞭然の

A is self-explanatory ～ . のように，補語として使われることが多い。

2262 resonate
[rézəneɪt]

❶ resonate with consumers 消費者の共感を呼ぶ
❷ allow the sound to resonate 音が響くようにする

🔣 reverberate, echo, resound

動 共鳴する，反響する

例のように resonate with（[人] の心に響く）の形でよく使われる。

2263 check
[tʃek]

❶ act as a check 抑止力として機能する
❷ keep my temper in check 怒りを抑える

🔣 control, prevent, restrain

名 抑制，コントロール

🔗 check 動 ～を阻止する，抑える ▶check the spread of disease（病気のまん延を防ぐ）

2264 infallible
[ɪnfǽləbəl]

❶ infallible conclusions 完璧な結果
❷ cite infallible scientific evidence
完璧な科学的証拠を示す

🔣 flawless, impeccable

形 絶対に正しい，完璧な

perfect や right の強意語で，「誤りがなく正しい，必ずうまくいく」といったニュアンスを含む。

2265 to the fore
[fɔː]

❶ come to the fore 目立つ，表面化する
❷ bring the issue to the fore その問題を表沙汰にする

🔣 prominent, outstanding

熟 表面化して

🔑 forward（前へ）や foresee（予測する）からも分かるように，fore は「前」を意味する。

2266 seismic
[sáɪzmɪk]

❶ seismic social change 劇的な社会変革
❷ a seismic shift in public opinion
世論の劇的な変化

🔣 dramatic, enormous

形 影響力の大きい，劇的な

本来は「地震に関する」という意味 ▶monitor seismic activity（地震活動を監視する）

2267 shroud
[ʃraʊd]

❶ be shrouded in mystery 謎に包まれている
❷ be shrouded in secrecy 秘密に包まれている

🔣 cover, cloak, veil

動 ～を覆う，包む

フレーズ❶，❷のような謎系の名詞に加え，mist や fog などの天気系とも結びつく。

2268 qualification
[kwɒlɪfɪkéɪʃən]

❶ be accepted without qualification
無条件で受け入れられて

🔣 condition

名 条件，制限

🔗 qualify 動 資格を得る，適任である ▶qualify for citizenship（市民権を取得する資格を得る）

2269 formative
[fɔ́:mətɪv]

❶ during the formative years 人格形成期に
❷ a formative influence 発育への影響

形 発達の，成長の，形成の　　🔵 developmental

スペリングの似た informative（ためになる）と混同しないように。

2270 trajectory
[trədʒéktəri]

❶ a career trajectory キャリアの方向性
❷ on a downward trajectory 下降傾向にあって

名 軌跡，軌道　　🔵 course, path, route

「天体やロケットが描く軌跡」が原義。そこから転じて，「人がたどる進路」の意味でも使われる。

2271 venerable
[vénərəbəl]

❶ venerable architecture 由緒ある建物
❷ venerable brand 老舗のブランド

形 崇高な，由緒ある　　🔵 esteemed, grand, revered

🖊 venerate　動 ～をあがめる ▶be venerated as a saint（聖人としてあがめられている）

2272 bite
[baɪt]

❶ The recession is beginning to bite. 不況の影響が表れつつある。
❷ Reality bites. 現実は厳しい。

動 影響を与える，ひどくこたえる　　🔵 have a negative effect, take hold

🔥 bite the bullet 歯を食いしばって耐える　bite the dust 死ぬ，倒れる

2273 prowess
[práʊɪs]

❶ athletic prowess 優れた運動能力
❷ demonstrate my prowess 腕前を披露する

名 優れた能力　　🔵 excellence, bravery

ハイ，ズの❶の形では athletic の他に business, mathematical など技術を表す語と結びつく。

2274 afford
[əfɔ́:d]

❶ afford an opportunity チャンスを与える
❷ afford a stunning view 最高の眺めを提供する

動 ～を提供する　　🔵 provide, allow

スピーキングでは I can't afford a car. のように，「金銭的に余裕がない」の意味で使おう！

2275 inadvisable
[ìnədváɪzəbəl]

❶ an inadvisable choice 賢明でない選択
❷ be inadvisable to follow his instructions 彼の指示に従うのは賢明ではない

形 賢明でない　　🔵 unwise

It is inadvisable to exercise right after eating. のように，〈It is＋形容詞＋to do〉の形でよく使われる。

2276 leeway
[lí:weɪ]

❶ have little leeway for decision-making 意思決定の余地がほとんどない
❷ allow him some leeway 彼に自由裁量の余地を少し与える

名 （自由裁量の）余地　　🔵 space

例のほかに，〈give ＋人＋ leeway to do〉（[人に] 自由裁量権を与える）もよく使われる。

2277	**water down**	❶ water down the truth 真実味を損なう ❷ water down his role 彼の役割を軽減する
	動 (重要な部分を) 取り除く, 弱める	🄴 reduce the quality of, dilute
	文字通り「水で薄める」という意味でも使われる ▶water down the coffee (コーヒーを水で薄める)	

2278	**indomitable** [ɪndɑ́mətəbəl]	❶ indomitable spirit 不屈の精神
	形 不屈の, 負けん気の強い	🄴 invincible, stubborn
	determination (意志の強さ), bravery (勇敢さ), perseverance (粘り強さ) といった要素を含む。	

2279	**chasm** [kǽzəm]	❶ bridge the chasm between the rich and poor 貧富の差を埋める
	名 (状況や意見の) 隔たり, 差	🄴 fissure, void
	2102 の rift に近いニュアンス。chasm のもとの意味は「地面の深い裂け目」。	

2280	**appreciable** [əprí:ʃəbəl]	❶ appreciable adverse effects on climate 気候に対するかなりの悪影響 ❷ an appreciable risk かなりのリスク
	形 相当の, かなりの	🄴 considerable, noticeable
	appreciative (感謝して, 喜んで) とのスペリングの違いに注意。	

2281	**encapsulate** [ɪnkǽpsjəleɪt]	❶ encapsulate our opinions 自分たちの意見を要約する ❷ encapsulate his philosophy of life 彼の人生観を要約する
	動 ～を要約する	🄴 sum up
	capsule (薬のカプセル) が原義で, 「カプセルの中に凝縮されている」からイメージを広げたもの。	

2282	**traction** [trǽkʃən]	❶ gain traction around the world 世界中で勢いを増す
	名 けん引力, 勢い	🄴 grip, propulsion
	🔾 tract (引く) + -ion (こと) =「引くこと」▶attraction (引きつけるもの, 呼び物)	

2283	**impenetrable** [ɪmpénətrəbəl]	❶ impenetrable language 理解できない言語 ❷ impenetrable jargon and phrases 理解できない専門用語と熟語
	形 理解できない, 難解な	🄴 incomprehensible
	🔄 transparent 形 すぐに分かる, 透明な 🔗 penetrate 動 ～を突き通す, 普及する	

2284	**roll back**	❶ roll back the price increases 価格上昇を阻止する ❷ roll back plans 計画を差し戻す
	動 ～を縮小する, 押し戻す	🄴 diminish, reduce, end
	🔗 rollback 名 後退, (物価などの) 引き下げ	

DAY 21 | DAY 22 | DAY 23 | DAY 24 | DAY 25 | DAY 26 | DAY 27 | DAY 28 | DAY 29 | DAY 30

2285 undue
[ʌndjúː]

❶ exert undue influence 不適切な影響を与える
❷ under undue pressure 不当な圧力を受けて

形 過度な，適切でない　　🄒 excessive, disproportionate

🄐 appropriate　形 適した　proper　形 適した

2286 allegory
[ǽləɡɔri]

❶ an allegory of love 恋愛を例えて作られた物語
❷ an allegory representing aesthetic values
美的な価値を伝える寓話

名 寓話　　🄒 metaphor

🄔 a story or play etc. in which particular characters or events represent religious, political or moral ideas

2287 marshal
[máːʃəl]

❶ marshal our arguments 論点を整理する
❷ marshal data to identify the cause
原因解明のためにデータを集める

動 (人を) 集める，(考えなどを) まとめる　　🄒 organize, assemble

発音が同じ martial (好戦的な，勇敢な) との違いに注意。

2288 enduring
[ɪndjúərɪŋ]

❶ enduring relationships 永続する関係
❷ the enduring appeal of the Disney brand
ディズニーブランドの永遠の魅力

形 長く続く，永続的な　　🄒 long-lasting

📝 enduringly　副 永続的に　▶be enduringly popular (人気が永続する)

2289 provenance
[próvənəns]

❶ provenance of the painting その絵画の出所
❷ jewels of uncertain provenance 出所不明の宝石

名 起源，出所　　🄒 origin, birthplace

origin の堅い語で，芸術作品の「起源」に加え動植物の「原産地」も表す。

2290 unwavering
[ʌnwéɪvərɪŋ]

❶ unwavering support 揺るがぬ支持
❷ our unwavering commitment to change the
status quo 現状を変えようという揺るぎない献身

形 (考えなどが) 断固とした，揺るぎない　　🄒 resolute, steadfast

🔑 un- (否定) + waver (揺れる) + -ing (進行) =「揺れていない」⇒「揺るぎない」

2291 palpable
[pǽlpəbəl]

❶ a palpable tension 明らかな緊張感
❷ a palpable sense of relief 見て取れる安心感

形 すぐにわかる，明白な　　🄒 obvious, noticeable, perceptible

a palpable sense of の形で使われることが多く，後ろには感情系の名詞が続く。

2292 arrest
[ərést]

❶ arrest the deterioration of public order
治安の悪化を食い止める

動 ～を阻む，くい止める　　🄒 stop, prevent, hamper

📝 arresting　形 人目を引く　▶an arresting film (非常に面白い映画)

DAY 30

2293

hitherto
[híðətuː]

副 これまで (に)

❶ a hitherto unknown species
これまで知られていなかった種

≒ **until now**

unrecognised や unexplored など，un で始まる形容詞を修飾することが多い。

2294

incongruous
[ɪnkɔ́ŋgruəs]

形 似つかわしくない，不適当な

❶ look incongruous to the setting
その場面に似つかわしくないように思える

≒ **inappropriate, contradictory**

「周囲から不自然に浮いている」といったニュアンス。会話でも使える上級語彙。

2295

buttress
[bʌ́trəs]

動 ～を支持する，強化する

❶ buttress our argument 主張を強くする
❷ be buttressed by the evidence
その証拠に強く支えられている

≒ **support, reinforce, prop up**

もとは「控え壁」という意味の建築用語。そこから比喩的にも使われるようになった。

2296

substance
[sʌ́bstəns]

名 内容，中身，本質，真意

❶ lack substance 中身がない
❷ completely without substance 全くの偽りで

≒ **significance, truth**

熟 in substance 本質的には

2297

uncharted
[ʌntʃɑ́ːtɪd]

形 地図に載っていない，未知の

❶ head into uncharted waters
未知の海域に足を踏み入れる
❷ uncharted beach 地図に載っていないビーチ

≒ **remote, undiscovered**

リーディング必須語彙。chart (～を地図に載せる) に接頭辞の un- (反対) がついた形。

2298

finesse
[fənés]

名 手腕，手際の良さ

❶ perform with finesse 手際よく演奏する

≒ **skill, delicacy**

fine (洗練された) の名詞形。高いスキルを駆使して，きめ細かに作業を行う様子を表す。

2299

colour
[kʌ́lə]

動 ～に影響を与える

❶ colour his judgement 彼の判断に影響を与える
❷ colour her attitudes to life
彼女の人生観に影響を与える

≒ **shade, distort**

主に思考系の名詞を目的語にとり，例のほかにも opinion や thinking などと結びつく。

2300

a level playing field

名 均等な機会，公平な条件

❶ require a level playing field
公平な条件が必要である

≒ **equal standing**

✍ level 形 公平な 動 ～を公平にする ▶level the playing field (条件を公平にする)

リスニング必須語彙 Part 1

リスニングセクションで得点を稼ぐには，**ディクテーション**問題の攻略が鍵となります。ここで紹介する 300 語には初歩的な語も含まれていますが，意味だけでなく正確なスペリングと発音も押さえ，このセクションを得点源にしていきましょう！

Part 1 **ダイアログ（対話）**

主に数字や番地，また中学で学習するような基本語彙を問うディクテーション問題が出題されますが，basement（地階）や coach（長距離バス）など日本人に馴染みの薄い単語もよく登場します。

2301 make [meɪk] 名（製品の）型，モデル	**2308 recreation** [rèkriéɪʃən] 名 レクリエーション，娯楽
2302 basement [béɪsmənt] 名 地下室	**2309 canoe** [kənúː] 名 カヌー
2303 couch [kaʊtʃ] 名 ソファー	**2310 ladder** [lǽdə] 名 はしご
2304 microwave [máɪkrəweɪv] 名 電子レンジ	**2311 cereal** [síəriəl] 名（朝食用の）シリアル
2305 voucher [váʊtʃə] 名 クーポン	**2312 buffet** [bʊ́feɪ] 名 ビュッフェ
2306 terrace [térɪs] 名 テラス	**2313 treadmill** [trédmɪl] 名（トレーニング用の）ランニングマシン
2307 backyard [bækjɑ́ːd] 名 裏庭	**2314 knapsack** [nǽpsæk] 名 リュックサック

2315	**caravan** [kǽrəvæn] 名 (自動車で引く) 移動住宅，トレーラー	2324	**attic** [ǽtɪk] 名 屋根裏
2316	**guarantee** [gæ̀rəntíː] 名 保証	2325	**scissors** [sízəz] 名 ハサミ
2317	**accessory** [əksésəri] 名 付属品，アクセサリー	2326	**sunscreen** [sʌ́nskriːn] 名 日焼け止め
2318	**sweater** [swétə] 名 セーター	2327	**umbrella** [ʌmbrélə] 名 傘
2319	**recipe** [résəpi] 名 レシピ	2328	**garage** [gǽrɪdʒ] 名 ガレージ，車庫
2320	**insurance** [ɪnʃʊ́ərəns] 名 保険	2329	**fireplace** [fáɪəpleɪs] 名 暖炉
2321	**wardrobe** [wɔ́ːdrəʊb] 名 洋服ダンス	2330	**license** [láɪsəns] 名 免許
2322	**stationery** [stéɪʃənəri] 名 文房具	2331	**furniture** [fə́ːnɪtʃə] 名 家具
2323	**allergy** [ǽlədʒi] 名 アレルギー	2332	**yoghurt** [jɔ́gət] 名 ヨーグルト

900 1800 2700 3600

2333 tram [træm] 名 路面電車	**2342 perfume** [pə́:fjuːm] 名 香水
2334 alcohol [ǽlkəhɒl] 名 アルコール	**2343 parcel** [pάːsəl] 名 小包
2335 lamb [læm] 名 ラム肉	**2344 van** [væn] 名 小型トラック, ライトバン
2336 glove [glʌv] 名 手袋	**2345 warehouse** [wéəhaʊs] 名 倉庫
2337 curtain [kə́ːtn] 名 カーテン	**2346 real estate** 名 不動産
2338 camper van 名 キャンピングカー	**2347 lawn** [lɔːn] 名 芝生
2339 laundry [lɔ́ːndri] 名 洗濯物	**2348 trek** [trek] 名 登山
2340 fridge [frɪdʒ] 名 冷蔵庫	**2349 ballet** [bǽleɪ] 名 バレエ
2341 jewellery [dʒúːəlri] 名 宝石類	**2350 palace** [pǽlɪs] 名 宮殿

2351	clay	2360	cottage
	[kleɪ]		[kɔ́tɪdʒ]
	名 粘土		名 コテージ

2352	kitchen utensils	2361	calendar
	[juːténsəlz]		[kǽləndə]
	名 台所用品		名 カレンダー

2353	brochure	2362	leather
	[bróʊʃə]		[léðə]
	名 パンフレット		名 レザー

2354	convertible	2363	veranda
	[kənvə́ːtəbəl]		[vərǽndə]
	名 オープンカー		名 ベランダ

2355	hearth	2364	sausage
	[hɑːθ]		[sɔ́sɪdʒ]
	名 炉床（炉の火をたく床）		名 ソーセージ

2356	receipt	2365	excursion
	[rɪsíːt]		[ɪkskə́ːʃən]
	名 レシート		名 団体での小旅行

2357	dessert	2366	detergent
	[dɪzə́ːt]		[dɪtə́ːdʒənt]
	名 デザート		名 洗剤

2358	footwear	2367	warranty
	[fútweə]		[wɔ́rənti]
	名 履物		名 保証期間

2359	yacht	2368	toddler
	[jɒt]		[tɔ́dlə]
	名 ヨット		名 よちよち歩きの赤ん坊

Part 2 アナウンスメント（説明，案内）

図書館やジム，水族館などの施設案内や各種イベントの説明が主なテーマです。Part 1 とは異なり，選択式の問題が主となります。また，おおよそ 2 回に 1 回の確率で後半の 4 ～ 6 問に地図や施設の見取り図が出題されることから，建物名や方角，位置関係を表す表現を知っておくことも重要です。これは Capter 3 の「見取り図」（p. 364 ～）でも取り上げているのでそちらもご参照ください。

2369 **slope** [sloup] 名 坂	2376 **basin** [béɪsən] 名 ため池
2370 **atrium** [éɪtriəm] 名 （ローマ建築の）中庭	2377 **pier** [pɪə] 名 桟橋
2371 **outback** [áʊtbæk] 名 山の奥地	2378 **sauna** [sɔ́ːnə] 名 サウナ
2372 **choir** [kwaɪə] 名 聖歌隊	2379 **lighthouse** [láɪthaʊs] 名 灯台
2373 **windmill** [wíndmìl] 名 風車	2380 **cascade** [kæskéɪd] 名 小滝
2374 **pedestrian** [pədéstriən] 名 歩行者	2381 **nest** [nest] 名 巣
2375 **ornament** [ɔ́ːnəmənt] 名 装飾品	2382 **trunk** [trʌŋk] 名 （木の）幹，ゾウの鼻

2383	**corridor** [kɔ́rədɔː] 名 廊下, 通路	2392	**gorge** [gɔːdʒ] 名 渓谷
2384	**valley** [vǽli] 名 谷	2393	**kerb** [kɜːb] 名 縁石
2385	**architecture** [ɑ́ːkətektʃə] 名 建築	2394	**waterfall** [wɔ́ːtəfɔːl] 名 滝
2386	**cliff** [klɪf] 名 崖	2395	**desert** [dézət] 名 砂漠
2387	**reception** [rɪsépʃən] 名 受付	2396	**award** [əwɔ́ːd] 名 賞
2388	**signpost** [sáɪnpəʊst] 名 案内標識	2397	**ravine** [rəvíːn] 名 渓谷
2389	**security guard** [gɑːd] 名 守衛	2398	**fountain** [fáʊntɪn] 名 噴水
2390	**dune** [djuːn] 名 砂丘	2399	**cycle lane** 名 自転車専用道路
2391	**limestone cave** [láɪmstəʊn] 名 鍾乳洞	2400	**orchard** [ɔ́ːtʃəd] 名 果樹園

2401 bushland
[búʃlænd]

名 雑木林

2402 hive
[haɪv]

名 ミツバチの巣, 人込み

2403 marsh
[mɑːʃ]

名 沼

2404 torch
[tɔːtʃ]

名 懐中電灯

2405 refreshments
[rɪfréʃmənts]

名 軽食, スナック

2406 chamber
[tʃéɪmbə]

名 (特定の目的で使われる) 部屋

2407 cattle station

名 牧場

2408 ranger
[réɪndʒə]

名 森林警備隊員

2409 stable
[stéɪbəl]

名 馬小屋

2410 tunnel
[tʌ́nl]

名 トンネル

2411 ranch
[rɑːntʃ]

名 牧場

2412 canal
[kənǽl]

名 運河

2413 cabin
[kǽbɪn]

名 山小屋

2414 thatch
[θætʃ]

名 わら, わらぶき屋根

2415 gala
[gɑːlə]

名 祭り

2416 ridge
[rɪdʒ]

名 山の背

2417 coastline
[kóʊstlaɪn]

名 海岸線

2418 dinosaur
[dáɪnəsɔː]

名 恐竜

2419	**equipment** [ɪkwípmənt] 名 備品，機器	2428	**storage room** [stɔ́:rɪdʒ] 名 物置部屋，貯蔵室
2420	**chapel** [tʃǽpəl] 名 礼拝堂	2429	**reservoir** [rézəvwɑ:] 名 溜め池
2421	**dock** [dɒk] 名 波止場	2430	**alley** [ǽli] 名（庭や公園などの）小道
2422	**lagoon** [ləgú:n] 名 潟湖	2431	**boulevard** [bú:lvɑ:d] 名 広い並木道
2423	**waterfront** [wɔ́:təfrʌnt] 名 都市の水辺地帯	2432	**villa** [vílə] 名 別荘，郊外住宅
2424	**hut** [hʌt] 名 小屋	2433	**wetland** [wétlənd] 名 湿地帯
2425	**mansion** [mǽnʃən] 名 大邸宅，豪邸	2434	**roundabout** [ráundəbaut] 名 環状交差点
2426	**premiere** [prémieə] 名（演劇・映画の）初日，初演	2435	**strait** [streɪt] 名 海峡
2427	**river inlet** [ínlet] 名 河口	2436	**lounge** [laundʒ] 名（空港やホテルの）待合室

2437 auditorium
[ɔːdətɔ́ːriəm]

名（劇場の）観客席，公会堂

2438 footpath
[fútpɑːθ]

名 小道

2439 maintenance
[méintənəns]

名 メンテナンス

2440 wheelchair
[wíːltʃeə]

名 車いす

2441 brook
[brʊk]

名 小川

2442 itinerary
[aitínərəri]

名 旅程，旅行プラン

2443 barn
[bɑːn]

名 納屋

2444 lumber
[lʌ́mbə]

名 木材

2445 prairie
[préəri]

名 大草原

2446 parachute
[pǽrəʃuːt]

名 パラシュート

2447 microscope
[máikrəskəup]

名 顕微鏡

2448 wheat
[wiːt]

名 小麦

2449 exhibition
[eksəbíʃən]

名 展示（会）

2450 stream
[striːm]

名 小川

Part 3 ディスカッション（討論）

学生同士，あるいはチューターを交えた討論の内容について問われます。テーマとしてはプレゼンテーション，リサーチ方法，インターンでの経験など大学生活に関連した内容で，ここ数年，難化傾向にあります。ここに紹介する表現に加え，分野別語彙の教育分野で取り上げている表現も登場するので一緒に確認しておきましょう。

2451 **theme**
[θiːm]
名 テーマ

2452 **genre**
[ʒɔ́nrə]
名 ジャンル

2453 **experiment**
[ɪkspérəmənt]
名 実験

2454 **laboratory**
[ləbɔ́rətri]
名 実験室

2455 **certificate**
[sətífɪkət]
名 証書，証明書

2456 **edition**
[ɪdíʃən]
名 (本の) 版

2457 **commentary**
[kɔ́məntəri]
名 注釈

2458 **enrolment**
[ɪnróʊlmənt]
名 入学，登録手続き

2459 **case study**
名 事例 [症例] 研究

2460 **dialogue**
[dáɪəlɒg]
名 対話

2461 **typo**
[táɪpəʊ]
名 タイプミス，誤字

2462 **journal article**
名 学術論文

2463 **footnote**
[fʊ́tnəʊt]
名 脚注，補足説明

2464 **periodical**
[pìəriɔ́dɪkəl]
名 定期刊行物

2465 **draft**
[drǽft]
名 草稿，下書き

2466 **bullet points**
[búlɪt]
名 箇条書きで用いる点（・）

2467 **playwright**
[pléɪraɪt]
名 劇作家

2468 **subject**
[sʌ́bdʒɪkt]
名 被験者

2469 **biography**
[baɪɒ́grəfi]
名 伝記

2470 **survey**
[sə́ːveɪ]
名 調査，アンケート

2471 **outline**
[áʊtlaɪn]
名 概要

2472 **respondent**
[rɪspɒ́ndənt]
名 回答者

2473 **questionnaire**
[kwèstʃənéə]
名 アンケート

2474 **procedure**
[prəsíːdʒə]
名 手続き，手順，順序

2475 **semester**
[səméstə]
名 学期

2476 **deadline**
[dédlaɪn]
名 締め切り

2477 **submission**
[səbmíʃən]
名 提出

2478 **extension**
[ɪksténʃən]
名 延期，延長

2479 **anthropology**
[æ̀nθrəpɒ́lədʒi]
名 人類学

2480 **geography**
[dʒiɒ́grəfi]
名 地理学

2481 **geology**
[dʒiɒ́lədʒi]
名 地質学

2482 **summary**
[sʌ́məri]
名 要約，まとめ

レクチャー（講義）

歴史，環境，ビジネスなどのアカデミックな分野についてのレクチャーを聞きます。背景知識がなくてもある程度内容を理解することは可能です。ただし，10 問のうち 8 〜 10 問がディクテーション問題のため，正確なスペリング力が要求されるのでしっかりとチェックしておきましょう。

2483	**pest** [pest] 名 害虫	2490	**iron ore** [ɔːr] 名 鉄鉱石
2484	**embroidery** [ımbrɔ́ıdəri] 名 刺しゅう	2491	**rhythm** [ríðəm] 名 リズム
2485	**gene** [dʒiːn] 名 遺伝子	2492	**voyage** [vɔ́ııdʒ] 名 航海
2486	**particle** [páːtıkəl] 名 粒子	2493	**antenna** [ænténə] 名 触覚，アンテナ
2487	**species** [spíːʃiːz] 名（動植物の）種	2494	**drought** [draut] 名 干ばつ
2488	**virus** [váıərəs] 名 ウイルス	2495	**landslide** [lǽndslaıd] 名 地滑り
2489	**pollen** [pɔ́lən] 名 花粉	2496	**oasis** [əʊéısıs] 名 オアシス

2497 pyramid
[pírəmɪd]
名 ピラミッド

2498 territory
[térətəri]
名 領土

2499 vegetation
[vèdʒɪtéɪʃən]
名 植物，草木

2500 peninsula
[pənínsjələ]
名 半島

2501 tide
[taɪd]
名 潮の干満

2502 cemetery
[sémətri]
名 共同墓地

2503 dialect
[dáɪəlekt]
名 方言

2504 observatory
[əbzɔ́ːvətəri]
名 観測所，展望台

2505 crevice
[krévɪs]
名 (地面や岩の) 割れ目，裂け目

2506 haven
[héɪvə]
名 安息の地，安全な場所

2507 chronicle
[krɔ́nɪkəl]
名 年代記

2508 earthenware
[ɔ́ːθənweə]
名 土器，陶器

2509 mating
[méɪtɪŋ]
名 交尾，つがい

2510 mural
[mjúərəl]
名 壁画

2511 ocean floor
名 海底

2512 recipient
[rɪsípiənt]
名 受取人

2513 shelter
[ʃéltə]
名 避難所

2514 burial mound
[bériəl]
名 古墳

295

2515	**textile** [tékstaɪl] 名 織物, 布地	2524	**terrain** [teréɪn] 名 地形
2516	**enclosure** [ɪnklóʊʒə] 名 囲まれた場所	2525	**vaccine** [vǽksi:n] 名 ワクチン
2517	**irrigation** [ìrəgéɪʃən] 名 かんがい	2526	**prey** [preɪ] 名 獲物
2518	**telepathy** [təlépəθi] 名 テレパシー	2527	**gale** [geɪl] 名 強風, 疾風
2519	**avalanche** [ǽvəlɑ:ntʃ] 名 雪崩	2528	**hormone** [hɔ́:məʊn] 名 ホルモン
2520	**mammal** [mǽməl] 名 哺乳類	2529	**peoples** [pí:pəlz] 名 民族
2521	**olive** [óləv] 名 オリーブ	2530	**cotton** [kɔ́tn] 名 綿
2522	**poetry** [póʊətri] 名 詩	2531	**fairy tale** 名 おとぎ話
2523	**slave** [sleɪv] 名 奴隷	2532	**reptile** [réptaɪl] 名 爬虫類

2533 foliage
[fóʊliːdʒ]

名 葉

2534 archipelago
[àːkəpéləgoʊ]

名 列島

2535 conference
[kónfərəns]

名 会議，協議会

2536 atlas
[ǽtləs]

名 地図帳

2537 seed
[siːd]

名 種

2538 coal
[kəʊl]

名 石炭

2539 fibre
[fáɪbə]

名 繊維

2540 moisture
[mɔ́ɪstʃə]

名 水分，潤い

2541 thermometer
[θəmómɪtə]

名 温度計

2542 wilderness
[wíldənəs]

名 荒野

2543 airfare
[éəfeə]

名 航空運賃

2544 therapy
[θérəpi]

名 治療

2545 coral reef

名 サンゴ礁

2546 frequency
[fríːkwənsi]

名 頻度

2547 current
[kʌ́rənt]

名 潮流，海流

2548 telegraph
[téləgrɑːf]

名 電報

2549 apparatus
[æ̀pəréɪtəs]

名 器具，装置

2550 ash
[æʃ]

名 灰

297

2551	**hydrogen** [háɪdrədʒən] 名 水素	2560	**timber** [tímbə] 名 木材
2552	**machinery** [məʃíːnəri] 名 機械類	2561	**parasite** [pǽrəsaɪt] 名 寄生虫
2553	**mining** [máɪnɪŋ] 名 採鉱	2562	**sediment** [sédəmənt] 名 沈殿物，堆積物
2554	**pesticide** [péstɪsaɪd] 名 殺虫剤	2563	**coinage** [kɔ́ɪnɪdʒ] 名 新語，造語
2555	**porcelain** [pɔ́ːslɪn] 名 磁器	2564	**petrol** [pétrəl] 名 ガソリン
2556	**equator** [ɪkwéɪtə] 名 赤道	2565	**proverb** [próvɜːb] 名 ことわざ
2557	**axis** [ǽksɪs] 名 軸	2566	**algae** [ǽldʒiː] 名 藻類
2558	**ceramics** [sərǽmɪks] 名 陶磁器	2567	**copper** [kɔ́pə] 名 銅
2559	**latitude** [lǽtɪtjuːd] 名 (地球の) 緯度	2568	**longitude** [lɔ́ndʒɪtjuːd] 名 (地球の) 経度

2569 specimen
[spésɪmɪn]

名 見本，標本

2570 volcano eruption
[vɒlkéɪnəʊ ɪrʌ́pʃən]

名 火山噴火

2571 texture
[tékstʃə]

名 質感，食感

2572 oxygen
[ɒ́ksɪdʒən]

名 酸素

2573 comet
[kɒ́mɪt]

名 彗星

2574 drainage
[dréɪnɪdʒ]

名 排水

2575 legacy
[légəsi]

名 遺産

2576 pottery
[pɒ́təri]

名 陶器

2577 taxation
[tækséɪʃən]

名 課税，徴税

2578 calcium
[kǽlsiəm]

名 カルシウム

2579 chimney
[tʃímni]

名 煙突

2580 symposium
[sɪmpóʊziəm]

名 シンポジウム

2581 insect
[ínsekt]

名 昆虫

2582 fabric
[fǽbrɪk]

名 布地

2583 glacier
[glǽsiə]

名 氷河

2584 freight
[freɪt]

名 貨物運送

2585 compass
[kʌ́mpəs]

名 羅針盤

2586 larva
[lɑ́:və]

名 幼虫

2587	**meteor** [míːtiə] 名 隕石，流れ星	2594	**seabed** [síːbed] 名 海底
2588	**plantation** [plæntéɪʃən] 名 大農園	2595	**seaweed** [síːwiːd] 名 海藻
2589	**blaze** [bleɪz] 名 大火災	2596	**wool** [wʊl] 名 ウール
2590	**calculator** [kǽlkjəleɪtə] 名 計算機	2597	**tomb** [tuːm] 名 墓石，納骨所
2591	**china** [tʃáɪnə] 名 磁器	2598	**fungus** [fʌ́ŋgəs] 名 菌類
2592	**fort** [fɔːt] 名 要塞	2599	**estuary** [éstʃuəri] 名 河口
2593	**germ** [dʒɜːm] 名 細菌	2600	**bushfire** [búʃfaɪə] 名 山火事

こ こ に 注 目 カテゴリを一致させれば上級者の仲間入り

突然ですが問題です。

問題1 次の英文中には1箇所不自然な部分があります。どこがおかしいかとその理由を考えてみましょう。

Last year, I went to a hot spring with my sister and enjoyed local food and drink.

答えは a hot spring です。hot spring は「高温の熱水が湧き出る泉」という意味なので，そこでは地元の食べ物や飲み物を楽しむことはできません。よって a hot spring ではなく，a hot spring resort（温泉リゾート）や a spa resort（温泉場，健康ランド）などの「飲食も楽しめる場所」に変えると，カテゴリーが一致します。このように**名詞の区分**（categorisation）に関する項目にあまり目がいかず，気づかないうちにミスをしている人が多くいます。では次はどうでしょうか。

問題2 問題1と同じように，不自然な部分とその理由を考えてみましょう。

Research shows that women are more likely to have jobs such as nurses and teachers.

わかりましたか? ここは such as の使い方がまずく，A such as B とする場合は，B は A の一例でなければなりません。同じように，A including B も B は A に含まれている必要があります。つまり，nurse や teacher は「職業」ではなく看護師，教師という「人」なので，「職業」と「人」では**カテゴリーが一致しません**。それではこの場合，どのように変えればいいのか考えてみましょう。いくつかの方法がありますが，have 以下は次のように変えるといいでしょう。

① have jobs such as nursing and teaching.
　▸それぞれ nursing，teaching とすることで職業を表せます。

② enter professions such as nursing and teaching.
　▸少しフォーマルでレベルの高い書き方です。スキルの必要な職種は profession で表すことができ，そして profession と相性のいい動詞 enter を使います。

③ be employed in sectors like healthcare and education.
　▸意味が少し変わりますが，「業種」(sectors) としての「医療」，「教育」のように表現することも可能です。

301

職業を言う場合は，①のように ~ing で表すことが多く，例えば engineering, policing, cleaning, acting, plumbing のように表し，業界を言う場合には jobs in finance や jobs in the service industry のように，特定の分野を表します。では最後に，名詞のカテゴライゼーションに関連した上級問題にチャレンジしていただきましょう。

問題3 それぞれの下線部は同じ語の繰り返しになっており，体裁が悪くなっています。繰り返しを避けるために，どのように書き換えればいいか考えてみましょう。

(1) Governments should take effective measures to reduce <u>pollution such as air pollution, water pollution and soil pollution</u>.

(2) I'd like to improve various skills such as <u>research skills, organisational skills and negotiation skills</u>.

うまく書き換えることができましたか？　まず，(1) は下線部に related to（～に関連した）を用いて，

① Governments should take effective measures to reduce <u>pollution related to air, water and soil</u>.

とするか，various forms でいくつか種類があることを示して，関係代名詞でつなぎます。

② Governments should take effective measures to reduce <u>various forms of pollution that affect the air, water and soil</u>.

(2) も大きく二通りの書き換えができます。まずは関係代名詞の非制限用法と related to を用いて書き換えます。

① I'd like to improve various skills, <u>which are related to research, organisation and negotiation</u>.

あるいは skill を ability に変えて，その後に to 不定詞を加えます。

② I'd like to improve various skills such as <u>the ability to research, organise and negotiate</u>.

最後の2問は少しチャレンジングでしたが，大まかな内容はつかんでいただけたのではないでしょうか。このようなカテゴリーの不一致は意外と気づきにくく，ライティングが得意な方でもミスを犯しがちです。ですので，普段から分類の区分が正確にできているかを意識しながら，語彙を増やしていきましょう！

Chapter 2

分野別英単語・熟語 500

DAY 31	環境	304
DAY 32	教育	308
DAY 33	社会問題	312
DAY 34	健康	316
DAY 35	芸術／エンタメ	320
DAY 36	生活スタイル	324
DAY 37	歴史／哲学	328
DAY 38	科学／テクノロジー	332
DAY 39	経済／ビジネス	336
DAY 40	マスコミ	340

■ イギリス英語とアメリカ英語の違い ……………… 344
■ 接続詞と副詞　総まとめ ………………………… 347

環境は IELTS の最重要分野で、大気汚染をはじめとした「**人的活動**」(human activity) に
よって引き起こされる問題から、地震や洪水などの「**自然災害**」(natural disasters) によ
るものまで多岐にわたります。このほかにも「**リサイクル**」(recycling) や「**野生生物保護**」
(wildlife conservation) などのトピックも頻出です。

Are Cows Really Responsible for Global Warming?

The recent surge in greenhouse gas emissions has led to inevitable
global warming and the subsequent extreme weather conditions have
presented all living creatures with major environmental challenges.
Significant temperature changes have wreaked havoc on many parts of
the globe, putting numerous species on the verge of extinction. Polar
bears, for instance, are starving as the sea ice on which they hunt seals
is disappearing, while other animals have perished through punishing
heatwaves and wildfires.

The root cause of these disasters is human activity; the continued
release of harmful emissions, including greenhouse gases through
burning fossil fuels like coal and gas is to blame. Another factor
contributing heavily is intensive livestock farming, particularly of cows,
which release huge quantities of methane when digesting their food. In
fact, cows do considerably more harm than the transport sector, largely
because methane has around 25 times more impact on global warming
than the same amount of carbon dioxide.

In order to mitigate these environmental impacts and curb cow
emissions, one practical approach suggested by many scientists includes
feeding cows dietary supplements containing chemical compounds
or oils and herbs, and most recently, seaweed. At an individual level,
changing our daily eating habits can surely make a difference: we could
all become vegetarians or even vegans, for instance. While this may
sound extreme, we can all make changes to the way we eat and live;
the more we avoid animal products like milk, meat and even leather,
the friendlier we become to the earth, thereby helping to avert global
climatic crisis.

900 1800 2700 3600

DAY 31
DAY 32
DAY 33
DAY 34
DAY 35
DAY 36
DAY 37
DAY 38
DAY 39
DAY 40

長文の重要語句

2601 **greenhouse gas**
名 温室効果ガス
これが増えると，the greenhouse effect（温室効果）が強まる。

2602 **extreme weather**
名 異常気象
torrential rain（集中豪雨）や flooding（洪水）が代表例。

2603 **creature** [kríːtʃə]
名 生き物
living creature（生命体）には，植物は含まれない。

2604 **wreak havoc on** [riːk hǽvək]
動 ～に甚大な被害を与える
⬅ devastate, cause havoc to, play havoc with

2605 **on the verge of** [vɜːdʒ]
熟 絶滅寸前で
of のあとには，extinction 以外にも collapse や tears などが来る。

2606 **perish** [périʃ]
動 滅びる
🖉 perishable 形 腐りやすい　perishables 名 腐りやすい物

2607 **punishing** [pʌ́nɪʃɪŋ]
形 厳しい，ひどくつらい
⬅ arduous, demanding, exhausting

2608 **heatwave** [híːtwèɪv]
名 長期にわたる酷暑，熱波
drought（干ばつ）や water shortage（水不足）の原因となる。

2609 **root cause**
名 根本的な原因
▸identify the root cause of（～の根本的原因を突き止める）

2610 **be to blame**
動 責任がある
▸A is to blame for B.（B の原因は A にある）

2611 **livestock farming**
名 畜産業
livestock（家畜）とは牛や羊，鶏などの家禽類（poultry）のこと。

2612 **mitigate** [mítɪgeɪt]
動 （衝撃，状態を）和らげる
⬅ alleviate, reduce

2613 **curb** [kɜːb]
動 ～を抑制する
⬅ restrain

2614 **vegan** [víːgən]
名 ビーガン
動物性食品に加え，動物を利用した衣服や日用品の使用も避ける人。

2615 **avert** [əvɜ́ːt]
動 ～を防ぐ，逸らす
⬅ prevent

Chapter 2

その他の重要語句①

2616	**natural resources**	名 天然資源
		coal, minerals, clean water などの例を挙げるとスコア UP！
2617	**fossil fuels** [fɑ́səl fjúːəlz]	名 化石燃料
		crude oil（原油）や natural gas など。天然資源に含まれる。
2618	**alternative energy sources**	名 代替エネルギー
		wind や geothermal energy など，枯渇しないエネルギーのこと。
2619	**carbon footprint**	名 二酸化炭素排出量
		▶reduce carbon footprint（二酸化炭素排出量を減らす）
2620	**ozone layer** [óuzəun léiə]	名 オゾン層
		Part 4 のディクテーション問題で頻出。
2621	**water pollution**	名 水質汚濁
		ほかにも air, noise, soil などの pollution がある。
2622	**ocean acidification** [əsìdəfikéiʃən]	名 海洋酸性化
		acid rain（酸性雨）や soil acidification（土壌酸化）も重要。
2623	**deforestation** [diːfɒ̀rəstéiʃən]	名 森林破壊
		◉ the clearing of trees／🖉 logging 名 森林伐採
2624	**desertification** [dizə̀ːtɪfikéiʃən]	名 砂漠化
		🖉 reforestation 名 再森林化
2625	**sea level rise**	名 海面上昇
		◉ rising sea levels
2626	**soil erosion** [iróuʒən]	名 土壌侵食
		侵食の主な原因は，overgrazing（過度の放牧）や irrigation（灌漑）。
2627	**compost** [kɒ́mpɒst]	名 （植物用の）堆肥
		これを有効活用することで，soil erosion の対策になる。
2628	**natural disaster**	名 自然災害
		↔ man-made disaster 人工災害
2629	**natural habitat**	名 生息地
		▶loss of natural habitats（生息地の消失）
2630	**flora and fauna** [flɔ́ːrə] [fɔ́ːnə]	名 動植物
		▶threatened flora and fauna species（絶滅の危機にある動植物）
2631	**airborne** [éəbɔːn]	形 空気によって運ばれる
		▶airborne pollutants（空中に浮遊する汚染物質）

その他の重要語句②

2632	**ecosystem** [íːkəusìstɪm]	名 生態系 ≒ ecology
2633	**biodiversity** [bàɪəudaɪvə́ːsəti]	名 生物的多様性 ≒ biological diversity
2634	**biodegradable plastic** [bàɪəudɪgréɪdəbəl]	名 生分解性のプラスチック 「バクテリアの力で無害な物質に分解できる」という意味。
2635	**biofuel** [báɪəufjùːə]	名 バイオ燃料 生物体 (バイオマス) の持つエネルギーを加工して作る燃料のこと。
2636	**herbivorous animals** [hɜːbívərəs]	名 草食動物 carnivorous 形 肉食の omnivorous 形 雑食の
2637	**wildlife sanctuary** [sǽŋktʃuəri]	名 野生動植物保護区 ≒ wildlife refuge, nature reserve
2638	**wildlife conservation** [kɒ̀nsəvéɪʃən]	名 野生動物の保護 captive breeding (人工繁殖) が保護活動の好例。
2639	**landfill site**	名 ごみ埋め立て地 ≒ dumping site ゴミ捨て場
2640	**incineration** [ɪnsìnəréɪʃən]	名 焼却 ▶waste incineration plant (廃棄物焼却施設)

訳〉 実のところ、牛は地球温暖化の原因なのか？

　近年、温室効果ガスの排出が急増したことで地球温暖化は避けられなくなり、続いて起きる異常気象により、あらゆる生物が深刻な環境問題に直面しています。大幅な気温変化により、世界各地が大打撃を受け、多数の種が絶滅の危機に瀕しています。例えば、ホッキョクグマはアザラシを海氷の上で捕まえるが、その海氷がなくなりつつあるため飢餓状態にあります。一方、ほかの動物たちも酷暑や山火事により姿を消しています。

　こうした惨事の根本原因は、人間の活動にあります。石炭やガスといった化石燃料を燃やすと生じる温室効果ガスなど、排ガスを絶え間なく排出しているからです。もうひとつの大きな要因は集約畜産農業で、特に牛の畜産が問題です。というのも、牛は食物を消化する際に、大量のメタンを排出するからです。実際に、牛は輸送産業よりもはるかに環境にとって有害であり、これはメタンが同じ量の二酸化炭素と比べて、約25倍もの影響を地球温暖化に及ぼすからです。

　こうした環境への影響を緩和し、牛の引き起こす排出に歯止めをかけるために多くの科学者が提唱する効果的な解決方法に、牛に化合物や油と薬草、さらに最近は海藻が含まれる栄養補助食品を与える、というものがあります。個人レベルでは、日々の食生活を各自が変えていけば、状況は確実に良くなるはずです。例えば、私たち全員が菜食主義者や完全菜食主義者にだってなることができます。少し極端に感じるかもしれませんが、私たち全員、食事スタイルや生活スタイルを変えることができます。つまり、牛乳、肉、さらには革製品といった動物由来の製品を敬遠すればするほど、人類はより地球に対して優しくなれ、結果的に地球規模の気候危機を回避することに貢献できます。

Chapter 2

「幼児教育」(pre-school education) から「初等教育」(primary education)、「中等教育」(secondary education)、「高等教育」(tertiary education) まで幅広く出題されます。中でも、「子育て」(parenting) や「早期外国語教育」(early foreign language education) の是非がよく取り上げられています。

It Definitely Pays to Have a Degree...Or Does It?

While acquiring a university degree was once considered a gateway to career progression and professional success, such qualifications, despite the burdensome expense for many, are now becoming increasingly undervalued or underused. Recent findings suggest occurrences of this phenomenon in higher education are far from unusual.

Official statistics for 2017 show that 49% of recent graduates, including master's and even doctoral degree holders across the UK, are struggling to find appropriate employment, leaving them compelled to engage in non-graduate jobs for which they are significantly overqualified. This suggests the acquisition of higher academic qualifications does not necessarily enhance job prospects or immediately boost earning potential. Another recent report indicates that a typical US college graduate leaves with debts of around $30,000, over double the figure of 20 years ago. Largely due to escalating tuition fees, this increase has left many students saddled with huge debts for many years after graduation.

In contrast, some prominent billionaires clearly bucked the trend when it came to educational choices. Bill Gates, Larry Ellison and the late Steve Jobs were quintessential college dropouts who went on to make their fortunes using their creative talent, innovation and shrewd entrepreneurship. While they may sit at the extreme end of the scale, university is obviously not for everyone.

In addition to weighing up the benefits and drawbacks of pursuing a degree, families and prospective students also need to factor in harsh realities: potential financial setbacks await graduates, and degrees do not necessarily offer good value for time and money invested. At the same time, going off the beaten academic track may just bring phenomenal success in life.

長文の重要語句

2641	**pay** [peɪ]	動 割に合う，報いる
		▸It doesn't pay to do ~. (～してもいいことなんてない)

2642	**gateway** [géɪtweɪ]	名 (成功や幸せへの) 道
		文字通り「入口に向かう通路」の意味でも使われる。

2643	**burdensome** [bə́ːdnsəm]	形 負担となる，厄介な
		troublesome よりもフォーマルで，〈心＋体〉への負担感が強い語。

2644	**higher education**	名 高等教育
		🔗 primary education 初等教育　secondary education 中等教育

2645	**tuition fees** [tjuíʃən]	名 学費
		🔗 private tuition　個別指導

2646	**saddle** [sǽdl]	動 (負担を) 負わせる
		≒ burden

2647	**buck** [bʌk]	動 ～に逆行する，逆らう
		≒ resist, oppose

2648	**quintessential** [kwìntəsénʃəl]	形 典型的な，神髄の
		🄴 representing the most perfect example of something

2649	**shrewd** [ʃruːd]	形 賢明な，洞察力のある
		≒ astute, sharp ／ ⇔ stupid 形 ばかな，愚かな

2650	**weigh up** [weɪ]	動 ～をてんびんにかける，比較する
		▸weigh up the pros and cons (良い点と悪い点を比較する)

2651	**prospective** [prəspéktɪv]	形 見込みのある，将来的な
		≒ potential ／ 🔗 prospect 名 可能性，見込み

2652	**factor in**	動 ～を考慮する
		≒ allow for, make allowances for

2653	**setback** [sétbæk]	名 困難，挫折
		▸suffer setbacks (挫折する) ／ ≒ difficulty

2654	**go off the beaten track**	動 一般的な道から外れる
		🔗 get on the right track うまく軌道に乗る

2655	**phenomenal** [fɪnɔ́mɪnəl]	形 驚異的な，目を見張るような
		🄴 great, amazing and unbelievable

Chapter 2

その他の重要語句 ①

2656	**coursework** [kɔ́:swɜ:k]	名 コースワーク 試験以外の実験、プレゼン、レポートなどの課題を指す。
2657	**fieldwork** [fíːldwɜːk]	名 実地調査 現地に行って、直接（地質や水質などの）調査を行う活動のこと。
2658	**tutorial** [tjuːtɔ́ːriəl]	名 チュートリアル 担当教員と行う、少人数による対話形式の授業のこと。
2659	**plagiarism** [pléɪdʒərɪzəm]	名 剽窃、盗用 「剽窃」とは、他者の著作物やデータを無断で引用すること。
2660	**gap year**	名 ギャップ・イヤー 大学進学前にさまざまな活動を行い、人生経験を積むための1年間。
2661	**scholarship** [skɑ́ləʃɪp]	名 奨学金 イギリスでは bursaries とも言う。
2662	**humanities** [hjuːmǽnətiz]	名 人文科学 history, philosophy, language, literature, art などの学問。
2663	**social science**	名 社会科学 economics, psychology, politics, international relations など。
2664	**natural science**	名 自然科学 biology, physics, chemistry, ecology, medicine など。
2665	**cultural literacy**	名 教養 ▸develop cultural literacy（教養を高める）
2666	**postgraduate** [pòʊstgrǽdjuət]	形 大学院の、修士課程の 🔗undergraduate 形 学部の、学士課程の
2667	**lifelong learning**	名 生涯教育 🔗continuing education 社会人教育
2668	**gain admission to**	動 ～に合格する ▸gain admission to top universities（一流大学に合格する）
2669	**boarding school**	名 全寮制の高校 エリート大学進学のための学校。
2670	**prep school**	名 (7~13歳の生徒が通う) 私立学校 アメリカでは、一流大学進学のためのエリート（予備）校を指す。
2671	**home schooling**	名 ホームスクーリング、在宅学習 動詞で homeschool や be schooled at home のようにも使う。

その他の重要語句②

2672	**bullying** [búliiŋ]	名 いじめ
		🖉 bully 動 いじめる 名 いじめっ子
2673	**corporal punishment**	名 体罰
		欧米では一般的に暴力行為と同様，法律で禁じられている。
2674	**detention** [dɪténʃən]	名 居残り
		欧米では最もメジャーな罰則の一つ。
2675	**truancy** [trúːənsi]	名 無断欠席
		🖉 play truant ずる休みをする
2676	**parenting skills**	名 子育て技術
		「親は子育て技術をどう磨けばよいか」は過去に出題歴あり。
2677	**socialisation** [sòuʃəlaɪzéɪʃən]	名 社会性を養う教育，社会化
		「子供が社会に適応するために行う全人的な教育」のこと。
2678	**class streaming**	名 習熟度別指導
		🖉 unstreamed class 習熟度で分けられていないクラス
2679	**rote learning**	名 丸暗記（の学習）
		🖉 learn ~ by heart ～を暗記する
2680	**individuality** [ìndəvɪdʒuǽləti]	名 個性
		▸ develop creativity and individuality（創造性と個性を育てる）

訳 間違いなく、学位を取得して損はない 。損はない?

　かつては、大学の学位を取得することがキャリアアップや仕事での成功への入り口だと考えられていたが、多くの人にとって金銭的に重い負担となるにも関わらず、そうした資格は、今や過小評価されたり十分に活用されなかったりしつつあります。最近の研究結果は、高等教育でこうした現象が見られるのは決して珍しいことではないことを示しています。

　2017年の公式統計によると、イギリス各地の修士号や博士号の保有者を含む新卒者の49%が条件に合った就職先が見つからずに苦労していることがわかります。そのため、彼らの学歴をあまり生かすことができないような、大卒を条件としない仕事に携わるしかない状況に置かれているようです。この統計には、学歴が高くても必ずしも就職の見通しがついたり、直ちに収入の見込みが立ったりすることはないと書かれています。また別の最新レポートによると、アメリカの典型的な大卒者は、20年前の2倍以上の金額である約30,000ドルの借金を背負ってのスタートになるようです。主に授業料が上昇しているために、借金の増加は卒業後何年にもわたって、多くの学生が巨額の負債を抱え込む状況に追い込んでいます。

　その一方で、著名な億万長者の中には教育上の選択のこととなると、世間の流れにはっきりと抵抗を示す者もいます。ビル・ゲイツ、ラリー・エリソン、さらに故スティーブ・ジョブズは典型的な大学中退者でしたが、その後、自らの創造的才能、革新性、如才なき起業家精神を発揮して富を築きました。彼らは極端な例かもしれませんが、大学が万人向けのものではないことは明らかです。

　学位を取ることのメリットとデメリットを比較評価するのに加え、家族と大学入学希望者は、厳しい現実も考慮に入れる必要があります。というのも、金銭的な足かせが卒業生を待ち受けている可能性があり、学位に費やしたお金や時間に十分見合った価値を保証してくれるとは限らないからです。同時に、踏みならされた学問の道から離脱すれば、目を見張るような人生の成功をもたらしてくれるかもしれません。

Chapter 2

IETLS で重要な社会問題としては、「**人口過剰**」（overpopulation）をはじめとして、「**収入格差の拡大**」（growing income gap）や「**交通渋滞**」（traffic congestion）が挙げられます。さらにライティングで頻出の「犯罪」に関連したテーマ、そして近年では、「**国際観光**」（international tourism）といったグローバリゼーション関連の出題も増えています。

An Increasingly Grey Future Looming Large

The 21st century is **fraught with** social problems, including **overpopulation**, food shortages and religious conflicts **to name a few**. Of particular concern is the increasing elderly population, a demographic issue that is **prevalent** in many developed countries such as Germany and the UK. One country where this issue is especially serious is Japan, where older **inhabitants** comprised over 28% of the total population in 2020, with this figure set to reach roughly 38% by 2050. Worldwide, the number of people aged 65 and above is estimated to reach 2.1 billion by that year, around double the 2020 figure.

While this projected increase is attributed to improvements in **sanitation** and healthcare, governments need to **brace themselves for** various potential difficulties in financing health and social welfare systems. For example, the growing elderly population will require more healthcare services and larger pensions, thus imposing an enormous burden on national budgets.

Another potential crisis is the possibility of **acute labour shortages**, given that the combination of **declining birth rates** and population ageing leads to shrinking working age populations. The increased healthcare needs of the elderly will likely **fuel** demand for care workers and medical staff in particular, **exacerbating** problems in an already seriously **understaffed** industry.

Finally, there could be a potential **economic downturn** caused by reduced consumption and spending. Older citizens may eat and go out less than younger people, spending only minimally due to mounting concerns over the future of their pensions, thereby weakening the economy as a whole.

長文の重要語句

| 2681 | **loom large** | 動 （恐怖や不安が）大きく迫る，立ちはだかる |
| | | ⊘ loom 動 （危険や心配などが）迫る |

| 2682 | **fraught with** [frɔːt] | 熟 ～を伴う，～だらけである |
| | | 🄯 rife with |

| 2683 | **overpopulation** [ˌəʊvəˌpɒpjəléɪʃən] | 名 人口過剰 |
| | | 2050 年の世界総人口は約 97 億人に達すると予測されている。 |

| 2684 | **to name a few** | 熟 いくつか例を挙げれば |
| | | 特にスピーキング（Part 3）で役立つ表現。 |

| 2685 | **prevalent** [prévələnt] | 形 （考えが）広まっている，普及している |
| | | ▸become prevalent（広く行き渡る）／ 🄯 widespread |

| 2686 | **inhabitant** [ɪnhǽbɪtənt] | 名 居住者，（特定の場所に生息する）動物 |
| | | ▸indigenous inhabitants（原住民） |

| 2687 | **sanitation** [sæ`nɪtéɪʃən] | 名 公衆衛生 |
| | | ⊘ hygiene 名 衛生状態，衛生学 |

| 2688 | **brace oneself for** | 動 ～に対して備える |
| | | ⊘ brace 動 ～を準備させる，準備する |

| 2689 | **acute** [əkjúːt] | 形 深刻な，（痛みが）激しい |
| | | ▸acute pain（鋭い痛み）／ 🄯 serious |

| 2690 | **labour shortages** | 名 労働力不足 |
| | | shortages は labour 以外にも，food や energy などと結びつく。 |

| 2691 | **declining birth rate** | 名 出生率の低下 |
| | | 日本の出生率は 1.42（2018 年）。 |

| 2692 | **fuel** [fjúːəl] | 動 ～をかき立てる，あおる |
| | | ▸fuel children's imagination（子供の想像力をかき立てる） |

| 2693 | **exacerbate** [ɪgzǽsəbeɪt] | 動 ～を悪化させる |
| | | 🄯 worsen, aggravate |

| 2694 | **understaffed** [ˌʌndəstɑ́ːft] | 形 人手不足の |
| | | 🄯 short-handed ／ 🄯 overstaffed 形 過剰人員の |

| 2695 | **economic downturn** | 名 経済の停滞 |
| | | 単に経済活動が低下しているだけで，不況とは限らない。 |

Chapter 2

その他の重要語句①

2696	**ageing society**	名 高齢化社会
		イタリアやドイツでも, 高齢者の割合が全人口の20％を超えている。
2697	**fertility rate** [fɜːtíləti]	名 出生率
		女性一人当たりが生む子供の平均人数のこと。
2698	**poverty line**	名 貧困線, 最低生活線
		「貧困線」とは、生活に必要最低限の物を買える収入基準のこと。
2699	**starvation** [stɑːvéɪʃən]	名 餓死
		🖉 famine 名 飢饉
2700	**gender pay gap**	名 性別による給与格差
		🖉 gender bias 性別による偏見　gender role 性別ごとの役割
2701	**racial discrimination**	名 人種差別
		🖉 racial segregation 人種隔離
2702	**inequality** [ìnɪkwɒ́ləti]	名 不平等
		▸ income inequality（所得の不平等）
2703	**polarisation** [pɔ̀ʊləraɪzéɪʃən]	名 （社会や経済の）二極化, 格差の広がり
		▸ polarisation between the rich and poor（貧富の格差の広がり）
2704	**unemployment rate**	名 失業率
		🖉 claim unemployment benefits 失業手当を請求する
2705	**urban sprawl** [sprɔːl]	名 （都市の）スプロール現象
		都市化が郊外や田舎にまで広がる現象を指す。
2706	**urbanisation** [ɜːbənaɪzéɪʃən]	都市化
		🖉 urban 形 都市の ⇔ rural 形 田舎の
2707	**gentrification** [dʒentrɪfíkeɪʃən]	名 高級地化
		貧困地が発展して富裕層が増えた結果, 貧困層が住めなくなる現象を指す。
2708	**criminal activity**	名 犯罪活動
		🔄 crime, offence, illegal act
2709	**offender** [əféndə]	名 犯罪者
		🔄 criminal ／ 🖉 reoffend 動 再犯する
2710	**culprit** [kʌ́lprɪt]	名 犯人，（比喩的に）物事の原因
		🔄 perpetrator
2711	**drug trafficking**	名 麻薬売買
		🖉 drug smuggling 麻薬の密輸

その他の重要語句②

2712 □□	**addiction** [ədíkʃən]	名 中毒 *social media addiction* ソーシャルメディア中毒
2713 □□	**fraud** [frɔːd]	名 詐欺 *fraudulent* 形 詐欺的な，不正な
2714 □□	**embezzlement** [ɪmbézəlmənt]	名 横領 *bribery* 名 贈賄
2715 □□	**breach** [briːtʃ]	名 （法律や契約などの）違反，不履行 ▸a breach of contract（契約違反）
2716 □□	**anti-social activity**	名 反社会的行動 vandalism（破壊行為）や graffiti（落書き）などの行為を指す。
2717 □□	**loophole** [lúːphəʊl]	名 （法の）抜け穴，逃げ道 ▸corporate tax loopholes（法人税の抜け穴）
2718 □□	**community service**	名 （刑罰としての）社会奉仕活動 litter picking（ごみ拾い）などが奉仕活動の好例。
2719 □□	**prison sentence**	名 投獄刑 ≒ imprisonment, incarceration
2720 □□	**rebuild one's life**	動 人生をやり直す 話し言葉では，turn over a new leaf という類似表現を使おう。

訳〉次第に迫りつつある灰色（高齢）の未来

　　21世紀は，多くの社会問題を抱えています。いくつか例を挙げると，人口過剰，食糧不足，そして宗教紛争などが問題になっています。特に懸念されているのは高齢者人口の増加で，ドイツやイギリスなど先進国の多くで広く認められている人口統計の課題です。この問題で特に危機に瀕しているのが日本で，2020年には高齢な住民が総人口の28%以上を占めています。そして，この数値は2050年までに約38%に達するようです。世界的に見ても，その年までに65歳以上の人口は21億人に達すると推定されていて，これは2020年の数値の約2倍です。

　　この予想される人口増加の原因は，公衆衛生と医療の改善によるものですが，各国政府は予想される保健や社会福祉制度の財政不足に対して，準備する必要があります。例えば高齢者人口が増加すると，より充実した医療保健サービスやより包括的な年金制度が求められるようになり，結果として，国家予算に途方もない大きな負担をかけることになるでしょう。

　　予想される危機にはほかに，出生率の低下と人口の高齢化が組み合わさることで生産年齢人口が縮小することから，深刻な労働力不足におちいる可能性があります。高齢者の医療ニーズが増したことで，特に介護福祉士と医療スタッフに対する需要をかきたて，すでに深刻な人手不足にある業界の問題をさらに悪化させています。

　　最終的には，消費と支出が低迷することによって，景気が失速するかもしれません。高齢者たちは，年金の将来への不安の高まりから支出を最小限に留め，若い人たちよりも食べたり，外出したりしないかもしれません。こうしたことが原因となり，経済全般を弱体化させてしまいます。

Chapter 2

健康は、「**身体的健康**」（physical health）と「**精神的健康**」（mental health）に分かれ、前者では運動不足や食習慣の変化に伴う「**生活習慣病**」（lifestyle-related diseases）がキーワードになっています。特にライティングではこれらの問題に対して、解決策を提示するタスクがよく出題されています。

From One Extreme to the Other

It was only a few decades ago that malnourishment was the major concern regarding children's health in poorer parts of the world. In recent times, however, the focus has shifted from children being underfed to overfed, especially in the developing world.

As once impoverished nations have grown wealthier, global fast food chains, confectionery and soft drink companies have moved in to take advantage of these new markets. Also, sedentary lifestyles have become widespread; today, many children spend their time sitting at desks studying, working or playing video games. It is now estimated that 40% of children aged between 10 and 14 in South America and the Indian sub-continent are obese, a statistic largely attributed to habitual diet and lifestyle. The consequences of these unhealthy routines are unambiguous; obese children are prone to developing so-called old-age-onset disorders, such as type 2 diabetes, not in old age but in their twenties. Also, recent studies have shown that the children of obese parents are more likely to become obese themselves, and that obesity during pregnancy could have a negative impact on the fetus, potentially leading to birth defects or premature birth.

To counteract this growing epidemic, governments, first and foremost, must formulate strategies to raise public awareness of the dangers of childhood obesity and the benefits of a healthier diet, as well as the absolute necessity of physical activity. Additionally, the wider availability of parental support is of equal importance; this includes providing weight and dietary management services and educating young people about the potential health risks of obesity before starting a family. Helping parents to avoid the problem holds the key to breaking this vicious cycle.

長文の重要語句

2721
malnourishment
[mæ̀lnə́rɪʃmənt]

名 栄養失調
🔄 malnutrition

2722
impoverished
[ɪmpʌ́vərɪʃt]

形 貧困の
🔄 poor, poverty-stricken

2723
confectionery
[kənfékʃənəri]

名 菓子類
集合名詞で常に単数扱い。個々の菓子には confection を使う。

2724
sedentary
[sédəntəri]

形 座って行う，座りがちな
▸sedentary work （座りがちな仕事）

2725
unambiguous
[ʌ̀næmbíɡjuəs]

形 明らかな
▸an unambiguous statement （明確な発言）／🔄 clear

2726
prone to
[prəʊn]

形 ～する傾向にあって，～しがちで
🔄 subject to

2727
develop
[dɪvéləp]

動 （病気を）発症する
▸develop cancer （癌を発症する）

2728
onset
[ɑ́nset]

名 開始，始まり
▸the onset of the disease （病気の発症）／🔄 beginning

2729
disorder
[dɪsɔ́:də]

名 疾患，病気
disease の医学用語。

2730
diabetes
[dàɪəbíːtiːz]

名 糖尿病
▸be diagnosed with diabetes （糖尿病と診断される）

2731
premature
[prémətʃə]

形 早熟の
▸premature birth （早産）

2732
counteract
[kàʊntərǽkt]

動 ～に対抗する，和らげる
🔄 offset, run counter to

2733
epidemic
[èpədémɪk]

名 流行病，異常発生
悪いことの急速な拡大を描写する際にも比喩的に用いられる。

2734
hold the key to

動 ～の鍵を握っている
🔖 key 名 鍵，秘訣 ▸the key to success （成功の秘訣）

2735
break a vicious cycle

動 悪循環を断ち切る
🔄 create a virtuous cycle 　好循環を生み出す

317

Chapter 2

Health

その他の重要語句①

2736	**diet** [dáɪət]	名 食事, 食生活 ▸a well-balanced diet (バランスの取れた食事) / 類 foodstuff
2737	**high-calorie** [haɪ-kǽləri]	形 高カロリーの 関 fatty 形 脂肪分の多い　sugary 形 糖分の多い
2738	**regimen** [rédʒɪmɪn]	名 食事 [運動] 療法 ▸daily diet and exercise regimen (日々の食事と運動療法)
2739	**eating habits**	名 食習慣 ▸form healthy eating habits (健康的な食習慣を身に付ける)
2740	**ailment** [éɪlmənt]	名 (比較的軽いが慢性的な) 病気 cough (咳) や headache (頭痛) などが好例。
2741	**lifestyle-related disease**	名 生活習慣病 diabetes (糖尿病) や heart disease (心臓病) などが好例。
2742	**overeating** [əʊvəríːtɪŋ]	名 過食 反 anorexia 名 拒食症 / 関 fasting 名 絶食
2743	**high blood pressure**	名 高血圧 関 blood donation 献血
2744	**obesity** [əʊbíːsəti]	名 肥満 類 overweight / 関 obese 形 肥満の
2745	**depression** [dɪpréʃən]	名 うつ病 関 anxiety 名 不安
2746	**heart attack**	名 心臓発作 ▸trigger heat attack (心臓発作を引き起こす)
2747	**cancer** [kǽnsə]	名 癌 ▸lung cancer (肺癌), stomach cancer (胃癌), breast cancer (乳癌)
2748	**sleep depravation** [dɪpréɪveɪʃən]	名 睡眠不足 医学用語。関 insomnia 名 不眠症
2749	**dementia** [dɪménʃə]	名 認知症 senile dementia とも言う。senile は「老齢からくる」という意味。
2750	**autism** [ɔ́ːtɪzəm]	名 自閉症 関 autistic 形 自閉症の ▸autistic children (自閉症児)
2751	**ADHD**	名 注意欠如多動症 Attention Deficit Hyperactivity Disorder の略語。

318

その他の重要語句②

2752	**respiratory** [rɪspírətəri]	形 呼吸器系の
		⊘ digestive　形 消化器系の ▸digestive organ（消化器官）

2753	**cardiovascular** [kὰːdiəυvǽskjələ]	形 循環器系の
		▸cardiovascular exercise（有酸素運動）／ ⬛ cardio

2754	**neurological** [njὺərəlɔ́dʒɪkəl]	形 神経系の
		⊘ neurology　名 神経学

2755	**malpractice** [mǽlprǽktɪs]	名 医療過誤
		▸file a malpractice claim（医療過誤に対する賠償請求を行う）

2756	**prescription** [prɪskrípʃən]	名 処方箋
		⊘ prescribe　動 ～を処方する

2757	**diagnosis** [dὰɪəgnóυsɪs]	名 診断
		⊘ diagnose　動 ～を診断する　diagnostic　形 診断の

2758	**symptom** [símptəm]	名 症状
		▸exhibit typical symptoms（典型的な症状が現れる）

2759	**syndrome** [síndrəʊm]	名 症候群，シンドローム
		▸ chronic fatigue syndrome（慢性疲労症候群）

2760	**contraception** [kɔ̀ntrəsépʃən]	名 避妊
		適切な避妊法の教育が overpopulation の対策になる。

訳〉極端から極端へ

　世界の貧しい地域では、ほんの数十年前まで、栄養不良が子供たちの健康に関する一番の懸案事項でした。ところが近年では、特に開発途上世界で焦点が子供の栄養不良から栄養過多に移っています。

　ひとたび貧困国が豊かになると、世界展開するファストフードチェーン、製菓・清涼飲料メーカーが進出してきて、新規市場をうまく利用します。また、あまり体を動かさない生活習慣が広まり、今日では、多くの子供たちが机に向かって勉強したり、作業をしたり、テレビゲームをしたりして座って時間を過ごします。南アメリカやインド亜大陸（半島）に住む 10 ～ 14 歳までの子供の 40% が肥満であると推測されていて、統計値からは、主に食習慣と生活スタイルが原因であることがわかります。こうした体によくない習慣の行きつく先は明白です。肥満児たちは老齢期にではなく 20 代のうちに、2 型糖尿病など、いわゆる成人発症疾患を発症する傾向にあります。また、最近の研究によると、両親が肥満の子どもたちは肥満になる可能性が高く、妊娠中に肥満体だと、胎児に悪影響を及ぼしかねず、出生異常や早産につながりやすくなることを示しています。

　こうした流行病のまん延に対抗するために、各国政府は真っ先に、運動の絶対的な必要性とともに、小児肥満症のリスクと健康的な食事によるメリットへの関心も高める戦略を立てなければなりません。さらに、親のサポートをより広く利用できるようにすることも同じくらい重要です。これは、体重や食事の管理サービスを提供する、または、まだ子供のいない若者に肥満の潜在的な健康上のリスクについて教育するといったサポートです。こうした問題が起こらないように親たちをサポートすることが、この悪循環を断ち切るための鍵を握っています。

Chapter 2

リーディングテストでは、芸術、文学などのアート関連のテーマがよく出題されています。スピーキングテストとライティングテストでも、政府の「**芸術活動への資金援助**」(arts funding) の是非や美術館の社会的役割は押さえておくべきトピックです。

Cultural Theft or Borrowed Heritage?

European empires may have **crumbled**, yet their legacies live on through the **hoards** of **plundered** treasure and **artefacts** in the museums of these former colonial powers. However, the value of these **remnants** of imperialist pillaging is now being reconsidered as calls to return looted objects **gain momentum**; President Macron of France recently announced new legislation to allow the **restitution** of cultural heritage to Africa, while Germany is undertaking extensive work to clarify the origin of objects obtained illegally during times of political **unrest**.

This **sentiment** is, however, not without opposition, raising concerns among stakeholders. Critics and **curators** argue that the move could empty museums and galleries in some Western countries, especially the Quai Branly-Jacques Chirac Museum in Paris, which **houses** as many as 70,000 **antiquities**. European conservationists have also expressed practical concerns that many African countries lack suitably secure facilities to preserve and handle such artworks properly. Furthermore, some historians insist that judging historical events through the prism of modern laws and moral values is invalid, and therefore there is no justification for the return of relics.

A number of establishments, such as the British Museum and others, have sought compromise through the long-term loan of exhibits to their place of origin. A case in point is the collection of bronzes taken as booty by British troops during the **sacking** of Benin Palace in 1895. The Nigerian Government, which claims to be the rightful owner, is presently in negotiations with their British counterparts for the loan of these 15th century pieces. Amongst all this controversy, one thing is for certain: the pressure on museums to **heed** the **pleas** of claimant countries for the return of treasures is set to grow.

長文の重要語句

2761	**crumble** [krʌ́mbəl]	動 崩壊する 経済や国家の衰退を描写する際に使われる。 🔄 collapse
2762	**hoard** [hɔːd]	名 (金や財宝の) 貯蔵, (知識などの) 宝庫 ▸a hoard of ancient coins (古代の硬貨の埋蔵)
2763	**plunder** [plʌ́ndə]	動 ～を強奪する　名 略奪品 🔄 pillage, loot
2764	**artefact** [áːtəfækt]	名 人工物, 工芸品 ▸retrieve stolen artefacts (盗まれた工芸品を取り戻す)
2765	**remnant** [rémnənt]	名 遺物 ▸remnants of the past (過去の遺物) ／ 🔄 remains
2766	**gain momentum**	動 勢いを増す, 弾みをつける 🔁 lose momentum　勢いをなくす
2767	**restitution** [rèstɪtjúːʃən]	名 返還, (以前の状態に) 復元 🔄 restoration
2768	**unrest** [ʌnrést]	名 (社会的な) 不安, 混乱 ▸civil unrest (市民の不安) ／ 🔄 disturbance
2769	**sentiment** [séntəmənt]	名 感情, 心情, 意見 🔗 sentimental　形 感傷的な
2770	**curator** [kjʊréɪtə]	名 (美術館などの) 管理者, キュレーター 🔗 librarian　名 司書
2771	**house** [haʊz]	動 ～を所蔵する 〈ハウズ〉の発音に注意。 🔄 store
2772	**antiquity** [æntíkwəti]	名 古代, 遺物, 遺跡 🔥 from antiquity　昔から ／ 🔗 antiquated　形 時代遅れの
2773	**sack** [sæk]	動 ～を破壊して略奪する suck ([液体や空気を] 吸う) との混同に注意。
2774	**heed** [hiːd]	動 (警告や忠告に) 注意を払う 🔄 take notice of
2775	**plea** [plíː]	名 嘆願, 懇願 🅔 an urgent and emotional request

その他の重要語句①

2776	**fine arts**	名 美術
		主に絵画や彫刻を指す。

2777	**statue** [stǽtʃuː]	名 像，彫像
		何かを記念したり、敬意を表したりすために建てられる像のこと。

2778	**sculpture** [skʌ́lptʃə]	名 彫刻（作品），彫像
		🖉 sculptor 名 彫刻家

2779	**carving** [kɑ́ːvɪŋ]	名 彫刻
		▸intricate wooden carvings（手の込んだ木彫りの彫刻）

2780	**engraving** [ɪŋgréɪvɪŋ]	名 彫刻，版画
		🖉 engrave 動 ～を彫刻する ▸engrave a name（名前を彫り込む）

2781	**portrait** [pɔ́ːtrɪt]	名 肖像画，人物画
		「絵」だけでなく「写真」も指す。painting（絵画）と区別しよう。

2782	**still life**	名 静止画，静物画
		🖉 still-life 形 静物の ▸a still-life painting（静物画）

2783	**life-size** [laɪf-saɪz]	形 等身大の
		▸erect a life-size statue of the Queen（女王の等身大の像を建てる）

2784	**masterpiece** [mǽstəpiːs]	名 傑作，大作
		▸an architectural masterpiece（最高の建築作品）

2785	**facade** [fəsɑ́ːd]	名 （建築物の）正面，ファサード
		比喩的に「うわべ、見せ掛け」の意味でも使われる。

2786	**temple** [témpəl]	名 寺院
		日本の「寺」は Buddhist temple と表現する。

2787	**cathedral** [kəθíːdrəl]	名 大聖堂
		▸a magnificent cathedral（壮大な大聖堂）

2788	**artisan** [ɑ̀ːtɪzǽn]	名 職人，熟練工
		手作業で物を作ることを職業とする人。🔄 craftsperson

2789	**virtuoso** [vɜ̀ːtʃuóusəu]	名 （音楽の）大家，名手
		▸a piano virtuoso（ピアノの大家）

2790	**connoisseur** [kɒ̀nəsə́ː]	名 鑑定士，目利き
		▸a wine connoisseur（ソムリエ）

2791	**the performing arts**	名 舞台芸術
		ダンスや演劇など，主に舞台上で行われる芸術のこと。

その他の重要語句②

2792	classical [klǽsɪkəl]	形 古典の
		▶appreciate classical music（クラシック音楽を鑑賞する）
2793	evocative [ɪvɑ́kətɪv]	形 感情に訴えるような，刺激的な
		▶evocative music（感情に訴えるような音楽）
2794	conductor [kəndʌ́ktə]	名 指揮者
		☞ composer 名作曲家
2795	adaptation [æ̀dæptéɪʃən]	名 オリジナルの改編，脚色
		▶film adaptation of the novel（小説の映画化）
2796	gourmet [gúəmeɪ]	名 グルメ，美食家
		〈グルメ〉の発音では通じない。❸ epicure
2797	culinary [kʌ́lənəri]	形 料理の
		▶culinary delights（おいしい料理）
2798	Nobel laureate [lɔ́ːriət]	名 ノーベル賞受賞者
		☞ the Nobel Prize in Chemistry ノーベル化学賞
2799	cultural enrichment	名 教養を高めること
		☞ cultured 形教養のある
2800	the Olympics	名 オリンピック
		theと末尾のsが抜けやすいので注意。the Olympic Gamesとも言う。

訳 文化の泥棒？ それとも遺産の拝借？

　　ヨーロッパの帝国は、崩壊したのかもしれない。それでも、旧宗主国の博物館（美術館）に収蔵している略奪した貴重品や芸術作品を通して、今もそれらの遺産は生き続けています。しかし、略奪した品々の返還を求める声が大きくなるにつれて、帝国主義による略奪の遺物の価値は見直されつつあります。先日、フランスのマクロン大統領は、文化遺産のアフリカへの返還を認める新法を発表しました。一方、ドイツでは、政治的に混乱していた時代に不当に得た品々のルーツを解明するための、広範囲にわたる作業に着手しています。

　　しかし、こうしたムードに対して反対意見がないわけではなく、利害関係者の間で懸念の声が上がっています。この動きがヨーロッパ諸国の博物館や美術館、中でもパリにあるケ・ブランリー―ジャック・シラク美術館を空っぽにしかねない、と批評家やキュレーターたちは主張しています。そのパリの美術館には、70,000点もの古美術品が所蔵されています。ヨーロッパの保護活動家たちも、多くのアフリカの国々には、そうした芸術作品を適切に保存できる安全な施設が不足しているとの実際上の懸念を表明しています。さらに、歴史学者の中には、歴史上の出来事を現代の法律や倫理観の見地から評価することに妥当性はなく、したがって、文化遺産の返還には全く正当性はないと主張する者もいます。

　　大英博物館などの多くの施設では、発掘した所に展示品の長期貸与を要請することで、妥協点を模索しています。典型的な例は、1895年のベナン宮殿を破壊している際に、イギリス兵が戦利品として略奪したブロンズ製のコレクションです。ナイジェリア政府は、自らが正当な所有者であると主張していて、この15世紀の品々の貸与を巡って、現在、イギリス側の担当者と交渉中です。こうした論争の中で1つ確かに言えるのは、博物館に貴重な品々の返還を要求する国々の願いを聞き入れるように迫る圧力が高まりはじめているということです。

Chapter 2

近年の生活スタイルの変化に関する出題が多く見られます。例えば、「**都市への移住**」(urban migration)、「**親の役割**」(parental role) の変化、そして「**晩婚化**」(late marriage) や「**共働き世帯**」(double-income households) の増加による家庭生活に与える影響について問われることが増えています。

Lifestyle Change Requires Social Change

The changes and demands of modern society **permeate** far and wide: career, finances, ambitions, and, increasingly, gender roles. Due to traditional **stereotypes**, women were expected to quit their jobs and become homemakers once married, **dedicating** much of their lives to housework and raising children. The sexist belief that women were inferior to men in the workplace meant progression to senior positions for women was extremely challenging, with potential higher status appointments often **stymied** by the perceived **flaw** of childbearing. Men, on the other hand, were generally expected to feed the family and therefore **shoulder** all the financial responsibilities.

However, recent cultural expectations concerning traditional male and female roles have dramatically shifted; men are increasingly likely to assume childcare and household duties, whereas more women than ever are the main income **earners**. Thus, both parents can be the **breadwinners**, and both can be the caregivers. **In line with** this new pattern, more companies and organisations are setting up on-site crèches and nurseries, with reduced or free childcare provisions for employees.

While these positive trends are **gaining ground** in Europe, there is a major **stumbling block** for fathers in many other parts of the world: the provision of **paternity leave** is uncommon and thus its importance is underestimated. There have been some instances of men suffering **groundless demotions** or pay cuts after returning to work. Under these social circumstances, the next **hurdle** that societies need to clear is creating a more father-friendly environment while balancing work, childcare and other aspects of home life.

長文の重要語句

2801	**permeate** [pə́:mieɪt]	動 ～に広がる，浸透する 🔄 pervade
2802	**stereotype** [stériətaɪp]	名 固定観念 🔄 fixed idea ／ 🔗 racial stereotype 人種に対する偏見
2803	**dedicate** [dédɪkeɪt]	動 ～をささげる，打ち込む 🔄 devote ／ 🔗 dedicated 形 献身的な
2804	**stymie** [stáɪmi]	動 ～を邪魔する，妨害する 🔄 foil, thwart ／ 🔀 facilitate 動 ～を促進する
2805	**flaw** [flɔ:]	名 欠点，欠陥 🔗 flawless 形 完璧な ⇔ flawed 形 欠点のある
2806	**shoulder** [ʃóʊldə]	動 ～を背負う responsibility や burden と高頻度で結びつく。 🔄 assume
2807	**earner** [ə́:nə]	名 稼ぎ手，所得者 🔗 high income earner 高所得者 ⇔ low income earner 低所得者
2808	**breadwinner** [brédwìnə]	名 （一家の）大黒柱，稼ぎ手 ▸a female breadwinner（女性の稼ぎ手）
2809	**in line with**	熟 ～と相まって，一致して 熟 be in line for ～を受け取ることになっている
2810	**gain ground**	動 勢いづく，広まる 🔄 gain traction ／ 🔀 lose ground 勢いを失う
2811	**stumbling block**	名 障壁，妨害 🔗 stumble 動 つまずく／ 🔄 obstacle
2812	**paternity leave** [pətə́:nəti]	名 父親の育児休暇 🔗 maternity leave 出産休暇，産休
2813	**groundless** [gráʊndləs]	形 事実無根な，根拠のない 🔄 unreasonable ／ 🔀 justified 形 理に適った，もっともな
2814	**demotion** [dɪmóʊʃən]	名 降格 🔀 promotion 名 昇進
2815	**hurdle** [hə́:dl]	名 障害，問題 ▸encounter hurdle（困難に直面する）

Chapter 2

その他の重要語句①

2816	**living standard**	名 生活水準
		▸raise the living standards (生活水準を高める)

2817	**the cost of living**	名 生活費
		▸reduce the cost of living (生活費を減らす)

2818	**earn a living**	動 生活費を稼ぐ
		✐ make ends meet 収入範囲内で生活する

2819	**mortgage** [mɔ́ːgɪdʒ]	名 住宅ローン，抵当
		▸take out a mortgage (住宅ローンを借り入れる)

2820	**municipal council** [mjuːnísəpəl]	名 地方自治体，市議会
		⊜ local council, local government

2821	**public sector worker**	名 公務員
		⊜ civil servant

2822	**the common good**	名 公益
		▸work for the common good (公益のために取り組む)

2823	**public services**	名 公共サービス
		education, health care, police などの例を挙げれればバッチリ!

2824	**waste management**	名 廃棄物管理
		✐ garbage disposal ゴミ処理

2825	**sewage treatment** [sjúːɪdʒ]	名 下水処理
		✐ sewage plant 下水処理施設

2826	**childcare** [tʃáɪldkeə]	名 育児，保育
		▸support parents with childcare costs (親たちに保育料を支援する)

2827	**childminder** [tʃáɪldmàɪndə]	名 保育士
		⚙ child (子供) + minder (世話をする人) =「保育士」

2828	**nursing home**	名 老人ホーム，老人介護施設
		⊜ carehome ／ ✐ nursing home staff 介護職員

2829	**surveillance camera** [səvéɪləns]	名 監視カメラ
		⊜ security camera, CCTV

2830	**quarantine** [kwɒrəntíːn]	名 検疫，隔離期間，隔離所
		▸be placed in quarantine (隔離されている)

2831	**public purse**	名 国庫
		▸reduce the burden on the public purse (国庫負担を減らす)

その他の重要語句 ②

2832	**charity** [tʃǽrəti]	名 慈善事業，チャリティー ▸raise money for charity（慈善事業のために資金集めをする）
2833	**pension** [pénʃən]	名 年金 ▸pension entitlement（年金受給資格）／ pensioner　名 年金受給者
2834	**life expectancy**	名 平均寿命 ▸the longest life expectancy in the world（世界一の寿命）
2835	**downshifting** [dàʊnʃíftɪŋ]	名 ダウンシフト 忙しくして高給を得るよりも，低収入でも満足度の高い生活を望むこと。
2836	**extended family**	名 拡大家族 𝒜 a single-parent household　ひとり親家庭
2837	**sibling** [síblɪŋ]	名 兄弟姉妹 brother や sister とは異なり，性別に関係なく使うことができる。
2838	**hustle and bustle**	名 雑踏 ネガティブな含みはなく，にぎやかで活動的な状態を指す。
2839	**self-employed** [self-ɪmplɔ́ɪd]	形 自営の，フリーランスの ▸a self-employed worker（自営業者）
2840	**sustainable development**	名 持続可能な発展 将来を考慮しつつ，健全に資源を使い発展し続けること。

訳 フ ライフスタイルを変えるには、社会変革が必要

　現代社会の変化と要求は、あらゆる領域に広がっています。キャリア（職歴）、金銭、野心、さらに男女の性別による役割分担へ。昔ながらのステレオタイプのせいで、結婚をすると、女性は仕事をやめ、専業主婦になることが期待されていました。そして、家事や子育てに人生の大半をささげていたのです。職場では、女性は男性より劣っているという性差別的な考えがあったので、女性の管理職への昇進は極めて困難であり、高い職位に任命されるのに、出産がマイナスと考えられていたことが障害となっていました。一方、男性は、通常家族を養うことが期待されていたので、あらゆる金銭的責任を背負っていました。

　しかし、昔ながらの男女の役割に関する近ごろの文化的な期待は、劇的に変化しています。男性が育児・家事を担うことが増えているのに対して、かつてないほどの多くの女性が主たる所得者になっています。したがって、両親のどちらもが大黒柱に、どちらもが（子供を）世話する人になれるのです。こうした新しい動きに合わせて、多くの企業や団体では、従業員に安価で、または無料で保育を提供する、職場内の託児所・保育園を開設しつつあります。

　こうした好ましい動きがヨーロッパで広まる一方で、世界の他の多くの国々には、父親に対する大きな障壁があります。父親に育児休暇を用意している所は珍しく、その重要性も過小評価されています。職場復帰後に、正当な理由のない降格や減給を経験した男性の実例がいくつかあります。このような社会状況下で、社会が乗り越えるべき次のハードルは、仕事、育児、さらに家庭生活の他の面のバランスを取りながら、今よりも父親を支援する環境を作り出すことです。

Chapter 2

歴史はリーディングテストの頻出テーマで、ライティング・スピーキングテストでは、「歴史を学ぶ意義」について問われることがあります。また、「人生哲学に関する質問」（philosophical questions）もよく見られ、「幸せや成功の定義とは」、「人は何のために働くのか」などがその代表例です。

Is the Meaning of Happiness Changing?

Happiness has long been a much coveted and often elusive ideal; for many people, being happy is considered a luxury, subject to chance and largely dependent on circumstances. Over the centuries, artists, philosophers and religions have claimed to know the secret to living a happy life, but perceptions are changing. Some national governments are prioritising their citizens' well-being. Bhutan, for instance, is well known for valuing contentment over monetary wealth, promoting the idea that 'gross national happiness is more important than gross domestic product'. Similarly, other countries are funding research into making happiness universally accessible and achievable.

In recent years, happiness has been thoroughly investigated and quantified by scientists, especially those in the field of positive psychology, an emerging discipline focusing on the concept of happiness and how to improve it. Recent findings show levels of happiness to be inextricably linked with psychological and bodily health, suggesting the primary factors leading to sadness are personal issues such as failed relationships, or physical and mental illness. To build and maintain a functioning, healthy society, we therefore need to focus more on social and psychological well-being.

Examples of these paradigm shifts can be seen across society today; schools are beginning to incorporate programmes on mindfulness and resourcefulness in their curricula, with the aim of increasing children's self-awareness, self-worth and resilience. Workplaces are also giving greater emphasis to the welfare of their employees, offering calm spaces for people to relax at break times, an acknowledgment that there is more to life than money and results.

長文の重要語句

2841	**coveted** [kʌ́vɪtɪd]	形 誰もが欲しがる
		🔄 desired
2842	**subject to**	熟 ～に左右される，～の承認を必要とする
		subjective（主観的な）と混同しないように注意。
2843	**largely** [lá:dʒli]	副 主に
		🔄 mostly, mainly ／ 熟 largely because 主に～という理由で
2844	**perception** [pəsépʃən]	名 感覚
		🔄 awareness ／ 🖊 perceptible 形 感覚のある
2845	**prioritise** [praɪɒ́rətaɪz]	動 ～を優先する
		🖊 prioritise A over B B よりも A を優先する
2846	**well-being** [wel-bí:ɪŋ]	名 幸福，健康
		🔄 happiness, good health, wellness
2847	**contentment** [kənténtmənt]	名 満足感
		🔄 satisfaction, happiness
2848	**accessible** [əksésəbəl]	形 利用しやすい，手に入れやすい
		▸ be accessible to the public（一般人が利用できる）
2849	**achievable** [ətʃí:vəbəl]	形 達成可能な
		▸ an achievable goal（達成可能な目標）
2850	**quantify** [kwɒ́ntɪfaɪ]	動 ～を数値で表す，定量化する
		🖊 quantifiable 形 定量化可能な quantitative 形 定量的な
2851	**finding** [fáɪndɪŋ]	名 研究結果
		🔄 discovery, research result
2852	**inextricably** [ɪnɪkstríkəbli]	副 密接に
		本文のように，高頻度で linked と結びつく。🔄 inseparably
2853	**paradigm shift** [pǽrədaɪm]	名 パラダイムシフト
		今まで当然とされていた価値観や考えが 180 度変わること。
2854	**incorporate** [ɪnkɔ́:pəreɪt]	動 ～を組み込む，取り入れる
		🔄 integrate
2855	**self-worth** [self-wɜ:θ]	名 自尊心，プライド
		「自尊心」とは，自分の人格を大切に思う気持ち。🔄 self-esteem

Chapter 2

その他の重要語句①

2856	**civilisation** [sìvəlaɪzéɪʃən]	名 文明
		▶build a new civilisation（新しい文明を築く）

2857	**tyranny** [tírəni]	名 独裁政治
		▶escape tyranny（独裁政治から逃れる）

2858	**empire** [émpaɪə]	名 帝国
		🖉emperor 名 皇帝　empress 名 女帝

2859	**colony** [kɔ́ləni]	名 植民地
		🖉colonisation 名 植民地化　colonial 形 植民地の

2860	**settlement** [sétlmənt]	名 移住，植民地
		🖉settle 動 定住する　settler 名 移民，入植者

2861	**downfall** [dáʊnfɔːl]	名 没落
		▶the downfall of the Roman empire（ローマ帝国の没落）

2862	**tribe** [traɪb]	名 部族
		Part 4 のディクテーション問題でときどき出題される。

2863	**hunter-gatherer** [hántə-gǽðərə]	名 狩猟採集民
		▶a hunter-gatherer society（狩猟採集社会）

2864	**agrarian** [əgréəriən]	形 農業の，農耕の
		🔄agricultural／🖉arable 形 耕作に適した

2865	**archive** [ɑ́ːkaɪv]	名 公文書，記録保管所
		🔄records, chronicles

2866	**primitive** [prímətɪv]	形 原始の，太古の
		「機械が発達する時代より前の」という意味。

2867	**prehistoric** [prìːhɪstɔ́rɪk]	形 先史時代の
		「歴史的な情報が記録される前の時代の」という意味。

2868	**medieval** [mèdiíːvəl]	形 中世の
		▶medieval castles（中世の城）

2869	**philosophy of life**	名 人生哲学
		🖉philosophy 名 哲学　philosophical 形 哲学の

2870	**reason for living**	名 生きがい，存在理由
		🔄passion for living

2871	**moral value**	名 道徳的価値，倫理観
		▶teach children moral values（子供たちに倫理観を教え込む）

2872	**lesson** [lésən]	名 教訓
		‣learn valuable life lessons（貴重な人生の教訓を得る）

2873	**teachings** [tíːtʃɪŋs]	名 (偉人の) 教え，教義
		‣traditional teachings of Confucius（孔子の伝統的な教え）

2874	**wisdom** [wízdəm]	名 知恵，知見，分別
		‣question the wisdom of（～という考えに疑問を持つ）

2875	**ideology** [àɪdiólədʒi]	名 イデオロギー，信条
		形 ideological 形 イデオロギーの

2876	**feminism** [fémənɪzəm]	名 フェミニズム，女性解放論
		男女同権と性差別のない社会を目指すことを目的とする考え。

2877	**paradox** [pǽrədɒks]	名 矛盾，逆説
		‣He's a paradox.（彼は矛盾している）のように人にも使用可能。

2878	**ups and downs**	名 浮き沈み，移り変わり
		‣Life has its ups and downs.（人生は浮き沈みの連続である）

2879	**cause and effect**	名 原因と結果
		‣cause-and-effect relationships（因果関係）

2880	**trial and error**	名 試行錯誤
		‣learn through trial and error（試行錯誤を通して学ぶ）

訳♪ 幸せの定義が変わりつつある？

　幸福は、誰もが手に入れたがっているものの、とらえどころのない理想です。多くの人にとって、幸福であることはぜいたくで、運に左右され環境によるところが大きいと見なされています。何世紀にもわたって、芸術家や哲学者、あるいは宗教は、幸せな人生を送ることができる秘訣を知っていると主張してきましたが、そうした認識は変わりつつあります。自らの国民の幸福を優先している政府もあります。例えば、ブータンは貨幣的資産よりも満足感を大事にしていることで有名で、「国民総幸福量は国内総生産よりも価値がある」という考えを提唱しています。同様に、ほかの国々では、誰もが幸福に到達し手に入れやすくなるような研究に資金を提供しています。

　近年になって、幸福は科学者によって徹底的に研究され、定量化されています。中でも、幸福の概念とその向上方法に着目する、新しく出現した学問分野、ポジティブ心理学の分野の人たちによって。最新の研究によると、幸福度が心と体の健康と密接につながっていることがわかりました。そして、悲しみの感情を引き起こす主な原因が人間関係の悪化、あるいは体や心の病気といった個人的な問題にあることを示しています。機能的で健全な社会を構築し、それを維持していくには、したがって、社会福祉や精神面での健康にさらに関心を寄せなければなりません。

　今日では、こうしたパラダイム・シフトの例が社会のいたる所で見られます。学校では、生徒たちの自己意識や自尊心、（困難から）立ち直る力を高めることを目指して、学校のカリキュラムにマインドフルネス（心配りができる状態でいること）やリソースフルネス（困難な状況に対処する能力）に関する講義を取り入れつつあります。職場においても、従業員への福利厚生をとても重要視しています。金銭や業績だけが人生ではないということを認めて、休憩時間に社員がリラックスできるような落ち着いた空間を用意しています。

「AI」(Artificial Intelligence) に代表される「ロボット工学」(robotics) は IELTS 必須の
テーマです。ほかにも理系の背景知識が求められる「宇宙探索」(space exploration) や
「動物実験」(animal testing)、さらには教育に関連した「遠隔学習」(distance [online]
learning) などが出題されています。

Can we really co-exist with intelligent machines?

What was once considered nothing more than a figment of imagination has become reality today: robots now play an active and altruistic role in many fields. For example, healthcare robots are deployed in some Asian hospitals to compensate for dwindling numbers of medical staff, whereas caregiving robots help to counteract loneliness in the elderly; such companionship can slow down cognitive deterioration and even the onset of dementia. On a commercial level, Japanese space company iSpace has sent robotic rovers to the moon to research and prospect for mineral resources. This represents the early stages of a new human venture known as space mining. Such robots may also be instrumental in bringing the concept of space tourism and even planetary migration closer to fruition in the future.

However, the use of another type of intelligent machine in warfare, military drones, raises moral questions regarding automated killing; algorithms enabling drones to decide which targets to attack obviate the need for human decision-making. Likewise, automation has the potential to displace humans completely in other sectors. While low-paid jobs in warehouses and supermarkets are the most susceptible, more dangerous roles in mining or underwater work are also in jeopardy. Lastly, increasing robotisation could greatly influence a nation's tax revenue. Given the impracticality of taxing robots, reduced funding for vital government services would adversely affect the quality of people's lives.

In principle, the science of creating and using robots requires serious thought on a number of factors. Ethics, practicality and their true influence on real people's lives all need to be prioritised, while allowing for the daunting prospect of a robot-governed world.

900	1800	2700	3600

長文の重要語句

2881 □	**a figment of imagination**	名 想像の産物
		🔁 fantasy／💬 pipe dream　非現実的な考え
2882 □	**altruistic** [æltruístɪk]	形 利他的な
		「利他的」とは，自分の損失よりも他人の利益を優先すること。
2883 □	**deploy** [dɪplɔ́ɪ]	動 ～を配備 [配置] する
		「人員や製品を計画的に配置する」ということ。🔁 position
2884 □	**instrumental** [instrəméntl]	形 役に立つ，有益な
		🔁 important, helpful
2885 □	**bring ~ to fruition**	動 ～を達成 [実現] する
		熟 come to fruition　実を結ぶ，結実する
2886 □	**space tourism**	名 宇宙観光
		🔁 space travel　宇宙旅行
2887 □	**algorithm** [ǽlgərɪðəm]	名 アルゴリズム，問題解決の効果的な手順
		🅔 a series of steps computers follow to solve a problem
2888 □	**obviate** [ɔ́bvieɪt]	動 ～を取り除く
		通常，obviate the need for の形で用いられる。🔁 remove
2889 □	**susceptible** [səséptəbəl]	形 影響を受けやすい
		▸be susceptible to change（変化の影響を受けやすい）
2890 □	**In Jeopardy** [dʒépədi]	熟 危険にさらされて
		🔁 in peril／💬 jeopardise　動 ～を危うくする
2891 □	**adversely** [ǽdvɜ:sli]	副 逆に，反対に，不利に
		💬 have an adverse effect on　～に悪影響を与える
2892 □	**in principle**	熟 大まかに言って，原則として
		💬 principle　名 原理，原則 ▸moral principles（道徳原則）
2893 □	**allow for**	動 ～を考慮に入れる
		🔁 consider
2894 □	**daunting** [dɔ́:ntɪŋ]	形 おじけづくような，気がめいるような
		🔁 intimidating
2895 □	**govern** [gʌ́vən]	動 ～を支配する，～に影響を与える
		🔁 control, influence／💬 government　名 政府，統治

その他の重要語句①

| 2896 | **universe** [jú:nəvɜ:s] | 名 宇宙，全世界 |
| | | ⊙ universal や university も同じ接頭辞 uni-（1つの）を持つ。 |

| 2897 | **space exploration** | 名 宇宙探検 |
| | | 「人間は別の惑星に移住すべきか?」は以前 Task 2 で出題された。 |

| 2898 | **space probe** | 名 宇宙探査ロケット |
| | | ⊜ spacecraft ／ ⊘ space station　宇宙ステーション |

| 2899 | **extraterrestrial** [èkstrətəréstriəl] | 形 宇宙からの，地球外の |
| | | ▶extraterrestrial life（地球外生命体） |

| 2900 | **celestial** [səléstiəl] | 形 空の，天空の |
| | | ▶celestial bodies（天体） |

| 2901 | **solar** [sóulə] | 形 太陽の |
| | | ▶the solar system（太陽系） |

| 2902 | **galaxy** [gǽləksi] | 名 銀河 |
| | | ⊜ nebula ／ ⊘ the Milky Way　銀河系，天の川 |

| 2903 | **satellite** [sǽtəlaɪt] | 名 衛星 |
| | | リスニング Part 4 のディクテーションでときどき出題される。 |

| 2904 | **orbit** [ɔ́:bɪt] | 名 軌道 |
| | | ▶be launched into orbit（軌道に打ち上げられる） |

| 2905 | **self-driving car** | 名 自立走行車 |
| | | ⊜ an autonomous car |

| 2906 | **self-service machine** | 名 セルフサービスの機械 |
| | | ⊘ a self-service checkout　セルフレジ |

| 2907 | **fingerprint recognition** | 名 指紋認証 |
| | | ⊘ facial recognition　顔認証 |

| 2908 | **Internet penetration rate** | 名 インターネット普及率 |
| | | ⊘ penetrate　動 ～に浸透する，突き抜ける |

| 2909 | **digital divide** | 名 デジタル格差 |
| | | ⊘ bridge the educational divide　教育格差を埋める |

| 2910 | **computer glitch** [glɪtʃ] | 名 コンピュータ障害 |
| | | ⊘ glitch　名 問題，故障 |

| 2911 | **cybercrime** [sáɪbəkraɪm] | 名 サイバー犯罪 |
| | | cyber bullying（ネット上のいじめ）は，教育分野の新たな課題。 |

その他の重要語句 ②

2912	**identity theft**	名 個人情報の盗難，なりすまし犯罪
		▶ precautions against identity theft（個人情報盗難対策）
2913	**genetically modified food**	名 遺伝子組み換え食品
		省略して，GM food とも呼ばれる。
2914	**selective breeding**	名 選抜育種
		有用な形質をもつ品種を選び、それらのかけ合わせを繰り返すこと。
2915	**hybridisation** [haɪbrədaɪzéɪʃən]	名 交配
		🖉 cross-breeding 名 異種交配
2916	**numerical** [njuːmérɪkəl]	形 数学上の，数に関する
		▶ numerical data（数値データ）
2917	**pilot study**	名 パイロット試験，予備研究
		本試験の前に行われる，予備試験のこと。
2918	**spatial awareness**	名 空間把握能力
		🖉 emotional awareness 感情認識
2919	**genetic engineering**	名 遺伝子工学
		🖉 gene 名 遺伝子 genetics 名 遺伝学
2920	**animal testing**	名 動物実験
		「動物実験の是非」がライティングで出題される。

訳 〉 人類は、本当に知能機械と共存できる？

かつては単なる想像の産物であったものが、今日では現実のものとなっています。現在、ロボットは、さまざまな分野で積極的で利他的な役割を果たしています。例えば、医療スタッフ不足を補うために、医療用ロボットが配置されている病院がアジアにはあります。その一方で、介護用ロボットは、高齢者が抱える孤独感を解消するのに役立っています。こうした交流を通して、認知力の低下や認知症の発症でさえも遅らせることができるのです。商業レベルでは、日本の宇宙企業である iSpace 社は、鉱物資源を調査・研究するために、ロボット探査機を月に送りました。これは、スペース・マイニング（宇宙資源採掘）として知られる、新しい人類の冒険的事業の初期段階を表しています。こうしたロボットは、宇宙観光事業やさらに惑星移動という構想を将来の実現へと一歩近づけるきっかけになるかもしれません。

しかし、戦闘中における別タイプの知能機械、軍事用ドローンの使用は、オートメーション化された殺害が是か非かで、倫理的な問題を提起しています。ドローンがどの標的を攻撃するのかを決めるアルゴリズムは、人間が行う意思決定を不要なものにします。さらに、オートメーションは、他の分野でも十分に人の代わりをする可能性があります。倉庫やスーパーでの低賃金労働が最も影響を受けやすいものの、採掘や水中作業における危険を伴う業務も（取って替わられる）危機にさらされています。最後に、拡大するロボット化は、国の税収にも大いに影響を及ぼしかねません。ロボットへの課税が現実的ではないので、生活するのに不可欠な行政サービスの予算が減らされると、人々の生活の質に悪影響を及ぼすかもしれません。

つまり、ロボットを開発し使用する科学の分野では、多くの事項を考慮しなければなりません。道徳規範、実用性、そして実際に人々の生活に与える真の影響を優先的に考えつつも、同時にロボットに支配される可能性があることも考慮に入れなければいけません。

「仕事のやりがい」(job satisfaction)」と「経済的安定」(job security) のどちらが大切かはライティングで頻出のトピックです。また、テクノロジーと関連した「在宅勤務」(telecommuting) や「企業の社会的責任」(CSR: Corporate Social Responsibility) といったテーマの出題も増加傾向にあります。

What trait makes a good leader? Not IQ, but EQ

Most successful business leaders, **regardless of** the field in which they are engaged, are intelligent people with a remarkable faculty for dealing with various issues. Some capable leaders **excel** at negotiation, problem solving or resource management, while other great leaders can insightfully calculate risk and **foresee worst-case scenarios**.

According to Harvard psychologist Daniel Goleman, however, the most important leadership quality is Emotional Intelligence (EQ), the ability to identify one's own strengths and weaknesses, as well as to read other people's emotions accurately. EQ has four components: self-awareness, (ie. being highly **attuned to** emotions and feelings both personally and in others), other-awareness, also known as empathy, self-regulation, (ie. the ability to manage one's mood and feelings), and relationship management, which refer to maintaining and building healthy relationships with peers. Goleman concluded that there is little or no correlation between IQ and high levels of **commercial** success, whereas EQ has a profound impact on **corporate** performance, indicating that emotionally intelligent leaders can boost productivity and profitability. **A case in point** is Tesco, a UK-based retail **giant**, where managers endeavoured to be more empathetic and **appreciative of** staff, treating them as worthy individuals with respect. This approach successfully enhanced the workers' **intrinsic motivation**, prompting them to **surpass** expectations without direct instructions from management, and as a result **customer satisfaction** increased.

In essence, leaders need to be self-aware and self-reflective, empathetic and receptive to peer feedback. The development of such emotional intelligence is a **key** tool for better business performance, overall job satisfaction, and potentially reduced **staff turnover**.

長文の重要語句

2921	**regardless of**	熟 ～にもかかわらず，～に関係なく ⟳ irrespective of
2922	**excel** [ɪksél]	動 優れている，勝る ∂ excel at ～において優れている，～を得意とする
2923	**foresee** [fɔːsíː]	動 ～を予知する，見通す ⟳ predict／∂ foreseeable 形 予測できる
2924	**worst-case scenario**	名 最悪のシナリオ ‣ prepare for the worst-case scenario（最悪のシナリオに備える）
2925	**attuned to** [ətjúːnd]	熟 ～に調和して，波長が合って ∂ attune 動 ～を同調させる
2926	**commercial** [kəmə́ːʃəl]	形 商業の，商売の ∂ commerce 名 商業，貿易 ‣ e-commerce（電子商取引）
2927	**corporate** [kɔ́ːpərət]	形 会社の ‣ enhance corporate image（会社のイメージを高める）
2928	**a case in point**	名 ぴったりの例，好例 ∂ case 名 実例，ケース
2929	**giant** [dʒáɪənt]	名 巨大企業 ‣ software giant（巨大ソフトウェア企業）
2930	**appreciative of** [əpríːʃətɪv]	熟 ～に感謝して 2280 の appreciable（相当の，かなりの）と混同しないように。
2931	**intrinsic motivation** [ɪntrínsɪk]	名 内発的動機 ⊘ extrinsic motivation 外発的動機
2932	**surpass** [səpáːs]	動 ～を上回る，超える 🔆 sur-（上を）＋ pass（超える）＝「～を上回る」
2933	**customer satisfaction**	名 顧客満足度 ‣ customer satisfaction survey（顧客満足度調査）
2934	**key** [kiː]	形 重要な ⟳ important, vital
2935	**staff turnover**	名 離職率 ∂ turnover 名 売上高 ‣ annual turnover（年間売上高）

Chapter 2

その他の重要語句①

2936	**career advancement**	名 キャリアアップ
		🖉 advance one's career キャリアアップする
2937	**obtain a promotion**	動 昇進する
		🔄 receive a promotion
2938	**career ladder**	名 出世の階段
		▸climb the career ladder（出世の階段を上る）
2939	**employee benefits**	名 福利厚生
		health coverage（健康保険）や paid leave（有給休暇）などの権利。
2940	**go out of business**	動 倒産する
		🔄 go bankrupt
2941	**downsizing** [dáʊnsàɪzɪŋ]	名 人員整理，リストラ
		restructuring は「構造再編」のことで人員削減は含まない。
2942	**job vacancy**	名 仕事の空き，欠員
		▸fill the job vacancies（欠員を埋める）
2943	**glass ceiling**	名 グラスシーリング
		特に女性の昇進の妨げとなるような障壁（ガラスの天井）のこと。
2944	**stakeholder** [stéɪkhòʊldə]	名 利害関係者
		株主以外の顧客や従業員など，企業と関係のあるすべての人を指す。
2945	**telework** [télɪwɜ̀ːk]	名 テレワーク，在宅勤務
		🔄 teleworking, distance working
2946	**on-the-job training**	名 実地訓練，研修
		🔄 vocational training
2947	**labour-intensive** [léɪbə-ɪnténsɪv]	形 労働集約型の
		人間による労働への依存度が高いビジネスモデルのこと。
2948	**remuneration** [rɪmjùːnəréɪʃən]	名 報酬，給与
		payment のフォーマル語。🔄 compensation
2949	**the fastest growing**	形 成長著しい
		economy, industry, market を修飾することが多い。
2950	**venture** [véntʃə]	名（リスクのある）事業展開
		▸a new business venture（リスクの高い新事業）
2951	**merger and acquisition**	名（企業の）合併買収
		M&A と省略される。🖉 takeover 名 企業買収

その他の重要語句②

2952	**financial resource management**	名 財源管理 🔗 human resource management 人材管理
2953	**personnel costs**	名 人件費 🔗 skilled personnel 技術の高い人材
2954	**commodity** [kəmɑ́dəti]	名 商品，産物 🔄 merchandise／🔗 commodity prices 物価
2955	**high-end** [haɪ-end]	形 高級で高性能な products, brands, fashion などの名詞と相性がいい。
2956	**enter the world of work**	動 社会に出る 🔄 enter employment, join the workforce
2957	**sales pitch**	名 製品の売り込み 🔗 pitch 動 ～を売り込む
2958	**purchasing power**	名 購買力 🔄 buying power
2959	**consumer confidence**	名 消費者の信頼 🔗 consumer spending 消費者支出
2960	**consumerism** [kənsjúːmərɪzəm]	名 コンシューマリズム，大量消費 大量購入や消費を良しとする考えで，ネガティブな含みがある。

訳〉いいリーダーになるための資質とは？ IQ ではなく EQ が必要

成功を収めているビジネスリーダーの中には、どの分野に従事しているのかにかかわらず、さまざまな問題を解決できる優れた能力を備えた知性的な人々が多くいます。交渉、問題解決、あるいは資源管理を得意とする有能なリーダーがいる一方、筋道を立ててリスク計算ができたり、最悪のシナリオを予測できたりする偉大なリーダーもいます。

しかし、ハーバード大学の心理学者ダニエル・ゴールマンによると、最も大切なリーダーシップの資質は心の知能指数（EQ）にあるようです。EQ とは、他人の感情が正確に読み取れることに加え、自身の長所と短所を認識できる能力のことを言います。EQ には 4 つの要素があります。具体的には、自身と他人双方の感情や気持ちと高いレベルで調和する「自己認識」、共感とも呼ばれる「他者認識」、自身の気持ちや感情がコントロールできる「自己制御」、そして職場の仲間と良好な関係を築き維持する「関係管理」です。ゴールマンは、IQ と大きな商業的成功にほとんど、あるいは全く相関関係がないと結論付けています。一方で、EQ は企業業績に多大な影響を及ぼし、相手の感情を理解する能力の高いリーダーは、生産性や収益性を高められると述べています。いい例がイギリスに拠点を置く巨大小売チェーンのテスコ社です。そこでは店長がスタッフたちに感謝し、親身になれるよう努めていて、敬意を払い尊敬すべき個人として彼らと接しています。この取り組みにより、社員の内因性動機づけを高めることに成功し、管理職が直接に指示を出さなくても期待を上回りたいという気持ちに彼らをさせています。その結果、顧客満足度が上がりました。

基本的に、リーダーたちは自己認識を持ち自らを省みて、仲間の意見に共感して受け入れようとしなければいけません。こうした心の知能指数を発達させることが企業業績を上げ、働きがい全般を高め、社員の離職率を下げるためのカギを握る重要な手段になります。

Chapter 2

「広告」（advertising）や「メディア報道」（media coverage）などのテレビ・新聞関連の出題が多いものの、「SNS がコミュニケーションや健康に与える影響」といった新しいメディアに関する出題も増えています。また、子供は「有名人」（celebrity）を「ロールモデル」（role model）にするべきか否か、あるいは「情報格差」（digital divide）に関する問題もよく見られます。

The Golden Age of Television

TV channels have proliferated since the advent of satellite television and the internet, with an overwhelming choice of programmes for viewers. Traditionalists bemoan these developments, arguing that increased quantity has led to diminished quality, but ardent fans of television rebuke this pessimistic view. Most TV critics believe that television is enjoying a golden age, reinventing itself as a creative and cultural force, with TV shows now attracting some of the finest actors and writers in the world. While the best TV comedies have long enjoyed popularity and critical acclaim, for many years TV dramas were regarded as inferior to the more ambitious films offered up by cinema.

At the beginning of the 21st century, however, this tendency started to change with TV production companies such as HBO, Netflix and Amazon Prime investing in sharp, thrilling stories that took risks and often garnered more attention than the latest cinematic blockbuster. On the one hand, film production companies are more dependent on the financial success of their offerings, leading some to be risk-averse and less likely to employ new writers or fund offbeat screenplays. On the other hand, TV shows are winning plaudits not only for their entertainment value, but also for their creative storytelling and well-drawn characters that can be developed over a much longer period of time than film allows. In fact, as TV is proving, the genre is no longer regarded as a lesser rival to cinema, but has created its own niche — one that is arguably more diverse, engaging and relevant for audiences everywhere.

長文の重要語句

2961 proliferate
[prəlífəreɪt]
動 （急激に）増える，広まる
🔄 multiply ／ 🔗 proliferation　名 拡大，拡散

2962 advent
[ǽdvent]
名 出現，到来
🔄 emergence

2963 bemoan
[bɪmóʊn]
動 ～を嘆く，不満に思う
🔄 complain about, lament

2964 ardent
[ɑ́ːdənt]
形 熱狂的な
🔄 passionate, fervent

2965 rebuke
[rɪbjúːk]
動 ～を強く非難する，叱責する
🔄 reprimand

2966 pessimistic
[pèsəmístɪk]
形 悲観的な
🔁 optimistic　形 楽観的な　easy-going　形 気楽な

2967 reinvent oneself
[rìːɪnvént]
動 自己改革をする
🔗 reinvent the wheel　不要なことに無駄に時間を費やす

2968 garner
[gɑ́ːnə]
動 ～を集める，蓄える
collect のフォーマルな語。🔄 glean

2969 blockbuster
[blɔ́kbÀstə]
名 （映画の）大ヒット作
▸a blockbuster film（大ヒット映画）

2970 offering
[ɔ́fərɪŋ]
名 （芸術や娯楽のための）作品，製品
▸launch a new offering（新しい製品を売り出す）

2971 risk-averse
[rɪsk-əvə́ːs]
形 リスクを冒すことを嫌う
🔗 change-averse　形 変化を嫌う

2972 offbeat
[ɔ́fbiːt]
形 これまでにない，型破りな
🔄 unconventional

2973 plaudit
[plɔ́ːdət]
名 賛辞，喝采
▸win plaudits（称賛を得る）／ 🔄 praise

2974 niche
[niːʃ]
名 適所，ニッチ
人や物にとっての最適な場所や仕事、役割を指す。

2975 arguably
[ɑ́ːgjuəbli]
副 おそらく
通常，比較級や最上級を修飾する。

Chapter 2

その他の重要語句①

2976	**advertisement** [ədvə́:təsmənt]	名 広告 話し言葉では ad や advert と省略されることが多い。
2977	**classified ad**	名 (新聞の) 求人広告 ∂ classified 形 分類された, 極秘の
2978	**media hype** [haɪp]	名 誇大広告 商品の価値や素晴らしさを大げさに伝える広告のこと。
2979	**publicity stunt**	名 宣伝行為 ネガティブな含みがある。● publicity campaign
2980	**billboard** [bílbɔːd]	名 広告掲示板 主要な道路の脇に見られるような, 大型の宣伝用看板を指す。
2981	**media coverage**	名 メディア報道 ▸ receive wide media coverage (幅広くメディアに報道される)
2982	**TV ratings**	名 テレビの視聴率 ● audience ratings
2983	**marketing** [má:kətɪŋ]	名 マーケティング ▸ sales and marketing (販売とマーケティング)
2984	**press conference**	名 記者会見 ∂ press release 報道発表
2985	**broadcast** [brɔ́:dkɑːst]	動 ～を放送する [過去] broadcast- [過去分詞] broadcast ● air
2986	**current affairs**	名 時事問題 ∂ foreign affairs 外交問題
2987	**confidential information**	名 機密情報 ∂ confidential document 機密文書
2988	**subscription** [səbskrípʃən]	名 購読 (料) ∂ take out a subscription to ～を定期購読する
2989	**tabloid** [tǽblɔɪd]	名 タブロイド新聞 ∂ broadsheet 名 (普通サイズの) 新聞
2990	**article** [á:tɪkəl]	名 (雑誌, 新聞などの) 記事 newspaper や press とよく結びつく。
2991	**editorial** [èdətɔ́:riəl]	名 社説 記者の個人的な意見をつづった新聞記事のこと。

その他の重要語句②

2992 □□	**make headlines**	動 大きなニュースになる
		🖉 headline 名 (新聞の) 大見出し
2993 □□	**in the public eye**	熟 世間の注目を浴びて
		🖉 in the media spotlight メディアの注目の的で
2994 □□	**information leakage**	名 情報漏洩
		🖉 leak 動 (情報や液体が) 漏れる，～を漏らす
2995 □□	**copyright** [kópiraɪt]	名 著作権
		▸out of copyright music (著作権切れの音楽)
2996 □□	**censorship** [sénsəʃɪp]	名 検閲
		🖉 impose strict censorship on ～に厳格な検閲を行う
2997 □□	**patent** [péɪtnt]	名 特許
		🖉 obtain a patent on ～の特許を取る
2998 □□	**royalty** [rɔ́ɪəlti]	名 (特許などの) 使用料，印税
		music royalties (音楽の使用料) のように複数形で使う。
2999 □□	**invasion of privacy**	名 プライバシーの侵害
		🖉 invade 動 (武力で) ～に侵攻する，(権利などを) 侵害する
3000 □□	**intellectual property**	名 知的財産
		▸intellectual property rights (知的財産権)

訳〉テレビ全盛期

　　衛星テレビやインターネットが出現してから、視聴者向けの番組の選択肢が圧倒的に増えたのに合わせて、TV のチャンネルは大幅に増加しています。伝統を重んじたい人たちは、量が増加すると質の低下を招くことになると主張して、こうした変化を嘆くが、テレビの熱心なファンはこの悲観的な見方を強く非難しています。TV 批評家の多くは、テレビは自身を創造性に富んだ文化勢力へと作りかえ、全盛期を謳歌していると考えています。そして、今では TV 番組は、世界中の優れた俳優や脚本家を何人も呼び込んでいます。最高の TV コメディー番組は長く人気を博し、批評家たちから絶賛されてきましたが、TV ドラマは野心的な映画作品よりも、長年質が低いものとされてきました。

　　しかし、21 世紀のはじめに、HBO や Netflix、Amazon Prime といった TV 制作会社がリスクを負って、最新の大ヒット映画よりも注目を集め、非常に面白い作品に投資したことで、こうした動きが変わってきました。その一方で、映画制作会社は、自分たちの作品の金銭的な成功に依存しています。その結果、いくつかの制作会社はリスクに回避的で、新しい脚本家を採用することや風変わりな脚本に資金を提供することをあまりしなくなっています。その一方で、TV 番組はエンターテインメント性の高さだけでなく、映画よりもはるかに長い時間をかけて作り上げることができる独創的な語り口や描き込まれたキャラクターも称賛を受けています。実際に、TV が証明しているように TV というジャンルは、もはや映画のライバルとは考えられておらず、独自の特定分野を開拓しました。それは、おそらく多様で、魅力的で、すべての場所の視聴者に関係している分野です。

Chapter 2

イギリス英語とアメリカ英語の違い

　日本の英語教育はアメリカ英語が主体なため，イギリスでは広く使われているような単語であっても，私たちにはあまりなじみがありません。そこで，イギリスとアメリカとでは意味の異なる単語を 50 語まとめました。日本語からどちらの英語も言えるようにしておき，スコアアップにつなげましょう！

	Japan	British	American
3001	サッカー	football [fútbɔːl]	soccer [sáːkər]
3002	マンション	flat [flæt]	apartment [əpáːrtmənt] / condominium [kàːndəmíniəm]
3003	トイレ	toilet [tɔ́ɪlɪt]	bathroom [bǽθruːm] / restroom [réstruːm]
3004	ガソリンスタンド	petrol station [pétrəl stèɪʃən]	gas station [ɡǽs stèɪʃən]
3005	公共交通機関	public transport [pʌ́blɪk trænspɔːt]	public transportation [pʌ́blɪk trænspərtéɪʃən]
3006	地下鉄	underground [ʌ́ndəɡraʊnd] / tube [tjuːb]	subway [sʌ́bweɪ]
3007	鉄道	railway [réɪlweɪ]	railroad [réɪlroʊd]
3008	飛行機	aeroplane [éərəpleɪn]	airplane [érpleɪn]
3009	駐車場	car park [káː paːk]	parking lot [páːrkɪŋ laːt]
3010	薬局	chemist [kémɪst]	drugstore [drʌ́gstɔːr] / pharmacy [fáːrməsi]
3011	繁華街	city centre [sìti séntə] / town centre [tàʊn séntə]	downtown [dàʊntáʊn]
3012	交差点	junction [dʒʌ́ŋkʃən]	intersection [ìntərsékʃən]
3013	携帯電話	mobile phone [mòʊbaɪl fóʊn]	cell phone [sél foʊn]
3014	パンツ [ズボン]	trousers [tráʊzəz]	pants [pǽnts]

Japan	British	American
3015 コンセント	**socket / plug** [sɔ́kɪt] [plʌg]	**outlet** [áʊtlet]
3016 エレベーター	**lift** [lɪft]	**elevator** [élǝveɪtǝr]
3017 店員	**shop assistant** [ʃɔ́p ǝsìstǝnt]	**sales clerk** [séɪlz klɜːrk]
3018 (建物の) 管理人	**caretaker** [kéǝtèɪkǝ]	**janitor** [dʒǽnɪtǝr]
3019 介護人	**carer** [kéǝrǝ]	**caregiver** [kérgìvǝr]
3020 学生 [社員] 食堂	**canteen** [kæntíːn]	**cafeteria** [kæ̀fǝtíriǝ]
3021 幹線道路	**motorway** [mɔ́ʊtǝweɪ]	**highway / freeway** [háɪweɪ] [fríːweɪ]
3022 高架橋	**flyover** [fláɪǝʊvǝ]	**overpass** [óʊvǝrpæs]
3023 舗道	**pavement / footpath** [péɪvmǝnt] [fʊ́tpɑːθ]	**sidewalk** [sáɪdwɒːk]
3024 一階	**ground floor** [gràʊnd flɔ́ː]	**first floor** [fɜːrst flɔ́ːr]
3025 二階	**first floor** [fɜ̀ːst flɔ́ː]	**second floor** [sékǝnd flɔːr]
3026 支払い伝票	**bill** [bɪl]	**check** [tʃek]
3027 蛇口	**tap** [tæp]	**faucet** [fɔ́ːsɪt]
3028 ごみ箱	**rubbish bin** [rʌ́bɪʃ bɪn]	**trash can** [trǽʃ kǝn]
3029 列	**queue** [kjuː]	**line** [laɪn]
3030 スケジュール	**timetable** [táɪmtèɪbǝl]	**schedule** [skédʒʊl]
3031 履歴書	**CV (curriculum vitae)** [kǝrìkjǝlǝm víːtaɪ]	**résumé** [rèzʊméɪ]
3032 反時計回りに	**anti-clockwise** [æ̀ntɪ-klɔ́kwaɪz]	**counter-clockwise** [kàʊntǝr-klɑ́ːkwaɪz]

	Japan	British	American
3033	停電	power cut [páʊə kʌt]	power outage [páʊr àʊtɪdʒ]
3034	電池切れ	flat battery [flæt bǽtəri]	dead battery [ded bǽtəri]
3035	賞味期限	expiry date [ɪkspáɪəri dèɪt]	expiration date [ekspəréɪʃən dèɪt]
3036	株価	share price [ʃéə praɪs]	stock price [stɑ́:k praɪs]
3037	労働組合	trade union [trèɪd júːnjən]	labor union [léɪbər jùːnjən]
3038	失業手当	redundancy pay [rɪdʌ́ndənsi pèɪ]	severance pay [sévərəns pèɪ]
3039	託児所	creche [kreʃ]	day care center [déɪ ker sèntər]
3040	小学校	primary school [práɪməri skùːl]	elementary school [eləméntəri skùːl]
3041	〜年生	〈in year ＋数字〉	〈in the ＋序数＋ grade〉
3042	数学	maths [mæθs]	math [mæθ]
3043	成績	marks [mɑːks]	grades [greɪdz]
3044	校長	headteacher [hèdtíːtʃə]	principal [prínsəpəl]
3045	大学生	university student [jùːnəvə́ːsəti stjúːdənts]	college student [kɑ́:lɪdʒ stúːdənts]
3046	大学一年生	fresher [fréʃə]	freshman [fréʃmən]
3047	学生寮	hall of residence [hɔ̀ːl əv rézɪdəns]	dormitory [dɔ́ːrmətɔːri]
3048	(文末の) ピリオド	full stop [fʊl stɔ́p]	period [píriəd]
3049	長期休暇中に	on holiday	on vacation
3050	映画を観に行く	go to the cinema	go to the movies

接続詞と副詞　総まとめ

接続詞や副詞は，パラグラフや文同士の関係を明確にするために不可欠です。IELTS においても，リーディングやリスニングでは，これらの語を目印にして話の流れや主題をつかむことができます。また，スピーキングとライティングにおいては，これらを効果的に運用することで，文・パラグラフのつながりを改善することができます。

ここに紹介する 50 個の表現をマスターし，文章を効率よく理解したり運用したりできるようになりましょう！

追加・除外	3051	additionally [ədíʃənəli]	副 さらに
	3052	in addition	副 さらに，加えて
	3053	furthermore [fɜ́ːðəmɔ́ː]	副 さらに，その上
	3054	moreover [mɔːróʊvə]	副 さらに，加えて
	3055	what is more	副 さらには，その上
	3056	besides [bɪsáɪdz]	副 さらに　前 加えて
	3057	not to mention	熟 ～は言うまでもなく
	3058	except [ɪksépt]	接 ただし　前 ～を除いて
	3059	apart from	熟 ～は別にして
例示・説明	3060	in particular	副 特に
	3061	specifically [spəsífɪkli]	副 具体的には
	3062	to be more precise	熟 もっと正確に言うと
	3063	namely [néɪmli]	副 すなわち，つまり
	3064	as an illustration of	熟 ～の具体例として

比較・対照	**3065** □□ **similarly** [símələli]	副 同様に
	3066 □□ **likewise** [láɪk-waɪz]	副 同様に
	3067 □□ **unlike** [ʌnláɪk]	前 ～とは異なり
	3068 □□ **on the other hand**	熟 その一方で
	3069 □□ **having said that**	熟 とはいうものの
	3070 □□ **nevertheless** [nèvəðəlés]	副 それにもかかわらず
	3071 □□ **nonetheless** [nʌnðəlés]	副 それにもかかわらず
	3072 □□ **notwithstanding** [nòtwɪθstǽndɪŋ]	副 それにもかかわらず　前 ～にもかかわらず
	3073 □□ **albeit** [ɔːlbíːɪt]	接 ～ではあるが
	3074 □□ **whereas** [weərǽz]	接 その一方で
	3075 □□ **alternatively** [ɔːltə́ːnətɪvli]	副 その代わりに
順序・転換	**3076** □□ **first and foremost**	熟 何よりもまず
	3077 □□ **to begin with**	熟 まず初めに
	3078 □□ **last but not least**	熟 最後になるが
	3079 □□ **as far as ~ is concerned**	熟 ～に関する限り
	3080 □□ **regarding** [rɪgáːdɪŋ]	前 ～に関して
	3081 □□ **with regard to**	熟 ～に関しては
	3082 □□ **concerning** [kənsə́ːnɪŋ]	前 ～について，関して

順序・転換	**3083** ☐ **when it comes to**	熟 ~に関して言えば
	3084 ☐ **in terms of**	熟 ~の観点からすると
	3085 ☐ **from the perspective of**	熟 ~の観点からすると
	3086 ☐ **in view of**	熟 ~を考慮して
	3087 ☐ **considering** [kənsídərɪŋ]	接 ~だと考えれば　前 ~を考慮すれば
	3088 ☐ **in the light of**	熟 ~を考慮して，~の観点から
	3089 ☐ **looking at**	前 ~を見てみると
	3090 ☐ **turning to**	前 次に~を見ると
結果・結論	**3091** ☐ **consequently** [kάnsəkwəntli]	副 その結果として
	3092 ☐ **thereby** [ðeəbáɪ]	副 その結果，したがって
	3093 ☐ **whereby** [weəbáɪ]	副 それによって、そのために
	3094 ☐ **hence** [hens]	副 それゆえに，したがって
	3095 ☐ **thus** [ðʌs]	副 それゆえに，したがって
	3096 ☐ **in turn**	熟 その結果
	3097 ☐ **as such**	熟 したがって，そのため
	3098 ☐ **to sum up**	熟 要約すると
	3099 ☐ **in summary**	熟 要約すると
	3100 ☐ **in conclusion**	熟 結論として，要するに

ここに 注目 **いますぐ使えるパラフレーズ表現**

ライティングとスピーキングで語彙のスコアを上げるには、**同じ表現の繰り返し（repetition）を避け**、コンテクストに応じた適切な表現に言い換える力が求められます。

当然 water, internet, bird, moon などの特定の物を表す語は言い換えできませんし、問題のキーワードを言い換えると、主題がぼやけるので意識しすぎるのもよくありません。ただし、よく使われる表現に関しては、言い換えた方がベターです。

ここでは、IELTS で使う機会の多い 12 の表現とそのパラフレーズを一覧にまとめました。若干のニュアンスの違いはありますが、ほぼ入れ替え可能です。積極的に活用して、repetition を減らすとともに表現の運用力を高めていきましょう！

1. メリット	advantage, benefit, positive aspect
2. デメリット	disadvantage, drawback, downside, negative aspect
3. テクノロジーの発展	technological development, technological progress, development in technology, progress in technology
4. 経済成長	economic growth, economic advancement, development of the economy, growth of the economy
5. 経済を活性化する	stimulate the economy, boost the economy
6. 状況を改善する	improve the situation, remedy the situation, rectify the situation, enhance the situation
7. 状況を悪化させる	exacerbate the situation, aggravate the situation
8. ～に悪影響を与える	have a harmful effect on, have an adverse effect on
9. ～を重視する	attach importance to, focus on, place emphasis on
10. ～の解決策	a solution to[for], a remedy for
11. ～への処置・方策	action on, a measure for, a countermeasure against
12. 犯罪	crime, criminal activity, criminal offences, illegal act

Chapter 3

ライティング英単語・熟語 200

DAY 41	Line graph（折れ線グラフ）	352
DAY 42	Pie chart（円グラフ）	356
DAY 43	Bar graph（棒グラフ）	360
DAY 44	Plan（見取り図）	364
DAY 45	Process diagram（工程図）	368

The graph below shows population changes in several countries from 1990 to 2060 in millions.

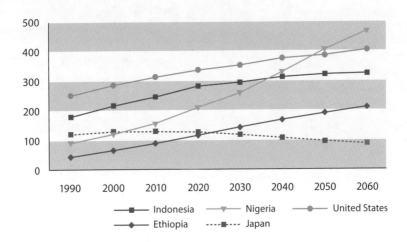

The line graph compares the population levels of five different countries at ten-year **intervals** between 1990 and 2060. Overall, while substantial growth is **forecast** for the majority of these nations, Japan's **populace** is **projected** to shrink during this 70-year period.

It is evident that the US had **by far** the largest population in 1990, with just over 250 million, whereas the **least populated** nation was Ethiopia, with only less than a fifth of that figure. The graph also indicates that both Japan and Nigeria each **represented** closer to the 100 million mark at that time, but they follow **contrasting** patterns over the **subsequent** 70 years.

Perhaps the most **notable** change is the **exponential** population growth shown for Nigeria. It is anticipated to **overtake** Indonesia in the latter 2030s and the US in the latter 2040s, rising to 470 million in 2060, an almost fivefold increase over the period given.

In contrast, initially the third most populous country, Japan, has undergone slow but **steady** population decline from 2010. Starting at roughly 125 million people, the population is set to **fall below** 100 million over the next fifty years.

長文の重要語句

3101	**interval** [íntəvəl]	名 間隔 本文の「10 年間隔で」は，at intervals of ten years としても可。
3102	**forecast** [fɔ́ːkɑːst]	動 ～を予測する ▶A significant rise is forecast. (大幅な上昇が予測されている)
3103	**populace** [pɔ́pjələs]	名 全住民，民衆 🔄 population, inhabitants
3104	**project** [prədʒékt]	動 ～を予測する ✍ be projected to do ～すると予測されている
3105	**by far**	熟 ずば抜けて 〈by far + the +最上級〉の形で使おう！
3106	**least** [liːst]	副 最も～でない 〈the least +形容詞 [副詞]〉の形で使われる。Task 1 の必須表現。
3107	**populated** [pɔ́pjəleɪtɪd]	形 人が住んでいる ▶densely populated (人口密度が高い)
3108	**represent** [rèprɪzént]	動 ～を示す ▶represent a gradual rise of 10% (10% の緩やかな上昇を示す)
3109	**contrasting** [kəntrɑ́ːstɪŋ]	形 対照的な ✍ contrast 名 対比，対照／熟 in contrast 対照的に
3110	**subsequent** [sʌ́bsəkwənt]	形 次の，後の 🔄 following ／✍ subsequently 副 その後
3111	**notable** [nóʊtəbəl]	形 目立つ Another notable point is (that) ~. の形も覚えておこう！
3112	**exponential** [èkspənénʃəl]	形 急激な 数学用語だが，一般的な「急増，急減」の描写にも使われる。
3113	**overtake** [əʊvətéɪk]	動 ～を追い越す 〈A overtake B at +数値〉の形でよく用いる。🔄 surpass
3114	**steady** [stédi]	形 安定した 🔄 stable, constant, consistent
3115	**fall below**	動 ～よりも落ち込む ▶be set to fall below 30% (30%を切ると予測されている)

Chapter 3

その他の重要語句①

3116	**climb** [klaɪm]	動 増加する
		▸climb steadily（安定して上昇する）
3117	**on the rise**	熟 増加している
		類 on the increase
3118	**surge** [sɜːdʒ]	動 急増する
		▸surge by two thirds（3 分の 2 急激に増加する）
3119	**peak** [piːk]	名 最高値　動 頂点に達する
		▸〈reach a peak at ＋数値〉（～で最高値に達する）
3120	**dip** [dɪp]	動（急に，大幅に）減少する
		▸a sharp dip（急激な減少）／ 類 fall, drop
3121	**on the decline**	熟 徐々に減少している
		派 decline 名 下落，減少 ▸fall into decline（衰退する）
3122	**plummet** [plʌ́mɪt]	動 急落する
		類 plunge ／ 反 soar 動 急増する　surge 動 急増する
3123	**hit the lowest point**	動 最低値に達する
		反 reach the highest point 最大値に達する
3124	**hover around**	動（数値が）～の周辺にある
		▸hover around 10 to 15% mark（10% から15% の辺りにある）
3125	**fluctuate** [flʌ́ktʃueɪt]	動（大きさや数値が）大きく変動する
		類 vary ／ 派 fluctuation 名 変動
3126	**see** [siː]	動（物や時代が）～を経験する
		▸Coffee saw a rise in sales.（コーヒーの売り上げが伸びた）
3127	**remain unchanged**	動 変化がない
		類 remain static, stay at the same level
3128	**slow** [sloʊ]	動 変化が遅くなる, 鈍る
		▸Immigration began to slow.（移民が減速し始めた）
3129	**level off**	動 横ばいになる
		通常，大きな変化が起こった後の状態を表す際に用いる。
3130	**stand** [stænd]	動 ～を示している
		▸The figure stands at 65%.（数値は 65% を示している）
3131	**tend** [tend]	動（ある方向へ）向かう
		▸tend upwards[downwards]（上昇 [下降] 傾向にある）

900 1800 2700 3600

DAY 41
DAY 42
DAY 43
DAY 44
DAY 45
DAY 46
DAY 47
DAY 48
DAY 49
DAY 50

その他の重要語句②

3132	**dramatic** [drəmǽtɪk]	形 大幅な 🔄 significant, substantial, considerable
3133	**sharp** [ʃɑːp]	形 急激な 特に名詞の drop や fall と相性がいい。🔄 steep, rapid, sudden
3134	**negligible** [néglɪdʒəbəl]	形 わずかな 🔄 slight, marginal, minor, modest
3135	**upward** [ʌ́pwəd]	形 上昇している ‣show an upward movement（上昇変化を示す）
3136	**downward** [dáʊnwəd]	形 下降している ‣show a downward trend（下降傾向を示す）
3137	**approximately** [əpróksəmətli]	副 約，おおよそ 🔄 roughly, around, about
3138	**throughout** [θruːáʊt]	前 ～の間中ずっと ‣throughout the period shown（示された期間中ずっと）
3139	**decade** [dékeɪd]	名 10 年間 twenty years ⇒ two decades のように，言い換えで役立つ。
3140	**during a period of**	熟 ～の期間中 of のあとには，growth, stability, decline などの名詞が続く。

訳〉 次のグラフは、1990 年から 2060 年までの数カ国における人口推移を表しています。

　折れ線グラフは、5 カ国の人口水準に関して、1990 年から 2060 年までの期間を 10 年間隔で比較したものです。全体的に見ると、多くの国で実質的成長が予想されているものの、日本国民はこの 70 年のうちに減少すると予測されています。

　1990 年には、アメリカ合衆国が 2 億 5,000 万人を超えたところで、間違いなく最大の人口を誇っていた一方、最も人口の少なかった国はエチオピアで、アメリカの人口の 5 分の 1 にも満たなかったことがわかります。また、グラフからは、当時の日本とナイジェリアがともに 1 億人近くに達していたことが読み取れますが、その後の 70 年間で対照的なパターンをたどっています。

　最も顕著な変化は、ナイジェリアに見られる急激な人口増加でしょう。2030 年代後半にはインドネシアを、また、2040 年代後半にはアメリカを上回ることが予想され、2060 年には 4 億 7,000 万人にまで増加し、対象期間内に約 5 倍増加します。

　対照的に、当初は 3 位の人口を誇っていた日本は、2010 年から徐々にですが着実に人口が減っていて、約 1 億 2,500 万人から、その後 50 年間で 1 億人を下回ることが確実です。

> **The charts below give information about particular products from three major farms in Canada.**

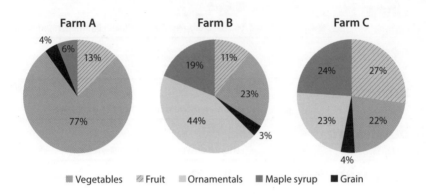

The pie charts **provide a comparison** between three Canadian farms in terms of the proportions of different farm **produce**. Overall, these **shares** vary widely across the **respective** enterprises with emphasis placed on different primary products.

It is **evident** that Farm A prioritises vegetable cropping, which **comprises** the vast **majority** of its total **output**. While its share is more than **triple** the amount of the other farms shown, **comparatively** small quantities of maple syrup are produced and no ornamental plants at all. **Conversely**, ornamental plants are the main focus of Farm B, making up 44% of its total yield, whereas fruit, vegetables, maple syrup and grain are produced in **substantially** lower volumes.

In comparison with those two farms, Farm C clearly divides its crop types more equally. Fruit represents the highest percentage with 27% of the total, while ornamentals, maple syrup and vegetable crops are each produced in **slightly** smaller amounts, with respective quantities accounting for between 22 and 24%.

One final point to note relates to the production of grain. Although all the farms produce this crop, its share is consistently below 5% of the entire output of each farm, making it by far the least bountiful yield shown in these charts.

長文の重要語句

| 3141 □□ | **provide a comparison** | 動 比較する |
| | | ▸provide a comparison between A and B（AとBを比較する） |

| 3142 □□ | **produce** [prɔ́dju:s] | 名（農）作物 |
| | | ▸imported produces（輸入作物） |

| 3143 □□ | **share** [ʃéə] | 名 割合，シェア |
| | | ▸take the largest share of（～の最大の割合を占める） |

| 3144 □□ | **respective** [rɪspéktɪv] | 形 それぞれの |
| | | respectable や respected と混同しないように注意。 |

| 3145 □□ | **evident** [évɪdənt] | 形 明らかな |
| | | It is evident[clear] that S V. の形で使おう！ |

| 3146 □□ | **comprise** [kəmpráɪz] | 動 ～を構成する，占める |
| | | ⟳ account for, constitute, make up, be composed of |

| 3147 □□ | **majority** [mədʒɔ́rəti] | 名 過半数（51% 以上） |
| | | 強調する際は，本文のように vast を付ける（目安として 75% 以上）。 |

| 3148 □□ | **output** [áʊtpʊt] | 名 生産量 |
| | | ▸a decline in agricultural output（農業生産高の減少） |

| 3149 □□ | **triple** [trípəl] | 動 3 倍になる |
| | | ⟳ treble |

| 3150 □□ | **comparatively** [kəmpǽrətəvli] | 副 比較的 |
| | | ⟳ relatively |

| 3151 □□ | **conversely** [kənvə́:sli] | 副 逆に |
| | | ⟳ on the other hand, by contrast |

| 3152 □□ | **substantially** [səbstǽnʃəli] | 副 かなり，相当 |
| | | ⟳ considerably, significantly, dramatically |

| 3153 □□ | **in comparison with** | 熟 ～と比較して |
| | | ⟳ compared to ／ 熟 in comparison 比較すると |

| 3154 □□ | **slightly** [sláɪtli] | 副 やや，わずかに |
| | | a little は話し言葉なので，ライティングでは slightly を使おう！ |

| 3155 □□ | **one final point to note** | 名 最後に述べる点 |
| | | One final point to note is that S V. のようにも使われる。 |

Chapter 3

その他の重要語句①

3156	**compare** [kəmpéə]	動 ～を比較する
		🔗 compare ～ in terms of ... …の観点から～を比較する
3157	**double** [dʌ́bəl]	動 2 倍になる　形 倍の
		nearly double the proportion of のような, 形容詞の用法も重要。
3158	**quadruple** [kwɔ́drʊpəl]	動 4 倍になる
		quintuple (5 倍になる) も要チェック！
3159	**fold** [fəʊld]	形 ～倍の　副 ～倍に
		a ten-fold increase や increase tenfold のように使う。
3160	**halve** [hɑːv]	動 半分になる
		▸has halved over the past two decades (20 年間で半分になった)
3161	**quarter** [kwɔ́ːtə]	名 4 分の 1
		▸three quarters of the total population (全人口の 4 分の 3)
3162	**remaining** [rɪméɪnɪŋ]	形 残りの
		▸for the remaining thirty years (残りの 30 年間は)
3163	**amount to**	動 合計が～に達する
		▸amount to £100 million (合計 1 億ポンドになる)
3164	**similar** [símələ]	形 類似した
		▸show a similar trend (類似した傾向を示す)
3165	**equal** [íːkwəl]	形 同等の, 同量の
		▸an equal amount of energy (同じ量のエネルギー)
3166	**somewhat** [sʌ́mwɒt]	副 やや, わずかに
		somewhat higher のように, 比較級とともに使うことが多い。
3167	**well** [wel]	副 はるかに
		▸well above the average (平均値よりはるかに高い)
3168	**far** [fɑː]	副 はるかに
		▸far below the average (平均値よりはるかに低い)
3169	**followed by**	動 (主語に) 続いて～がある
		⇄ preceded by 先に～がある
3170	**quantity** [kwɔ́ntəti]	名 量
		≒ amount, volume
3171	**level** [lévəl]	名 水準, 量
		income, consumption, satisfaction と結びつくことが多い。

その他の重要語句②

| 3172 | **level of satisfaction** | 名 満足度 |
| | | ▸the level of customer satisfaction（顧客満足度） |

| 3173 | **range** [reɪndʒ] | 名 範囲，幅 |
| | | Task 1 では〈price, age, temperature + range〉をよく使う。 |

| 3174 | **category** [kǽtəgəri] | 名 カテゴリー，区分 |
| | | Task 1 では〈age, gender + category〉をよく使う。 |

| 3175 | **depth** [depθ] | 名 深さ |
| | | ▸at a depth of 5 metres.（5 メートルの深さに） |

| 3176 | **usage** [júːsɪdʒ] | 名 使用料，使用方法 |
| | | 〈electricity, water, fuel, computer + usage〉のように使う。 |

| 3177 | **traffic volume** [vɔ́ljuːm] | 名 交通量 |
| | | ∥ production volume 生産量 |

| 3178 | **sales figures** | 名 売上高，販売数量 |
| | | ⦿ sales volume |

| 3179 | **status** [stéɪtəs] | 名 地位，状況 |
| | | ▸a status in society（社会的地位），production status（生産状況） |

| 3180 | **over the course of** | 熟 ～の間に，～にわたって |
| | | ▸over the course of ten years（10 年間で） |

訳 ▷ 次のグラフは、カナダにある 3 つの大農場が生産する農作物についての情報を表しています。

　3 種類の円グラフは、カナダの 3 つの農場における、さまざまな農作物の割合を比較したものです。異なる一次産品に重点を置いているため、全体的に見ると、その割合は各農場によって大きく異なります。

　A 農場が野菜の収穫に特化していることは明白で、そこでの総生産高の大部分を占めています。野菜の収穫の割合が他の農場が示す量の 3 倍以上ある一方で、メープルシロップの生産量は比較しても少なく、観賞植物は全く生産されていません。反対に、観賞植物は B 農場の注力製品であり、総生産高の 44％を占めています。その一方で、フルーツ、野菜、メープルシロップ、そして（小麦などの）穀物の生産量はかなり少なくなっています。

　これら 2 つの農場とは対照的に、C 農場では、より均等に農作物の種類分けを行っています。農作物全体の27％がフルーツで、観賞植物、メープル、そして野菜作物はそれぞれ、（フルーツよりも）わずかに少ない生産量で、22 ～ 24％ を占めています。

　最後に触れる項目は、穀物の生産量に関連しています。3 つの農場全てで生産されてはいるものの、各農場の全割合の 5％未満しか占めておらず、チャートに示されている中で最も生産高の低い作物となっています。

Chapter 3

The graph shows the advertising expenditure of a retail company in 2010.

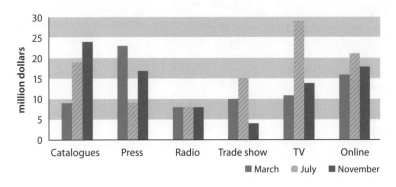

	March	July	November
Total expenditure ($millions)	77	101	85

The bar graph shows the sum of money spent on different forms of advertising by a retail company during three specific months in 2010. Overall, with the exception of radio, there were significant variations seen in the allocated budget across the various media in these months.

The highest expenditure on advertising occurred in July with a total of $101 million, $29 million of which was appropriated for TV commercials, nearly 30% of the total budget. While spending on catalogue and Internet marketing was $19 million and $21 million respectively, less than half that amount was spent on press and radio advertising. In November, $24 million was allotted to catalogue advertising, but only a sixth of that figure was recorded for trade shows. Also, press and online portals were designated the same amount of $18 million for promotion that month.

In March, $23 million was devoted to advertising in the press, clearly the heaviest investment. The outlay for online promotions came second at $16 million, whereas the other four media cost in the region of $10 million. Finally, across all three months, the relatively small amount of $8 million was used to advertise on the radio.

長文の重要語句

| 3181 | **with the exception of** | 熟 ～を除いて |
| | | ◎ except |

| 3182 | **variation**
[vὲəriéɪʃən] | 名 変化量 |
| | | ▸seasonal temperature variations (季節ごとの温度変化) |

| 3183 | **budget**
[bʌ́dʒɪt] | 名 予算 |
| | | ▸budget allocation (予算の分配) |

| 3184 | **expenditure**
[ɪkspéndɪtʃə] | 名 出費，経費 |
| | | フォーマルな語で，政府，企業，個人の支出に使用する。 |

| 3185 | **appropriate**
[əpróʊprieɪt] | 動 ～を割り当てる |
| | | ◎ allocate, assign |

| 3186 | **nearly**
[níəli] | 副 ほぼ～ |
| | | 「約」という意味ではなく，「到達する一歩手前」という状態を表す。 |

| 3187 | **spending**
[spéndɪŋ] | 名 出費，経費 |
| | | ▸projected spending levels (予測される支出水準) |

| 3188 | **respectively**
[rɪspéktɪvli] | 副 それぞれに |
| | | A, B and C respectively のように，3つ以上にも使用可能。 |

| 3189 | **allot**
[əlɑ́t] | 動 （費用や時間を）割り当てる |
| | | ▸the time allotted for the meeting (会議に割り当てられた時間) |

| 3190 | **record**
[rɪkɔ́ːd] | 動 （数値などを）示す　形 記録的な |
| | | ▸reach record levels (過去最高レベルに達する) |

| 2191 | **promotion**
[prəmóʊʃən] | 名 宣伝 |
| | | ❷ promotional 形 販売を促進する |

| 3192 | **investment**
[ɪnvéstmənt] | 名 投資（額） |
| | | ▸make a significant investment in (～に多額の投資をする) |

| 3193 | **outlay**
[áʊtleɪ] | 名 費用 |
| | | 既出の expenditure や spending と言い換え可能。 |

| 3194 | **come second** | 動 2番目になる |
| | | ❷ reach the top　トップになる |

| 3195 | **in the region of** | 熟 およそ，～の辺りで |
| | | ▸somewhere in the region of €10 (およそ 10 ユーロ) |

361

Chapter 3

その他の重要語句①

3196	**popularity** [pɔ̀pjəlǽrəti]	名 人気度，評判
		▶enjoy the highest popularity（最も人気が高い）
3197	**age group**	名 年齢層
		group は class, range, bracket, category での言い換え可能。
3198	**consumption** [kənsʌ́mpʃən]	名 消費
		energy, food, meat, coffee など幅広い語と結びつく。
3199	**exporter** [ɪkspɔ́ːtə]	名 輸出者［企業，国］
		🖉 agricultural exports 農業輸出品
3200	**importer** [ɪmpɔ́ːtə]	名 輸入者［企業，国］
		▶oil importer（オイルの輸入業者）
3201	**producer** [prədjúːsə]	名 生産者［企業，国］
		▶a milk producer（牛乳生産業者），an oil producer（産油国）
3202	**sector** [séktə]	名（産業の）分野
		▶the service sector（サービス産業）
3203	**industry** [índəstri]	名 産業，業界
		the car industry のように，the を付け忘れないように！
3204	**a mode of transport**	名 移動，輸送手段
		mode は form, method, means, type で言い換え可能。
3205	**public transport user**	名 公共交通機関の利用者
		このほかに car user, rail user, mobile phone user がよく使われる。
3206	**ownership** [óʊnəʃɪp]	名 所有（率）
		▶car ownership（自動車の所有）
3207	**enquiry** [ɪnkwáɪəri]	名 問い合わせ
		▶receive a telephone enquiry（電話による問い合わせを受ける）
3208	**landline** [lǽndlàɪn]	名 固定電話
		熟 on the landline 固定電話で
3209	**region** [ríːdʒən]	名 地域
		▶the Pacific region（太平洋地域）
3210	**holder** [hóʊldə]	名 保持者，取得者
		▶degree holders（学位保持者）
3211	**holidaymaker** [hɔ́lədimèɪkə]	名 休日の行楽客
		🔁 traveller, tourist

その他の重要語句②

3212	**employment** [ɪmplɔ́ɪmənt]	名 雇用 ▸the number of people in employment（就業者数）
3213	**unemployed** [ʌ̀nɪmplɔ́ɪd]	形 失業中の 🔁 jobless, out of work
3214	**aged** [éɪdʒd]	形 ～歳の ▸a woman aged 25（25歳の女性）
3215	**participation** [pɑːtìsəpéɪʃən]	名 参加 ▸high level of participation（高い参加率）
3216	**cinema attendance** [əténdəns]	名 映画の入場者数 ▸the average annual cinema attendance（年間平均来館者数）
3217	**house price**	名 住宅価格 アメリカ英語では，housing price がよく使われる。
3218	**best-selling** [bést-sélɪŋ]	形 最も売れている ▸the best-selling novel（ベストセラー小説）
3219	**household** [háʊshəʊld]	形 家庭の ▸household appliances（家電）
3220	**commonly used**	形 幅広く使われている ▸the most commonly used method（最もよく使われている方法）

訳 〉 次のグラフは、2010年のある小売企業の広告費（単位：100万ドル）を表しています。

　棒グラフは、2010年の特定の3カ月間に、ある小売企業が各種メディアで費やした広告費の合計金額を表しています。全体的に見ると、ラジオは別として、この期間のさまざまなメディアへの割り当て予算に大きな変化が見られました。

　広告費が最大になったのは7月の合計1億100万ドルで、そのうちの2,900万ドル、総予算額のおよそ30％がテレビコマーシャルに充てられました。カタログやインターネットマーケティングに使った費用がそれぞれ1,900万ドルと2,100万ドルだったのに対して、その額の半分ほどしか出版物やラジオ広告には使われませんでした。11月には2,400万ドルがカタログ広告に充てられましたが、展示会には、その金額の6分の1ほどしか充てられなかったことが示されています。また、その月には出版物とポータルサイトに同額の1,800万ドルがプロモーション費用として割り当てられました。

　3月には、明らかに過去最大の投資2,300万ドルが出版物の広告に充てられました。オンラインプロモーション費用が1,600万ドルで第2位の金額である一方で、そのほかの4つのメディアには1,000万ドル近辺の費用をかけました。最後に、全3カ月を通じて、比較的少額である800万ドルがラジオ広告に使われました。

Chapter 3

The pictures below show how the ground floor of an art gallery has changed since 2003.

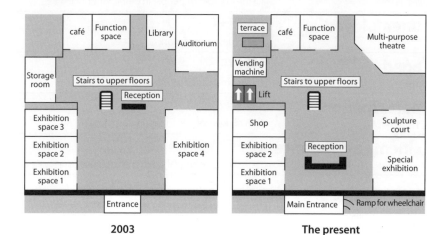

2003   The present

The diagrams **depict** the changes in the ground floor plan of an art gallery from 2003 to the present day. Overall, the **layout** has been significantly **redeveloped** through the relocation, expansion, **removal** or creation of various facilities.

Firstly, the original entrance has been considerably **enlarged** and is now twice the size it was in 2003, with a ramp **added** to its right-hand side for wheelchair users. The reception desk that was previously **positioned** in the centre has been expanded and **relocated** to just inside the new, larger entrance.

Moving next to the left side, while exhibition spaces 1 and 2 have remained unchanged, exhibition space 3 has clearly been **redesigned** into a shop at some point since 2003. Additional **modifications** include a new vending machine and a lift, **to** which the original storage room has **given way**, while an outdoor terrace has been built to service the **existing** café.

Lastly, to the right-hand side of the gallery, the largest exhibition spaces has been **divided** into a special exhibition zone and a sculpture court. Also, the former library and auditorium have been **merged** and **converted** into a multi-purpose theatre.

| 900 | 1800 | 2700 | 3600 |

DAY 41
DAY 42
DAY 43
DAY 44
DAY 45
DAY 46
DAY 47
DAY 48
DAY 49
DAY 50

長文の重要語句

3221 depict
[dɪpíkt]
動 ～を描く
主語が diagram や map の場合に使用可能。

3222 layout
[léɪaʊt]
名 配置，設計
a city layout のように，屋外の設計・配置にも使われる。

3223 redevelop
[rìːdɪvéləp]
動 ～を再開発する
museum, building, home, site や都市名などを目的語にとる。

3224 removal
[rɪmúːvəl]
名 撤去，除去
🖋 remove 動 ～を取り除く

3225 enlarge
[ɪnláːdʒ]
動 ～を拡大する
▸enlarge station capacity（駅の規模を拡大する）／🔄 expand

3226 add
[ǽd]
動 ～を加える
🖋 addition 名 追加

3227 position
[pəzíʃən]
動 ～の位置を定める
屋内の見取り図では，ほかに be placed か be situated を使おう！

3228 relocate
[rìːləʊkéɪt]
動 ～の配置を変える，場所を変える
▸be relocated from the west to the east（西から東へ移動する）

3229 redesign
[rìːdɪzáɪn]
動 ～を設計し直す　名 再設計
▸the redesign of the facility（その施設の再設計）

3230 modification
[mɒdɪfɪkéɪʃən]
名 改修
▸undergo significant modifications（大規模改修が行われる）

3231 give way to
動 ～に場所を譲る
🔄 make way for, be replaced by

3232 existing
[ɪgzístɪŋ]
形 現在の，現存している
🔄 present

3233 divide
[dəváɪd]
動 ～を分割する
🔄 separate, split ／ 🔄 combine 動 ～を結びつける

3234 merge
[mɜːdʒ]
動 ～を合体する，合併させる
▸be merged into one large room（合体して大きな部屋になる）

3235 convert
[kənvɜ́ːt]
動 ～を変更［改造］する
🖋 convert ~ into ... ～を…に変換［改造］する

その他の重要語句①

3236	**development** [dɪvéləpmənt]	名 開発，発展 ‣considerable development（大規模な発展）
3237	**alteration** [ɔ:ltəréɪʃən]	名 変更，調整 「地図」や「見取り図」が出たら，change の言い換えで使おう。
3238	**lie** [laɪ]	動 位置する ‣lie east of the island（島の東部に位置する）
3239	**surround** [səráʊnd]	動 ～を取り囲む ◎ encircle
3240	**renovate** [rénəveɪt]	動 ～を改装する 🖉 renovation 名 改装
3241	**modernise** [mɔ́dənaɪz]	動 ～を新しくする 🖉 modernisation 名 真新しくなること，近代化
3242	**replace** [rɪpléɪs]	動 ～を置き換える ‣be replaced by robots（ロボットに取って代わられる）
3243	**turn into**	動 ～に形が変わる 原形をとどめないような変化に用いられ，受け身で使われる事が多い。
3244	**shorten** [ʃɔ́:tn]	動 ～を短くする ⇔ extend 動 ～を伸ばす，広げる
3245	**demolish** [dɪmɔ́lɪʃ]	動 （建物などを）取り壊す 木々には cut down（～を切り倒す）を使う。
3246	**increase in size**	動 サイズが大きくなる size 以外に，length や width なども用いられる。
3247	**take place**	動 起こる ‣Significant development has taken place.（大きく発展した）
3248	**immediately** [ɪmí:diətli]	副 すぐ近くに（接して） ‣immediately in front of（～のすぐ前に）／ ◎ right
3249	**adjoining** [ədʒɔ́ɪnɪŋ]	形 隣接している ‣an adjoining block of flats（隣接しているアパート棟）
3250	**adjacent to** [ədʒéɪsənt]	熟 ～に隣接した next to ⇒ right next to ⇒ adjacent to の順番でより近さがアップ。
3251	**parallel** [pǽrəlel]	副 平行に 形 平行な ‣run parallele to the river（川と平行になっている）

その他の重要語句 ②

3252 perpendicular [pɜ̀ːpəndíkjələli]	形 垂直な
	▸be perpendicular to each other（互いに垂直である）
3253 via [váɪə]	前 ~を通って，経由して
	▸be accessed via the road（その道路から入れる）
3254 across from	熟 ~の反対側に
	▸be situated across from the station（駅の反対側にある）
3255 halfway between	熟 ~の中間地点に
	be located nearly halfway between A and B. のように使う。
3256 diagonally opposite	形 対角線上に
	▸be diagonally opposite from the park（公園の対角線上にある）
3257 face [feɪs]	動 ~に面している
	▸a villa facing the sea（海に面している別荘）
3258 lead to	動 ~につながる
	▸a road leading to the town centre（繁華街に通じる道路）
3259 lane [leɪn]	名 道路
	▸a two-lane road（2車線道路）
3260 residential area	名 住宅地
	⑤ housing area

訳〉 次の図面は、2003 年以降、あるアートギャラリー（画廊）の1階がどう変化したのかを表しています。

　　この図表には、2003 年から現在までの、あるアートギャラリー1階見取り図の変化が描かれています。全体的に見ると、レイアウトには配置換え、拡張、撤去、さまざまな設備の設置など、かなり手が加えられています。

　　まず、元のエントランス（入り口）スペースは大幅に拡張され、今では 2003 年当時の 2 倍の広さになっています。そして、車いす利用者のために、エントランスの右側にはスロープが追加されています。以前は中央に置かれていた受付カウンターは広くなり、新しくて拡張されたエントランスを入ってすぐの所に移動しました。

　　続いて部屋の左側に目を移すと、展示スペース 1 と 2 には変化はないが、展示スペース 3 は 2003 年以降のある時期に、ショップへと作り変えられたことが見て取れます。以前はなかった自動販売機とエレベーターも新たに追加された設備で、そこはかつて貯蔵室でした。一方、元からあったカフェにサービスを提供するために、屋外にテラスが作られました。

　　最後に、ギャラリーの右側では、最大だった展示スペースが特別展示ゾーンと彫刻展示場の 2 つに分割されています。さらに、以前は図書館と講堂だったスペースが統合されて、多目的シアターに作り替えられています。

Chapter 3

> **The diagram below depicts how tomato ketchup and paste are produced.**

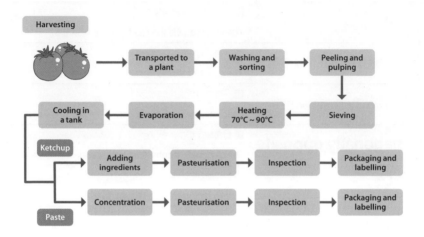

The **flow chart** illustrates the process required for the manufacturing of tomato ketchup and paste. Overall, there are twelve distinct **phases** involved, from the **initial collection** of farmed tomatoes to the eventual production of the finished products.

The process begins with the picking of ripe tomatoes, which are then sent to a specialist plant for **processing**. After first being cleaned, the tomatoes are then **sorted**, usually **according to** size or quality, before being peeled and **crushed** into a pulp. The result of this process is then sieved, and heat **treatment** is applied **at a temperature of** between 70 and 90. This causes the excess liquid in the pulp to **evaporate**, after which it is cooled in a tank.

From the ninth stage **onwards**, the cooled pulp is further processed into one of two products separately. While tomato ketchup is made with the addition of various ingredients, the remaining pulp is reserved to be sold as more **concentrated** tomato paste. They both are then pasteurised, before an inspection takes place. Finally, **once** packed and labelled **accordingly**, the manufacturing process is complete.

長文の重要語句

3261	**flow chart**	名 フローチャート
		製造工程や計画の順序などを表した流れ図のこと。
3262	**phase** [feɪz]	名 段階，局面
		▸during the final phase（最終段階では）／ 類 stage, step
3263	**initial** [ɪníʃəl]	形 最初の
		派 initially 副 初めに，最初に
3264	**collection** [kəlékʃən]	名 収集
		▸garbage collection（ごみ収集）
3265	**process** [próuses]	動 ～を加工する
		▸a recycling processing facility（リサイクル処理施設）
3266	**sort** [sɔːt]	動 ～を分類する
		▸be sorted into different colours（異なる色に分類される）
3267	**according to**	熟 ～ごとに
		▸according to quality and size（品質やサイズごとに）
3268	**crush** [krʌʃ]	動 押しつぶす，粉々にする
		▸be crushed into（粉々にされて～になる）
3269	**treatment** [tríːtmənt]	名 処理
		▸a chemical treatment plant（化学処理工場）
3270	**at a temperature of**	熟 ～℃［度］で
		焼却や加熱処理される段階の描写でよく用いる。
3271	**evaporate** [ɪvǽpəreɪt]	動 蒸発する
		派 evaporation 名 蒸発
3272	**from ~ onwards**	熟 ～以降は
		▸from the third stage onwards（3 段階目以降は）
3273	**concentrate** [kɔ́nsəntreɪt]	動 ～を凝縮する，濃縮する
		▸concentrated orange juice（濃縮還元オレンジジュース）
3274	**once** [wʌns]	接 いったん～すると
		本文のように主語が省略された形で使われることもある。
3275	**accordingly** [əkɔ́ːdɪŋli]	副 それに応じて，適切に
		類 properly, suitably

Chapter 3

その他の重要語句①

3276	**involve** [ɪnvɑ́lv]	動 ～を含む
		▸The process involves ten stages. (その作業には 10 段階ある)
3277	**collect** [kəlékt]	動 ～を収集する
		🖉 collection 名 収集 ▸garbage collection (ごみ収集)
3278	**recycling bin**	名 リサイクル用ごみ箱
		🖉 dustbin 名 ごみ箱
3279	**recyclable** [riːsáɪkləbəl]	形 リサイクル可能な，再利用可能な
		▸recyclable materials (リサイクル可能な材料)
3280	**package** [pǽkɪdʒ]	動 ～を梱包する
		▸packaged products (梱包された製品)
3281	**dispatch** [dɪspǽtʃ]	名 発送 動 ～を送る，発送する
		▸be ready for dispatch (発送準備が整っている)
3282	**unload** [ʌnlóʊd]	動 ～を積み荷から降ろす
		▸be unloaded from a ship (船から荷物が降ろされる)
3283	**extract** [ɪkstrǽkt]	動 ～を抽出する
		名詞の「抽出物質」と「作品の抜粋」の意味も重要。
3284	**refine** [rɪfáɪn]	動 ～を精製する，～に磨きをかける
		▸be refined to extract petrol (精製されてガソリンを抽出する)
3285	**mould** [moʊld]	動 ～を型に入れて作る
		▸be moulded into various shapes (型に入れて様々な形になる)
3286	**chop** [tʃɒp]	動 ～を切り刻む
		▸be chopped into small pieces (細かく切り刻まれる)
3287	**grind** [graɪnd]	動 ～をすりつぶす
		grind-ground-ground と不規則変化する。
3288	**beat** [biːt]	動 ～をかき混ぜる
		▸beat eggs and flour (卵と小麦粉を混ぜる)
3289	**thaw** [θɔː]	動 (雪や氷を) 解かす，解ける
		🔄 melt／🔄 freeze 動 凍る，凍結する
3290	**sterilise** [stérəlaɪz]	動 ～を殺菌消毒する
		🖉 sterilisation 名 殺菌消毒
3291	**purify** [pjúərɪfaɪ]	動 ～を浄化する，取り除く
		🖉 purification 名 浄化 ▸water purification (浄水)

その他の重要語句②

3292	**separate** [sépərət]	動 ~を分別する，分ける ▸be separated according to weight（重さによって分類される）
3293	**infiltrate into**	動 ~に浸透する，染み込む ▸infiltrate into the soil（土壌に浸透する）
3294	**pile up**	動 堆積する，積み重なる 主語には，sediment（堆積物）や rock（岩）がよく来る。
3295	**finished** [fínɪʃt]	形 完了した ▸finished products（完成品）
3296	**life cycle**	名 ライフサイクル，生命周期 動植物や星などの誕生~成長／消滅の過程が出題される。
3297	**grow into**	動 成長して~になる ▸grow into a seedling（苗木に成長する）／ 🔄 develop into
3298	**emerge** [ɪmə́ːdʒ]	動 現れる，出現する ▸emerge from eggs（卵から出てくる）
3299	**grow to maturity**	動 大人になる，成虫になる 🔄 reach maturity, come to maturity
3300	**pass through**	動 ~を経る ▸pass through four life stages（4つのライフステージを経る）

訳〉 次の図は、トマトケチャップとトマト・ペーストの製造工程を説明しています。

　　フローチャートは、ケチャップとトマト・ペーストの製造に必要な工程を説明しています。全体的に見ると、栽培したトマトの最初の収穫から完成品の最終的な生産にいたるまでに、特徴的な 12 の段階を経ています。

　　その工程は完熟したトマトの収穫で始まり、その後、それらは加工を専門とする工場へ送られます。初めに洗浄され、皮をむき、つぶしてペースト状にする前に、トマトは通常、サイズ別や品質別に分類されます。それらは続いてこし器にかけられ、70 ~ 90℃の熱処理が施されます。この処理でペースト内の余分な水分は蒸発し、その後、タンクの中で冷却されます。

　　第 9 段階以降で、冷却されたペーストは 2 つの製品のうちのどちらかに別れて、さらに加工されます。トマトケチャップにはさまざまな成分が添加されて作られますが、残ったペーストは高濃縮トマト・ペーストとして販売するために取り置かれます。その後、検査をする前に、どちら（の製品）も低温殺菌されます。最後に、適切にパック詰めしてラベルを貼れば、製造工程は完了します。

Chapter 3

ここに注目 令和の IELTS はこの 2 語をチェック！

リスニングやリーディングもそうですが、特にスピーキングとライティングでは過去に出題された問題が全く同じ、あるいは一部変更を加えた形でよく登場します。ここでは過去 5 年間の問題を分析し、特にライティングとスピーキングでスコアアップの鍵を握ると予想されるキーワードを 2 語厳選し、ショートレクチャー形式で紹介していきます。

1. international tourism（国際観光）

近年、出題頻度が非常に高いテーマが「観光関連」の問題です。例えば、「international tourism の発展のメリットとデメリットは？」といった感じの問題がライティングの Task 2、スピーキングの Part 3 において出題されています。

観光産業の成長は「**経済成長**」という大きなメリットがある一方で、「**観光客が大量に押し寄せること**」（mass tourism）により、「**観光過多**」（overtourism）が起こり、その結果、深刻なゴミや騒音、「**渋滞**」（traffic congestion）などの問題につながっています。加えて、家賃や「**地価価格**」（property prices）の上昇により地元住民の生活が圧迫され、また、「**破壊行為**」（vandalism）や「**落書き**」（graffiti）による観光地や「**遺跡**」（heritage）への大きな被害も問題となっています。こういった状況から、「**持続可能な観光**」（sustainable tourism: 観光客が現地の環境や文化に配慮し、規範意識を持ち観光を行うこと）のマインド持った配慮ある姿勢が旅行者にも求められています。

2. Corporate Social Responsibility（企業の社会的責任）

「企業が利益をあげること以外に行う社会貢献活動」のことを指し、頭文字を取って **CSR** とも言います。Amazon、Microsoft、McDonald など世界の大企業をはじめ、あらゆる企業がさまざまな活動を行っており、中でも最もメジャーな取り組みが「**環境保全活動**」です。

例えば「**リサイクル**」、「**植樹**」（tree planting）、「**植林**」（reforestation）をはじめ、「**エネルギー消費の削減**」（a reduction in energy consumption）が挙げられます。このほかにも無償での奨学金給付や「**職業訓練**」（vocational training）をはじめとした「**教育機会**」（educational opportunities）の提供、「**募金**」（fund-raising）、「**寄付**」（donating）を含めた「**慈善活動**」（charity）、そして何よりも「**雇用の創出**」（job creation）が最大の社会貢献の一つと言えます。

Chapter 4

スピーキング英単語・熟語 300

DAY 46 **People**（人）······ 374

DAY 47 **Places**（場所）······ 378

DAY 48 **Activities/Events**（活動／出来事）382

DAY 49 **Objects**（物）······ 386

DAY 50 **Culture**（文化）······ 390

■ スピーキングでは、このフレーズを使え！······ 394

「人物」はスピーキングにおける最頻出のテーマです。例えば，自分自身，家族，友人，同僚，クラスメート，有名人などについて描写する問題がよく出題されています。それぞれの人物の性格や特徴をはじめとして，職業や関係性などについても描写できる表現をしっかりとマスターしておきましょう！

Q1. Do you prefer to work alone or in a group? (Part 1)

For me, working individually is better because it encourages independence. I tend to become overly dependent on others for help when it comes to team projects. But when working alone, I have to take all the responsibility for decision-making and the results, which develops my independent thinking and emotional maturity.

Q2. Describe an interesting person who you have never met but would like to know more about. (Part 2)

The person I want to learn more about is Eriko Yamaguchi, who is a female Japanese entrepreneur and professional bag designer. She is such an innovative, proactive and tenacious woman, and a positive role model for me. I first learnt about her last year when I was watching a documentary on her life. It gave me the strong impression that she went through a lot of hardships before she was able to get her business underway. When she was 27, she founded a company named Mother House, with the aim of helping the people of Bangladesh, one of the most disadvantaged nations in Asia. It seems that the major driving force behind this project came from Yamaguchi's belief that our lives should not be completely governed by our place of birth. She also had a strong desire to create a society where people are rewarded according to the amount of effort they put into their work. I admire both her personal qualities and amazing ability to create much needed employment in Bangladesh by using locally produced, quality jute. Her attitude to life is a textbook example of how to overcome adversity and tackle a difficult situation with perseverance while sticking to one's own principles.

長文の重要語句

3301	**independence** [ìndəpéndəns]	名 自活，自立 類 self-reliance, autonomy
3302	**overly** [óuvəli]	副 過度に 類 excessively
3303	**maturity** [mətʃúərəti]	名 成熟，発達 派 mature 形 成熟した ⇔ immature 形 未熟な
3304	**entrepreneur** [ɑ̀ntrəprənə́ːr]	名 起業家 派 entrepreneurial 形 起業家の
3305	**proactive** [proʊǽktɪv]	形 積極的な，先進的な ♦ pro-(先の) + active（活動的）＝「事前に行動を起こすような」
3306	**tenacious** [tənéɪʃəs]	形 忍耐強い 派 tenacity 名 忍耐強さ
3307	**role model**	名 ロールモデル，模範的な人 ▸serve as a positive role model（良いロールモデルである）
3308	**hardship** [hɑ́ːdʃɪp]	名 苦労，苦難 通常，複数形で用いられる。類 difficulty
3309	**get ~ underway**	動 ～を開始する 派 well underway いい具合に進行して
3310	**driving force behind**	名 ～の裏にある原動力［立役者］ behind の代わりに for も使われる。
3311	**reward** [rɪwɔ́ːd]	動 ～に報いる ▸Our efforts have been rewarded.（私たちの努力が報われた）
3312	**put into**	動 （力や時間などを）費やす，使う ▸put more efforts into（～にさらに力を入れる）
3313	**textbook example**	名 模範 ここでの textbook は「典型の，模範の」という意味の形容詞。
3314	**adversity** [ədvə́ːsəti]	名 逆境，困難 類 hardship／派 adverse 形 不利益な，害を与える
3315	**perseverance** [pə̀ːsəvíərəns]	名 強い意志，忍耐力 類 tenacity／派 persevere 動 ～に耐える

その他の重要語句①

3316	**influence** [ínfluəns]	名 影響，影響を与えてくれる人 [物]
		▶a great influence in my life (人生に大きな影響を与えた人 [物])

3317	**inspiration** [ìnspəréɪʃən]	名 刺激，刺激する人 [物]
		▶an inspiration to my work (仕事の刺激になる人 [物])

3318	**mentor** [méntɔː]	名 メンター，良き指導者
		アドバイスやサポートをしてくれる経験豊富な人のこと。

3319	**fellow** [féləʊ]	名 仲間
		📗 fellow 形 仲間の ▶fellow workers (同僚)

3320	**self-starter** [self-stáːtə]	名 自ら進んで行動する人
		周りからの指示がなくても，自分で考えて行動・決断できる人のこと。

3321	**risk-taker** [rísk-teɪkə]	名 リスクを取る人
		📗 take a risk リスクを取る

3322	**like-minded** [laɪk-máɪndɪd]	形 同じ関心や考えを持った
		▶like-minded peers (同じ関心を持った仲間)

3323	**people person**	名 社交的な人
		📗 people skills コミュニケーション力

3324	**look on the bright side**	動 ポジティブに考える
		bright の代わりに positive を使っても OK。

3325	**befriend** [bɪfrénd]	動 ～と友達になる
		🔄 make friends with

3326	**click** [klɪk]	動 意気投合する，うまが合う
		▶We really clicked the moment we met. (出会ってすぐに仲良くなった)

3327	**have a sharp mind**	動 頭が切れる，頭脳明晰である
		形容詞 sharp-minded が使えると，表現の幅がさらにアップ。

3328	**have a way with words**	動 話し上手である，語彙が豊富である
		have words with (～と口論する) との違いに注意！

3329	**quick on the uptake**	熟 飲み込みが速い，物分かりの良い
		🔁 slow on the uptake 飲み込みが遅い

3330	**get on with**	動 ～とうまくやる
		🔄 get along with

3331	**get in touch with**	動 ～と連絡を取る
		🔄 contact, communicate with

その他の重要語句②

3332	**cut out to be**	熟 ～に向いている She isn't cut out to be a nurse. のように，通常否定文で使われる。
3333	**have what it takes to be**	動 ～になる才能 [素質] がある ▶have what it takes to be a leader (リーダーになる素質がある)
3334	**play it by ear**	動 臨機応変にやる ⊜ act accordingly ／ ⊗ play by the rules 規則に従ってやる
3335	**in the flesh**	熟 実物の，本人直接に ▶see the singer in the flesh (その歌手を目の前で見る)
3336	**out of curiosity**	熟 好奇心から ⬙ out of interest 興味本位で
3337	**make a good first impression**	動 良い第一印象を与える good を positive や strong に変えることも可能。
3338	**stand on one's own two feet**	動 自立する ⊜ become independent
3339	**take ~ seriously**	動 ～を深刻に考える，重く受け止める ⊗ take ~ lightly ～を気楽に受け止める
3340	**have a lot in common**	動 共通点が多い ⊗ have little in common ほとんど共通点がない

訳 〉 **Q1. 独りで仕事をするのと、グループで仕事をするのとではどちらがいいですか？**

私としては、個人で働くほうがいいです。というのも、独立心が芽生えるからです。チームで取り組むプロジェクトだと、助けを当てにして他人に過度に依存してしまいます。ですが、独りで働く場合は、意思決定とその結果の責任をすべて自分で負わなければなりません。そうすることで、自立的思考や情緒的成熟を促してくれます。

Q2. 会ったことはないが、詳しく知りたい興味深い人物について話してください。

私が詳しく知りたい人物は、日本人の女性起業家兼プロのバッグデザイナーをしているヤマグチ・エリコさんです。彼女はとても革新的で前向きな粘り強い性格の女性で、私にとって模範的な人物です。昨年、彼女の人生に迫ったドキュメンタリーを見て、彼女のことを初めて知りました。ビジネスを始めるまでに、彼女が数々の苦い経験をしたことに強烈な印象を受けました。アジアでも特に経済的に恵まれていない国であるバングラディッシュの人々を支援するために、27 歳の時に「マザーハウス」という名前の会社を設立しました。このプロジェクトを立ち上げた最大の動機は、生まれた場所によって一生が決まるべきではない、という信念があったからです。また、誰もが頑張った分だけ報われる社会を作りたい、という強い思いもありました。現地で生産される高品質のジュート（黄麻）を活用することで、切望されていたバングラディッシュの雇用を創出する彼女の個人的資質と驚くべき能力の両方を私は高く評価しています。彼女の人生に対する姿勢は、自分の主義を貫きながらも逆境を乗り越え、不屈の精神で困難な状況に立ち向かうための模範例です。

ホームタウンや住居など、「特定の場所」について描写する問題も頻出します。例えば、行って みたい国、自国で人気の観光地、よく行くレストランや公園などを聞かれ、また、特定の施設 について問われることもあります。ここでは、こうした「場所」の特徴や「施設」に関連した表 現をマスターしていきましょう！

Q1. Do you live in a house or an apartment? (Part 1)

At the moment I live in a **high-rise** apartment in Osaka, which is one of the busiest cities in Japan. My place itself has a large modern kitchen and a **spacious** living room which I've recently **furnished** with some beautiful European furniture.

Q2. Describe a garden/park you visited and liked. (Part 2)

The garden I'm going to talk about is Nabana no Sato, which is one of the most popular botanical gardens in Japan. It's in a city called Kuwana, which is in the western part of Japan, about a two-hour train **ride** from my place. The city is well known as a **spa resort** with lots of recreational facilities and activities. I went there two winters ago on a bus tour with some of my college friends. The garden had a huge variety of stunning **seasonal** flowers, like tulips and lilies, and the colours and smells in the garden were amazing. There was also a flower market where you could buy fresh cut flowers and potted plants, as well as florist supplies. Recently, a new greenhouse opened, and it has **a massive collection of exotic** flowers, which you can rarely see in Japan. This garden **attracts** millions of tourists every year with different seasonal highlights. During winter, for example, all the plants and flowers are lit by various colourful neon lights, and the atmosphere is so romantic and festive. Plus, you can have dinner at a **fancy** restaurant that **specialises in** authentic regional **cuisine** made from the freshest local ingredients. I don't think you can get food like it anywhere else, making this place all the more unique. So, this garden is well **worth a visit** for anyone who loves gardening, flower arrangement and **trying out** local **delicacies**.

長文の重要語句

| 3341 | **high-rise** [hái-raɪz] | 形 高層の |
| | | live in a high rise のように名詞で表現することも可能。 |

| 3342 | **spacious** [spéɪʃəs] | 形 広い |
| | | specious（見せかけだけの）との混同に注意。 |

| 3343 | **furnish** [fɔ́ːnɪʃ] | 動 ～を備え付ける |
| | | ⦿equip ／ 🅿furnished 形 家具付きの |

| 3344 | **ride** [raɪd] | 名 乗ること，乗せること，乗車 |
| | | a two-hour bus ride のように，〈時間＋手段＋ ride〉の形で使う。 |

| 3345 | **spa resort** | 名 温泉リゾート |
| | | ⦿hot spring resort |

| 3346 | **seasonal** [síːzənəl] | 形 季節ごとの，ある季節限定の |
| | | seasonable（季節にふさわしい）との混同に注意。 |

| 3347 | **a collection of** | 熟 豊富な種類の～ |
| | | 本文の massive 以外に，large や huge ともよく結びつく。 |

| 3348 | **exotic** [ɪgzɑ́tɪk] | 形 外国産の |
| | | ⦿foreign, non-native |

| 3349 | **attract** [ətrǽkt] | 動 ～を引き付ける |
| | | ⦿draw |

| 3350 | **fancy** [fǽnsi] | 形 おしゃれで高級な |
| | | イギリス英語では，動詞で「～を好む」の意味でも使われる。 |

| 3351 | **specialise in** | 動 ～を専門に扱う |
| | | 主語には人や店，会社が来る。⦿focus mainly on |

| 3352 | **cuisine** [kwɪzíːn] | 名 料理 |
| | | ▸enjoy French cuisine（フランス料理を堪能する） |

| 3353 | **worth a visit** | 熟 訪れる価値がある |
| | | 🅿worth the effort 努力する価値がある |

| 3354 | **try out** | 動 ～を試してみる |
| | | 「うまくいくか，自分に合うかを試す」といった含みがある。 |

| 3355 | **delicacy** [délɪkəsi] | 名 珍味，ごちそう |
| | | 「その土地でしか味わえない特別な料理」という意味。 |

その他の重要語句①

3356	**lively** [láɪvli]	形 活気のある ▸a lively discussion (活発な議論)／🔄 vibrant, bustling
3357	**booming** [búːmɪŋ]	形 好景気の，成長著しい ▸a booming city (成長著しい都市)／🔄 thriving
3358	**multicultural** [mʌltikʌ́ltʃərəl]	形 多文化の ▸work in a multicultural office (多文化の職場で働く)
3359	**cosmopolitan** [kɒ̀zməpɒ́lətən]	形 国際的な，国際色豊かな 🔄 international
3360	**festive** [féstɪv]	形 お祭りの，お祝いの ▸in a festive atmosphere (お祭り気分で)
3361	**cosy** [kóʊzi]	形 居心地の良い，くつろげる ▸a cosy seaside restaurant (海辺のくつろげるレストラン)
3362	**culturally** [kʌ́ltʃərəli]	副 文化的に ▸culturally enriched (文化的に豊かな)
3363	**seaside** [síːsaɪd]	形 海辺の 🔗 waterside 形 水辺の　beachside 形 浜辺の
3364	**picturesque** [pìktʃərésk]	形 絵に描いたような 少し硬いが，情緒あふれる景色の描写に使える。🔄 charming
3365	**storey** [stɔ́ːri]	名 ～階 ▸a multi-storey building (高層ビル)
3366	**complex** [kɒ́mpleks]	名 複合施設 ▸a nearby cinema complex (近くの複合映画施設)
3367	**skyscraper** [skáɪskrèɪpə]	名 超高層ビル ▸an iconic skyscraper (シンボルとなっている超高層ビル)
3368	**district** [dístrɪkt]	名 地区，区域，区画 金融街や選挙区など，特定の目的によって分けられた区域のこと。
3369	**venue** [vénjuː]	名 会場 ▸be held in a sporting venue (スポーツ会場で開催される)
3370	**tourist attraction**	名 観光名所 🔄 sightseeing spot, tourist destination
3371	**art gallery**	名 美術館，画廊 リスニングの Part 1 でも登場するので，スペルを要チェック！

その他の重要語句②

3372 □□	**playground** [pléɪɡraʊnd]	名 運動場，あそび場，行楽地
		▸playground equipment like swings（ブランコなどの遊具）
3373 □□	**workplace** [wɔ́ːkpleɪs]	名 職場
		▸reduce workplace inequality（職場内の不平等を緩和する）
3374 □□	**full board**	名 (宿泊施設で) 3 食付き
		✎ half board 朝食と夕食付き
3375 □□	**rich in**	熟 ～があふれている，豊富である
		▸a city rich in history（歴史あふれる町）／ ◈ full of
3376 □□	**home to**	熟 ～の所在地 [発祥の地] で
		主語には地名，または city や island などが来る。
3377 □□	**have easy access to**	動 ～に行きやすい，～を利用しやすい
		to 以下には特定の場所，または医療や鉄道などのサービスが来る。
3378 □□	**live within walking distance of**	動 ～から徒歩圏内に住んでいる
		within easy walking のように，easy を加えるとワンランク UP ！
3379 □□	**have a look around**	動 ～を見て回る
		▸have a look around London（ロンドンを見て回る）
3380 □□	**have a ~ feel**	動 ～な雰囲気がする
		▸The city has a nostalgic feel.（その町は懐かしい感じがする）

訳 **Q1. 一戸建てに住んでいますか？ それともアパートですか？**

現在は、日本で最も活気のある都市の 1 つである大阪の高層マンションに住んでいます。そこには最新式の広いキッチンと、最近、美しいヨーロッパ製家具を整えた、ゆったりとしたリビングルームがあります。

Q2. 訪れてみて気に入った庭園や公園について話してください。

これから私が話す庭園は、日本屈指の植物園である「なばなの里」です。それは桑名という場所にあります。桑名は日本の西部に位置し、私の住む所から電車で約 2 時間の距離です。その街は温泉で有名で、娯楽施設が多くレクリエーション活動が楽しめます。私は 2 年前の冬に、大学の友人たちとバスツアーで行きました。園内には、チューリップやユリなどの見事な季節の花々がたくさんの種類植えられていて、庭園を包む彩りや香りが素晴らしかったです。花屋にあるような備品に加え、新鮮な切り花や鉢植えを購入できるフラワー・マーケットもありました。最近、新しい温室がオープンし、そこでは外国産の花々を膨大に収集していて、それらは日本ではめったに目にすることができません。この庭園は、さまざまな季節限定イベントで、毎年、観光客を何百万人も呼び込んでいます。例えば、冬には植物や花々が色とりどりのネオンで照らされ、ロマンチックで華やかな雰囲気を演出します。さらに、地元の新鮮な食材を用いた本格郷土料理の高級専門店で食事をすることもできます。他ではこうした食事を味わえません。この場所をよりいっそう特別なものにしています。したがって、この庭園は、ガーデニングやフラワーアレンジメントが好きな人や地元の名物を試してみるのが好きな人なら行ってみる価値があります。

Chapter 4

「活動」に関しては，週末や長期休暇に楽しむ「娯楽」，または読書，旅行，料理，買い物などの「趣味」に関するテーマが主流となっています。そのほかにも，祭りや結婚式などの「特別なイベント」や「今までに起こった予想外の出来事について話してください」といった抽象的な問題も出題されます。

Q1. Do you like shopping? (Part 1)

Yes, I really enjoy it. On my **days off** I usually shop in Shinjuku, which is one of the most **vibrant** shopping districts in Tokyo. During the holiday seasons, you can find a huge range of clothing and footwear on sale there, and I sometimes end up spending a lot and **going over my budget**.

Q2. Describe an activity you want to try in the future. (Part 2)

One activity I'm planning to do is to take an online course to obtain my certificate in marketing because I am hoping to make a career change in future. Learning online suits my present circumstances because it **allows** me to **juggle** family, work and studies effectively. As my wife and I both work full-time, we share our childcare and household responsibilities, like collecting our child from **pre-school** and taking out the garbage, so distance courses make it possible to study **alongside** these commitments and maintain a healthy **work-life balance**. Another benefit of online courses is the **wealth of** opportunities to **interact with** tutors and peers from **all walks of life**. The course I'm particularly interested in includes a variety of interactive activities, like live discussions, online tutorials and collaborative projects, from which we can receive direct **feedback** and actively exchange views in a meaningful way. Lastly, distance students are also eligible to take part in various **extracurricular** programmes, such as internships and volunteering, which can be useful in both creating a professional **profile** and **networking with** like-minded people. Although it may be challenging, I believe this course will improve my overall marketing skills and career prospects.

長文の重要語句

3381	**day off**	名 (仕事や学校のない) 休日
		▸take a few days off (数日間休みを取る)
3382	**vibrant** [váibrənt]	形 活気のある
		She's such a vibrant person. のように，人に使うことも可能。
3383	**go over one's budget**	予算を上回る
		↔ stay within a budget 予算内に収まる
3384	**allow** [əláu]	動 可能にする
		allow ~ to do の形でスピーキング，ライティングで使用可能。
3385	**juggle** [dʒʌ́gəl]	動 ~をやりくりする
		▸juggle multiple roles (複数の役割をやりこなす)
3386	**pre-school** [pri:-skú:l]	名 就学前の子供が通う学校
		イギリスでは，2歳半〜5歳までが通う。 ≒ nursery school
3387	**alongside** [əlɔ̀ŋsáid]	前 ~と並行して
		≒ together with
3388	**work-life balance**	名 ワーク・ライフ・バランス，仕事と生活のバランス
		本文の healthy に加え，proper ともよく結びつく。
3389	**a wealth of**	熟 豊富な~
		▸a wealth of knowledge (豊富な知識)／ ≒ plenty of
3390	**interact with**	動 ~と交流をする
		物質が「相互に作用する」という意味もある。
2191	**all walks of life**	名 あらゆる職業や地位
		≒ different professional backgrounds
3392	**feedback** [fí:dbæk]	名 フィードバック，反応，意見，感想
		▸get positive feedback from (~から肯定的な意見をもらう)
3393	**extracurricular** [èkstrəkəríkjələ]	形 課外の
		▸take part in extracurricular activities (課外活動に参加する)
3394	**profile** [próufail]	名 プロフィール，人物紹介，注目度
		🔑 raise one's profile ~の知名度を上げる
3395	**network with**	動 ~と人脈を作る，情報交換をする
		🔑 network 名 人脈 ▸build a network of friends (友人の輪を広げる)

DAY 41
DAY 42
DAY 43
DAY 44
DAY 45
DAY 46
DAY 47
DAY 48
DAY 49
DAY 50

Chapter 4

その他の重要語句①

3396	occasion [əkéɪʒən]	名 (特定の) 機会，行事 ▶special occasions like weddings (結婚式のような特別な行事)
3397	farewell party	名 お別れパーティー，送別会 ⇔ a welcoming party 歓迎パーティー
3398	reunion [riːjúːnjən]	名 同窓会 ▶organise a reunion (同窓会を組織する)
3399	society [səsáɪəti]	名 (文化系) サークル，クラブ ▶debating society (討論サークル) ／ 運動系には club を使う。
3400	fireworks display	名 花火大会 There'll be a fireworks display at the festival. のように使おう！
3401	nightlife [náɪtlaɪf]	名 夜の娯楽，夜遊び ⊘ have a night out 外で夜遊びをする
3402	hit the town	動 (遊びで) 街に繰り出す ⊘ hit the gym ジムに行く　hit the pub パブに行く
3403	socialise with	動 ～と付き合う，交流する ▶socialise with workmates (同僚と交流する)
3404	work night shifts	動 夜勤で働く ⊘ work unpaid overtime サービス残業をする
3405	manage one's finances	動 お金の管理をする ⊜ manage one's budget(s)
3406	commute to work	動 通勤する ⊜ go to the office
3407	cruise [kruːz]	名 (客船での) クルージング ▶go on a world cruise (世界一周の船旅に出る)
3408	see the sights of	動 ～を観光する ⊜ do some sightseeing of
3409	outing [áʊtɪŋ]	名 遠足，小旅行，ピクニック ▶go on a family outing (家族でピクニックに出かける)
3410	do the housework	動 家事をする ⊘ do the dishes 皿を洗う
3411	tidy up the room	動 部屋を片付ける ⊘ keep the room neat and tidy 部屋を整理整頓しておく

その他の重要語句②

3412	**get involved in**	動 ～に参加する，関わる
		▸get involved in some community volunteering
3413	**enjoy the great outdoors**	動 大自然を楽しむ
		🖉 explore the outdoors 自然散策をする
3414	**take a nature walk**	動 自然の中を散歩する
		🖉 take a bush walk 低木地帯を散歩する
3415	**get a place at**	動 ～に合格する
		▸get a place at a first choice university（第一志望の大学に合格する）
3416	**dabble in** [dǽbəl]	動 ～をちょっとやってみる，かじる
		painting, online dating, car-sharing などに幅広く使える。
3417	**pleasing to the ear**	熟 聞こえがいい，耳に心地よい
		音楽に関連したテーマで使おう！
3418	**put aside**	動 ～を取っておく，貯金する
		▸put some money aside each month（毎月少しずつ貯金する）
3419	**haggle over the price of**	動 ～の値段交渉をする
		haggle for a better price（値段交渉をする）としても OK！
3420	**for the first time in**	熟 ～ぶりに
		▸for the first time in ten years（10 年ぶりに）

訳 **Q1. ショッピングは好きですか？**

ええ、大好きです。休みの日には、東京で最も活気のあるショッピング・エリアの 1 つである新宿でよく買い物をします。そこでは休暇シーズン中に、さまざまな洋服や靴がセールになります。私はときどきお金を使い過ぎてしまい、予算をオーバーしてしまいます。

Q2. 将来、挑戦してみたい活動について話してください。

私が計画している活動は、マーケティングの修了証書が取得できるオンライン講座を受講することです。というのも、将来的には、転職をしたいと思っているからです。オンライン学習だと、家族、仕事、勉強をうまく両立させることができるので、私の現在の状況に合っています。妻と私は 2 人ともフルタイムで働いているので、保育園に子どもを迎えに行ったり、ごみを出したりといった、育児や家事をシェアしています。通信教育講座なら、そうした責務と並行して勉強することや仕事と生活のバランスを適切に保つこともできます。オンライン講座の他のメリットは、講師やあらゆる職業および地位の仲間とたくさん交流が持てる点です。特に関心があるコースには、ライブ討論やオンライン指導、共同研究といった対話型の活動がいろいろとあります。そうした活動からは直接意見が得られ、有意義な方法で積極的に意見交換ができます。最後に、オンライン講座の受講者には、インターンシップやボランティア活動などの課外活動プログラムに参加する資格もあります。こうしたことは、優れた職歴の構築にも、同じ目的を持った人々との情報交換にも役立ちます。大変かもしれませんが、この講座を受講すればマーケティングスキルが全般的にアップし、自分のキャリアを豊かにしてくれると考えています。

「物」関連の問題に苦戦する受験者は非常に多いので，事前にしっかりと関連表現やアイディ
アを準備しておくことが必要です。主なテーマはプレゼント，携帯電話，おもちゃ，食べ物な
どです。また，「最近買ってよかった物は？」や「日常生活で欠かせない物は？」といった抽象
的な質問も登場します。

Q1. Describe something that you bought recently and liked. (Part 2)

One of the most useful items I bought recently is a road bike, which
I'd **had my eye on** since last year. It's stylish to look at and has lots of
excellent **features**, like a carbon-fibre frame and a shock-**resistant** saddle,
which help ease the physical strain of riding. I use the bike for various
purposes. One is that I now ride to work every morning because it's much
more **time-efficient** than trains or buses which can be delayed or break
down. Travelling by bike normally cuts my **journey time** by more than
half an hour. Also, cycling is a good and simple **workout** that puts less
strain on your joints than running or other such high-impact activities,
like tennis and football. So, cycling regularly has helped increase my
fitness and energy levels, and also means I **stay in shape**. Fortunately, my
hometown is very cyclist-friendly, because it has a large network of cycle
paths and well-maintained roads with good visibility, which means both
cyclists and pedestrians can stay safe. **It's not an exaggeration to say
that** I couldn't live without my bike now.

Q2. Do you think advertising influences what people buy? (Part 3)

Yes, it can have a powerful but negative impact on consumers,
because advertisements can prompt **impulse buying** and unnecessary
replacement purchases. TV adverts featuring **beauty products** or dietary
supplements, for example, can **mislead** people **into** believing that such
items will greatly improve their **appearance** or even the quality of their
lives in some way. Since some young people may lack the capacity to
evaluate the quality and the necessity of a product, seeing an **appealing**
advert can tempt them into buying unwanted items on impulse, which
they may later regret.

長文の重要語句

3421	**have one's eye on**	動 ～を買おうと思ってる
		🖉 have an eye for ～を見る目がある
3422	**feature** [fíːtʃə]	名 特徴
		▶various features and functions（さまざまな特徴や機能）
3423	**resistant** [rɪzístənt]	形 抵抗力がある，耐～の
		🖉 a water-resistant watch 防水 [耐水] 時計
3424	**time-efficient** [taɪm-ɪfíʃənt]	形 時間の効率が良い
		time の代わりに，cost や energy もよく使われる。
3425	**journey time**	名 移動時間
		journey には「旅行」以外に，「長時間の移動」の意味もある。
3426	**workout** [wə́ːkaut]	名 運動，トレーニング
		▶do a morning workout（朝のトレーニングをする）
3427	**fitness** [fítnəs]	名 健康
		▶a fitness club（スポーツクラブ）／ 🔄 health
3428	**stay in shape**	動 健康でいる
		🔄 keep fit ／ 🔀 be out of shape 不健康である
3429	**It's not an exaggeration to say that ~.**	熟 ～すると言っても言い過ぎではない。
		It's not too much to say (that) S V. としても同じ。
3430	**impulse buying**	名 衝動買い
		🖉 buy ~ on impulse ～を衝動買いする
3431	**replacement** [rɪpléɪsmənt]	名 交換，代替品
		a replacement for him のように，「後任」の意味も重要。
3432	**beauty product**	名 美容品
		🖉 cosmetics 化粧品
3433	**mislead ~ into doing**	動（人を）惑わせて～させる
		🖉 misleading information 誤解を招くような情報
3434	**appearance** [əpíərəns]	名 外見
		🖉 keep up appearances 平静を装う，体面を保つ
3435	**appealing** [əpíːlɪŋ]	形 引き付けられる
		🔄 enticing, tempting

DAY 41 | DAY 42 | DAY 43 | DAY 44 | DAY 45 | DAY 46 | DAY 47 | DAY 48 | **DAY 49** | DAY 50

Chapter 4

その他の重要語句 ①

3436	**grocery** [gróʊsəri]	名 食料雑貨（店） ▸do some grocery shopping（食料雑貨品の買い物をする）
3437	**steamed vegetables**	名 蒸し野菜 ⊘ stir-fried vegetables　炒め野菜
3438	**ready-made** [rèdi-méɪd]	形 出来合いの，既製の ⊘ home-prepared　形 自家製の，手作りの
3439	**get a takeaway**	動 テイクアウトする イギリス英語。アメリカでは takeout が使われる。
3440	**grab** [græb]	動 〜をさっと食べる，軽く飲む ▸grab a sandwich（軽くサンドイッチを食べる）／◱ eat quickly
3441	**have a sweet tooth**	動 甘いものに目がない 「チョコレート」のトピックが出たら使ってみよう！
3442	**durable** [djúərəbəl]	形 耐久性のある ▸a durable suitcase（耐久性のあるスーツケース）
3443	**own-brand** [òʊn-brǽnd]	形 自社（プライベート）ブランドの ▸own-brand cosmetics（自社ブランドの化粧品）／◱ own-label
3444	**custom-built** [kʌstəm-bílt]	形 オーダーメイドの ◱ made-to-order, tailor-made
3445	**bargain** [báːgɪn]	名 セール品，お買い得品 ▸shop for bargains（セール品を物色する）
3446	**multipurpose** [mʌltipáːpəs]	形 幅広く使える room, furniture, machine などの名詞と相性が良い。
3447	**musical instruments**	名 楽器 ⊘ percussion instruments like drums　ドラムなどの打楽器
3448	**electrical appliances**	名 電化製品 ◱ household appliances
3449	**furnishings** [fɔ́ːnɪʃɪŋz]	名 備え付け家具 ベッドやクローゼットに加え，カーテンやカーペットなども含む。
3450	**season ticket**	名 定期券 電車などの「定期券」と劇場やスポーツの「定期入場券」を指す。
3451	**souvenir** [sùːvəníə]	名 記念品 自分のために買う物を指す。

その他の重要語句 ②

3452	plastic toy model	名 プラモデル
		🖉 stuffed animals 動物のぬいぐるみ
3453	get ~ gift-wrapped	動 ~をプレゼント包装してもらう
		「プレゼント」や「ギフト」に関するトピックが出たら使おう！
3454	amenity [əmíːnəti]	名 生活を快適にしてくれるもの
		キッチン，インターネット，家具などの生活に関連したものを指す。
3455	entertainment [entətéinmənt]	名 娯楽
		▸various forms of entertainment（さまざまな娯楽の形態）
3456	read [ríːd]	名 読み物
		▸a fascinating read（非常におもしろい読み物）
3457	must-have [məst-hǽv]	形 必携の，マストな
		🖉 must-read 形 必読の must-see 形 必見の
3458	couldn't live without	熟 ~なしでは生きていけない
		「実際にはそんなことはないが」という仮定法の用法。
3459	come in handy	動 役立つ，便利である
		convenient の連発を避けて，このフレーズを使えばワンランク UP！
3460	good value for money	名 購入価値［お得感］のあるもの
		▸The tour is good value for money.（そのツアーはお得感がある）

訳 ▶ Q1. 最近購入してよかった物について話してください。

最近買ってとても役立ったのは、昨年から購入しようと目を付けていたロードバイクです。見た目がしゃれていて、また、カーボン・ファイバー製のフレームや耐衝撃サドルなどの優れた機能をたくさん搭載しているので、乗車時に体にかかる負担が軽減されます。私は、さまざまな目的でロードバイクを利用します。例えば、現在、毎朝ロードバイクで通勤しています。というのも、ロードバイクは、遅れたり故障したりする可能性のある電車やバスよりもはるかに時間効率がいいからです。ロードバイクで移動すれば、通常、30 分以上も移動時間を短縮できます。さらに、ランニング、またはテニスやサッカーなどの負担の大きい運動と比べて、サイクリングは、関節への負担が少ない素晴らしくて単純な運動です。したがって、定期的にサイクリングをすると、健康レベルとエネルギーレベルを高めるのに役立ち、私の体形を維持することにもつながります。幸いにも、私の地元の町はサイクリストにとても優しいです。なぜなら、見通しのいい自転車道と舗装状態のいい道の大規模な道路網が整備されているからです。つまり、サイクリストと歩行者双方の安全性が保たれています。今となっては、ロードバイクなしの生活は考えられないと言っても過言ではありません。

Q2. 広告が人々の消費行動に影響を与えていると思いますか？

与えていると思います。広告は、衝動買いと不必要な買い替えを促すことがあるので、消費者に対して非常に強い、しかしマイナスの影響を与えかねません。たとえば、化粧品、あるいは健康補助食品のテレビ広告は人々をあざむき、そうした商品が容姿や何らかの方法で生活の質までも著しく改善すると信じ込ませます。若い人の中には商品の品質や必要性を判断する能力がない人もいるので、魅力的な広告を見ると、欲しくない物でも衝動的に購入したい気にさせてしまいます。後で、後悔するかもしれないのに。

Culture （文化）

「文化」については，日本で人気のあるスポーツ，音楽，テレビ番組などの「娯楽」をはじめ，主要な交通手段，人気のペットなどが重要なテーマとなっています。また，「伝統行事」に関連した，新年の過ごし方や日本人の特徴について問われることもあるので，日本文化に関しても一定の知識と表現の準備が不可欠です。

Q1. Describe a unique cultural event in your country. (Part 2)

One unusual and very Japanese event is hanami, or **cherry-blossom viewing**, which is a social custom practised **annually** in spring by people of all ages. Cherry trees, known as sakura in Japan, represent the transience of life and also the beginning of new life in business, educational and social contexts. In early spring, when the sakura is at its peak, local people and **busloads of** tourists **flock to** the best viewing spots, like a city park or the riverside. Families and friends sit on the grass in parks to enjoy a quiet picnic together under the blossoming trees. Others, however, usually more **immature** young adults, **toast** the arrival of the blossoms with cans of beer; unfortunately, this usually **goes hand in hand with raucous** shouting and other offensive behaviour. While this may be a **common sight** for local people, consuming alcohol in beautiful public places like this must seem quite unsuitable to non-Japanese citizens; as this practice is generally **frowned upon** around the world and, in some countries, is strictly prohibited.

Q2. To what extent should people follow local cultures when they travel or move to another country? (Part 3)

I believe people should be prepared to adapt their behaviour when they travel or move overseas. In both personal and business scenarios, foreign visitors should do their best to **conform to cultural norms** and principles, as well as to social **etiquette**, because it is a way to show respect to a country's cultural identity. Attitudes like this **go a long way towards** preventing cultural conflicts and misunderstanding, and hopefully, developing better **intercultural understanding**.

長文の重要語句

3461	cherry-blossom viewing	名 花見
		熟 in full bloom （花が）満開で
3462	annually [ǽnjuəli]	副 毎年，年1回
		同 yearly, on an annual basis
3463	busloads of	熟 バス何台分もの~
		参 a busload of バス1台分の~
3464	flock to	動 （集団で）~に押し寄せる
		参 flock 名 群れ，群衆 ▶a flock of sheep （羊の群れ）
3465	immature [ìmətʃúə]	形 未熟な，子供っぽい
		反 mature 形 成熟した，大人の
3466	toast [tóust]	動 ~に乾杯する 名 乾杯
		▶drink a toast to （~を祝して乾杯する）
3467	go hand in hand with	動 ~を伴う，~と提携する
		参 hand in hand 手をつないで
3468	raucous [rɔ́ːkəs]	形 耳障りな
		▶raucous laughter （耳障りな笑い声）／ 同 noisy
3469	common sight	名 よく見られる光景
		同 familiar sight ／ 反 unfamiliar sight 見慣れない光景
3470	frown upon	動 ~に難色を示す，嫌な顔をする
		be frowned upon by （~のひんしゅくを買う）のように受け身で使う。
3471	conform to	動 ~に順応する
		同 comply with ／ 熟 in conformity with （ルールや習慣）に従って
3472	cultural norm	名 文化的規範
		参 become the norm 基準となる
3473	etiquette [étiket]	名 礼儀作法，しきたり
		日本語の「エチケット」は，etiquette よりも manners に近い。
3474	go a long way towards	動 ~することに大いに役立つ
		参 go some way towards ~することにある程度役に立つ
3475	intercultural understanding	名 異文化理解
		参 raise cross-cultural awareness 異文化への認識を高める

その他の重要語句①

| 3476 | **background** [bǽkgraʊnd] | 名 背景，バックグラウンド |
| | | ▸people from different cultural backgrounds（異なる文化背景を持った人々） |

| 3477 | **ethics** [éθɪks] | 名 倫理観 |
| | | ▸obey a code of professional ethics（職業倫理に従う） |

| 3478 | **manners** [mǽnəz] | 名 マナー，エチケット |
| | | ▸have good manners（マナーが良い） |

| 3479 | **differ from A to A** | 動 A によって異なる |
| | | ▸differ from culture to culture（文化によって異なる） |

| 3480 | **World Heritage site** | 名 世界遺産 |
| | | ▸be listed as a World Heritage site（世界遺産に登録されている） |

| 3481 | **cultural assets** | 名 文化財 |
| | | tangible（有形）と intangible（無形）の 2 つに分類される。 |

| 3482 | **places of interest** | 名 名所 |
| | | ▸places of historical interest（歴史的な名所） |

| 3483 | **punctuality** [pʌ̀ŋktʃuǽləti] | 名 時間厳守 |
| | | ▸respect punctuality（時間を厳守する） |

| 3484 | **fit into** | 動 ～になじむ，溶け込む |
| | | ▸fit into my community（自分がいるコミュニティーに溶け込む） |

| 3485 | **nothing out of the ordinary** | 熟 日常の出来事である |
| | | ≒ be hardly surprising |

| 3486 | **close-knit** [kləʊs-nít] | 形 結びつきが強い |
| | | ▸build a close-knit team（結束の強いチームを作る） |

| 3487 | **street market** | 名 ストリートマーケット，露店市 |
| | | ⊘ street food stalls 出店屋台 |

| 3488 | **guide dog** | 名 盲導犬 |
| | | ⊘ sniffer dog 探知犬　rescue dog 救助犬 |

| 3489 | **season** [síːzən] | 動 ～に味付けする |
| | | ▸be seasoned with salt and garlic（塩とニンニクで味付けされる） |

| 3490 | **language barrier** | 名 言語の障壁，言葉の壁 |
| | | ▸overcome the language barrier（言葉の壁を乗り越える） |

| 3491 | **pray for** | 動 ～を祈る |
| | | ▸pray for success in exam（試験合格を祈る） |

その他の重要語句 ②

3492	**all the rage**	熟 大流行して
		🔁 craze 名 流行　fad 名 流行
3493	**keep up with**	動 ～に遅れずについていく
		▸ keep up with the latest trends（最新の流行についていく）
3494	**much talked about**	熟 話題の～，うわさの～
		▸ see the much talked about film（話題の映画を見る）
3495	**talking point**	名 話題
		▸ become a major talking point（大きな話題となる）
3496	**round the clock**	副 24 時間ぶっ通しで
		work や operate などの動詞とともに運用しよう！
3497	**high season**	名 繁忙期，最盛期
		🔁 peak season ／ ⇔ off season オフシーズン，閑散期
3498	**pros and cons**	名 賛否両論，良し悪し
		インフォーマルな表現。🔁 advantages and disadvantages
3499	**something special**	名 何か特別なもの［こと］
		There's something special about Christmas. のように使う。
3500	**the Great East Japan Earthquake**	名 東日本大震災
		スピーキングの Part 2 や 3 で使える表現。

訳〉 **Q1. あなたが住んでいる国に特有の文化イベントについて話してください。**

独特で正に日本らしいイベントはハナミ、つまり桜の花の鑑賞で、あらゆる年齢の人々によって毎年春に行われる社会的風習です。日本ではサクラとして知られている桜の木は、人生のはかなさを象徴していて、また、ビジネス的状況、教育的状況、そして社会的状況での新生活の始まりも意味しています。春先にサクラがピークを迎えるころ、地元の人々や何台ものバスでやって来る観光客は、街中の公園や川岸といった最高の鑑賞スポットに押し寄せます。家族や友人たちのグループは公園の芝生に座って、満開の木の下でみんなで静かに行楽を楽しみます。一方で、特に子供じみた若者に多いのですが、缶ビールで花に祝杯をあげて、残念なことに騒々しく大声を出したり下品に振る舞ったりする人たちもいます。地元の人々にとってはありふれた光景ですが、このような美しい公共の場でアルコールを飲むことは、日本人以外には全く理解できないはずです。実際、こうした行為は一般的に世界各国でひんしゅくを買い、厳しく禁止している国もあります。

Q2. 外国に旅行したり転居したりする際に、現地の文化にはどの程度まで従うべきだと思いますか？

海外に旅行や引っ越しで移動する際には、行動を合わせられるように準備しておくべきだと思います。ビジネスとプライベートのどちらの状況においても、外国からの訪問者は、社交上のエチケットに関してだけでなく、文化規範と行動規範を守れるように全力を尽くすべきです。そうすれば、その国の文化的アイデンティティに敬意を表することができます。こうした態度は、文化的対立や誤解を回避するのにとても役立ち、さらにうまくいけば、よりよい異文化理解が促進します。

Chapter 4

スピーキングでは、このフレーズを使え！

スピーキングで語彙のスコアをアップさせるには、難しい語彙や使用頻度の低い語彙を使えばいいというわけではなく，多くの受験者が多用しがちな語彙を別の表現で言い換えることがカギとなります。ここでは、語彙スコアを最大限に高めることができる、選りすぐりの100の表現を紹介していきます。

1 〈人の性格〉

● 避けるべき多用しがちな表現 ▸▸▸ friendly，kind，nice

家族や友人，尊敬する人などスピーキングでは「人の性格」について描写する機会が非常に多いことから，上記3語の使用は単調になるので極力避け，別の表現を使う必要があります。ここで紹介するフレーズと Chapter 4『People（人）』（p. 374 ～）で紹介した表現を駆使してさらに描写力を高めていきましょう！

人の性格			
3501	**understanding** [ʌ̀ndəstǽndɪŋ]	形 理解力のある，思いやりのある	She's understanding. のように，通常は補語として使う。
3502	**positive thinker**	名 ポジティブ思考の人	I'm positive. だと，「確信している」という意味になるので要注意。
3503	**assertive** [əsə́ːtɪv]	形 はっきり自己主張をする，断定的な	日本語とは異なり，ポジティブなニュアンスがある。 ⚫ outspoken
3504	**outgoing** [àʊtgóʊɪŋ]	形 社交的な	⚫ sociable, extroverted ／ ⚫ introverted 形 内向的な
3505	**diligent** [dílədʒənt]	形 勤勉な，まじめな，熱心な	▸a diligent and ambitious leader（勤勉で野心的なリーダー）
3506	**able and willing**	形 能力とやる気があって	▸He's able and willing to learn.（彼は学習する能力と意欲が高い）
3507	**knowledgeable about**	熟 ～に詳しい	know a lot about や familiar with の少しフォーマルな言い方。
3508	**laid-back** [léɪd bæk]	形 気楽な，楽観的な	▸I'm a fairly laid-back person.（私はかなり楽観的な人間だ）
3509	**self-motivated** [sèlf-móʊtɪveɪtɪd]	形 自発的な	▸He's sensible and self-motivated.（彼は思慮深くて自発的である）
3510	**talent and potential**	名 才能と可能性	▸She's full of talent and potential.（彼女は才能と可能性に満ちている）

2 〈好き〉

● 避けるべき多用しがちな表現 ▸▸▸ really like, love, enjoy, be interested in
スピーキングでは，みなさんの「好みや関心」について聞かれることが多くあります。ここで紹介するフレーズはどれも初歩的なものですが，自然に運用できる人はあまりいないので，上記4表現の代わりにどんどん取り入れてスコアアップを目指しましょう！

好き			
3511	**particularly like**	動 特に〜が好きである	▸I particularly like rap music. (特にラップミュージックが好き)
3512	**a big fan of**	熟 〜が大好きである	▸I'm a big fan of Disney animation. (ディズニーアニメが大好き)
3513	**enthusiastic about**	熟 〜に強い興味がる	🄲 passionate about
3514	**lover** [lʌ́və]	名 〜が好きな人，〜の愛好家	▸I'm a music lover. (私は音楽好きである)
3515	**into** [íntə]	前 〜にはまって，熱中して	▸I'm really into dance. (私はダンスにはまっている)
3516	**keen on**	熟 〜に熱中している，夢中になっている	✐keen 形熱心な ▸a keen traveller (旅行好き)
3517	**have a ~ interest in ..**	動 …に〜な興味がある	〜の部分には keen, particular, special などを入れよう！
3518	**have a thing for**	動 〜が好きである	▸I have a thing for reading. (読書好きである) / 🄲 be fond of
3519	**the thing I live for**	名 生きがい	Cooking is the thing I live for. のように使おう！
3520	**avid** [ǽvɪd]	形 熱心な	▸an avid collector (熱心なコレクター)

395

3 〈嫌い・苦手〉

● 避けるべき多用しがちな表現 ▸▸▸ don't like, dislike, hate, not good at

　例えば「〜が嫌い，好きではない」という場合，I hate 〜 . や I don't like 〜 . なら誰でも使えますが，I don't like it when S V. のように it when を入れた形になると，使える人は激減します。ここではこうした基本的な表現に加え，さらにワンランクアップするための「嫌い・苦手」表現をマスターしていきましょう！

嫌い・苦手			
3521 ☐☐	**not go for**	熟 〜が好きでない	▸I don't really go for coffee. (コーヒーはあまり好きではない)
3522 ☐☐	**terrible at**	熟 〜がひどく苦手だ	I'm terrible at maths.のように，atのあとには名詞（動名詞）が来る。
3523 ☐☐	**sick and tired of**	熟 〜にうんざりしている	▸I'm sick and tired of a daily commute. (毎日の通勤にうんざりしている)
3524 ☐☐	**not my thing**	名 好きではないこと，苦手なこと	▸Singing isn't my thing. (歌は苦手である)
3525 ☐☐	**not to my taste**	熟 私の好みではない	▸The shop wasn't really to my taste. (その店はあまり私の好みではなかった)
3526 ☐☐	**not one for**	熟 〜は好きでない	▸I'm not one for eating alone. (ひとりで食事をするのが好きではない)
3527 ☐☐	**pain in the neck**	名 面倒なこと，頭痛の種	▸Housework is a real pain the neck. (家事は本当に面倒である)
3528 ☐☐	**not agree with**	熟 (食べ物や気候が) 体質に合わない	▸Hot weather doesn't agree with me. (暑いのは体質に合わない)
3529 ☐☐	**chore** [tʃɔː]	名 面倒なこと，雑用	A is such a chore. (A は本当に面倒だ) のようにして使おう！
3530 ☐☐	**bug** [bʌg]	動 〜を困らせる，イライラさせる	▸This computer really bugs me. (この PC は本当にイライラする)

| | 900 | 1800 | 2700 | 3600 |

4 〈リラックス〉

● **避けるべき多用しがちな表現 ▸▸▸ relaxed，comfortable，make me happy**

試験官の間では，「relax と happy というワードを聞かない日はない」と言われるくらい，これらは多用されがちな単語です。ここでは make me feel relaxed などに代わる「リラックス」を表す言い回しをマスターして，本番で運用できるようになりましょう！

リラックス			
3531 ☐☐	**calm and relaxed**	熟 落ち着いてリラックスした	〈主語＋ help me feel calm and relaxed.〉の形で使おう！
3532 ☐☐	**fit and active**	熟 健康で生き生きした	〈主語＋ keep me fit and active.〉の形で使おう！
3533 ☐☐	**sit back and relax**	動 くつろいで過ごす	▸sit back and relax in my room（自分の部屋でくつろぐ）
3534 ☐☐	**wind down** [waɪnd]	動 リラックスする	〈主語＋ help me wind down〉の形で使おう！ 🔄 unwind
3535 ☐☐	**change of pace**	名 気分転換	～ is a nice change of pace. のように使う。
3536 ☐☐	**recharge one's batteries**	動 英気を養う	batteries と複数形になるので注意。
3537 ☐☐	**refreshed and energetic**	熟 元気で生き生きした	〈主語＋ make me feel refreshed and energetic〉の形で使おう！
3538 ☐☐	**reinvigorated** [rɪɪnvígəreɪtɪd]	形 活力を取り戻した	少しフォーマルな上級者向け語彙。🔄 refreshed, rejuvenated
3539 ☐☐	**blow off steam**	動 ストレスを発散する	🔄 work off stress, let off steam
3540 ☐☐	**escape** [ɪskéɪp]	名 気晴らし，（現実）逃避	be the perfect escape from a hectic life で運用しよう！

5 〈重要〉〈有名・人気〉

● 避けるべき多用しがちな表現 ▸▸▸ important, popular, famous

特に important に代わる表現を運用できる人が少なく，単に類語の significant や vital に置き換えただけでは不自然に響くケースも少なくありません。ここでは Part 1～3 で使うことができる「重要」「有名・人気」表現をマスターしていきましょう！

重要	3541 ☐☐	**count** [kaʊnt]	動 重要である
			▸Money really counts to me. (お金はとても重要だ)
	3542 ☐☐	**of little value**	形 ほとんど価値がない
			⟷ of great value 非常に価値がある
	3543 ☐☐	**mean nothing to**	動 ～にとって全く重要ではない
			✐ mean a lot to ～にとって大きな意味がある
	3544 ☐☐	**priority** [praɪɔ́rəti]	名 優先事項
			▸Family is my first priority. (家族を第一に考えている)
	3545 ☐☐	**come first**	動 一番大切である
			▸Salary comes first when I choose a job. (給与が一番大切である)
	3546 ☐☐	**put A before B**	動 B より A を優先させる
			▸I always put my studies before leisure. (娯楽より勉強を優先させる)
	3547 ☐☐	**carry a lot of weight**	動 (意見や発言に) 強い影響力がある，大きな意味を持つ
			少し硬い表現なので Part 3 向け。 🔄 make a difference
有名・人気	3548 ☐☐	**well-liked** [wel-laɪkt]	形 好かれて，人気があって
			▸She's well-liked by her colleagues. (彼女は同僚にとても好かれている)
	3549 ☐☐	**make a name for oneself**	動 名声を手にする，名を上げる
			oneself のあとには，as (～として) や by doing (～をして) などが来る。
	3550 ☐☐	**get recognised**	動 広く認められる
			「成功を収めて，世間からの尊敬を集める」という含みがある。
	3551 ☐☐	**household name**	名 誰もがよく知っている名前，有名人
			▸Toyota is a household name in the world.
	3552 ☐☐	**make it to stardom**	動 スターダム [スターの座] にのし上がる
			俳優や歌手などの有名人が頂点にまで上り詰めること。

6 〈面白い〉

● **避けるべき多用しがちな表現** ▸▸▸ interesting, wonderful, amazing

interesting は口癖のように使われ，exciting でさえ使える人がそう多くないのが現状です。「面白い」と一口に言っても，どのように面白いのかをより具体的に表し，かつさまざまな表現を用いることがスコアアップの秘訣です。ここでは，それぞれの「面白さ」のニュアンスを理解し，臨機応変に運用できる語彙力を身につけましょう！

面白い			
3553	**thrilling** [θrílɪŋ]	形 スリル満点の，ドキドキするような ▸a thrilling drama series（スリル満点の連続ドラマ）
3554	**fascinating** [fǽsəneɪtɪŋ]	形 魅力的な，興味をそそる ▸hear a fascinating story（魅力的な話を聞く）
3555	**inspiring** [ɪnspáɪərɪŋ]	形 奮い立たせる，元気づける ▸an inspiring speech（感動的なスピーチ）
3556	**dynamic** [daɪnǽmɪk]	形 力強い，生き生きした concert, live show, speech など，躍動感のあるものに使う。
3557	**stunning** [stʌ́nɪŋ]	形 素晴らしい，驚くほどの sunset や architecture など，視覚的に感動するものに使うことが多い。
3558	**thrills and excitement**	名 スリルと興奮 ▸be full of thrills and excitement（スリルと興奮に満ちている）
3559	**thought-provoking** [θɔ́ːt-prəvóʊkɪŋ]	形 いろいろと考えさせるような ▸tweet a thought-provoking article（考えさせる記事をツイートする）
3560	**intellectually stimulating**	形 知性を刺激するような 🖉 visually stimulating 形 視覚的に刺激する，見た目に楽しい

〈経験・イベント〉

● 避けるべき多用しがちな表現 ▸▸▸ good, great, enjoyable, bad, boring

みなさんが得た有意義な「経験」や祭り・旅行などの「イベント」について話す機会も多く，先に紹介した「面白い」の語彙同様，具体的なワードを使って描写するとスコアアップにつながります。ここでは良い経験，悪い経験の両方を表す表現を学んで，運用力を高めていきましょう！

経験・イベント	3561	**valuable** [vǽljuəbəl]	形 貴重な，有益な
			強調する場合には，priceless を使おう！
	3562	**unforgettable** [ʌnfəgétəbəl]	形 忘れられない
			🔄 memorable
	3563	**upsetting** [ʌpsétɪŋ]	形 動揺させるような
			▸upsetting and embarrassing （恥ずかしくて動揺させるような）
	3564	**letdown** [létdaʊn]	名 がっかりさせること，失望
			A is a huge letdown. のように使う。🔄 disappointment
	3565	**nerve-racking** [nə́:v-rækɪŋ]	形 イライラさせる
			▸a nerve-racking moment （イライラする瞬間）／ 🔄 stressful
	3566	**life-changing** [laɪf-tʃeɪndʒɪŋ]	形 人生を変えるような
			▸experience a life-changing event （人生を変えるような出来事を経験する）
	3567	**uplifting** [ʌplíftɪŋ]	形 気持ちが高ぶるような
			experience, song, music, speech などの名詞を修飾する。
	3568	**eventful** [ɪvéntfəl]	形 大きな出来事の多い
			year, life, journey などの名詞を修飾することが多い。

8 〈数・量が多い〉

● 避けるべき多用しがちな表現 ▸▸▸ many, a lot of, very, so, really

　「多くの」や「とても」を使用する機会はすべてのパートで多いのですが、ほとんどの受験者は上記の表現を多用しています。今回は、そうした表現の運用力をさらに高めるためのフレーズをマスターしていきましょう！

数・量が多い		
3569 ☐☐	**plenty of**	熟 たくさんの〜，十分な〜 ▸have plenty of time（時間は十分ある）
3570 ☐☐	**quite a few**	熟 割と多くの〜 shops や students のような可算名詞を修飾する。
3571 ☐☐	**a huge number of**	熟 かなりの数の〜 不可算名詞に使うときは，number を amount に変えれば OK！
3572 ☐☐	**loads of**	熟 多数の〜，多量の〜 可算，不可算，両方の名詞を修飾できる。a load of としても可。
3573 ☐☐	**a bunch of**	熟 たくさんの〜 物にも人にも使うことができる。
3574 ☐☐	**a great deal of**	熟 大量の〜 🔁 a great deal 副 たくさん ▸learn a great deal（多くを学ぶ）
3575 ☐	**such** [sʌtʃ]	副 そんなに，かなり such a thrilling show のように，〈such a(n) ＋形容詞＋名詞〉の形で使おう！
3576 ☐	**fairly** [féəli]	副 かなり，相当に 少し硬いがよく使われる。▸fairly common（かなり一般的な）

9 〈難しい〉〈値段が高い〉

● 避けるべき多用しがちな表現 ▸▸▸ difficult, expensive

まず difficult に関しては，特定の問題や課題について述べる場合に多用され，一方，expensive は商品やサービスの感想を述べる際に繰り返し使われます。「値段が高い」は I can't afford ～. や I wish I could buy ～. のように，発想を転換して表現することも可能ですが，以下で紹介するフレーズを習得して運用の幅を広げましょう！

難しい	3577	**tricky** [tríki]	形 やりにくい，困難な
			▸a tricky question (厄介な問題), be tricky to use (使いにくい)
	3578	**challenging** [tʃæləndʒɪŋ]	形 困難だがやりがいのある
			▸achieve a challenging goal (困難な目標を成し遂げる)
	3579	**no easy task**	名 簡単なことではない
			▸Taming dogs is no easy task. (犬を手なずけるのは容易ではない)
	3580	**struggle** [strʌ́gəl]	名 大変なこと
			find it a struggle to do (～するのは大変だと感じる) で使おう！
	3581	**beyond my ability**	熟 能力を超えている
			far beyond my ability のように, far で強調すればワンランク UP！
値段が高い	3582	**pricey** [práisi]	形 値段の高い，高価な
			▸a pricey restaurant (値がはるレストラン)／🔄 costly
	3583	**out of one's price range**	熟 予算オーバーである
			🔄 out of one's budget／🔀 within one's budget 予算内で
	3584	**cost the earth**	動 大金がかかる
			主語には apartment, holidays, wedding, presents などが来る。

10 〈忙しい〉〈疲れている〉

● 避けるべき多用しがちな表現 ▸▸▸ busy, tired

　学業や仕事で「忙しい」,「疲れている」と表現する機会も多いのですが,〈忙しい＝ busy〉,〈疲れている＝ tired〉と頭に刷り込まれているため, 別の表現を運用できる人はそう多くはありません。この2語に代わる光る表現があるので, それらを運用してスコアアップにつなげていきましょう！

忙しい	3585	**tight** [taɪt]	形 (スケジュールが) きつい, 詰まっている ▸My timetable for next week is very tight. (来週は予定が詰まっている)
	3586	**have a lot on one's plate**	動 やることが多い, とても忙しい a lot の代わりに too much も可能。
	3587	**have a lot going on**	動 いろいろあって忙しい ▸I have a lot going on at the moment. (今はいろいろ忙しい)
	3588	**be snowed under**	動 (仕事で) 超多忙である ▸I've been snowed under for weeks. (数週間, ずっと仕事に追われている)
	3589	**be swamped with**	動 ～に忙殺されている, ～が殺到している ▸I'm swamped with a lot of paperwork. (事務作業に忙殺されている)
疲れている	3590	**exhausted** [ɪgzɔ́ːstɪd]	形 疲れ切って, 消耗して ▸feel exhausted from lack of sleep (寝不足で疲れている)
	3591	**worn out**	熟 疲れ切って ▸I was worn out after a long run. (長い距離を走って, 疲れ果てた)
	3592	**feel stressed out**	動 大きなストレスを感じる 心身ともに疲れている状態を表す。 🔄 feel run-down

403

11 〈頻度・その他〉

● 避けるべき多用しがちな表現 ▸▸▸ sometimes, occasionally, frequently, often, usually

　Part 1 で How often do you ～？とたずねられた場合は、「頻度」を明確にして解答することが大切です。また、上記の occasionally と frequently は少し硬い響きがあるため、Part 1 のようなインフォーマルな日常会話で用いると不自然です。こうしたことを踏まえて、これらに代わる「頻度」を表すワンランクアップ表現とその他のフレーズをマスターしていきましょう！

頻度・その他	3593 □□	**regularly** [régjələli]	副 定期的に
			意外と使えない人が多い。r と l の発音の区別に注意。
	3594 □□	**every once in a while**	熟 ときどき
			⊜ every now and then
	3595 □□	**hardly ever**	副 めったに～ない
			▸I hardly ever go to karaoke. (カラオケにはめったに行かない)
	3596 □□	**almost never**	副 ほとんど～ない
			▸I almost never cook myself. (自分ではほとんど料理をしない)
	3597 □□	**rarely** [réəli]	副 めったに～ない
			少しフォーマルだが、Part 1 で使用可能。⊜ scarcely ever
	3598 □□	**on rare occasions**	熟 ごくまれに
			フォーマルなので Part 3 向き。文頭、文末のどちらでも使用可能。
	3599 □□	**barely** [béəli]	副 辛うじて、なんとか（～する）
			▸I can barely keep up with the class. (授業についていくので精一杯だ)
	3600 □□	**whenever possible**	熟 可能な時はいつでも
			🔗 wherever possible 可能な場合はいつでも

ここに注目　IELTS は英語的マインドを育てる最高のテスト！

　時々，「IELTS を勉強して英語力以外にどんなことが得られますか？」と聞かれることがあります。当然，英語力が鍛えられますし，目標に向けて努力する計画性や忍耐力も身に付きます。それらに加えて，私は**英語的マインド**を習得できる最高のテストだと思っています。例えばスピーキングの Part 3 でよく出題される次の質問をご覧ください。

Q. What do you think is the most serious environmental problem facing us today?

　日本の英語の授業では，例えば It's pollution.（汚染です）のように答えだけを言えばよしとされることも多いのですが，英語的マインドでは情報不足なので，必要に応じて**例や理由を加えなければいけません**。

　個人的な話になりますが，私が留学中に大学院準備コースで教わったチューターは，You have to take responsibility for what you say or write. とよく言っていました。つまり，何かを発信するということは，「その意見や解答に責任を持たなければならない」ということです。また，聴衆やクラスメートから質問が来た場合に備え，「詳細についてきちんと答えられるよう準備しておきなさい」というメッセージも込められています。これらは留学中のディスカッションやプレゼンテーションなどで必要とされるマインドとスキルです。

　IELTS でも質問に対する答えを言うだけでは，情報不足のためスコアは低くなり，一定のスコアを取るには，具体例などの補足情報の充実が**不可決**ということです。例えば，上記の質問には次のように解答するといいでしょう。

I'd say it's pollution, which is mainly caused by human activity, including traffic and general industry. There are various forms of pollution related to the air, water, land, and most recently from plastic. I can say it's now become one of the most **pressing** environmental issues facing the planet.

　　　　　　　　　　　　　　　　　　　・pressing（早急に解決すべき）

　ここまで正確に答えるのは難しいかもしれませんが，これ位の分量を意識して応答をするようにしてください。目安として〈解答＋20 ～ 30 秒前後の補足情報〉で答えることを意識し，また，これはスピーキングの Part 3 でも求められる長さです。留学後に高いパフォーマンスが発揮できるよう，IELTS 対策を通して以上のようなマインドとスキルを身に付けて留学に備えましょう！

Index

本書に掲載する見出し語をアルファベット順に並べました。
数字は見出し語の番号です。ページ番号ではありません。

A

a barrage of	1518
a big fan of	3512
a bunch of	3573
a case in point	2928
a catalogue of	1991
a collection of	3347
a deluge of	1556
a figment of imagination	2881
a great deal of	3574
a huge number of	3571
a level playing field	2300
a mode of transport	3204
a modicum of	1767
a new lease of life	1678
a pain in the neck	3527
a paucity of	2029
a plethora of	2159
a spate of	2233
a wealth of	3389
abandon	628
abate	2132
abbreviation	1211
abide by	1694
abject	2129
able and willing	3506
abrupt	202
absence	566
absenteeism	1015
absorb	629
abstain	1577
abstract	223
absurd	933

abundance	951
abuse	844
abysmal	2203
academic	6
accelerate	732
accentuate	1733
acceptable	515
accessible	2848
accessory	2317
accidental	105
acclaim	1619
acclimatise	2165
accolade	1831
accommodate	682
accompany	658
accomplished	928
according to	3267
accordingly	3275
account	341
account for	769
accountable	889
accredited	368
accrue	2216
accumulate	1021
accurate	32
achievable	2849
achievement	8
acknowledge	516
acquaintance	378
acquire	509
across from	3254
across the board	2135
activate	1109
acumen	2185
acute	2689

adapt	653
adaptation	2795
add	3226
add to	1309
addiction	2712
additionally	3051
address	684
adept	1847
adequate	34
ADHD	2751
adhere to	931
adjacent to	3250
adjoining	3249
adjust	22
administer	1018
admiration	554
adolescence	231
adopt	434
adorable	54
adorn	2005
advanced	11
advent	2962
adversely	2891
adversity	3314
advertisement	2976
advocate	220
aeroplane	3008
aesthetic	2076
affectionate	256
affinity	2018
affirm	926
afflict	2059
affluent	959
afford	2274
affordable	169

aftermath 1998
against the backdrop of 1780
age group 3197
aged 3214
ageing society 2696
agenda 469
agent 686
aggravate 1890
aggressive 35
agile 1798
agrarian 2864
agricultural 267
aid 531
ailment 2740
air 944
airborne 2631
airfare 2543
akin 2162
alarming 1681
albeit 3073
alcohol 2334
alert 1225
algae 2566
algorithm 2887
alien 829
all the rage 3492
all walks of life 3391
allay 1588
allegory 2286
allergic 473
allergy 2323
alleviate 1581
alley 2430
all-inclusive 164
allocate 1320
allot 3189
allow 3384

allow for 2893
allude to 1645
almost never 3596
alongside 3387
aloof 1856
alter 12
alteration 3237
alternative 546
alternative energy sources 2618
alternatively 3075
altruistic 2882
ambience 2003
ambiguous 345
ambition 1
ambivalent 1751
ameliorate 1829
amend 403
amendment 1757
amenity 3454
amid 1843
amount to 3163
amplify 1410
analogy 1925
analysis 756
ancestor 507
ancient 13
anecdote 2051
animal testing 2920
animated 1234
annihilate 2228
anniversary 161
annually 3462
anonymous 1858
antagonistic 1726
antecedent 2245
antenna 2493
anthropology 2479

anticipate 734
anti-clockwise 3032
antidote 2152
antiquity 2772
anti-social activity 2716
apart from 3059
apathy 1454
appalling 1227
apparatus 2549
apparent 134
appeal 785
appealing 3435
appearance 3434
appease 1905
append 710
applaud 1122
apply 578
appraisal 1804
appreciable 2280
appreciate 661
appreciative of 2930
apprehension 1329
apprenticeship 499
approachable 403
appropriate 3185
approval 138
approximately 3137
apt 891
arbitrary 1231
archaeological 1048
archaic 939
archipelago 2534
architecture 2385
archive 2865
Arctic 599
ardent 2964
arduous 1634
arena 1989

A

arguably	2975	
argument	536	
arid	1236	
arise	288	
aristocracy	879	
arouse	871	
arrangement	66	
array	1970	
arrest	2292	
art gallery	3371	
artefact	2764	
article	2990	
articulate	1535	
artisan	2788	
as an illustration of	3064	
as far as ~ is concerned		
	3079	
as such	3097	
ascertain	735	
ascribe	1688	
ash	2550	
aspect	972	
aspiration	71	
assemblage	1985	
assert	548	
assertive	3503	
assess	771	
asset	1502	
assiduous	1988	
assimilate	1124	
association	728	
assortment	1220	
assuage	2214	
assume	549	
astonishing	630	
astronomical	1650	
astute	1744	
at a temperature of	3270	

at home	579	
at large	293	
at odds with	1842	
at the expense of	792	
at the mercy of	295	
atlas	2536	
atmosphere	572	
atrium	2370	
attach	519	
attain	129	
attend to	1036	
attention	495	
attentive	1024	
attic	2324	
attire	390	
attract	3349	
attribute	695	
attuned to	2925	
audacious	1523	
auditorium	2437	
auditory	282	
augment	2064	
auspicious	1472	
authentic	685	
authoritative	1966	
authority	352	
autism	2750	
autocratic	1096	
autonomy	2012	
avalanche	2519	
avenue	2022	
avert	2615	
aviation	198	
avid	3520	
award	2396	
awareness	311	
awkward	106	
axis	2557	

B

backbone	2213	
background	3476	
backward	801	
backyard	2307	
badly	483	
baffle	1552	
balance	1487	
ballet	2349	
ban	772	
bar	2253	
bare	1718	
barely	3599	
bargain	3445	
bargaining	1958	
barn	2443	
barren	1456	
barrier	713	
basement	2302	
basin	2376	
bask in	2062	
be snowed under	3588	
be swamped with	3589	
be to blame	2610	
bear	506	
bear the brunt of	1872	
bearing	2222	
beat	3288	
beauty product	3432	
befriend	3325	
being	751	
belittle	2123	
belonging	415	
bemoan	2963	
benchmark	1940	
bend	1240	
beneficial	563	

benevolent 1362	bold 859	buffet 2312
beset 1964	bolster 1202	bug 3530
besides 3056	bombard 1953	build 418
best-selling 3218	bond 323	bulk 1289
betray 813	boom 657	bullet points 2466
betterment 2201	booming 3357	bullying 2672
beverage 191	boon 1321	bump 1242
bewilder 1625	boost 580	bunch 317
beyond my ability 3581	botanical 447	buoyant 1800
biased 904	bottleneck 1330	burden 1030
bid 1340	boulevard 2431	burdensome 2643
bilateral 1791	bounce back 1513	bureaucratic 347
bill 3026	bound 662	burgeoning 1742
billboard 2980	boundary 1037	burial mound 2514
biodegradable plastic 2634	bountiful 1876	burning 1002
biodiversity 2633	brace oneself for 2688	bury 348
biofuel 2635	bracket 1370	bushfire 2600
biography 2469	branch out 1907	bushland 2401
bite 2272	breach 2715	busloads of 3463
bizarre 1031	breadwinner 2808	bustling 327
bland 803	break a vicious cycle 2735	buttress 2295
blanket 2110	break the ice 753	by far 3105
blatant 1308	breakdown 945	by no means 631
blaze 2589	breakthrough 1611	bygone 1754
bleak 1639	breathe new life into 2100	bypass 1704
blessing 1661	breed 1313	
bliss 1360	bridge 1628	**C**
blockbuster 2969	bring ~ to fruition 2885	cabin 2413
bloom 340	bring ~ to life 900	calcium 2578
blow 460	bring about 53	calculate 521
blow off steam 3539	brisk 301	calculator 2590
blueprint 1381	broadcast 2985	calendar 2361
blunder 1461	brochure 2353	calm and relaxed 3531
blur 1367	brook 2441	camaraderie 2173
boarding school 2669	brusque 1485	campaign 587
boast 737	brutal 788	camper van 2338
body 1200	buck 2647	canal 2412
boil down to 820	budget 3183	cancel out 2225

cancer 2747
candid 1351
canoe 2309
canteen 3020
cap 2188
capacity 545
capitalise on 2200
captivating 1470
capture 522
car park 3009
caravan 2315
carbon footprint 2619
cardinal 2143
cardiovascular 2753
career advancement 2936
career ladder 2938
carer 3019
caretaker 3018
carry a lot of weight 3547
carry out 39
carving 2779
cascade 2380
case study 2459
cast 262
cast aspersions on 2081
casualty 236
catalyst 1868
catastrophe 1151
catchy 318
categorical 1779
category 3174
cater 1127
cathedral 2787
cattle station 2407
cause and effect 2879
caution 272
cease 232
celestial 2900

cement 2046
cemetery 2502
censorship 2996
censure 2119
ceramics 2558
cereal 2311
certificate 2455
chain 806
challenge 503
challenging 3578
chamber 2406
change of pace 3535
channel 2057
chaos 185
chapel 2420
characterise 1317
characteristic 745
charitable 283
charity 2832
charm 209
charming 1686
chasm 2279
check 2263
chemist 3010
cherish 372
cherry-blossom viewing 3461
childcare 2826
childminder 2827
chimney 2579
china 2591
choir 2372
chop 3286
chore 3529
chronic 1629
chronicle 2507
chronological 400
churn out 1851

cinema attendance 3216
circulation 1084
circumspect 1999
circumstance 607
circumvent 1915
cite 1130
city centre / town centre 3011
civil 149
civilisation 2856
clarify 663
clash 738
class streaming 2678
classic 1201
classical 2792
classified ad 2977
classify 1027
clay 2351
clear 814
cliché 426
click 3326
cliff 2386
climate 1522
climb 3116
cling to 1089
clinical 1397
close to 60
close-knit 3486
cloud 1438
clue 757
cluster 1352
clutter 384
coal 2538
coarse 808
coastline 2417
code 907
cognitive 2103
coherent 1107

410

cohort 2032
coinage 2563
coincidence 650
collaborative 872
collapse 257
collate 1827
colleague 50
collect 3277
collection 3264
collective 1759
collision 863
colloquial 374
colony 2859
colossal 1444
colour 2299
comb through 2142
combat 976
combine 18
combustible 1554
come across 523
come first 3545
come in for 391
come in handy 3459
come into effect 948
come second 3193
come to terms with 1111
comeback 1170
comet 2573
comfort 961
commemorate 1424
commence 868
commendable 1936
commentary 2457
commercial 2926
commitment 1241
commodity 2954
common sight 3469
commonly used 3220

commonplace 370
communal 349
commune with 1403
communicate 582
community service 2718
commute to work 3406
companion 225
comparable 1131
comparatively 3150
compare 3156
compass 2585
compassion 1155
compatible 1118
compelling 1181
compensate for 740
competence 883
competitive 508
compile 449
complacent 1380
complement 1114
complex 3366
complicate 2139
complimentary 420
comply with 908
component 130
compose 877
compost 2627
composure 2124
compound 1810
comprehend 188
comprehensible 1775
comprehensive 823
comprise 3146
compromise 2117
compulsory 1050
computer glitch 2910
conceal 1222
conceive 741

concentrate 3273
concentration 173
concerning 3082
concerted 1641
concession 1531
concise 304
conclusion 532
concrete 1239
condemn 873
condense 1488
conditional 441
condone 1504
conducive 2009
conduct 524
conductor 2794
confectionery 2723
confer 1133
conference 2535
confess 450
confidence 93
confidential information 2987
confine 645
confiscate 1486
conflict 40
conform to 3471
confound 2158
confront 227
congregate 1883
conjecture 1945
conjure up 1939
connoisseur 2790
connotation 1248
conquer 838
conscientious 1990
conscious 16
consecutive 852
consensus 141

C

consent	1020	contrive	1244	counteract	2732
consequence	556	controversial	237	counterfeit	1546
consequential	2073	convention	887	countermeasures	1012
consequently	3091	converge	1371	counterpart	1541
conservative	1100	conversely	3151	countless	258
considerable	92	convert	3235	couple with	1484
consideration	241	convertible	2354	coursework	2656
considering	3087	convey	97	courteous	462
consist of	76	conviction	1175	coveted	2841
consistent	947	convincing	1192	crackdown	1425
consolation	1794	convoluted	2227	craft	791
consolidate	2154	cooperation	781	crammed	1394
conspicuous	1952	coordination	1056	creation	196
constitute	1796	cope with	62	creature	2603
constraint	780	copious	1576	creche	3039
constructive	687	copper	2567	credence	1605
consumer confidence	2959	copyright	2995	credentials	1377
consumerism	2960	coral reef	2545	creep	350
consumption	3198	cordial	1557	crevice	2505
contagious	1459	core	742	criminal activity	2708
contain	61	cornerstone	1738	criterion	1068
contamination	1420	corporal punishment	2673	critical	538
contemplate	1692	corporate	2927	crop up	1555
contemporary	77	correct	284	crossroads	1790
contempt	1086	correlation	1592	crucial	167
contend	1303	correspond	1166	crude	915
contentious	1332	corridor	2383	cruel	228
contentment	2847	corroborate	2175	cruise	3407
contest	1189	cosmopolitan	3359	crumble	2761
context	251	cost	683	crush	3268
contingent	2224	cost the earth	3584	cryptic	1455
contraception	2760	cosy	3361	crystal clear	1344
contract	2070	cottage	2360	cue	247
contradictory	884	cotton	2530	cuisine	3352
contrary	775	couch	2303	culinary	2797
contrasting	3109	couldn't live without	3458	culmination	1817
contribute	918	council	87	culprit	2710
contribution	645	count	3541	cultivate	583

cultural assets	3481	deadline	2476	dementia	2749
cultural enrichment	2799	deal	696	demise	1387
cultural literacy	2665	dearth	1761	demographics	371
cultural norm	3472	debacle	1978	demolish	3245
culturally	3362	debatable	494	demonstrate	648
cultured	1538	debris	1184	demotion	2814
cumbersome	1819	decade	3139	denote	2031
curator	2770	decay	633	denounce	1333
curb	2613	deceased	1428	dense	711
currency	153	decent	992	depict	3221
current	2547	deceptive	1028	depletion	1335
current affairs	2986	decide on	393	deplore	1138
curriculum	152	decimate	2236	deploy	2883
curtail	1855	decipher	1640	deposit	898
curtain	2337	declare	302	depression	2745
custom-built	3444	declining birth rate	2691	deprived	793
customer satisfaction	2933	dedicate	2803	depth	3175
cut out to be	3332	deduction	1186	derelict	1788
cutback	1032	deem	2112	derive	846
cut-throat	1137	defective	259	derogatory	1665
cutting-edge	950	deference	1631	descend	794
CV (curriculum vitae)	3031	deficiency	1363	desert	2395
cybercrime	2911	deficit	254	desertification	2624
cycle lane	2499	definition	109	deserve	870
cynical	1017	definitive	1996	designate	125
		deflect	1408	desirable	110

D					
		deforestation	2623	desolate	1689
dabble in	3416	defy	2209	despair	157
dairy	392	degradation	1129	desperate	510
damaging	7	degree	593	despicable	1414
damp	624	deliberate	478	dessert	2357
dampen	1865	delicacy	3355	destitute	1618
daring	1304	delineate	1668	detached	1402
date back to	664	deliver	229	detection	776
daunting	2894	delusion	1548	detention	2674
dawn	486	delve into	1358	detergent	2366
day off	3381	demanding	386	deteriorate	1498
dazzling	1508	demeanour	1900	determining	881

deterrent	1643	disadvantaged	875	distinct	665
detract from	1746	discard	1119	distinctive	836
detrimental	1777	discern	1365	distinguish	552
devastate	1233	discharge	1040	distort	1105
develop	2727	discipline	1511	distraction	174
development	3236	disclose	990	distress	1076
deviate	1140	discord	427	distribution	714
devise	954	discount	1919	district	3368
devoid of	1562	discourage	451	disturbing	324
devote	615	discrepancy	2007	diverge	1043
devour	1772	discrete	2121	diversity	553
dexterity	1981	discretion	1404	divert	956
diabetes	2730	discrimination	334	divide	3233
diagnosis	2757	disguise	850	division	165
diagonally opposite	3256	dishonest	770	divulge	1682
dialect	2503	dismal	1093	do the housework	3410
dialogue	2460	dismantle	1749	dock	2421
diameter	1269	dismiss	688	documentary	407
dictate	1038	disorder	2729	dodge	1874
die down	2091	disparate	1861	domain	1703
diet	2736	disparity	1920	domestic	204
differ from A to A	3479	dispatch	3281	dominant	520
diffuse	1490	dispel	1142	dominate	635
dig	151	dispense with	1246	donate	230
digest	848	dispersal	1638	doomed	2083
digital divide	2909	displace	1479	dormant	1769
dignity	1001	display	606	dotted	1595
dilemma	1465	disposable	1077	double	3157
diligent	3505	disposal	1298	double-edged sword	1578
dilute	2015	disposition	1673	downfall	2861
dim	432	disregard	690	downplay	1633
dimension	1753	disruption	701	downshifting	2835
diminish	1004	disseminate	1594	downside	997
dinosaur	2418	dissent	1190	downsizing	2941
dip	3120	dissipate	1927	down-to-earth	1373
diplomatic	1141	dissolve	1506	downward	3136
dire	1960	dissonance	1880	draft	2465
direct	337	distil	1237	drag	1474

drainage	2574	economic downturn 2695
dramatic	3132	economical ... 1044
drastic	163	ecosystem ... 2632
draw on	1210	ecstatic ... 1260
draw up	376	edible ... 351
drawback	677	edit ... 285
drive	902	edition ... 2456
driving force behind	3310	editorial ... 2991
drought	2494	educational ... 112
drug trafficking	2711	effective ... 3
dual	1282	efficacy ... 1648
dubious	2002	efficient ... 525
due	1308	egalitarian ... 1994
dull	702	egregious ... 1658
dump	85	elaborate ... 692
dune	2390	elastic ... 1924
duplicate	1932	electrical ... 547
durable	3442	electrical appliances 3448
duration	300	element ... 102
during a period of	3140	elicit ... 1401
dwell	895	eligible ... 325
dwindle	1249	eliminate ... 132
dye	798	elucidate ... 1549
dynamic	3556	elusive ... 1807

E

earmark	2241	embark on ... 1251
earn	527	embed ... 1463
earn a living	2818	embellish ... 1301
earner	2807	embezzlement ... 2714
earnest	299	embody ... 2077
earnings	697	embrace ... 2010
earthenware	2508	embroidery ... 2484
ease	777	emerge ... 3298
eating habits	2739	emerging ... 1322
eavesdrop	1836	eminent ... 913
eccentric	1464	empathy ... 957
eclectic	2256	empire ... 2858
		empirical ... 1696
		employ ... 557

employee benefits	2939
employment	3212
empower	1146
emulate	2098
encapsulate	2281
enclose	399
enclosure	2516
encompass	1937
encounter	133
encroachment	2086
endanger	1046
endearing	1614
endeavour	1108
endemic	2107
endorse	397
enduring	2288
enforce	795
engage	533
engender	1642
engraving	2780
engrossed	1147
engulf	2136
enhance	528
enigmatic	1646
enjoy	666
enjoy the great outdoors	3413
enlarge	3225
enlightened	1452
enlist	1466
enormous	57
enquiry	3207
enrich	1149
enrolment	2458
ensuing	2011
entail	1453
enter into	1051

D
E

enter the world of work 2956

entertain 2160

entertainment 3455

enthusiasm 46

enthusiastic about 3513

enticing 1372

entire 17

entitle 1253

entrepreneur 3304

entrust 1208

enumerate 1741

enunciate 1545

envisage 1814

ephemeral 2191

epicentre 2137

epidemic 2733

epitome 2133

epoch 396

equal 3165

equally 79

equator 2556

equilibrium 2035

equip 681

equipment 2419

equitable 1544

equivalent 1153

equivocal 1389

eradicate 1356

erect 1422

erosion 989

errand 99

erratic 1894

erroneous 1598

erudite 1918

escalate 1218

escape 3540

esoteric 1805

essential 80

establishment 1664

esteem 967

estimate 43

estuary 2599

ethic 385

ethical 562

ethics 3477

ethnic 44

ethos 1860

etiquette 3473

euphemism 2092

evacuate 851

evade 636

evaluate 168

evaporate 3271

eventful 3568

ever-increasing 1736

every once in a while 3594

evident 3145

evil 287

evocative 2793

evoke 1345

evolution 656

exacerbate 2693

exacting 1540

exaggerate 176

exasperated 1901

excavate 796

exceed 693

excel 2922

except 3058

exceptional 614

exclusion 758

exclusive 778

excursion 2365

exemplar 2257

exemplify 1379

exempt 1534

exercise 1199

exert 1606

exhaust 1277

exhausted 3590

exhibition 2449

exhilarating 1600

exhort 1882

existence 172

existing 3232

exonerate 2026

exorbitant 1716

exotic 3348

expand 193

expansive 1281

expedite 1435

expedition 291

expel 1154

expend 2221

expenditure 3184

experiment 2453

expertise 1399

expire 326

expiry date 3035

explicit 1328

exploit 841

explore 597

exponential 3112

exporter 3199

expose 667

expound on 2180

exquisite 1954

extend 81

extended family 2836

extension 2478

extent 206

exterminate 1834

external 261

extol 1756
extract 3283
extracurricular 3393
extraneous 1870
extraordinary 145
extrapolate 2238
extraterrestrial 2899
extravagant 1569
extreme weather 2602
extrinsic 1676
exuberant 1509
exude 1844

F

fabric 2582
fabricate 1666
facade 2785
face 3257
face up to 668
facet 1551
facilitate 637
factor in 2652
factual 263
faculty 1596
fade 743
faint 837
fairly 3576
fairy tale 2531
faithful 764
fall below 3115
fall into 1144
fall short of 893
fallacy 1839
fallout 1935
falsify 1730
faltering 2179
fame 264
familiar 4

familiarity 1434
famine 233
fancy 3350
far 3168
farewell party 3397
far-fetched 1607
far-flung 2125
far-reaching 1655
fascinating 3554
fascination 1054
fastest growing 2949
fatal 727
fate 634
fathom 2169
fatigue 239
favour 530
favourable 408
feasible 1207
feat 1104
feature 3422
federal 319
feeble 1405
feed 744
feedback 3592
feel stressed out 3592
feign 2075
fellow 3319
feminism 2876
fend off 2087
ferocious 1613
fertile 1116
fertility rate 2697
fervent 1468
festive 3360
fetch 897
feud 1826
fiasco 1815
fibre 2539

fictional 234
fictitious 1783
fieldwork 2657
fierce 925
figurative 1179
figure 601
filter 1539
filthy 422
finalise 468
financial resource
  management 2952
finding 2851
fine 504
fine arts 2776
finesse 2298
fine-tune 1799
fingerprint recognition
  2907
finished 3295
fireplace 2329
fireworks display 3400
first and foremost 3076
first floor 3025
first-hand 375
fit 586
fit and active 3532
fit into 3484
fitness 3427
fitting 1877
fixed 558
fizzle out 2128
flair 1774
flat 826
flat 3002
flat battery 3034
flaunt 2066
flavour 189
flaw 2805

flawless 2163
flee 1258
flesh out 1710
flexible 608
flimsy 2069
float 424
flock to 3464
flood 1049
flora and fauna 2630
flourish 625
flow chart 3261
fluctuate 3125
fluid 1157
flyover 3022
focal point 2072
focus 609
foil 2037
fold 3159
foliage 2533
follow in one's footsteps
.... 1195
followed by 3169
food for thought 1609
foolproof 2138
football 3001
foothold 2141
footnote 2463
footpath 2438
footwear 2358
for good 458
for the first time in . 3420
forage 1713
forbid 312
forceful 910
foreboding 1582
forecast 3102
foresee 2923
foreseeable 962

foreshadow 2232
forestall 1902
forge 1654
forgive 306
form 639
formative 2269
formidable 1579
formula 1008
formulate 1680
forsake 1608
fort 2592
forthcoming 290
fortify 1395
fortnight 387
forward 542
fossil fuels 2617
foster 560
found 56
foundation 718
fountain 2398
fragile 876
fragmented 1735
fragrant 377
framework 442
frantic 1070
fraud 2713
fraught with 2682
freight 2584
frequency 2546
fresh 1383
fresher 3046
friction 1035
fridge 2340
friendly 502
frivolous 1762
from ~ onwards 3272
from scratch 699

from the perspective of
.... 3085
frown upon 3470
frugal 1204
fruitful 1101
frustrate 1717
fuel 2692
fulfil 65
full board 3374
full stop 3048
full-scale 1620
fully fledged 2118
functional 610
fund 620
fundamental 766
fungus 2598
furnish 3343
furnishings 3449
furniture 2331
further 853
furthermore 3053
fury 1312
fussy 979
futile 1169
futuristic 471
fuzzy 492

G

gadget 353
gain admission to 2668
gain ground 2810
gain momentum 2766
gala 2415
galaxy 2902
gale 2527
gap 750
gap year 2660
garage 2328

garment 1669
garner 2968
gateway 2642
gather 491
gathering 342
gauge 1458
gender pay gap 2700
gene 2485
generalise 1256
generate 585
generation 113
generic 1711
generous 767
genetic 177
genetic engineering 2919
genetically modified food
.... 2913
genre 2452
gentle 1701
gentrification 2707
genuine 274
geographical 746
geography 2400
geology 2481
germ 2593
germane 2217
get ~ gift-wrapped 3453
get ~ underway 3309
get a place at 3415
get a takeaway 3439
get hold of 86
get in touch with 3331
get involved in 3412
get on with 3330
get recognised 3550
giant 2929
gifted 201
gist 1059

give in to 194
give off 307
give rise to 280
give way to 3231
given 1622
glacier 2583
glaring 1574
glass ceiling 2943
glean 2194
glimpse 1346
globe 33
gloomy 1409
glory 559
gloss over 1963
glove 2336
glow 1097
glue 1029
go a long way towards
.... 3474
go hand in hand with .. 3467
go off the beaten track
.... 2654
go out of business 2940
go over one's budget .. 3383
go to the cinema 3050
good 501
good value for money
.... 3460
goodwill 1822
gorge 2392
gourmet 2796
govern 2895
grab 3440
grace 1342
grant 641
graphic 1262
grapple with 1494
grasp 669

gratitude 182
grave 1165
gravitate towards 1727
graze 453
greedy 611
greenhouse gas 2601
gregarious 1755
grief 616
grim 1213
grind 3287
grip 1896
grocery 3436
gross 955
ground 1496
ground floor 3024
groundbreaking 1899
groundless 2813
groundwork 2204
grow into 3297
grow to maturity 3299
guarantee 2316
guidance 1095
guide dog 3488
gullible 1674

H

habitable 1110
haggle over the price of
.... 3419
halfway 308
halfway between 3255
hall of residence 3047
halt 747
halve 3160
hamper 1339
handle 20
handsome 479
hands-on 1160

F
G
H

haphazard 1584
harbour 1672
hardly ever 3595
hardship 3308
harmony 208
harness 1948
harsh 779
hatch 2212
haunt 940
have a ~ feel 3380
have a ~ interest in ... 3517
have a look around 3379
have a lot going on 3587
have a lot in common 3340
have a lot on one's plate 3586
have a sharp mind 3327
have a sweet tooth 3441
have a thing for 3518
have a way with words 3328
have easy access to 3377
have one's eye on 3421
have recourse to 2243
have what it takes to be 3333
haven 2506
having said that 3069
hazardous 1023
headteacher 3044
heart attack 2746
hearth 2355
heatwave 2608
heavily 642
hectic 480
heed 2774
heighten 748
hemisphere 382

hence 3094
herald 1959
herbal 409
herbivorous animals 2636
herd 463
hereditary 464
heyday 2239
hibernate 1766
hierarchical 797
high blood pressure 2743
high season 3497
high-calorie 2737
high-end 2955
higher education 2644
highlight 643
high-profile 1957
high-rise 3341
hilarious 360
hinder 1185
hindsight 1871
hinge on 1816
hire 238
historical 517
hit 205
hit the lowest point 3123
hit the town 3402
hitherto 2293
hive 2402
hoard 2762
hold the key to 2734
holder 3210
holidaymaker 3211
holistic 1975
homage 1263
home schooling 2671
home to 3376
homogeneous 1604
hone 1670

horizon 1561
hormone 2528
horrendous 1006
host 55
hostile 1215
house 2771
house price 3217
household 3219
household name 3551
hover around 3124
hub 497
huddle 1558
hugely 1782
humane 1055
humanities 2662
humble 1217
humid 148
hunch 1430
hunter-gatherer 2863
hurdle 2815
hut 2424
hybridisation 2915
hydrogen 2551
hypnosis 2178
hypocrisy 1337
hypothesis 896

I

icon 1481
idealised 2230
identical 968
identify 45
identity theft 2912
ideology 2875
idiosyncratic 1731
idyllic 1162
ignite 2093
illegal 21

illegible	398	impulse buying	3430	incongruous	2294
illicit	1264	impulsive	1771	incorporate	2854
illuminate	155	in accordance with	857	increase in size	3246
illuminating	2237	in addition	3052	increasingly	712
illustrate	139	in comparison with	3153	incredible	37
imaginary	146	in conclusion	3100	incremental	1863
imbue	1657	in conjunction with	1378	inculcate	2183
imitate	207	in jeopardy	2890	incur	1630
immaculate	1811	in line with	2809	indebted	395
immature	3465	in particular	3060	indefinitely	2127
immeasurable	935	in place	963	indelible	2116
immediately	3248	in principle	2892	independence	3301
immense	761	in store	2040	in-depth	1238
immerse	729	in summary	3099	indicative	2067
imminent	1418	in sync	1933	indicator	1063
immoral	195	in terms of	3084	indifference	184
immune	917	in the flesh	3335	indigenous	1364
impair	1163	in the front line	1436	indignation	1586
impart	1878	in the light of	3088	indispensable	943
impartial	981	in the pipeline	2210	individual	14
impasse	2043	in the public eye	2993	individuality	2680
impeccable	1725	in the region of	3195	indomitable	2278
impede	1524	in the wake of	1475	induce	1265
impending	1802	in the way	676	indulge	818
impenetrable	2283	in turn	3096	industrialised	412
imperative	1913	in view of	3086	industrious	899
imperial	1483	in vogue	689	industry	3203
impetus	1887	in year+数字	3041	inept	1813
implement	965	inadvertently	2090	inequality	2702
implication	854	inadvisable	2275	inertia	1835
implicit	1230	incentive	905	inevitable	1057
importer	3200	inception	2164	inexhaustible	2170
impose	564	incessant	1527	inexorable	2219
impoverished	2722	incidence	101	inextricably	2852
impressionable	2030	incidental	2094	infallible	2264
improbable	489	incineration	2640	infancy	1145
impromptu	1830	incisive	2247	infection	550
improvised	2140	inclined	226	inference	1080

infiltrate into	3293
infinite	277
infinitesimal	2199
inflict	1566
influence	3316
influential	446
influx	1565
information leakage	2994
informed	1667
infrastructure	970
infringe	1768
infusion	1074
ingenious	1314
ingrained	1432
ingredient	1224
inhabitant	2686
inherent	1653
inherit	815
inhibit	1136
inhospitable	1881
in-house	488
initial	3263
initiate	705
initiative	773
injection	1167
innate	1898
innovative	156
inordinate	1532
inquisitive	1793
insatiable	1773
inscribe	1792
insect	2581
inseparable	2172
insight	1052
insignificant	1489
insoluble	1986
inspection	591
inspiration	3317

inspiring	3555
install	114
instantaneous	1357
instil	1662
instinct	1159
institution	286
instruction	111
instructive	2078
instrumental in	2884
insulation	1580
insulting	222
insurance	2320
insurmountable	2014
intact	1310
intake	941
integral	660
integrate	1058
integrity	2145
intellectual	131
intellectual property	3000
intellectually stimulating	3560
intended	1125
intense	266
intensify	1198
interact with	3390
interaction	63
interchangeable	472
intercultural understanding	3475
interfere with	411
intermediate	279
intermittent	1984
Internet penetration rate	2908
interpersonal	428
interpretation	358
interval	3101

intervene	858
into	3515
intolerable	1972
intractable	1926
intricate	354
intriguing	1349
intrinsic motivation	2931
intrusion	1120
intuition	1275
inundate	1603
invaluable	355
invariably	1712
invasion	998
invasion of privacy	2999
invest	670
investigate	802
investment	3192
invigorate	1825
involve	3276
iron ore	2490
iron out	1760
ironic	281
irreparable	2240
irresistible	1944
irreversible	2063
irrigation	2517
isolated	135
itinerary	2442
It's not an exaggeration to say that ~.	3429

J

jargon	1786
jazz up	1326
jeopardise	2044
jewellery	2341
job vacancy	2942
joint	1112

jot down 297
journal article 2462
journey time 3425
judicial 1098
juggle 3385
junction 3012
juncture 2115
justify 783
juvenile 2186

K

keen on 3516
keep ~ at bay 1737
keep abreast of 1685
keep tabs on 1547
keep up with 3493
kerb 2393
key 2934
kindle 1384
kitchen utensils 2352
knack 1601
knapsack 2314
knock-on 2085
knowledgeable about 3507

L

label 821
laboratory 2454
laborious 1338
labour shortages 2690
labour-intensive 2947
lacklustre 1437
ladder 2310
lag behind 1348
lagoon 2422
laid-back 3508
lamb 2335

landfill site 2639
landline 3208
landmark 912
landscape 1467
landslide 2495
lane 3259
language barrier 3490
lapse 1784
largely 2843
larva 2586
last but not least 3078
lasting 567
latent 1660
latitude 2559
laudable 1400
launch 717
laundry 2339
lawn 2347
lax 1765
lay 752
layer 617
layout 3222
lead to 3258
leading 784
lean towards 1158
leap 1216
least 3106
leather 2362
leeway 2276
legacy 2575
legend 708
legislation 58
legitimate 1090
lengthy 909
lenient 1626
lessen 356
lesson 2872
letdown 3564

level 3171
level of satisfaction 3172
level off 3129
levy 1361
liable 973
liaison 1719
liberal 329
license 2330
lie 3238
lie with 1286
life cycle 3296
life expectancy 2834
life span 700
life-changing 3566
lifelong learning 2667
life-size 2783
lifestyle-related disease 2741
lift 1758
lift 3016
lighthouse 2379
likelihood 782
like-minded 3322
liken 2260
likewise 3066
limestone cave 2391
lingering 1376
linguistic 429
literacy 534
literally 644
literature 339
live with 1597
live within walking distance of 3378
lively 3356
livestock farming 2611
living standard 2816
load 765

I
J
K
L

loads of 3572
lobby 1542
locate 974
logic 830
logistics 1770
long for 136
long-established 2071
longitude 2568
look into 481
look on the bright side 3324
look to 1833
looking at 3089
loom large 2681
loophole 2717
loose 856
loot 1875
lounge 2436
lover 3514
loyalty 938
lucid 1820
lucrative 1062
lumber 2444
lure 1323
lurk 1442
luxury 535

M

machinery 2552
magnet 187
magnificent 252
magnitude 1022
mainstream 1572
maintenance 2439
majority 3147
make 2301
make a dent in 2054
make a difference 529

make a good first
  impression 3337
make a name for oneself 3549
make amends for 1895
make do with 461
make headlines 2992
make it to stardom 3552
make the most of 799
make up 74
make-believe 425
makeover 1724
makeshift 1499
malicious 1171
malnourishment 2721
malpractice 2755
mammal 2520
manage one's finances 3405
managerial 482
mandatory 1115
manifest 1341
manipulate 1187
manners 3478
manoeuvre 2084
mansion 2425
manual 158
manufacture 67
manuscript 224
marginal 2045
marine 116
mark 1069
marked 1009
marketing 2983
marks 3043
marsh 2403
marshal 2287
marvellous 626

mass 860
massive 568
masterpiece 2784
material 178
materialise 2207
maths 3042
mating 2509
maturity 3303
maximise 1010
mayhem 2248
meagre 1447
mean nothing to 3543
meaningful 89
means 577
measure 83
mechanical 150
mechanism 1690
meddle 1451
media coverage 2981
media hype 2978
mediate 454
medieval 2868
mediocre 1266
meditation 78
medium 638
memorial 292
menial 1287
mentor 3318
merchant 270
merge 3234
merger and acquisition 2951
merit 1214
mesmerising 2113
metaphor 1457
meteor 2587
methodical 1393
methodology 401

meticulous	1173	
microscope	2447	
microwave	2304	
migration	698	
milestone	1911	
milieu	2223	
mimic	786	
mind-boggling	1921	
mindset	470	
minimise	1193	
mining	2553	
minute	1316	
miraculous	276	
misconception	861	
miserable	294	
misgivings	2111	
misguided	440	
mislead ~ into doing	3433	
misleading	475	
misplace	389	
mitigate	2612	
mobile phone	3013	
mobility	1091	
moderate	64	
modernise	3241	
modest	768	
modification	3230	
modify	809	
moisture	2540	
momentary	1684	
momentous	1885	
monarchy	445	
monopoly	1047	
monotonous	388	
monumental	1066	
mood	749	
moral value	2871	
morale	1126	

moreover	3054	
mortality	328	
mortgage	2819	
motivate	179	
motive	406	
motorway	3021	
mould	3285	
mount	1168	
much talked about	3494	
much-needed	1889	
muddle	1997	
multicultural	3358	
multiple	452	
multipurpose	3446	
multitude	1440	
mundane	1478	
municipal council	2820	
mural	2510	
musical instruments	3447	
muster	1922	
must-have	3457	
mutual	671	
mystery	120	
myth	812	

N

namely	3063	
narrative	166	
narrow	1529	
nationwide	919	
natural disaster	2628	
natural habitat	2629	
natural resources	2616	
natural science	2664	
nature	600	
naughty	126	
navigate	1268	
nearly	3186	

L M N

nebulous	2167	
necessitate	2052	
negate	1745	
neglect	754	
negligible	3134	
negotiate	240	
neighbouring	969	
nerve	843	
nerve-racking	3565	
nest	2381	
net	921	
network with	3395	
neurological	2754	
neutral	197	
nevertheless	3070	
niche	2974	
nightlife	3401	
no easy task	3579	
no end in sight	1462	
Nobel laureate	2798	
noble	298	
nocturnal	1879	
nominate	331	
nonetheless	3071	
normative	2149	
nosedive	1334	
not agree with	3528	
not go for	3521	
not my thing	3524	
not one for	3526	
not to mention	3057	
not to my taste	3525	
notable	3111	
nothing out of the ordinary	3485	
noticeable	309	
notion	100	
notorious	839	

notwithstanding 3072
nourish 357
novel 596
novice 402
noxious 1809
nullify 2190
numerical 2916
numerous 69
nursing home 2828
nurture 755
nutrition 122
nutritional 1343

O

oasis 2496
obedient 1121
obesity 2744
objective 739
obligation 789
oblivion 1848
obscene 1708
obscure 932
observation 581
observatory 2504
obsession 736
obsolete 1679
obstacle 613
obstruct 1177
obtain a promotion 2937
obviate 2888
obvious 19
occasion 3396
occupant 214
occupy 537
ocean acidification 2622
ocean floor 2511
odd 798
odour 733

of little value 3542
offbeat 2972
offender 2709
offensive 966
offering 2970
offset 1590
offspring 448
olive 2521
ominous 1559
omit 310
omnipresent 2189
on a par with 1651
on holiday 3049
on rare occasions 3598
on the brink of 1705
on the decline 3121
on the lookout for 1079
on the other hand 3068
on the rise 3117
on the verge of 2605
once 3274
once-in-a-lifetime 1347
one final point to note 3155
ongoing 128
onset 2728
on-the-job training 2946
onus 2252
opaque 1610
operate 25
opportune 2080
opt for 983
optimum 2004
orbit 2904
orchard 2400
orchestrate 1850
order 721
organic 47

oriented 1257
origin 716
ornament 2375
ornate 1740
orthodox 154
ostentatious 1587
out of curiosity 3336
out of one's price range 3583
outback 2371
outbreak 170
outburst 1477
outcome 333
outdated 720
outdo 2061
outgoing 3504
outing 3409
outlay 3194
outlet 916
outline 2471
outlive 2246
outlook 612
outperform 1909
output 3148
outrageous 937
outright 1503
outset 1812
outstanding 680
outstrip 1979
outward 1128
outweigh 835
outwit 1950
over the course of 3180
overall 646
overcast 1294
overeating 2742
overflow 1700
overhaul 1763

overlook	971	
overly	3302	
overpopulation	2683	
overriding	2195	
oversee	985	
overshadow	2171	
oversight	1750	
overstate	930	
overt	1934	
overtake	3113	
overview	320	
overwhelm	760	
own up to	2114	
own-brand	3443	
ownership	3206	
oxygen	2572	

P

package	3280
painstaking	1636
palace	2350
palpable	2291
panacea	2193
parachute	2446
paradigm shift	2853
paradox	2877
parallel	3251
parameter	2048
paramount	413
parasite	2561
parcel	2343
parenting skills	2676
participation	3215
particle	2486
particularly like	3511
pass through	3300
passing	840
passive	210

pastime	456
patent	2997
paternity leave	2812
pathetic	2153
patience	115
patronage	369
pattern	678
pave the way for	1583
pavement / footpath	3023
pay	2641
pay off	588
peak	3119
peculiar	924
pedantic	1837
pedestrian	2374
peer	1293
pejorative	1903
penalise	243
penetrate	1612
peninsula	2500
penitent	1930
pension	2833
people person	3323
peoples	2529
per capita	2231
perceive	322
perception	2844
perennial	2220
perfume	2342
peril	1415
periodical	2464
peripheral	1801
perish	2606
perk up	1693
permanent	211
permeate	2801
permissible	1270
pernicious	2148

perpendicular	3252
perpetrate	2088
perpetuate	2130
perseverance	3315
persistent	1460
personnel costs	2953
perspective	235
persuasive	379
pertain to	1369
pertinent	1832
perturb	1495
pervasive	1497
pessimistic	2966
pest	2483
pesticide	2554
petition	435
petrified	2041
petrol	2564
petrol station	3004
pharmaceutical	423
phase	3262
phase out	1526
phenomenal	2655
phenomenon	305
philanthropic	1906
philosophy of life	2869
phobia	1728
physical	98
pick up	722
picture	95
picturesque	3364
pier	2377
pile up	3294
pillar	1627
pilot study	2917
pin down	1228
pinnacle	2161
pinpoint	960

N
O
P

pioneer	603	populace	3103	predominantly	1011
pique	1995	popularity	3196	preference	15
pitfall	1247	popularly	1065	prehistoric	2867
pithy	1427	populated	3107	prejudice	958
pivotal	1272	porcelain	2555	preliminary	986
places of interest	3482	portable	289	premature	2731
plagiarism	2659	portent	2055	premiere	2426
plague	1621	portion	1306	premise	1445
plain	332	portrait	2781	prep school	2670
plantation	2588	portray	833	preposterous	1593
plastic toy model	3452	pose	569	prerequisite	1229
plateau	1232	position	3227	prerogative	2181
plaudits	2973	positive thinker	3502	pre-school	3386
plausible	1072	possess	144	prescription	2756
play it by ear	3334	postgraduate course	2666	presence	260
playground	3372	potent	2025	preserve	807
playwright	2467	potential	892	press conference	2984
plea	2775	pottery	2576	pressing	1300
pleasing to the ear	3417	poverty line	2698	pressurise	1412
pledge	1374	power	551	prestige	982
plentiful	186	power cut	3033	presume	822
plenty of	3569	practical	539	pretext	2001
plot	1113	practice	505	prevail	1014
plummet	3122	practise	911	prevalent	2685
plunder	2763	pragmatic	1706	previous	26
plunge	1722	prairie	2445	prey	2526
poaching	1683	pray for	3491	price	595
poetry	2522	precarious	1591	pricey	3582
poignant	1570	precaution	1180	primary	52
point out	1135	preceding	1295	primary school	3040
point-blank	2254	precipitate	1585	prime	703
pointer	467	precipitous	1515	primitive	2866
pointless	1691	precise	70	principal	142
poise	1962	preclude	2017	principle	640
polarisation	2703	precocious	1520	prior	647
pollen	2489	precursor	2079	prioritise	2845
ponder	2095	predecessor	1764	priority	3544
pool	493	predicament	1732	prison sentence	2719

pristine 1873
privilege 1148
proactive 3305
probe 1396
procedure 2474
proceed 1182
process 3265
procession 343
proclaim 1279
procrastinate 1433
procure 1917
prodigious 1723
produce 3142
producer 3201
productive 72
profession 313
proficiency 192
profile 3394
profitable 82
profound 886
profusion 1318
progress 24
progressive 867
prohibitive 1888
project 3104
proliferate 2961
prolific 1449
prolonged 1106
prominent 604
promising 511
promotion 3191
prompt 1276
prone to 2726
pronounce 48
prop up 2166
propagate 2028
proper 23
property 1946

proponent 484
proportionate 2023
proposition 2074
pros and cons 3498
prospect 949
prospective 2651
prosperous 589
prototype 964
protracted 1567
provenance 2289
proverb 2565
provide a comparison 3141
provision 1197
provisional 1602
provoke 1267
prowess 2273
proximity 1411
psychological 118
public purse 2831
public sector worker 2821
public services 2823
public transport 3005
public transport user 3205
publicise 900
publicity stunt 2979
punctuality 3483
punishing 2607
purchase 5
purchasing power 2958
purely 487
purify 3291
pursue 119
pursuit 817
put A before B 3546
put aside 3418
put forward 1663
put into 3312
puzzle 1284

pyramid 2497

Q

quadruple 3158
quagmire 2120
quaint 1852
qualification 2268
quality 518
qualm 1536
quantify 2850
quantity 3170
quarantine 2830
quarter 3161
quench 1862
quest 1652
question 672
questionnaire 2473
queue 3029
quick on the uptake 3329
quintessential 2648
quite a few 3570
quota 1026
quote 1082

R

racial discrimination 2701
radiate 1533
radical 159
rage 984
railway 3007
ramification 1734
ramp up 1859
rampage 1512
rampant 1785
ranch 2411
range 3173
ranger 2408
rapport 1747

P
Q
R

rapturous	2089	
rarely	3597	
rarity	2096	
ratio	275	
rational	704	
rationale	1974	
raucous	3468	
ravine	2397	
read	3456	
readily	335	
ready-made	3438	
real estate	2346	
reality	124	
realm	2226	
rear	1075	
reason for living	2870	
reasonable	544	
reasoning	1695	
reassuring	1219	
rebel	882	
rebuff	2034	
rebuild one's life	2720	
rebuke	2965	
rebut	1931	
recall	443	
recapitulate	2000	
recede	1482	
receipt	2356	
reception	2387	
recharge one's batteries	3536	
recipe	2319	
recipient	2512	
reciprocal	2131	
reckless	242	
reckon	1715	
reclaim	1818	
recognition	249	

recollect 1354
reconcile 1060
record 3190
recount 1869
recreation 2308
rectify 1707
recuperate 2013
recur 1448
recyclable 3279
recycling bin 3278
redeem 1675
redesign 3229
redevelop 3223
redouble one's efforts 1271
redress 2050
redundancy pay 3038
redundant 1194
reference 978
referendum 1391
refine 3284
reflect 824
reform 691
refresh 1501
refreshed and energetic 3537
refreshments 2405
refurbish 1350
refuse 1407
refute 1571
regarding 3080
regardless of 2921
regeneration 1965
regimen 2738
region 3209
regularly 3593
regulation 28
rehabilitate 1446
rein 2235

reinforce 1191
reinvent oneself 2967
reinvigorated 3538
reiterate 1857
rejoice 1821
rejuvenate 2042
relax 2021
relay 1078
release 571
relegate 1431
relentless 2206
relevant 627
relic 1507
relieve 27
relinquish 2105
relish 1739
relocate 3228
reluctant 137
remain unchanged 3127
remaining 3162
remains 346
remarkable 602
remedy 1259
reminder 994
reminiscent 2146
remnant 2765
remote 618
removal 3224
remuneration 2948
render 1971
renovate 3240
repeal 1720
repellent 1480
repercussion 1864
repertoire 104
repetitive 160
replace 3242
replacement 3431

replenish 2151
replete 2058
replicate 1280
represent 3108
reprimand 1752
reproach 1469
reproduction 1616
reptile 2532
reputable 810
requirement 42
resemblance 365
reservation 2038
reserve 694
reservoir 2429
reside 1235
residential area 3260
resilient 1439
resist 980
resistant 3423
resolution 1123
resolve 108
resonate 2262
resort 1841
resourceful 1699
respective 3144
respectively 3188
respiratory 2752
respondent 2472
responsible 590
responsive 1176
restitution 2767
restless 1243
restore 651
restrain 787
restriction 117
resume 825
resurgence 2215
retain 993

retirement 541
retrieve 673
retrospective 1671
reunion 3398
revamp 1563
reveal 946
revel in 1806
revelation 2229
revenue 219
revere 1976
reverse 121
revert to 2047
revise 880
revisit 2202
revitalise 1846
revive 1649
revolution 512
reward 3311
rewarding 485
rhetorical 1013
rhythm 2491
rich in 3375
ride 3344
ride out 1973
ridge 2416
ridicule 715
rife 1977
rift 2102
rigid 496
rigorous 1252
ripple 1886
risk-averse 2971
risk-taker 3321
rite 433
ritual 1273
river inlet 2427
riveting 2097
roam 51

robust 1413
role model 3307
roll back 2284
room 1366
root 654
root cause 2609
rotate 914
rote learning 2679
rough 253
round off 465
round the clock 3496
roundabout 2434
routine 127
royalty 2998
rubbish bin 3028
rudimentary 1421
ruin 36
rule out 674
run out of steam 1568
run-down 1866
rural 171
rustic 2033
ruthless 1528

S

sabotage 2134
sack 2773
sacred 2155
sacrifice 719
saddle with 2646
safeguard 1853
sales figures 3178
sales pitch 2957
salient 2020
sanction 1041
sanitation 2687
sarcastic 330
satellite 2903

R
S

satisfactory 103
satisfy 38
saturate 1803
sauna 2378
sausage 2364
savour 1659
savvy 455
scanty 73
scarce 652
scathing 1632
scatter 1261
scenic 215
sceptical 498
scheme 790
scholarly 216
scholarship 2661
scissors 2325
scope 1677
scorching 1134
scrap 1161
screen 1099
scrutiny 1245
sculpture 2778
sea level rise 2625
seabed 2594
seaside 3363
season 3489
season ticket 3450
seasonal 3346
seaweed 2595
secluded 1505
sector 3202
secure 706
security guard 2389
sedentary 2724
sediment 2562
see 3126
see the sights of 3408

seed 2537
seek 1071
seemingly 1417
segment 1929
seismic 2266
seize 890
selective breeding 2914
self-driving car 2905
self-employed 2839
self-explanatory 2261
self-motivated 3509
self-service machine 2906
self-starter 3320
self-sufficient 1543
self-worth 2855
semester 2475
seminal 2184
senior 140
sensational 75
sensible 107
sensitive 675
sensory 1221
sentiment 2769
separate 3292
sequence 1324
serene 1423
setback 2653
setting 731
settle 903
settlement 2860
sever 1912
sewage treatment 2825
shallow 864
shape 936
share 3143
share price 3036
sharp 3133
sharpen 1025

shatter 1085
shed light on 977
sheer 1103
shelter 2513
shift 621
shoot up 1073
shop assistant 3017
shore up 1923
shortcoming 421
shorten 3244
shoulder 2806
showcase 1517
showing 2259
shrewd 2649
shrink 1156
shroud 2267
shun 1781
shy away from 1419
sibling 2837
sick and tired of 3523
sidetrack 2104
signal 221
significant 321
signify 1388
signposting 2388
similar 3164
similarly 3065
simplify 476
simultaneously 457
sincere 90
single out 477
sinister 1914
sit back and relax 3533
site 30
sizeable 2106
skew 1968
skirt 1943
skyrocket 1172

skyscraper 3367
slash 1283
slave 2523
sleep depravation 2748
slightly 3154
slope 2369
sloppy 1516
slow 3128
sluggish 1285
slump 1005
snag 381
soak up 1178
soar 659
social 555
social science 2663
socialisation 2677
socialise with 3403
society 3399
socket / plug 3015
soil erosion 2626
solace 2108
solar 2901
sole 816
solid 1254
solidarity 1698
solitary 847
solitude 430
something special 3499
somewhat 3166
soothe 1647
sophisticated 805
sort 3266
sort out 336
sought-after 1947
sound 1087
source 1088
souvenir 3451
sovereignty 373

spa resort 3345
space exploration 2897
space probe 2898
space tourism 2886
spacious 3342
spare 1064
spark 862
sparse 1250
spatial awareness 2918
spearhead 1942
specialise in 3351
species 2487
specifically 3061
specification 431
specify 855
specimen 2569
spectacular 707
spectrum 2027
speculation 1132
spell 1117
spending 3187
sphere 1908
split 361
spoil 147
spontaneous 800
sporadic 1560
spot 1288
spring 952
springboard 2168
spur 1053
spurious 1550
squander 1493
square with 1789
squeeze 1007
stability 1045
stable 2409
staff turnover 2935
stage 1226

staggering 1325
stagnant 1223
stakeholder 2944
stall 1599
stand 3130
stand on one's own
   two feet 3338
stand the test of time 1635
standardised 367
standing 1656
staple 1353
stark 878
starvation 2699
starve 217
state-of-the-art 1188
static 1183
stationary 906
stationery 2322
statistics 709
statue 2777
stature 1993
status 3179
status quo 2060
stave off 2019
stay in shape 3428
steady 3114
steamed vegetables ... 3437
steep 811
steer 1987
stem from 1575
step up 1949
stereotype 2802
sterilise 3290
stern 2053
stick to 574
stiff 380
stifle 1406
stigma 1525

S

still life 2782
stimulate 598
stimulus 1139
stipulate 1296
stir 1092
storage room 2428
store 268
storey 3365
straighten out 1443
straightforward 759
strain 894
strait 2435
stranded 1083
strategy 975
stream 2450
streamline 2205
street market 3487
strengthen 827
strenuous 1928
stress 2
stretch 865
stricken 2211
stride 1203
strike 592
striking 1016
stringent 1042
strive 362
stroll 1094
structure 724
struggle 162
struggle 3580
stuck 819
stumble upon 1623
stumbling block 2811
stunning 3557
sturdy 1143
stymie 2804
subdue 1519

subject 2468
subject to 2842
subjective 1209
submerge 1382
submission 2477
submit to 723
subscribe to 2255
subscription 2988
subsequent 3110
subside 1617
subsidiary 1589
subsidy 1385
subsistence 1955
substance 2296
substandard 366
substantial 490
substantially 3152
substantiate 2198
substitute 869
subtle 1291
subtract 2008
subvert 2147
succeeding 338
succinct 1624
succumb to 1537
such 3575
sufficient 416
suit 655
summary 2482
summit 49
summon up 2150
sumptuous 1152
sunscreen 2326
superficial 1067
superfluous 1500
supersede 2039
superstition 203
supervision 1573

supplement 1327
supply 570
suppress 1150
supreme 1441
surface 953
surge 3118
surpass 2932
surplus 923
surround 3239
surrounding 183
surveillance camera 2829
survey 2470
survive 29
susceptible 2889
suspend 828
suspicious 218
sustain 995
sustainable development 2840
swallow 265
swarm 1530
sway 1311
sweater 2318
sweeping 1982
swell 1033
swift 269
symbolise 363
sympathy 584
symposium 2580
symptom 2758
syndrome 2759
synonymous 1034
synopsis 1854
synthesis 1164
systematic 901

T

tabloid 2989

tacit	466	
tackle	996	
tailor	1416	
take ~ seriously	3339	
take a nature walk	3414	
take its toll	922	
take on	991	
take place	3247	
take pride in	565	
talent and potential	3510	
talking point	3495	
tamper with	2006	
tangible	1721	
tantalising	1941	
tantamount to	1823	
tap	3027	
tap into	1884	
taper off	2187	
target	619	
tariff	212	
tarnish	1983	
taste	561	
taxation	2577	
teachings	2873	
tear down	1992	
technical	622	
tedious	1019	
teeming	1729	
telegraph	2548	
telepathy	2518	
telework	2945	
telling	1938	
temper	143	
temperament	1709	
temple	2786	
temporary	9	
tempting	1039	
tenacious	3306	

tend	3131
tender	942
tense	31
tentative	2049
tenuous	2258
term	540
terminate	1292
terminology	474
terrace	2306
terrain	2524
terrible at	3522
territory	2498
textbook example	3313
textile	2515
texture	2571
thatch	2414
thaw	3289
the common good	2822
the cost of living	2817
the Great East Japan Earthquake	3500
the hustle and bustle	2838
the Olympics	2800
the ozone layer depletion	2620
the performing arts	2791
the thing I live for	3519
the tip of the iceberg	849
thematic	2065
theme	2451
therapeutic	1553
therapy	2544
thereby	3092
thermal	436
thermometer	2541
thinly	344
thorough	404
thought-provoking	3559

thread	1355
threat	513
threshold	1841
thrilling	3553
thrills and excitement	3558
thrive	575
throng	1450
throughout	3138
throwaway	2056
thus	3095
thwart	1471
tide	2501
tidy up the room	3411
tight	3585
tighten	1307
timber	2560
time-efficient	3424
timetable	3030
tip	315
tip the balance	2250
tipping point	1008
to be more precise	3062
to begin with	3077
to date	417
to name a few	2684
to sum up	3098
to the fore	2265
toast	3466
toddler	2368
toilet	3003
token	920
tolerance	181
tomb	2597
topical	1702
torch	2404
torture	987
tourist attraction	3370
toxic	1274

S
T

trace 1336
track down 1205
traction 2282
trade union 3037
traffic volume 3177
tragedy 94
trail 84
trailblazer 2197
trait 359
trajectory 2270
tram 2333
tranquil 1305
transaction 394
transcend 1838
transfer 246
transformation 1206
transgress 1897
transient 1840
transition 1255
transmission 934
transparent 1278
transpire 2144
trap 459
traverse 2177
treacherous 1644
treadmill 2313
treasure trove 2082
treatment 3269
trek 2348
tremendous 927
tremor 1315
trepidation 1797
trial 774
trial and error 2880
tribe 2862
tricky 3577
trigger 1429
trim 1961

triple 3149
triumph 1003
trivial 245
trousers 3014
truancy 2675
true of 594
trunk 2382
try out 3354
tuition fees 2645
tumultuous 1824
tunnel 2410
turbulent 1492
turmoil 1473
turn around 999
turn into 3243
turning to 3090
tutorial 2658
TV ratings 2982
tweak 2109
twist 2156
typo 2461
tyranny 2857

U

ubiquitous 2196
ultimate 180
ultimatum 1916
umbrella 2327
unambiguous 2725
unanimous 1687
uncanny 1969
uncharted 2297
unconventional 1386
uncover 1290
underestimate 1102
undergo 605
underground / tube 3006
underline 866

underlying 1081
undermine 874
underpin 1956
underrated 1390
understaffed 2694
understanding 3501
understate 1510
undertake 271
undisputed 2249
undo 1893
undue 2285
unearth 2101
uneasy 59
unemployed 3213
unemployment rate 2704
unfit 1748
unfold 1521
unforgettable 3562
unforgiving 1980
unheard of 1967
uniform 437
unify 438
unique 514
universal 725
universe 2896
university students 3045
unleash 2024
unlike 3067
unload 3282
unmatched 2174
unmistakable 2251
unorthodox 1849
unparalleled 1892
unpleasant 383
unprecedented 1828
unrest 2768
unrivalled 1776
unscrupulous 1910

untouched 2016
unveil 1787
unwanted 439
unwarranted 2157
unwavering 2290
upbringing 1714
update 649
upgrade 314
upheaval 2068
uphill 1795
uphold 1867
upkeep 2217
uplifting 3567
upmarket 2192
ups and downs 2878
upset 2126
upsetting 3563
upward 3135
urban sprawl 2705
urbanisation 2706
urgent 632
usage 3176
usher in 2122
utilise 164
utilitarian 2244
utility 929
utter 1174

V

vaccine 2525
vague 410
valid 831
validate 1375
valley 2384
valuable 3561
value 414
van 2344
vanish 500

vantage point 1743
variation 3182
variety 10
vary 832
vast 1000
veer 1615
vegan 2614
vegetation 2499
vehement 2182
vehicle 1845
venerable 2271
vent 1476
ventilation 1904
venture 2950
venue 3369
veranda 2363
verbal 68
verify 1331
versatile 1319
versed 2242
vertical 885
vessel 91
via 3253
viable 1277
vibrant 3382
vicarious 2234
vice versa 2036
vicinity 1491
victim 526
vie 1426
vigilant 1359
vigorous 303
villa 2432
violate 88
virtually 316
virtue 1302
virtuoso 2789
virus 2488

visible 576
vision 419
visualise 623
vital 213
vivid 762
vocation 190
volatile 1398
volcano eruption 2570
voluntary 96
voracious 1564
vote 244
voucher 2305
voyage 2492
vulnerable 834

W

wander 543
wane 1637
ward off 2176
wardrobe 2321
warehouse 2345
warranty 2367
wary 1061
waste management 2824
water down 2277
water pollution 2621
waterfall 2394
waterfront 2423
weaken 248
wealth 41
weather 1514
weave 1697
weigh up 2650
welfare 573
well 3167
well off 730
well-being 2846
well-liked 3548

T
U
V
W

well-rounded 2208
wetland 2433
what is more 3055
wheat 2448
wheelchair 2440
when it comes to 3083
whenever possible 3600
whereas 3074
whereby 3093
wholesale 842
wholesome 2099
wholly 200
widen 888
widespread 123
wield 1392
wilderness 2542
wildlife conservation ... 2638
wildlife sanctuary 2637
willpower 199
wilt 278
wind down 3534
windfall 1778
winding 444
windmill 2373
wipe out 763
wisdom 2874
with regard to 3081
with the exception of ... 3181
withdraw 679
wither 1196
withhold 1212
withstand 273
witness 1299
wool 2596
work night shifts 3404
work-life balance 3388
workout 3426
workplace 3373

World Heritage site 3480
worn out 3591
worsen 250
worship 1951
worst-case scenario 2924
worth a visit 3353
worthwhile 255
worthy 726
wreak havoc on 2604

Y

yacht 2359
yield 804
yoghurt 2332
youngster 175

編著者・著者プロフィール

小谷 延良 (こたに のぶよし)

マッコーリー大学翻訳学・通訳学・応用言語学修士課程 (TESOL 専攻) 修了。ケンブリッジ大学認定教員資格 CELTA、レスター大学でアカデミック英語指導者学位 PGCert in TEAP を取得。大阪府立高校教諭、東京都市大学専任講師を経て、現在横浜市立大学実用英語講師。明治学院大学、テンプル大学非常勤講師。JSAF-IELTS 認定アカデミック・スーパーバイザー (公認トレーナー)。明治大学、埼玉大学、昭和女子大学など多くの機関で IELTS 指導を行う。4 カ国で 60 回以上の IELTS 受験経験を有する Mr. IELTS。ライティングは 8.0 以上を 14 回、スピーキングは 8.0 以上を 24 回取得。主な著書に『はじめての IELTS 全パート総合対策』(アスク)、『IELTS ライティング徹底攻略』(語研)、『英語ライティング 至高のテクニック 36』(ベレ出版) などがある。ツイッター (@JKEnglish_ielts) にて、日々最新の IELTS 情報＋スコア UP テクニックを発信。

植田一三 (Ichy Ueda)

年齢・性別・国籍を超える英悟の超人 (ATEP [Amortal Transagenderace Educational Philosophartist])、最高峰資格 8 冠突破＆ライター養成校「アスパイア」学長。自己実現と社会貢献を目指す「英悟道」精神、Let's enjoy the process! (陽は必ず昇る) を教育理念に、指導歴 40 年で英検 1 級合格者を 2,700 名以上輩出。出版歴 35 年で著書は 120 冊を超え、多くはアジア 5 カ国で翻訳されている。ノースウェスタン大学院・テキサス大学博士課程留学、同大学で異文化間コミュニケーションを指導。教育哲学者 (educational philosopher)、世界情勢アナリスト、比較言語哲学者 (comparative linguistic philosopher)、社会起業家 (social entrepreneur)。

Aspire School of Communication

アスパイアは①教育・研究、②出版、③翻訳・通訳の 3 部門から成る言語コミュニケーション・英語資格検定試験対策・研究機関。1984 年発足。これまでに英検 1 級合格者約 2,700 名、資格 3 冠合格者 (英検 1 級・通訳案内士・TOEIC L&R 980 点突破) を 400 名以上送り出している。

- ■ スクール所在地：東京・大阪・横浜・京都・名古屋・姫路・奈良
- ■ 詳しくは下記ホームページをご覧ください。

https://aspire-school.jp/
e-mail: aquaries01school@gmail.com

※ お問い合わせ・お申し込み：フリーダイヤル 0120-858-994

アスク ユーザーサポートのご案内

乱丁、落丁、音声の不具合がございましたら、アスク出版ユーザーサポートまで
ご連絡ください。

E-MAIL　　　support@ask-digital.co.jp
Webサイト　　https://www.ask-books.com/support/

はじめての IELTS　　単語対策 3600

2020 年 3 月 26 日　初版　第 1 刷発行
2024 年 3 月 25 日　　　　第 4 刷発行

著　者　　　小谷延良
監修者　　　植田一三
発行人　　　天谷修身
発行所　　　株式会社アスク
　　　　　　〒 162-8558　東京都新宿区下宮比町 2-6
　　　　　　電話：03-3267-6864
　　　　　　FAX：03-3267-6867
　　　　　　URL：https://www.ask-books.com
デザイン・DTP　清水裕久（Pesco Paint）
印刷製本　　大日本印刷株式会社